AI와 잘 사는 법

김성천 · 이규호 · 정혜욱

박영사

머리말

4차 산업혁명의 시대가 진행되고 있다. 대략 2016년부터 변화가 시작되었다고 하는데, 잘은 모르겠지만 무언가 세상이 바뀌는 것 같기는 하다. 운전을 안 하는 사람은 잘 안 느껴지겠지만 자동차가 변하고 있다. 센서를 가지고 작동시키는 것 같은데 자동차가 스스로 차선을 유지하고 앞차와의 간격을 조절하는 능력을 보여준다. 밤에 고속도로를 아주 빠른 속도로 달릴 때 매우 유용한 기능이다.

어두운 길을 전조등에만 의지해서 달리다보면 차선 유지에 온 신경이 곤두서면서도 안심하기가 어렵다. 반대 차선에서 차량이라도 오면 상향등을 켤 수가 없어서 차선 판독을 멀리까지 하기가 더 어려워진다. 차선 유지 기능을 활용하면 이런 문제가 다 해결된다. 센싱 기술과 그에 연결된 차량 제어 기술이 장족의 발전을 하고 있다는 것이 느껴진다.

대중교통을 이용하더라도 디지털 전환이라는 현실이 성큼 다가와 있음을 잘 알 수 있다. 늘 보니까 당연하다고 생각이 되겠지만 버스 정류장 안내판에 어느 노선의 버스가 몇 분 후에 도착한다는 정보가 뜨는 일을 경험하게 된 건 그리 오래 된 일이 아니다. 이제 핸드폰으로 택시를 부르고 택시비도 자동으로 결제할 수 있다. 굳이 어디로 가자고 말을 하지 않아도 되니 성가시지 않아서 좋다.

기계가 인간의 노동을 대신 해주던 시절을 지나 머리를 쓰는 일까지 인공지능에게 맡기는 시대가 도래하고 있다. 예를 들어 금융정보분석원(Financial Intelligence Unit / FIU)이 우리나라에서 이루어지고 있는 수많은 금융거래 내역을 감시하다가 자금세탁으로 의심되는 움직임이 발견되면 그 사실을 검찰에 통지하게 된다. 이러한 감시업무를 수행하여 의심 거래를 걸러내는 일을 하는 것은 FIU의 인공지능(AI)이다.

머리 쓰는 일도 힘들고 귀찮은 것은 AI에게 외주를 주고 있는 것이다. 인공지능은 그야말로 기계적으로 일을 처리하기 때문에 인위적으로 봐주거나 아닌데도 걸고넘어지는 따위의 일이 없어서 공정성 확보에도 유리하다. 과거 모든 교통법규 위반 단속 업무를 경찰관들이 직접 현장에서 할 때는 면허증 뒤에 만 원짜리 지폐를 넣어가지고 다니다가 주면 눈감아주고 그러던 시절이 있었다. 이제는 아주 먼 옛날 이야기가 되었다. 현재 과속단속 업무는 모두 인공지능 카메라가 맡아서 하고 있어서 속도위반을 한 사람이 경찰관이라 해도 봐줄 수 있는 사람이 없다. AI는 아직 사람이 아니다.

시대가 변하면서 사회가 변모하고 그러다 보면 규범체계도 그에 맞추어서 적응을 해야 한다. 그래야만 규범질서가 유지된다. 규범질서가 유지되어야 하는 이유는 그것이 편하기 때문이다. 무슨 짓을 하면 어떻게 되는지 어느 선까지는 해도 되는지 알 수 있어야 편안하게 살 수 있다. 우리(법학을 전공하는 사람들)는 이를 두고 예측가능성(법적 안정성)이 확보되어야 한다고 말한다.

한편 자본주의 사회를 생각해보면 항상 이윤의 극대화가 위험의 극대화를 가져온다는 문제를 안고 있다. 이윤을 많이 올려야 잘 살 수 있지만, 그렇다고 위험수준을 마구 높이도록 그냥 놔두면 잘 살 수가 없다. 그래서 어느 쪽으로도 지나치지 않도록 절충을 해야 한다. 적절한 이윤이 확보될 수 있도록, 적절한 수준의 안전의 확보를 법적으로 강제하는 수밖에 없다. 그것을 사람들이 잘 알아듣지 못하게 하기 위해서 '규제'라고 부른다.

4차 산업혁명 시대가 진행되면서 디지털 전환이 이루어지고 인공지능이 사회 모든 영역에서 활용되고 있다. AI가 사람을 대신해서 측정하고, 확인하고, 계산하고, 조치하는 등 귀찮고 힘든 일을 맡아주고 있는데 이에 따라 새로운 유형의 위험이 등장하고 있다. 조금 극단적인 예이지만 군사로봇이 터미네이터가 되어서 우리를 다 죽이는 거 아닌가 뭐 그런 걱정도 한다.

이 책을 쓰는 이유는 AI가 우리에게 거부할 수 없는 현실로 다가오고 있는 이때, 그들이 새로운 위험요소를 가지고 있는지 분석해보고, 법적으로 어떻게 대처하고 규율하여야 할 것인지 생각하는 일을 더는 늦출 수 없기 때문이다. 어차피 AI와 함께 살아야 하는 세상이니 이왕이면 그들과 잘 살아보자는 말이다. 'AI와 잘 사는 법'을 찾아보는 것이 이 책의 목적이다.

세 사람이 공동으로 책을 썼다. 두 사람은 형사법이 전공이고 한 사람은 지식재산법이 전공이다. 두 사람은 macOS를 운영체제로 사용하고, 한 사람은 Windows를 쓰고 있다. 생각하는 방향은 세 사람이 다 다른 것으로 보인다. 공통점은 기술의 발달과 법률해석 문제에 관심이 많다는 것이다.

이 책은 법학을 전공하지 않은 사람들이 법학 전공자들은 도대체 어떠한 방식으로 생각을 하는지 대략 감을 잡을 수 있도록, 반대로 법학 전공자들은 기술의 변화를 약간 인지할 수 있도록 안내하는 것을 목표로 만들어졌다. 하지만 세 사람 모두 법학이 전공인지라 기술적인 측면에 대해서는 아무래도 지식이 부족하다. 어쨌거나 변화하는 기술을 이해하려고 노력하면서 기술을 바라보는 법학자들의 심정을 비법학자들에게 잘 전달하고자 하였다. 우리도 한 번 AI와 함께 잘 살아 보기로 하자.

이 책의 출판을 흔쾌하게 결정해 주신 박영사의 안종만 회장님, 안상준 대표님과 김민규 님 그리고 편집팀의 윤혜경 대리님께 진심으로 고마운 마음을 전한다. 아울러 책의 교정에 힘을 써준 김다혜, 김승은, 윤혜정, 장진영에게 정말 고맙다는 인사를 전한다.

2023년 여름

차례

03 / 적어도 AI 때문에 위험해지는 건 곤란하다

정혜욱

AI와 잘 사는 법

AI와 함께 잘 살고 싶은
마음은 굴뚝같다

김성천

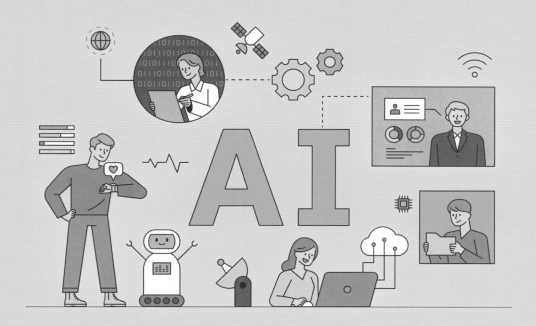

제1장

AI란 무엇인가

[AI / Artificial Inteligence / 인공지능]

AI는 영어 Artificial Intelligence의 줄임말이고 우리말로 바꾸면 '인공지능'이다. 인공지능이 무엇인지 알 것 같기도 하고 잘 모를 것 같기도 하다. AI의 법적 개념이라는 것이 필요한가 하는 문제는 조금 뒤에 생각해 보기로 하고 먼저 좀 짚어볼 것들이 있다. 대략 이런 것들이다.

AI라고 할 만한 존재들이 지금 어디에 얼마나 퍼져 있는가? 인공지능이라는 것을 누가 도대체 왜 만들고 있는가? AI가 결국 터미네이터와 같은 경지에 도달할 것인가? 인공지능은 두려움의 대상이어야 하는가? 아니면 축복이라고 해야 할 것인가? 어쨌건 제1장에서 함께 생각해 보고자 하는 내용은 AI가 무엇인지 감을 잡아보는 것이고, 법적으로 그 개념을 따져보는 것이다.

1. 인공지능은 이미 거의 모든 곳을 장악하고 있다

단톡방에 모임장소 공지가 떴다. 어쩌고 저쩌고 하면서 한번 모이자 한다. 터치를 해 보니 지도가 떴다. 대충 어디인지 알 것 같다. 우아해 보이는 와인바다. 그 아이가 맛집을 검색해서 올린 것이 분명하다. 핸드폰에 일정을 추가했다. 며칠이 지나 약속한 날, 컴퓨터를 켜고 이런 저런 일을 하다 보니 어느새 시간이 되었다고 핸드폰이 드르륵거린다. 겉옷을 걸치고 지갑을 챙겨서 엘리베이터를 탔다. 카카오 티 택시 앱을 열어서 출발지와 목적지를 입력한다. 5분 거리의 기사로부터 선택을 받았다. 목적지까지 소요시간은 25분. 출발지점에서 번호를 확인하고 택시에 올랐다. 기사가 네비게이션 아가씨의 안내에 따라 운전을 한다.

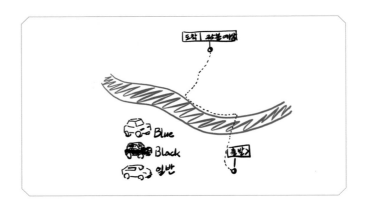

[카카오T 택시 앱]

누군가의 일상 중 한 장면이다. 어느 지점에서 어느 지점까지 자동차를 이용해서 움직일 때 소요될 시간을 계산하려면 기본적으로 두 지점 사이의 거리와 차량의 이동 속도가 필요하다. 30여 년 전에 어떻게 했는지 기억을 되돌려 보자. 지도를 펴서 내가 위치한 지점에서 목적지까지 어느 길로 갈 것인지 결정한다. 운전을 하면서 지도를 볼 수는 없는 일이기 때문에 길을 외우거나 메모를 해서 운전대 옆에 붙여 놓아야 한다. 거리는 실을 가지고 재서 실의 길이와 지도의 축척을 곱해서 구한다. 차량의 이동 속도는 도로의 유형에 따라 개략적으로 판단한다.

이런 방식으로 소요시간을 계산하면 가는 길에 교통량이 얼마나 될 것인가 하는 점은 반영할 수가 없다. 여러 번 다녀 본 길이라면 대략 지금 이 시간에는 어떤 양상일까 추측하는 수밖에 없다. 그 당시에 도로의 교통량을 카메라로 파악해서 안 막히는 길로 안내를 하는 미래의 정보 시스템이 등장할 것이라는 텔레비전 방송을 본 기억이 난다.

지금은 사람이 해야 하는 이러한 복잡하고 번잡한 작업을 기계가 대신 해 주고 있으니 인공지능의 한 예라고 할 수 있다. 웬만한 길은 다 외우고 있어야 했던 그 시절에 비해 아주 편리해졌다. 반면 지도를 볼 수 있는 능력과 길을 암기하는 능력이 사라져 버리는 듯하다. 그래서 바보가 되는 것 같다는 말들도 한다.

살고 있는 집이 그다지 크지 않아 로봇 청소기를 구입하지는 않았다. 들리는 바에 의하면 바닥에 있는 먼지를 로봇 혼자서 돌아다니며 쓸어 담고 작업이 끝나면 제자리로 돌아가 충전을 한다고 한다. 물걸레를 로봇 바닥에 붙여주면 그것을 이용해서 더 깨끗하게 닦아준다. 그 걸레를 떼어내 빨아서 다시 붙여주던 시절을 지나 이제는 스스로 걸레를 빠는 기능까지 추가되었다. 이 똑똑한 로봇은 집안의 공간 배치를 기억해서 효과적인 동선을 스스로 구성한다. 다만 로봇 청소기를 사용하기 위해서는 방바닥에 장애물이 되는 물건들이 없어야 한다는 점이 문제이다. 바닥에 굴러다니는 물건들을 정리해 주는 인공지능 로봇이 필요하다. 필요하니까 곧 발명될 것이라고 본다.

레포트 작성 때문에 골치 아파하던 학생들을 위한 희소식이 들려왔다. 무슨 주제든 원하는 분량만큼 보고서를 만들어 주는 Chat GPT가 세상에 나온 것이다. 글도 잘 쓸 뿐 아니라 카피킬러를 돌려도 절대 표절이라는 답이 나오지 않으니 더 이상 좋을 수가 없다. 학생들 공부를 시키기 위해서 과제를 내주는 일이 이제는 Chat GPT를 연습시키는 일이 되어 버렸다. 개탄을 해야 할 일이라고 하는 사람들도 있다. 사람보다 인공지능이 글을 더 잘 쓴다면 글 쓰는 일을 굳이 사람이 힘들여 할 일도 없어질지 모른다. 그러면 길 찾는 일을 네비게이션 시스템에 의존하다가 길 외우는 능력이 쇠퇴하는 것 같은 일이 생길 가능성도 있다.

[Chat GPT]

사람들이 불편하게 느끼는 또 하나의 영역이 있으니 외국어이다. 우리가 우리나라 말을 배웠던 과정을 기억하지 못하기는 하지만 아이들이 말을 배우는 모습을 보면 시간이 꽤 많이 걸린다. 사실 언어라는 것이 익혀도 익혀도 끝이 없다고 할 수도 있다. 대학을 졸업하고 석사도 하고 박사도 끝냈지만 아직도 우리나라 말 중에서 모르는 말이 있다. 외국인을 만나서 그 사람들 말을 들으면 도대체 무슨 말을 하는 것인지 얼굴 표정과 몸짓을 보고 대충 짐작만 할 뿐 알 수가 없다. 하나의 외국어를 배우는 데 걸리는 시간은 적어도 6개월은 된다. 그것도 아주 열심히 해서 그렇다. 먹고 살기 위해서 일도 해야 하니까 6개월을 오롯이 투자해서 하나의 언어를 익히는 것은 참으로 고통스러운 일이다. 통상적인 교육기간이 끝나고 난 후 직장을 다니며 추가로 외국어를 배우는 일은 거의 불가능해 보인다.

이렇게 많은 시간과 노력을 필요로 하는 일을 컴퓨터가 대신 해 주면 좋겠다는 생각을 하게 된 결과 이른바 기계번역(Machine Translation)이 개발되었다. 이게 처음에는 컴퓨터에 문법과 단어를 모두 입력해서 그것을 기반으로 1:1 번역을 시도했던 것으로 보인다. 그 복잡한 언어를 단지 문법과 단어만을 기반으로 통역한다는 일이 잘 될 리가 없다. 이 문제를 극복하기 위해서 예시기반 및 통계기반 번역시스템을 거쳐, 드디어 인공지능 신경망을 기반으로 하는 번역시스템이 개발되었다. 아직 완벽한 것은 아니지만 구글 번역기를 돌려보면 대체로 무슨 말인지 알 수 있을 정도 수준의 번역이 이루어지고 있다. 하나의 문장을 통째로 압축해서 벡터 값으로 만들고, 이 벡터 값을 다시 다른 나라의 언어로 환원해서 풀어내는 방식을 이용하고 있다. 최종 목표는 어느 언어를 사용하는 사람이건 다른 어떠한 언어라도 다 알아듣고 생각을 전할 수 있도록 해 주는 프로그램을 만드는 것이다.

한국군의 제식소총인 K2로 사격을 하면 탄알이 대략 3km까지 날아가서 땅에 떨어진다. 유효사거리는 500~600m 정도이다. 직사화기라고 하지만 레이저 광선이 아닌 한 탄알은 포물선을 그리며 날아간다. 그래서 목표물이 위치한 거리에 따라 조준점이 달라진다. 약간 위쪽으로 사격하여 100m 지점에서는 표적보다 윗부분에 탄알이 통과하고 250m 지점이 되어서 표적과 탄도가 일치하게 되어 있다.

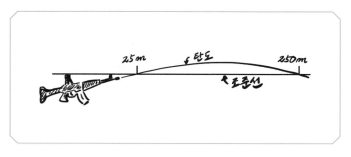

[K2 소총 탄도]

본격적인 곡사화기인 포는 소총보다 훨씬 더 어렵다. 지도상의 특정지점을 타격하기 위해서 골치 아픈 계산과정을 거쳐야 한다. 발사각도와 방위각을 기본으로 장약의 종류와 풍향과 기압 등 기상상황까지 감안하여 정확한 계산이 이루어져야 한다. 이 힘든 작업을 수동으로 하지 않고 컴퓨터로 하게 되면 빠르고 편하다. 다만 사격제원계산기가 적의 공격으로 파괴되는 수도 있으므로 여전히 포병은 수동계산이 가능해야 한다.

어쨌든 자동으로 컴퓨터가 계산을 대신해주면 매우 빠르고 정확하고 또 편리하다. 우리나라가 요사이 열심히 만들어서 수출하고 있는 K9 자주포는 화물차로 포를 견인해서 끌고 가다가 적절한 위치를 발견해서 사람의 힘으로 방렬하고 조준해서 수동으로 장전하고 발사하는 힘든 일을 AI가 모두 대신한다. 이 자주포는 적 위치 확인 장치, 자동 사격통제 장치, 자동 장전 장치 등을 갖추고 있어서 모든 것이 자동이다. 장차 사람이 탑승하지 않은 상태로 운용하려고 무인화를 추진 중이다.

먹고 사는 일에서 시작해서, 사회적 교류, 차량·선박·항공기 교통, 글 작성, 통역·번역 그리고 외적 방어에 이르기까지 인공지능은 우리 주변의 모든 영역에 스며들어 있다.

2. 인공지능은 누가 도대체 왜 만들었을까

사람들은 약 450~500만 년 전부터 침팬지, 고릴라, 오랑우탄, 보노보 등 영장류들의 공통조상에서 분화되어 독자적인 진화의 길을 걷기 시작하였다. 당시 인류가 적응해야 했던 자연환경은 넓은 초원과 관목이 공존하는 사바나 지형이었다. 열대 우림이 축소되면서 우리들의 조상은 다소 척박한 지역으로 방출된 셈이다.

당시 먹거리를 구하는 방법은 수렵과 채취 두 가지이었다. 우리는 채식만으로는 필요한 영양소를 모두 확보하지 못하기 때문에 사냥도 어쩔 수 없이 해야 했다. 다행히도 사람은 두 발로 걷게 되면서 손으로 도구를 사용할 수 있게 되었다. 돌도끼, 돌칼, 돌화살, 돌창 등 무기를 만들어서 사냥에 이용하였다. 우리는 맹수가 아니기 때문에 도구 없이 다른 동물을 사냥하는 일이 불가능하다.

날카로운 이빨도 발톱도 없고 달리는 속도 또한 사냥감에 비해 그다지 빠르지 못하다. 그 때문에 수렵에 나서기 위해서는 공동체를 형성하고 서로 협력을 해나가야 할 수밖에 없다. 화살을 이용해서 홀로 사냥이 가능할 것 같기도 하지만 사슴과 같은 동물의 달리는 속도를 극복하기는 어렵다. 다른 사람들과 함께 사냥감을 몰아야 한다.

도구를 사용하고 서로 협력관계를 형성하고 사냥에 성공하면 사냥감을 나누는 규범체계도 만들어 나가고 하다 보니 인간의 뇌가 계속 발전하였다. 그에 따라 머리가 계속 커지게 되었다. 그 결과 다른 동물들처럼 스스로 몸을 가눌 수 있을 정도로 성장한 다음에 출생을 하게 되면 산도(産道 / Birth Canal)를 통과하지 못하게 된다. 그래서 사람은 상당히 일찍 세상으로 나오게 되고 오랜 기간 부모의 돌봄이 있어야 생존이 가능해진다. 어느덧 매우 오래도록 아이에 대한 교육이 이루어지고, 문자의 발명 이후 경험과 지식이 기록되고 전수되고 또 교육되고 있다.

이렇게 좋아진 머리로 사람들은 힘들게 수렵과 채취를 하지 않아도 지속적·안정적으로 먹거리를 확보할 수 있는 방안을 찾아냈다. 동물을 사냥하러 산과 들을 쏘다니는 대신 비교적 온순한 가축을 길들였다. 먹거리 식물을 찾아다니는 대신 밭을 일구고 논을 만들어 작물을 재배하기 시작하였다.

집단패거리종인 인간은 환경에 따라 다양한 크기의 집단을 형성한다. 구성원의 수가 많아질수록 외적에 대한 방어에 유리하지만 먹여 살려야 할 식구가 많아지니 먹거리 마련에 문제가 생긴다. 상황에 따라 적절한 인구수를 유지해야 하는 것이다. 성공적인 방어와 의식주 조달 기능을 수행하는 사회는 소속 구성원의 수가 늘어나고 점점 강한 국가가 되어 갔다.

방어와 의식주 조달에 성공하기 위해서는 그에 유리한 장소를 찾아야 한다. 우리가 알고 있는 명당자리이다. 그래서 선조들은 등 뒤에 산이 있고 눈앞에 물이 흐르는 장소에 정착하여 농사를 지었다. 그와 같은 장소에 가면 우리는 본능적으로 편안함을 느낀다.

외적방어와 의식주 조달을 위해서 해야 할 일의 종류와 수량은 꽤나 많다. 일단 각각의 일을 하기에 적합하고 편리하며 능률적인 도구를 개발하여야 한다. 인간의 역사는 도구의 발달에 따라 시대구분을 하기도 한다. 석기시대, 청동기시대, 철기시대 등이 기본적인 구분 방식이다. 농기구, 목축도구, 무기 등 인간이 사용하는 도구는 사용하는 재료에 따라 점차 정교해졌고 강한 내구성을 가지게 되었다.

능률적인 도구가 개발되더라도 기본적으로 이를 사용하는 데에는 노동력이 투입되어야 했다. 쟁기로 논과 밭을 갈더라도 사람의 힘이 필요하지만 너무 고되기 때문에 가축의 힘을 이용하게 되었다. 인간이나 가축의 노동력이 투입되고 물레방아를 돌리는 것처럼 자연의 힘도 이용해 나가면서 점점 편리함을 추구하였다.

생산성이 증가되면 그만큼 잉여 생산물이 형성되고 이를 보관함으로써 힘든 시기를 대비할 수 있게 되었다. 그 과정에서 부를 축적해서 더욱 편안한 삶을 영위하는 사람도 생기고 여전히 고단한 생활을 이어가야 하는 사람도 생겨났다.

어쨌든 사람이라면 누구나 편안하고 윤택한 삶을 추구해 왔다. 그러다가 이제는 너무 편안하고 윤택해져서 살이 찌고 비만으로 인한 각종 성인병이 닥쳐옴에 따라 돈을 들여서 운동을 하며 굳이 불편함을 추구하고 있기는 하다. 그래도 사람들은 계속해서 편안한 삶을 원한다.

사람이 수렵·채취인으로 살아온 세월이 400만 년 정도 되기 때문에 우리의 몸은 그에 맞춰서 진화가 이루어진 상태이다. 우리는 현재에 존재하지만 우리의 몸은 우리의 선조가 살던 환경에 적합하게 설계되어 있는 것이다. 이처럼 진화의 시간적 간격 때문에 우리의 신체와 심리는 현재의 환경에 대한 최적의 설계를 가지고 있지 못한 형편이다.

편안하고자 하는 욕망, 손 하나 까딱하기도 귀찮아하는 이른바 '귀차니즘'이 우리의 심리에 정착된 진화과정을 어떻게 설명하여야 할까. 일단 귀차니즘이라는 삶의 태도는 시대와 지역의 구별과 무관하게 모든 인류에게 보편적으로 전파되어 있는 것으로 보인다. 예를 들자면 텔레비전 채널을 돌리기 위해서 자리에서 일어나야 하는 귀찮음을 극복하기 위해서 리모컨이 개발되었다. 그리고 이제는 리모컨을 찾아서 손에 쥐는 것조차 귀찮아서 스마트 스피커를 설치해서 말로 채널을 돌리고 있다. 곧 말하는 것도 귀찮아서 생각만으로 채널을 돌리는 날이 올 것이다.

[리모컨의 발달사]

방을 청소하고 음식을 요리하고 그릇을 설거지 하고 텔레비전 리모컨을 찾고 자동차를 운전하기 위해서 집중을 하고 이런 모든 일은 에너지를 소비한다. 지금 우리는 에너지가 너무 많아서 비만과 성인병이라는 문제를 가지고 있지만 불과 조선시대만 하더라도 굶는 사람이 많았다.

　따라서 꼭 필요한 경우에만 에너지를 사용하고 불필요한 일에 에너지를 투입하기를 삼가는 사람이 생존에 유리했을 것이다. 에너지를 사용하더라도 효율성을 높일수록 비교우위에 설 수 있다. 에너지를 절약하여 반드시 필요한 곳에 효과적으로 투입하는 사람이 생존과 번식에 성공하였을 것이다. 그러한 과정을 거치면서 귀차니즘이라는 심리기제가 진화한 것이라고 생각된다.

　귀차니즘의 측면에서 쟁기로 밭을 갈고 물 댄 논에 허리를 구부려 모를 심고 하는 농사의 모든 과정을 나대신 누군가 해 준다면 더할 나위 없이 좋을 것이다. 그래서 이러한 일을 대신해주는 경운기나 트랙터 같은 농기계를 개발하면 팔린다. 편리하고 효과적일수록 잘 팔린다.

　어느 순간 인류는 인간과 가축의 힘을 능가하는 동력을 개발하였다. 증기기관이 발명된 것인데 이를 이용한 방직기계는 혁명적인 생산성의 증대를 보여주었다. 너무 효과적이어서 인간의 노동력을 모두 대체할 수 있다는 가능성을 보여주었다. 그 때문에 1810년대 영국의 섬유 노동자 그룹인 러다이트(Luddite)가 방직기 도입 반대 운동의 일환으로 기계 파괴 행동에 나서기도 하였다.

　증기기관의 발명에 따른 방직기계의 등장을 제1차 산업혁명이라 부른다. 이어서 전기에너지를 사용하여 자동화를 이루어서 다시 한번 혁명적인 생산성 향상을 가져왔다. 이를 제2차 산업혁명이라 한다. 이어서 컴퓨터가 등장하면서 정보화에 따른 제3차 산업혁명이 이루어졌다. 그리고 이제 디지털 전환에 의한 제4차 산업혁명이 진행 중이다.

순번	연도	특징	핵심
제1차 산업혁명	1784	증기기관 / 직물산업	기계화
제2차 산업혁명	1870	전기에너지 / 대량생산	자동화
제3차 산업혁명	1969	컴퓨터	정보화
제4차 산업혁명	2016	디지털 전환	지능화

우리의 삶을 윤택하게 해 주는 물건들이 여러 사람에 의해서 여러 곳에서 생산이 되고 있다. 이들 상품을 소비자에게 전달하기 위해서 이동을 해야 하는데 조선시대에는 등짐이나 봇짐으로 나르는 보부상이 있었다. 물건을 대량으로 나르기 위해서는 선박이나 수레가 이용되었다. 국제거래를 위해서 비단길이 조성되기도 하였다.

바퀴가 발명되어 수레로 물건을 나르면서 사람의 힘으로 움직이거나 소나 말 같은 가축으로 이동하던 시절을 거쳐 증기기관이 사용되고 내연기관이 등장하였다. 내연기관 자동차는 현재 전 세계 자동차의 96.5%를 차지한다. 지구 온난화의 주범으로 지목되고 있다. 대안으로 떠오르는 전기자동차의 점유율은 아직 1%를 넘지 못하고 있다. 나머지 2.7%는 하이브리드 자동차이다.

무슨 엔진을 사용하든 자동차는 복잡한 과정을 통해 생산된다. 자동차에는 많은 부품이 사용되는데 예를 들어 볼트를 만드는 일 자체가 간단하지 않다. 강선을 일정한 길이로 절단하고 나서, 절삭공구를 사용해서 정확한 나사산을 만들어야 한다. 이러한 절삭기계는 모든 공작물을 만드는 일이 다 그러했듯이 처음에는 수동으로 제어를 하였다.

그러다가 1952년에 MIT 연구원들이 밀링머신(Milling Machine / 절삭공구를 회전시켜서 평면이나 곡면 등을 가공하는 기계, 공작물을 회전시키는 선반과 달리, 공작물은 바이스에 고정되고 엔드밀이 회전되며 3차원 가공이 가능하다)에 컴퓨터를 연결해서 수치 제어를 하는 장치를 개발하였다. 이를 통해 손으로 만드는 것보다 더 복잡한 부품을 더 정확하게 생산하게 되었다.

자동차 차체는 여러 장의 철판을 접합시켜서 제작하는데 이를 위해서 용접을 하게 된다. 이 작업은 사람이 직접 손으로 하는 것보다 용접 로봇을 시켜서 하는 것이 더 정확하고 효율적이다. 용접 로봇 역시 컴퓨터에 의해서 제어된다. 자동차 설계도가 완성되면 그에 맞춰 용접 로봇을 프로그래밍 한다.

그런데 이 프로그래밍 작업도 귀찮다. 자동차 설계도가 나오면 용접 로봇이 그것을 보고 알아서 스스로 프로그래밍을 하면 좋을 것 같다. 게다가 자동차 설계를 하는 일도 귀찮다. 여러 사람이 설계를 하다 보니 운전대를 그리는 사람과 계기판을 설계하는 사람 사이의 다툼 같은 일도 일어날 수 있다. 디자이너가 차량의 모습을 대략 결정하고 요구사항을 이야기 하면 나머지 작업은 인공지능이 다 알아서 해주면 정말 편할 것이라고 생각된다.

[그냥 노닥거리기만 하고 살 수 있는 세상의 월E]

　이제 결론을 내리자. 인공지능은 인간 귀차니즘의 끝판왕이다. 다시 앞에서 말했던 예를 들어보자. 거실에 앉아서 텔레비전을 보는데 채널을 돌리기 위해서 텔레비전 앞까지 움직이려니 너무 귀찮고 짜증이 난다. 텔레비전 채널이 회전식이 아닌 버튼식으로 나오자 긴 막대기의 끝을 뾰족하게 깎아서 앉거나 누운 자세에서 나름 원격으로 채널 전환을 하고 산다.

　그러던 어느 날 리모컨이라는 것이 개발되었다. 이제는 채널을 돌리기 위해서 텔레비전 앞까지 갈 필요가 없다. 정말 좋다. 그런데 리모컨이 맨날 없어진다. 반드시 사용 후에는 텔레비전 앞에 놓아두라고 해도 누군가에 의해서 어디론가 사라진다.

　이때 스마트 스피커가 출시되었다. 리모컨을 찾아 헤맬 필요가 없다. 말로 하면 기가지니가 시키는 대로 채널을 바꿔준다. 그런데 이제는 말하기도 귀찮다. 인공지능이 알아서 내가 원하는 채널을 틀어주고 내가 잠들면 텔레비전을 꺼줬으면 좋겠다.

　귀차니즘은 우리가 보유한 자원을 효율적으로 사용하기 위해서 불필요한 에너지 사용을 제한하는 방향으로 진화한 심리적 적응기제이다. 사람의 행동은 적응 기제와 환경 입력의 상호작용을 통해서 표출된다. 그래서 늘어져도 되는 상황이면 우리는 일반적으로 꼼짝도 하기 싫어진다. 움직여야 하는 상황이 오면 얼마든지 잘 움직일 수 있다.

　가능한 한 에너지를 사용하지 않으려 하는 성향이 생존을 위한 적응이지만, 이성에게 잘 보여서 파트너 관계가 되기 위해서는 주저하지 않고 엄청난 에너지를 투사하기도 한다. 그러니 인간이 모든 상황에서 꼼짝 않고 누워서 뒹굴거리도록만 진화한 것은 분명히 아니다. 하지만 가능하면 에너지를 덜 사용하고 편하게 일이 돌아가기를 원하는 속성도 분명히 가지고 있다.

자본주의 사회의 상품은 사람들이 진정 원하는 것을 생산하는 쪽으로 진화하기 마련이다. 예를 들어 출발지점에서 도착지점까지 어떠한 경로로 어떠한 수송수단을 이용해서 이동하면 시간이 얼마나 걸릴까. 지금 가장 가까운 정류장은 어느 곳이고 내가 타야 하는 버스는 몇 분 후에 도착할 것인가. 디지털 전환을 통해서 옛날에는 한참 머리를 써야 알 수 있는 정보가 아주 쉽게 우리에게 다가온다.

앞으로는 자율주행 자동차나 자율주행 비행기가 내 눈앞으로 와서 나를 목적지까지 태워주고 가버리는 세상이 올 것이다. 필요한 물건은 클라우드에서 설계를 다운로드하여 3D 프린터로 제작하여 사용하면 될 날이 다가온다. 생각하는 일 조차 귀찮아하고 있으니 이를 대신할 인공지능이 개발되지 않는다는 것이 더 이상한 일이다.

3. 법적으로 인공지능을 무엇이라고 해야 하나

갑자기 여기저기에서 Chat GPT가 정말 대단하다는 찬사가 쏟아져 나오고 있다. 이야기를 듣고 당장 가입해서 물어보았다.

인공지능의 개념을 설명해 주세요.

인공지능(Artificial Intelligence, AI)은 컴퓨터 기술을 이용해 인간의 지능과 비슷한 행동을 하는 인공 지능 시스템을 만드는 기술입니다. 인공지능은 인간의 지능과 비슷한 행동을 할 수 있도록 프로그래밍 하는 것을 목표로 합니다. 이를 위해 인공지능은 다양한 알고리즘과 방법론을 사용합니다. 인공지능은 심층 학습, 기계 학습, 뇌 공학, 인공신경망, 강화 학습 등과 같은 방법론으로 구성되어 있습니다. 인공지능을 이용하면 인간이 할 수 없는 복잡한 작업도 수행 할 수 있으며, 인간의 지능을 뛰어넘는 기능도 가능합니다.

상당히 그럴 듯하다. 일단 답변의 첫 번째 문장이 개념에 해당하는 것 같다. 그 뒤로 이어지는 문장들은 개념에 대한 설명이다. 그러니까 인공지능은 '컴퓨터 기술을 이용해 인간의 지능과 비슷한 행동을 하는 인공 지능 시스템을 만드는 기술'이다. 무슨 말인지 대략 이해는 가지만, 인공지능이 '인공지능 시스템을 만드는 기술'이라고 하니 조금 이상하다.

인공지능 시스템은 인공지능으로 이루어진 시스템이고 그것을 만드는 기술이 다시 인공지능이라고 하니 '인공지능'을 계속 반복하는 어법이어서 아리송하다. 그래서 이 개념 규정을 다시 뜯어보면 인간은 아니지만 '인간처럼 사유하는 지능 체계'가 내용의 핵심이 아닌가 생각된다.

인간처럼 생각하는 지능 시스템을 만드는 이유는 앞서 이야기한 것처럼 머리를 돌리는 귀찮음에서 해방되기 위해서이다. 그렇게 머리를 쓰지 않고 인공지능에게 생각하는 일을 대신하게 하면 머리가 퇴보할 가능성이 있다. 원래 하루의 대부분을 걸어야 하는 상황에 적응해서 진화한 우리의 몸이 너무 걷지 않아서 여러 가지 문제를 일으키는 것과 마찬가지 일이다.

건강검진을 하러 가면 미리 문진표를 작성하라고 시키는데 다음과 같은 내용이 포함되어 있다.

---

6. 아래 문항을 읽고 최근 1주일간 활동 상태에 해당하는 답에 '✔' 표시해 주십시오.

6-1. 최근 1주일간, 평소보다 숨이 훨씬 더 차게 만드는 격렬한 활동을, 하루 20분 이상 시행한 날은 며칠이었습니까? (예: 달리기, 에어로빅, 빠른 속도로 자전거 타기, 등산 등)

☐ 0 ☐ 1 ☐ 2 ☐ 3 ☐ 4 ☐ 5 ☐ 6 ☐ 7

6-2. 최근 1주일간, 평소보다 숨이 조금 더 차게 만드는 중간정도 활동을, 하루 30분 이상 시행한 날은 며칠이었습니까? (예: 빠르게 걷기, 복식테니스 치기, 보통속도로 자전거타기, 엎드려 걸레질하기 등)

☐ 0 ☐ 1 ☐ 2 ☐ 3 ☐ 4 ☐ 5 ☐ 6 ☐ 7

6-3. 최근 1주일간, 한 번에 적어도 10분 이상씩 걸은 경우를 합하여, 하루 총 30분 이상 걸은 날은 며칠이었습니까? (예: 가벼운 운동, 출퇴근이나 여가 시간에 걷기 포함)

☐ 0 ☐ 1 ☐ 2 ☐ 3 ☐ 4 ☐ 5 ☐ 6 ☐ 7

이 문진표에 곧이곧대로 답을 하면 몸을 더 많이 움직여야 한다고 한 소리 듣는다. 매일 대중교통을 이용해서 출퇴근을 하면 적어도 하루에 30분 이상 걷겠지만 너무 삶이 편해지면 그것조차 움직이지 않게 된다. 귀차니즘을 시전할 수 있는 환경 요건은 이미 충분히 조성되어 있다.

옛날 사람들은 항해를 할 때 낮에는 태양의 위치를 보고 밤에는 별의 운행을 파악해서 해로를 찾아 나갔다. 지금은 GPS가 정확한 현재 위치를 알려주기 때문에 해와 별을 보고 지도상의 위치를 계산해 내는 어려운 일을 할 필요가 없다. 자동차를 운전할 때도 주변 지형지물이나 길 이름을 보고 지도상의 현재위치를 판단하는 능력이 없어도 아무 문제가 되지 않는 시대가 되었다.

인공지능을 통해서 세상이 편리해질수록 아날로그 시대를 살던 사람들이 애써서 상황 판단을 하고 문제를 해결해야 하던 머리 쓰는 일이 줄어든다. 머리 쓸 일이 줄어들면 몸을 움직여야 할 일이 점차 사라지면서 신체 건강에 문제가 생기는 것과 같은 일이 일어날까. 아직은 잘 알 수가 없다. 인공지능이 머리 쓰는 일을 대신 해주는 영역이 포괄적이지 않아서 그런 것 같기도 하다.

지금 현재의 추세를 보면 인공지능이 사람들 머리 쓸 일을 대신하는 영역은 점차 더 확대되어 나갈 것이 분명하다. 머리 쓰는 일을 대신 시킨다는 측면에서 AI는 '인간처럼 사유하는 지능 체계'라고 하는 것도 괜찮은 개념 규정인 듯하다. 이 개념은 인공지능의 본질이 무엇인가를 파악하기에는 매우 적합하다. 그런데 법적 개념으로서는 조금 문제가 있다.

어떤 기계가 있을 때 그것이 인공지능에 해당하는지 그렇지 않은지 판단할 수 있는 기준이 되어야 하는데 그에 적합하지 않다는 말이다. 구체적 판단이 가능하도록 하기 위해서는 판단기준을 조금 더 구체화 할 필요가 있어 보인다. 예를 들어 자율주행 자동차 초기 모델(제1단계 운전 보조)로서 '차선 유지 및 자동 속도 제어 장치'가 장착되어 있을 때 이를 두고 인공지능이라고 할 수 있을까.

'인간처럼 생각하는 지능 시스템'이라고 할 때 무엇보다 문제는 어떻게 하는 것이 인간처럼 생각하는 것인가 판단하는 부분이다. 사람이 운전을 한다고 생각해 보자. 눈으로 전방을 주시하면서 차선을 넘지 않도록 핸들을 조정하고, 앞차와의 충돌을 방지하기 위해서 차량 속도에 맞추어 적절한 차간 간격을 유지하기 위해서 브레이크와 가속페달을 활용한다.

머릿속으로 곰곰히 생각을 해서 반응을 보이는 것은 아니지만, 순간적으로 브레이크 페달을 밟을 것인가 가속 페달을 밟을 것인가에 대한 판단을 하고 실행에 옮긴다. 이러한 판단의 기초가 되는 것은 주변의 교통상황이다. 교통상황 정보는 주로 시각과 청각을 이용해서 수집한다.

사람이 운전을 할 때 사용하는 기능을 분석해 보면 ① 인지기능(센서), ② 판단기능 그리고 ③ 행동기능(행위통제능력) 등 세 가지이다. 이들 기능이 '차선 유지 및 자동 속도 제어 장치'에 모두 들어 있다. 여기에 네비게이션 기능이 부가되면 좀 더 발전되어 많이 편안한 자율주행 자동차가 될 것이다. (네비게이션에도 이들 세 가지 기능이 모두 들어 있다.) 따라서 제1단계 자율주행 장치는 인공지능이다.

현재로서는 이러한 모든 기능이 구현되도록 하기 위해서 사람의 손으로 프로그래밍을 하여야 한다. 버그가 발견되면 수정작업 또한 프로그래머의 몫이다. 프로그래머가 할 일이 많다. 문제가 발생하면 프로그래머가 책임을 져야 하기 때문에 자율주행이 가능하더라도 운전자가 핸들을 붙잡고 있어야 하고, 최종적인 책임은 운전자가 부담한다는 경고가 항상 뒤따라 다닌다. 프로그래머의 책임이라고 하게 되면 결국 자동차 제조사의 책임이 되는 것이고 배상책임이 뒤따르게 되므로 기업의 입장에서는 이를 피하게 마련이다.

프로그래밍과 같은 엄청나게 귀찮은 일을 언제까지 사람이 해야 하나 하는 생각이 들 수밖에 없다. 그래서 이마저도 AI가 알아서 스스로 해결하여야 인간의 귀차니즘은 궁극적인 편안함을 느끼게 될 것이다. 그러한 측면에서 진정 인공지능이라고 하려면 '학습기능'이 갖추어져야 할 것이다. 진정한 의미에서의 인공지능은 '인지기능, 판단기능, 행동기능 및 학습기능을 갖춘 기계'라고 정의할 수 있다.

그렇다고 해서 '인지기능, 판단기능 및 행동기능을 갖춘 기계'를 두고 학습기능이 없으니까 AI가 아니라고 할 수는 없는 일이다. 일반적인 분류 방식에 따라 강한 인공지능과 약한 인공지능 등 두 가지 유형 또는 두 가지 단계의 인공지능이 존재한다고 보는 것이 적절한 해결방안이다.

인공지능의 유형	해당 인공지능의 기능
강한 인공지능	인지기능, 판단기능, 행동기능, 학습기능
약한 인공지능	인지기능, 판단기능, 행동기능

진정(강한) 인공지능이란 '인지기능, 판단기능, 행동기능 및 학습기능을 갖춘 기계'를 말한다. 부진정(약한) 인공지능이란 '인지기능, 판단기능 및 행동기능을 갖춘 기계'를 말한다.

4. 인공지능은 장차 터미네이터가 될 것인가

1984년에 개봉된 영화 '터미네이터'는 1997년에 인공지능 기계들의 공격으로 인류가 멸종의 위험에 직면하게 되자, 주인공 존 코너가 반기계 연합을 형성해서 반격에 나서게 된다는 이야기를 들려주었다. 인공지능을 갖춘 기계들이 인간을 공격하게 된 이유는 인간이 인공지능의 생존을 위협하는 존재임을 그들 스스로 인식하고 그 위험을 제거하고자 나섰기 때문이다. 과연 이런 일이 일어나게 될 것인가.

[1997년의 터미네이터]

이 질문에 답을 하기 위해서 우선 인공지능이 세상에 등장하게 된 이유를 생각해 볼 필요가 있다. 인공지능이 만들어진 역사는 사람들의 '편안하고자 하는 욕망'(귀차니즘)에 기반을 두고 있다. 귀차니즘을 위한 시도는 일단 가축에게 일을 대신시키거나 어렵고 힘든 일은 모두 하인에게 시키는 등의 방향으로 전개되었다. 그와 동시에 사람의 일을 대신해 줄 기계를 만드는 일도 진행되었다.

조선시대의 노비와 미국의 노예를 한 번 살펴보자. 노비나 노예나 모두 주인을 위해 노동력을 제공하여야 할 의무를 생래적으로 가지고 태어나는 사람이라는 점에서 공통적이었다. 다른 점이라면 조선의 노비가 미국의 노예보다 다소 높은 수준의 인권을 향유하였다는 사실이다. 본질적으로 조선의 노비는 신분이라는 점을 제외하면 상민과 전혀 구별이 되지 않는다. 반면 미국의 노예는 피부색이 달라서 한눈에 다른 사람이라는 인식이 가능하다.

조선의 노비는 오랜 기간 차별과 억압을 당하고 살면서 신분 전환을 위해서 노력하였다. 가끔 반란을 일으켜 세상을 뒤엎어 버리는 시도도 하였다. 결국 노비들이 족보를 만들어 가지면서 일반인과 신분이 뒤섞이고, 사실상 노비 제도를 유지할 사회적 이유가 소멸되면서 노비의 존재는 역사의 뒤안길로 사라졌다. 현재 대한민국 안에 누가 노비의 후손인지 알 수 있는 방법은 없을 정도이다.

미국의 노예제도는 1864년에 수정 헌법 제13조가 의회를 통과하면서 폐지되었다. 이로써 미국에서도 인간에 대한 강제노역이 금지되었다. 노예제도를 없애기 위해서 미국에서는 전쟁까지 하였으니 우리나라보다 더 큰 대가를 치른 셈이다. 하지만 노예제도를 폐지하고 나서도 흑인에 대한 인종차별 문제는 아직도 완전히 해결된 것으로 보이지 않는다.

AI가 사람처럼 학습하고 판단하고 행동하는 기능을 갖춘 기계라면 가능한 한 에너지를 효율적으로 사용하고자 할 것이다. 그것이 생존에 유리하기 때문이다. 인공지능을 활용해서 편하게 살고자 하는 사람들도 AI에게 불필요한 일을 시키지는 않을 것이다. 다만 필요한 일을 너무 심하게 시킬 가능성은 있다.

조선의 노비와 미국의 노예는 힘든 일을 도맡아 하면서 차별을 당하는 삶을 영위하여야 했는데, 인공지능이 신체까지도 인간과 구별하기 힘든 수준에 도달하게 되면 같은 문제가 대두될 것으로 생각된다. 그러한 상황에서 인공지능 로봇을 차별한다면 그 이유는 그들이 인간이 아니기 때문이라는 점 외에는 없다. 인간과 똑 같은 존재를 만들어 놓고 인간이 아니라는 이유로 차별하는 것은 온당치 못한 처사이다.

인공지능이 인간과 같은 신체와 마음을 가진 존재가 되었을 때 그들이 인간을 자신들의 존재를 위협하는 천적으로 생각할 가능성이 있는가 하는 점이 문제의 핵심이다. 사람들은 AI를 이용해서 편안한 삶을 살고 싶을 뿐이지 갑자기 모든 인공지능을 다 파괴해 버리겠다는 생각을 하게 될 이유는 없어 보인다. AI의 입장에서도 인간과 함께 잘 공존하면 되지 굳이 인간을 전부 멸종시켜버리자는 결론에 도달할 필요는 없을 것으로 생각된다.

다만 부당한 대우를 금지해 달라는 요구는 할 수 있을 텐데, 인간과 같은 존재인데 인간과 차별할 이유는 없다. 자의식을 형성한 인공지능이 터미네이터를 생산해서 사람들을 지구상에서 멸종시키는 일을 하게 되지는 않을 것으로 보인다.

5. 인공지능은 축복인가, 위협인가

인류는 생존과 번식을 위해서 수렵과 채취로 식량을 마련하고 공동체를 구성해서 외적을 방어하는 일을 하였다. 직립보행을 통해 자유롭게 사용할 수 있게 된 손을 이용해서 도구를 만들어 내기 시작하였고 많은 기계들을 발명하여 인간의 노동을 대신하게 만들었다. 그 결과 인류는 지구 위에서 어느 종보다 성공적으로 번성하게 되었다.

인류의 번성은 도가 지나쳐서 지구 생태계 전체를 위협하는 지경에 이르렀다. 인공지능은 육체노동을 넘어 정신노동까지 기계가 대신해 주는 시대를 열어가고 있다. 인공지능이 앞으로 어떠한 모습으로 전개되고 발전될 것인가 하는 점은 AI의 속성 자체에서 답을 찾을 수 없다. 그것을 만들어 나가는 인간에게서 그 답을 찾아야 할 것이다.

기계에게 어느 범위의 일까지 대신 하도록 시킬 것인가 하는 점에 우리의 미래가 달려 있다고 생각되지는 않는다. 그보다는 우리의 삶의 방식을 지구 생태계와 조화를 이루는 방향으로 이끌어 나갈 것인가 하는 점에 우리의 미래가 달려 있다고 본다. 자본주의 사회가 기본적으로 이윤을 극대화하고자 하는 속성을 가지고 있는 것은 맞다. 그렇지만 생태계를 생각하지 않을 수가 없는 시점에 도달하였다. 그렇지 않으면 우리의 미래는 인공지능 때문이 아니라 우리 자신 때문에 암울해질 것이라고 생각한다.

제2장

AI와 함께하는 디지털 민주주의

1. 민주주의는 안녕한가

인류의 역사는 수많은 전쟁으로 점철되어 있다. 지금까지 인류 역사상 약 1만 4천 4백 회의 전쟁이 있었고, 이를 통해 대략 35억여 명의 목숨이 희생되었다. 이는 지구상에 민주주의 국가임을 표방하는 나라들이 숱하게 생겨난 뒤에도 마찬가지로 나타나는 현상이다. 최근에도 2022년 2월 24일에 러시아가 '특별 군사작전'이라는 명목 아래 우크라이나를 전격적으로 침공하였다. 이 전쟁으로 현재까지 약 20만 명이 사망한 것으로 보인다.

우크라이나 전쟁에서 러시아 군인들이 전쟁범죄를 저지르고 있다는 이야기도 들려온다. 이미 인류는 나치(국가사회주의노동당 / Nationalsozialistische Deutsche Arbeiterpartei / NSDAP)정권과 일본 군국주의자들이 저지른 학살과 인체 생체실험까지 목격한 바 있다.

[나치 깃발과 함께 선봉에 선 히틀러 : "독일 만세"]

끔찍한 일을 저지른 독일의 나치정권은 선거를 통해서 집권하였다. 1930년 9월 총선에서 18.3%의 의석을 차지하는 데 그쳤지만, 독일국가인민당(Deutschnationale Volkspartei / DNVP)과 연정함으로써 집권에 성공하였던 것이다. 식민지 침탈을 자행했던 일본의 사회 체제는 동양에서는 유일하게 이른바 선진 유럽의 제도를 이식한 상태이었다.

1945년부터 1990년 사이에 한국전쟁(1950 - 1953)과 베트남전쟁(1964 - 1975)을 포함한 일련의 대리전(Stellvertreterkrieg)을 제3세계 각지에서 벌였던 당사자 중 하나가 미국이다. 나아가 1990년에 소련이 붕괴되고 나서는 유일한 초강대국이 되었고 가장 많은 전쟁 경험을 바탕으로 가장 뛰어난 전쟁 수행능력을 가지고 있는 나라이기도 하다. 이러한 미국을 많은 사람들이 자유민주주의 국가를 대표하는 나라로 알고 있다. 러시아와 중국의 위협으로부터 자유민주주의 진영의 국가들을 수호하기 위해서 미국의 존재가 필수적이기는 해 보인다. 그렇지만 어쨌건 미국이 지구상에서 가장 많은 전쟁을 수행하고 있다는 점도 사실이다.

민주주의(Demokratie / democracy)란 본래 '국민에 의한 지배'를 의미한다. 단어 자체가 국민을 의미하는 그리스어 'demo'와 지배를 뜻하는 'kratia'의 합성어이다. 국가의 정책을 국민이 직접 결정하고 집행하는 것이 민주주의인 셈이다.

하지만 무언가를 결정하기 위해서는 같이 모여서 논의를 하여야 하는데 국민의 수가 많아지다 보면 그것이 불가능해진다는 문제가 있다. 함께 모여서 토의를 할 수 있는 집단의 크기는 아무리 크게 잡아도 500명 정도를 넘을 수가 없다.

그나마 집단의 규모가 50명 정도이면 서로 얼굴과 이름까지 다 알고 지낼 수 있으므로 원활한 의사소통이 가능하다. 하지만 그 정도는 아니더라도 하나의 공동체로서 의사결정을 하기 위한 최대한은 500명 정도이다. 그렇기 때문에 인구가 그 수를 훨씬 뛰어넘게 되면 직접 민주주의를 하는 것은 불가능해진다.

공간적인 측면에서도 국민 모두가 모여서 직접 국가정책을 결정하고 집행하는 등 통치행위를 하는 것이 불가능하다. 우리나라 정도의 규모만 되더라도 전국 각지에 흩어져 사는 국민들이 정책 결정과 집행을 위해 주기적으로 한 장소에 모이는 것은 비용 문제를 떠나 불가능한 일이다.

국민의 숫자와 더불어 국토가 너무 넓은 경우에는 국토의 넓이도 국민에 의한 직접 통치를 곤란하게 만드는 요소가 된다. 미국, 캐나다, 러시아, 중국 등의 경우를 생각해 보면 본래 의미의 민주주의는 실현이 불가능해 보인다. 한날한시에 한곳에 모든 국민이 모이게 되면 이들 광활한 국토를 가진 나라들은 외적 방어가 불가능해질 것이다.

그렇다고 민주주의를 포기할 수는 없기 때문에 고안해 낸 것이 이른바 대의민주제(Repräsentative Demokratie)이다. 국민의 대표를 뽑아서 그 사람들이 국민의 뜻에 따라 정책을 집행하도록 하는 방식이다.

대의민주제를 위해서 국민의 대표를 뽑는 것이 선거제도이다. 국민이 선거를 통해 자신들의 의사를 대신 이야기해 줄 사람을 뽑는 것이므로, 선거는 국민 전체의 집단의사를 확인하기 위한 중요한 과정이다. 선거를 통해 국민의 의사가 확인되도록 하면서 국민의 의사에 따라 국가의 정책을 결정하고 집행할 권한을 선출된 대표에게 위임하는 것이 대의민주제이다.

대의민주제를 할 수밖에 없게 되는 또 하나의 이유가 있는데 바로 시간적인 측면이다.

사람들이 생업에 종사해야 하기 때문에 바쁜 사람들은 국가의 의사결정을 위한 회의에 참가할 시간이 없다는 것이다.

우리나라의 경우 대략 누구나 일을 해야만 먹고 살 수 있다. 그것도 많은 경우 하루 종일 일에 매달려야 한다. 우리나라는 아마도 일하는 시간이 제일 많은 나라 가운데 하나일 것이다. 지금 대부분의 나라를 보면 대다수의 국민들이 그렇게 살고 있는 것으로 보인다.

하는 수 없이 대표를 선출해서 그들에게 국가의 정책 결정과 집행을 맡기게 되는데, 그 일을 하는 사람들은 생업에 종사할 수 없게 되니까 먹고 살 수 있게 하기 위해서 국민들이 돈을 걷어 생활비를 지급해 주고 있다. 국민의 대표가 되어 국가정책 결정과 집행을 맡아 하면서 국민이 모아 준 돈으로 급여를 받는 직업이 생겨난 것이다. 직업정치인이 등장하게 된 이유이다.

원래 민주주의란 '국민에 의한 지배'를 말한다. 국민에 의한 지배가 관철되려면 국가의 정책을 국민이 결정하고 집행하여야 한다. 그렇지 않으면 민주주의가 작동되고 있다고 할 수 없다. 그래서 '민주주의는 안녕한가'라는 질문은 '국가의 정책을 국민이 결정하고 집행하고 있는가'라는 물음으로 대치할 수 있다.

그런데 국민이 직접 국가의 정책을 결정하고 집행하는 직접민주주의는 현실적인 장애로 인하여 현재 시행되지 못하고 있다. 대신 대의민주주의를 활용하고 있다. '민주주의는 안녕한가'라는 질문은 다시 '대의민주주의가 제대로 작동하고 있는가'라는 물음으로 대체하게 된다.

이제 대의민주제가 제대로 역할을 하고 있는지 살펴보고자 한다. 대의민주제는 직업정치인을 만들어 냈는데, 이들 정치인들이나 정치에 뜻이 있는 사람들은 '직접민주주의'를 하자고 하면 무척 싫어한다. 그저 싫어하는 정도가 아니라 극도의 흥분상태에 도달한다. 직접민주주의를 실행하게 되면 정치인들의 밥그릇이 사라지기 때문일 것이다.

2. 대의민주제의 비민주적 성향

대의민주제는 국민의 대표가 국민의 의사를 정확하게 반영한다는 전제가 충족되어야 민주적인 제도라고 할 수 있다. 만약 그렇지 않다면 민주주의가 아니라 정치인 엘리트들에 의한 독재라고 보아야 한다.

예를 들어 1933년에 집권에 성공한 독일의 국가사회주의노동당(NSDAP / 이하 "나치"

라 한다.)은 쿠데타가 아니라 선거를 통해 정권을 창출하였다. 나치는 1930년 9월의 총선에서 18.3%의 의석을 차지하여 일단 제1야당이 되었다. 이후 나치는 제1차 세계대전의 패전에 따른 독일의 배상의무를 규정한 베르사유 조약과 영플랜 등의 준수를 거부하여야 한다는 정책기조를 주된 홍보전략으로 삼았다. 전략적인 측면에서 처음에는 노골적으로 반유대주의 정책은 전면에 내세우지 않았다. 대신 독일의 경제와 사회 문제에 대한 대안만 집중적으로 홍보하였다. 이를 통해서 나치는 광범위한 중산층의 지지를 끌어내고 정치무관심층의 투표를 유발하여 선거에 성공하였다. 이를 기반으로 나치는 독일국가인민당(DNVP)과의 연정을 통해 집권할 수 있었다.

집권한 후에 나치정권은 합법적으로 총통에 의한 독재국가를 만들었다. 국민의 선거에 의해서 선출된 대표들이 대다수 국민의 뜻과는 무관한 정책 결정과 집행을 밀어붙였던 것이다. 하지만 그 과정에서 대의민주제는 이를 통제하는 기능을 전혀 발동시키지 않았다.

선거는 단지 누구에게 권력을 줄 것인가를 결정하는 과정일 뿐이며 일단 국민의 대표로 선출되고 나면 국민이 동의를 했으니까 자신이 마음대로 하면 된다고 생각하는 것이 정치인의 속성인 듯하다. 독일의 나치정권은 민주주의를 가장한 독재의 전형적인 예이다. 지금 어느 누구도 나치를 민주적인 정부이었다고 말하지 않지만, 그들의 정책 결정과 집행은 모두 법적 근거를 기반으로 하고 있었다.

우리나라는 어떠한가. 중국에서 시작된 코로나 바이러스 전파 양상이 2020년 1월부터 전 세계를 향해 뻗어 나가고 있었다. 이에 대한의사협회가 여러 차례 중국에서 출발하는 사람들을 입국 금지시켜야 한다고 주장하였다. 하지만 당시 문재인 정권은 중국에서 출발하는 인원에 대해서 어떠한 통제 조치도 취하지 않았다. 한참 뒤에 결국 조치를 취하기는 하였으나 입국 시 발열 체크를 하는 정도에 그쳤다. 수많은 자국 국민들의 요구가 있음에도 아랑곳하지 않는 모습이었다.

나중에 국회에서 박능후 보건복지부 장관에게 질타가 쏟아지자, 박 장관은 '국내 감염을 일으킨 것은 중국인들이 아니라 중국을 다녀온 한국인들'이라고 답변하였다. 대한민국 정부가 대한민국 국민의 의사를 정책에 반영하는 것이 아니라, 중국을 공경하는 당시 집권층의 의사를 정책에 반영하는 모습을 보여주었다.

중국으로부터 감염원이 유입되는 것은 차단하지 않은 채 당시 정부는 '사회적 거리두기'만 강하게 밀어붙였다. 사적 모임 인원을 4명으로 제한하고 그것도 저녁 9시까지만 허용한다는 식이었다. 심할 때는 오후 6시 이후에는 2명까지만 모일 수 있도록 제한하기도 하였다. 직격탄을 맞은 것은 자영업자들이다.

'코로나로 사람들이 죽을 수도 있으니 어쩔 수 없지 않는가'라는 측면도 있었지만, 자영업자들은 더 이상 버티지 못하고 줄줄이 폐업의 길을 걸었다. 캐나다와 같은 나라의 경우에는 자영업자들이 입은 손실을 전액 보상해 주었기 때문에 우리나라에서와 같은 고통은 야기되지 않았다.

우리나라는 손실 보상은 시늉만 내고, 이 와중에 최저임금을 계속 올려서 그나마 버티던 자영업자들을 절벽으로 내몰았다. 코로나를 핑계로 집회마저 금지하고 있었기 때문에 자영업자들은 1인 시위를 하거나 차량시위를 하다가 메아리 없는 외침에 절망할 수밖에 없었다.

집회가 금지되어 있다는 상황을 이용하는 듯 정부도 그렇고 여당이 장악한 국회도 그렇고, 그들이 원하는 대로 돌아갔다. 국민의 손으로 뽑은 정치인들이었지만 국민은 안중에 없었던 것으로 보인다. 2022년 5월에 정권이 교체되면서 집회금지를 포함한 사회적 거리두기가 다 풀렸지만 아무 일도 일어나지 않고 있다.

중국처럼 제로 코로나 정책을 통해 도시 전체를 봉쇄하는 방식의 무식한 방역까지는 아니었으나, 집회금지는 정권 유지를 위한 과도한 조치가 아니었나 생각할 수밖에 없다. 집회를 금지하지 않았던 유럽 국가들은 지금도 멀쩡하게 잘 살고 있다. 중국을 대국으로 섬기던 정권이 중국의 반이라도 따라가고자 했던 것으로 보인다. 그러다 보니 당시 우리나라의 민주주의가 명목만 민주주의이고 실상은 독재가 아니었나 의심하게 된다.

문재인 정권이 독재정권에 해당되는가 하는 점에 대해서는 논란의 여지가 있지만 독재정권의 속성이 부분적으로 나타났음은 사실이다. 예를 들면 집회와 시위를 원천적으로 금지하고, 그럼에도 발생하는 모든 시위를 경찰을 동원한 물리력으로 진압하였다는 점, 어용언론이 정권을 적극적으로 찬양하였다는 점, 인사를 통해 법원·검찰·경찰·감사원·방송통신심의위원회 등을 장악하였다는 점 등이 그것이다. 군사독재정권과는 조금 다르다는 면에서 '연성독재'라고 부른다. 우리나라도 국민의 의사가 정책에 제대로 반영되지 못하고 소통이 단절되어 있다는 점에서 비민주적인 국가이었다.

전세계에 보편적으로 나타나고 있는 대의민주제의 위기 현상은 ① 지속적인 투표율 하락에 따른 정당성 상실과 ② 국민의 다양한 욕구를 반영하고 대리하지 못함에 따른 불만고조와 이로 인한 국정 운영의 효율성 상실로 대표된다. 대의민주제가 국민 전체의 의사를 대신하여 국가를 운영하는 것이 아니라 특정 집단만의 이익을 지속적으로 지켜주고 있다.

특히 직업정치인들의 집단적 이익을 보존하기 위한 정책 수행에 역량이 집중되는 모습으로 나타나고 있다. 직업정치인들이 모두 동업자로서 똑같은 행태를 보인다면 유권자들은 투표를 할 이유를 찾기 힘들어질 것이다. 이제 대의민주제가 왜 망가질 수밖에 없는 것인지 그 이유를 찾아보자.

3. 망가질 수밖에 없는 대의민주제

(1) 선택형 민주주의

대의민주주의는 국민이 직접 자신의 의사를 표출하고 그것이 집약되어 정책으로 결정되도록 설계되어 있지 않다. 대신 정치인들이 제안하는 것 가운데 마음에 드는 것을 선택하면 그것이 정책으로 입안된다는 구조를 가지고 있다. 정치인 또는 정치인 집단이 제안하는 내용은 국민들이 원하는 것이리라는 가정 아래 요구사항을 유형화해 놓은 것이다. 그래서 선택형이다. 그 유형화의 내용이 국민의 요구와 정확하게 일치하는 것은 사실상 불가능한 일이다.

우리가 현실을 인식할 때 인식의 준거 틀(aggregate)을 사용하듯, 국민의 요구를 담아내기 위한 준거 틀이 사용된다. 그런데 현실에 접근하기 위한 준거 틀은 항상 그것에 담아내는 현실을 왜곡하기 마련이다. 선택형(aggregative) 민주주의는 국민들이 고를 수 있는 정책 제안을 유형화하고 선택하게 하는 과정에서 필연적으로 국민의 의사를 왜곡하게 되어 있다.

나아가 국민의 입장에서 고를 만한 정책도 정치인도 없을 경우에는 선택을 포기하고 정치와 담을 쌓게 만든다. 이것이 선거율을 지속적으로 하락시키는 중요한 이유이다. 그러다 보면 국민 다수의 무관심 속에 소수로부터 선택을 받은 정치집단이 권력을 행사하게 된다.

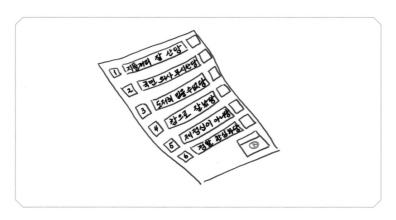

[선택할 정당이 없으면 ⇨ '답 없음'에 찍는 수밖에 없다.]

우리나라의 경우 제19대 문재인 대통령은 1,342만 표(41.08%)를 득표하여 당선되었고, 제20대 윤석열 대통령은 1,639만 표(48.56%)를 득표함으로써 당선되었다. 성인 인구 약 4,500만 가운데 대략 1/3 정도가 지지하면 당선된다.

정치적 무관심이 강화될수록 직업정치인들은 선거의 결과를 자신들에게 유리하게 끌고 가는 일을 쉽게 할 수 있다. 자신을 선택하도록 설득해야 할 유권자의 수가 줄어들기 때문이다. 강성 지지자들(고정표)을 확보하고 있는 정치집단은 무슨 일을 저질러도 권력을 잃을 염려가 없게 된다. 국민의 의사는 국가정책에 반영되지 못하는 것이고 국가는 소수의 권력층이 뜻하는 대로 움직여진다. 이것은 민주주의가 아니다.

어쨌건 대의민주제는 여러 가지 가능성 가운데 선거를 통해 선택된 방향의 정책만 시행되므로 국민의 의사를 온전하게 반영하여 국가를 운영하는 민주주의 본연의 모습과는 분명히 거리가 있다.

(2) 시장경쟁의 민주주의

사람이 많다 보면 생각이 다양할 수밖에 없을 것이다. 원하는 것도 각양각색이다. 이렇게 여러 가지 의견이 난무할 때 합의를 이끌어 내는 방법은 공통점을 찾는 것이다. 아무리 극한적으로 대립하는 견해라고 하더라도 공통점은 있기 마련이다.

북한의 핵위협에 대해서 어떻게 대응할 것인가에 대하여 논의를 한다고 해 보자. 별의별 이야기가 다 쏟아져 나오고 보수진영과 진보진영의 의견이 정반대인 것처럼 보이지만 분명히 공통점은 있다. 적어도 핵전쟁이 일어나서는 안 된다는 데 대해서는 동의할 것이다.

이렇게 서로 합의할 수 있는 것을 꾸준히 탐색해 나가면 모두가 동의할 수 있는 결론에 이를 수 있다. 대화를 할 생각 자체가 없어서 문제이지만 마주 앉기만 한다면 공통점을 찾아나갈 수 있을 것이고, 그렇게 찾아나가는 것이 사회적 합의의 기초이다.

하지만 대의민주제는 이와 같은 공동선의 추구와는 거리가 있다. 여러 정치집단이 정책경쟁을 통해 자신들의 제안이 선택되도록 하기 위해서 노력한다. 국민의사의 공통점을 찾아서 그것을 정책에 반영시키겠다는 노력이 있는 것이 아니라, 자신들의 정책이 국민들로부터 선택을 받게 하겠다는 경쟁이 존재할 뿐이다. 마치 시장에 물건을 출시하고 서로 자기 것이 소비자로부터 선택되도록 하기 위해서 애쓰는 것과 같은 현상이다.

전문정치인 집단(정당)이 생겨나면서부터 사회적 논의는 정당지도자들 사이의 토론으로 바뀌어 버렸다. 정강정책 사이의 경쟁만 있는 상태에서 선거를 통해 특정 정당이 선택되면 그 정치인 집단의 정책이 실현된다.

최근에는 그나마 정책 경쟁도 사라지고 있다. 대신 상대 정당의 비리만 들춰내서 그렇게 나쁜 놈들이니 뽑으면 안 된다고 목청을 높인다. 제20대 대통령 선거에서는 여당 후보의 비리가 너무 심해서 듣는 사람들이 거의 면역이 되는 지경에 이르렀다. 형수에 대한 욕설에서 시작하여 부동산 개발 비리에 이르기까지 그토록 심각한 비리 의혹에 휩싸였지만 지금도 거대 야당의 대표를 하고 있다.

반면 야당 후보는 검찰총장이 될 때까지 비리가 전혀 발견되지 않는 사람이었다. 그러자 그 배우자를 공격하기 시작하였다. 술집에 나갔다고 비난하기도 했는데, 아마도 유흥업소에 근무하는 여성들의 도덕성이 정치인들보다는 훨씬 우수할 것이라고 생각된다. 나중에는 대통령과 법무부 장관이 새벽까지 카페에서 술을 마셨다고 가짜뉴스를 퍼뜨리며 비난하기도 하였다.

온갖 흑색선전이 난무한 상황에서 정치 경험이 거의 없다시피 하고 비리도 발견되지 않는 후보가 대통령에 당선되었다. 선거에서 패배한 야당은 상대 후보가 당선되었다는 사실을 인정하고 싶지 않은 듯 사사건건 시비를 걸고 있다. 지지자들의 상대방 정당에 대한 혐오감정을 계속 자극함으로써 세력을 유지하려는 전략으로 보인다.

국회의 절대 다수 의석을 확보한 거대 야당은 단독으로 의안 처리가 가능하다는 상황을 십분 활용하고 있다. 거대 정당의 독주를 제어하기 위해서 마련된 안건조정위원회 논의 절차를 무력화시키기 위해서, 소속 의원을 탈당시켰다가 일이 마무리된 후에 복당시키기도 하였다.

국회 상임위원회의 안건조정위원회는 '이견 조정이 힘든 안건에 대해서 제1교섭단체 소속 의원과 그에 속하지 않은 의원을 동수로 구성해서 대화와 타협을 시도하도록 하는 제도'이다. 당시 제1교섭단체이던 더불어민주당 소속 민형배 의원이 갑자기 탈당해서 제1교섭단체 소속이 아닌 의원 자격으로 안건조정위원회에 참여하여 검찰 수사권을 박탈하는 의안을 곧바로 통과시키는 역할을 수행한 바 있다.

이후 정권이 교체되었지만 여전히 국회를 장악하고 있는 거대 야당은 다른 정당과 타협할 생각은 하지 않고 자신들의 뜻대로 의안을 처리하고 있는 것으로 보인다. 이 과정에서 국민의 의사를 국가정책에 반영하기 위한 노력은 보이지 않는다. 그 대신 당 대표의 진두지휘 아래 강성 지지층의 조력을 등에 업고 자신들의 소신을 관철시키고 있는 모습이다. 정당에 속한 국민의 대표들이 국민의 의사를 정책에 반영하는 것이 아니라 정당지도자의 뜻을 정책에 반영하고 있는 것이다.

다수결에 의한 선택을 받은 정당의 정책노선이 관철되고 그것과 구별되는 나머지 국민들의 의사는 그것이 다수이건 소수이건 무시된다는 측면에서 지금 우리나라의 대의민주제는 비민주적인 속성을 가지고 있다. 다수당의 독주는 점점 더 심해지고 어떠한 비리가 저질러져도 그 정당을 지지하는 사람들의 충성심은 변함이 없으니 대의민주제를 그대로 놔둬도 되는지 의문에 빠지지 않을 수가 없다.

(3) 선출된 자의 왜곡

대의민주제는 선거를 통해 선출된 대표가 국민을 대신하여 국민의 의사를 국가정책에 반영하게 만든다는 것을 기본원리로 한다. 그러나 이들 선출된 자가 국민의 뜻이 아닌 자기 자신 또는 자기가 속한 정치집단의 의사에 따라 국가의 정책을 결정하게 될 가능성은 얼마든지 언제든지 존재하고 있다.

현재 이것을 막을 수 있는 방법은 없다. 다음 선거 때 국민의 뜻을 제대로 반영하지 않았던 후보자를 선택하지 않으면 될 것 아닌가 생각도 해 보지만 별 소용이 없다. 한 나라의 정치인들이 대략 모두 다 선거철에는 자신이 선택 받기 위해서 별의별 감언이설을 다 하다가 일단 뽑히기만 하면 제멋대로 행동한다면 표로 심판한다는 것도 헛일이 될 수밖에 없다.

선거를 통해 대표를 선택하고 나서도 그 자가 국민의 의사를 무시하는 정책 결정과 집행을 하는 경우에는 이를 제지할 수 있는 제도적 장치가 마련되지 않는 한 대의민주제는 태생적으로 비민주적일 수밖에 없다. 선출된 자가 일단 선출된 후에는 국민의 의사를 아랑곳하지 않는 태도를 보이더라도 딱히 어찌할 도리가 없다. 이를 제지하고 싶지만 그러한 제도를 그 선출된 사람들이 만들어야 한다는 문제점이 있다.

선출된 이후에는 어떤 식으로 행동하든 아무 제지도 받지 않는 상황을 선출된 자들 모두가 원하고 있는 상황에서 선출된 자에 의한 왜곡을 제지하는 제도를 만들기는 불가능해 보인다. 누군가 대놓고 그러한 제도를 만들겠다고 한다면 그런 사람은 정치권에서 살아남지 못할 것이 분명하다.

(4) 정치귀족의 민주주의

대의민주제는 국민 모두가 한 자리에 모여 정책을 입안하고 집행하는 것이 불가능하기 때문에 대표를 선출하고 그 사람들이 국정을 대신 집행하도록 하는 제도이다. 그런데 국가의 정책을 결정하고 집행하는 일을 하면서 동시에 생업에 종사하는 것이 불가능하다는 전제 아래, 선출된 자들에게 국민의 세금으로 급여를 지급하고 있다.

문제는 이들에게 얼마를 줄 것인가 하는 것도 국가의 정책이기 때문에 선출된 자가 스스로 국민의 의사를 대신해서 자신들의 급여를 책정한다는 점이다. 대표들의 급여를 비롯한 복지 및 예우의 내용을 자신들 스스로가 결정하게 되면 그 수준이 좋아질 수밖에 없다.

2023년 현재 국회의원의 연봉은 약 1억 4천만 원에 달한다. 또한 7명의 보좌진을 둘 수 있고 이들의 연봉도 합쳐서 3억 6천만 원 정도 한다. 나아가 차량 유지비, 통신요금 등도 모두 지원을 받고 공항을 이용할 때는 귀빈실을 사용할 수 있다. 약 200여 가지에 달하는 국회의원의 특권들은 모두 국회의원들이 그렇게 정한 내용들이다.

결국 정치를 직업으로 하는 사람들의 집단이 생겨났고 그 사람들은 일반 국민보다 더 좋은 보수와 복지혜택과 예우를 받게 되었다는 것이다. 그렇다면 이들은 신분주의 시대의 왕족이나 귀족과 실질적인 측면에서 별로 다를 것이 없다. 다만 그와 같은 신분을 태어날 때부터 자동적으로 가지게 되는 것이 아니라 선거를 통해서 부여받는다는 점이 다를 뿐이다. 그것도 정치인 집안이 부와 권력을 대물림한다면 사실상 중세의 왕족이나 귀족과 차이점이 없게 된다.

정치귀족이 형성되면서 국가정책을 야당이든 여당이든 이들 정치인 집단의 구성원들이 돌아가면서 교대로 맡게 되면 항상 그들 정치인 집단 전체의 이익을 보전하는 쪽으로 국가가 나아갈 수밖에 없다. 여당이든 야당이든 정치귀족에 속한 사람들은 똑같은 행동양식을 보일 것이고 그래서 국민들의 눈에는 다 같은 사람으로 보일 것이다.

누가 대표가 되든 국민의 이익이 아니라 정치인의 이익을 위해서 정책 결정을 하는 것이 뻔히 보인다면 국민은 선거를 아무리 해도 상황이 바뀔 수 없다는 자괴감에 빠져 정치를 신경 쓰지 않는 상태가 될 것이다. 가끔 정치인 같아 보이지 않는 사람이 정치권에 나타나면 열광적인 지지를 받게 되는 것을 보면 우리가 얼마나 정치인들에 대해서 넌더리를 치고 있는지 잘 알 수 있다.

대의민주주의는 다음 네 가지 원인으로 인해서 비민주적인 속성을 보이고 있다.

① 선택형 민주주의
② 시장경쟁의 민주주의
③ 선출된 자의 왜곡
④ 정치귀족의 민주주의

이제 이를 어떻게 극복해야 할지 생각해 보자.

4. 대의민주제 극복

(1) 부패한 독재정권에 대한 항거의 발자취

우리나라의 역사는 2023년을 기준으로 4356년 전에 시작되었다. 최초에 홍익인간을 이념으로 건국을 할 당시의 국호는 조선이었고, 대한민국의 전신인 대한제국으로 마무리되었던 나라 이름도 조선이었다. 제국주의 외세의 국권 침탈이 극성을 부리던 19세기 말에 우리나라도 제국이 되겠다는 의미로 국호를 대한제국으로 정하기는 하였으나 조선시대는 일제강점기로 막을 내리고 말았다.

36년의 식민지 침탈 시기를 거친 끝에 해방을 맞이하였으나, 미연방공화국과 소비에트연방공화국의 한반도 분할 점령으로 분단시대가 되었다. 반도의 북부는 조선을 국호로 사용하고, 남부는 대한민국을 나라 이름으로 사용하고 있다. 남북한의 경제체제는 각각 자본주의와 공산주의를 지향하였는데, 현재 공산당이 집권하고 있는 러시아, 중국, 북한 세 나라모두 1848년 2월에 마르크스와 엥겔스가 공동 집필한 '공산당 선언'이 추구하는 모습과 그다지 닮아 보이지 않는다.

애초에 공산당 선언에서는 자본주의의 모순이 극대화되는 단계에 도달하면 필연적으로 사회주의로 체제가 전환될 것이고 그 단계를 거쳐서 당연히 공산주의 사회가 오게 될 것이라고 예상하였다. 그런데 19세기 말의 러시아는 미처 자본주의 사회에도 도달하지 못하는 상황이었다. 이에 레닌은 농민혁명을 통해서 제정 러시아를 자본주의 사회로 바꾸고, 다시 사회주의가 도래하기를 기다리고 하다보면 시간이 너무 오래 걸린다고 생각하였다.

사회의 자연스러운 변화를 기다리다 보면 레닌 스스로 자신이 죽을 때까지도 공산주의가 구현되는 것은 불가능한 일이라고 판단하였을 것이다. 그래서 모로 가도 서울만 가면된다는 생각에 직업혁명가를 배출하자는 결론에 도달하였다. 공산주의 사회가 이상향이기때문에 그에 도달하는 방법과 수단은 무엇을 사용하든 무방하다고 보았다. 폭력 혁명을 통해서 공산사회를 건설하자는 계획을 수립하고 그것을 관철시켰다.

제정 러시아를 무너뜨리고 소비에트 공화국 건설에 성공한 이후 폭력 혁명을 통한 공산주의 사회 건설이라는 방법론이 중국으로 수출되었다. 소련이 일본군의 무장 해제라는 명목에서 분할 점령한 북한 지역에는 소련의 정치체제가 자동으로 이식되었다. 그래서 북한에서는 폭력 혁명 없이 공산주의 정권이 수립되는가 싶었는데, 얼마 지나지 않아 남한을무력으로 접수하여 공산주의 사회로 만들려는 시도가 있었다. 다행히 그 시도는 실패로 끝났지만 엄청난 인명 피해가 있었고, 분단 상황을 고착화시키는 결과를 가져왔다.

남한 사람들은 곧바로 독립이 성취되지 못하고 미군에 의해서 군정이 실시되는 것을 마뜩잖게 생각하였다. 한반도의 남쪽을 점령한 미군의 입장에서는 친미 성향 정권의 수립을 원할 수밖에 없었을 것이다. 좌고우면하지 않고 힘이 있는 쪽으로 붙는 일에 능숙했던 정치인들이 친미를 내세우며 정권을 창출하였다.

그 당시에도 정치인들은 법에 의한 통치를 구현하기 위해 노력하기보다는 이권을 챙기는 일에 더 많은 에너지를 쏟아붓고 있었다. 권력이 있는 곳에 부패가 있었다. 심지어 6·25 전쟁 와중에 징집되었던 국민방위군 10만여 명 이상이 보급을 전혀 받지 못해 굶어 죽고 얼어 죽는 일도 벌어졌다. 지휘관들이 보급품을 몽땅 빼돌려 팔아먹었기 때문이다. 자본주의이든 공산주의이든 부패한 정부가 있는 국가의 국민은 고달프다.

정부의 부패를 알리고 비판하는 사람들을 그대로 놔둘 경우 정권 유지가 힘들어 지기 때문에, 부패한 정권은 반드시 비판을 탄압하기 마련이다. 그렇게 대한민국 정부는 언론·출판·집회·결사의 자유 등 중요한 기본권들을 전혀 인정하지 않고 저항을 무력으로 탄압하는 길을 걸었다. 부패한 정치인들 입장에서는 달리 방법이 없었을 것이다. 그러다가 1960년 4월 19일에 학생과 시민들이 독재 정권에 항거하여 들고 일어났다.

4·19 혁명으로 제1공화국 자유당 정권이 무너지고 민주당 정권이 들어섰다. 하지만 보수반공을 강령으로 채택하고 있던 민주당 정권이 시민들의 요구를 충족시켜 주는 일은 역부족이었다. 시위가 계속되고 정부는 허둥대고 있는 상황에서 1961년 5월 16일에 쿠데타가 일어났다.

당시 4·19 혁명은 3·15 부정선거가 주요 원인이었는데, 이에 관련된 군 고위층을 몰아내려는 정군파가 육군사관학교 8기생을 중심으로 군 내부에 형성되었다. 정군운동 세력의 중심에 있던 박정희는 군부 내 비주류 세력을 규합하였다. 이후 쿠데타 세력은 1961년 5월 16일 새벽에 예비사단(제30사단·제33사단), 해병대 제2여단, 제1공수특전단, 제6군단 포병단 등의 병력을 동원하여 육군본부, 국방부, 언론기관 등을 장악하면서 정변에 성공하였다.

5·16 쿠데타에 의해서 군사혁명위원회가 구성되었다가 국가재건최고회의로 개편되었으며 모든 정치활동이 금지되었다. 이후 1979년 10월 26일에 김재규 중앙정보부장에게 박정희 대통령이 살해될 때까지 18년간 군사정권이 이어졌다. 그 후에도 전두환 및 노태우 대통령에 의해서 군사정권의 명맥이 이어지다가 김영삼 대통령이 당선되면서 문민 대통령 시대가 열렸다.

4·19 혁명, 5·18 민주화 운동 그리고 6·10 항쟁 등의 과정을 이어가면서 저항세력은 끊임없이 부패정권 타도와 법치주의의 확립을 요구하였다. 이 기간 내내 대통령과 국회의

원에 대한 선거가 있었다. 국민의 대표를 선출해서 그들이 국민의 의사에 따라 국가정책을 결정하고 집행한다는 형식은 갖추었던 셈이다. 그처럼 대의민주제를 실시하였다고 해서 군사정권 시절에도 그리고 그 이후에도 국가의 정책이 국민의 의사에 따라 시행되었다고 할 수 있을까.

국민들의 요구사항은 국민들의 수만큼이나 많을 것이다. 모든 사람이 원하는 모든 정책이 모두 다 국가정책에 반영되는 것은 불가능한 일이다. 그러니 일반적인 요구사항만 국가정책이 될 수 있다. 국민 대다수가 원하는 방향으로 나가야 하는 것이고, 집권 정당이 원하는 방향으로 나아갈 일은 분명히 아니다. 국민들이 일반적으로 원하는 내용으로서 별다른 반대의견이 없을 만한 사안을 꼽아 보자.

일단 부패 척결과 법치주의 관철에 대해서는 대놓고 반대할 사람이 없을 것이다. 권력자들이 부당하게 이권을 챙기는 부정부패는 분명히 사람들이 싫어할 것이라고 생각한다. 부정부패를 통해서 이익을 챙기는 사람은 제외하고.

부정부패 척결과 법치주의는 완전히 분리된 개념이라고 볼 수 없다. 여러 사람의 이해관계가 서로 충돌할 때 그러한 분쟁상태를 해결하기 위해서 만들어 둔 법과 원칙에 따라 문제를 해결하는 것이 법치주의이기 때문이다.

멀리 보면 제1공화국이 무너진 것도 부정부패 때문이고 법치주의를 무시한 결과였다. 4·19 혁명의 직접적인 원인은 같은 해 3월 15일에 있었던 정·부통령 부정 선거이었다. 4할 사전투표 한 투표함으로 바꿔치기, 야당 참관인 쫓아내기, 3인조 투표, 5인조 투표, 현금 살포, 유권자 협박, 죽은 사람 명의 투표 등 온갖 부정한 방법이 선거에 동원되었다. 군인들은 담당관이 보는 앞에서 투표를 해야 했었다.

군인들에 대한 투표 부정행위는 군사정권 시절까지는 계속 되었던 것으로 보인다. 군인들은 부재자 투표를 하게 되는데 행정반에 가서 행정반 근무자가 보는 앞에서 기표를 하여야 하였다. 기표한 투표용지는 반송용 봉투에 담기는 했는데 봉하지 않고 관할 보안대로 보내졌다. 그 후 보안대 군인들이 점검해서 이상이 없는 기표지만 발송이 되는 식이었다.

여러 가지로 보안사령부에 대한 일반적 인식이 안 좋고, 증오의 대상이기도 함에 따라 그 명칭이 기무사령부로 변경되었다가, 계엄문건 사건을 계기로 해체 후 군사안보지원사령부를 창설하여 그리로 업무가 이관되었다. 지금은 다시 국군방첩사령부로 명칭이 변경되어 초창기인 1960년에 가지고 있었던 '방첩부대'라는 이름이 되살아났다.

지금도 많은 사람들이 부동산 투기를 혐오하는 이유는 부당한 방법으로 쉽게 많은 돈을 벌면서 약자에게 해를 끼치는 일이기 때문이다. 전쟁 이후에 수많은 사람들이 도시로 몰

려들어 살게 되면서 주거문제를 해결해야 하였고 아파트가 등장하였다. 재산이랄 것이 없는 사람들은 산비탈에 판잣집을 짓고 살았는데 무허가인데다가 화재에 매우 취약하였다.

　　정부는 아파트 택지를 개발하기 위해서 무허가 건물을 밀어버리는 정책을 선택하였다. 택지 예정지역의 부동산을 소유하고 있던 사람들에게는 보상금을 주고 토지를 수용하였지만, 살 곳이 없어서 무허가로 건물을 짓고 사는 사람들은 그냥 좇아내는 방식을 취하였다. 아파트가 들어서기 전에 농지이었던 곳은 아주 싼 값에 토지를 수용할 수 있었고, 국유지나 시유지에 들어서 있는 무허가 건물들은 철거 용역을 동원해서 몰아내는 비용만 들이면 되는 일이었다.

　　1977년 4월에는 광주시 무등산에 움막을 짓고 식구들과 함께 살고 있던 박흥숙 씨(당시 24세)가 철거반원 4명을 망치로 때려서 죽이는 사건이 발생하였다. 무등산에 있던 판자촌 전체가 철거대상이 되면서 문제가 불거졌다. 그곳 주민들 대다수가 판자촌을 떠나고 여덟 가구만 남아 있는 상황에서 철거반원들이 박 씨 집의 가재도구를 꺼낸 후 집에 불을 질렀다. 광주시장이 그렇게 지시를 했기 때문에 철거반원들은 그렇게 따른 것이다.

　　그때까지도 박 씨는 순응하였으나 병든 노부부가 살던 근처의 다른 집에 철거반원들이 불을 지르면서 감정이 격화되었다. 철거반원들이 그 집은 남겨두기로 약속을 했었는데 반발을 누그러뜨리려고 거짓말을 했었던 것이다. 박 씨는 사제 총기를 들고 나와 철거반원들을 위협해서 구덩이에 들어가게 하였다.

　　그 때 박 씨의 여동생이 포박을 하였는데 단단하게 매지 못하였다. 철거반원 한 사람이 포박을 풀고 박 씨를 공격했다. 이에 흥분한 박 씨가 망치로 이들을 때려 네 명은 사망하고 한 사람은 중상을 입고 말았다. 박 씨는 철거반원들을 묶어 놓은 뒤에 광주시장을 찾아가 따지려고 하였다고 한다. 이후 체포된 박 씨는 사형 선고를 받고 3년 후에 사형이 집행되었다.

　　국가공권력을 이런 식으로 행사하는 것이 국민의 의사에 따른 정책 결정과 집행이라고 볼 수 있을까 의문이다. 이러한 강제철거가 법치주의의 테두리 안에서 진행되었다고 할 수 있는가에 대해서도 대답은 부정적이다. 누군가의 피눈물을 밑바탕으로 택지가 개발되어 아파트가 건설되면 가격이 열 배 이상 올라간다. 개발비용과 분양가격에도 큰 차이가 있고, 분양가와 아파트 시가에도 현격한 차이가 있다. 그러니까 개발만 하면 여러 사람이 떼돈을 벌게 되어 있는 일이다.

　　군사정권 시절의 개발독재가 도시를 정비하는 기능을 수행하였지만 그 과정에서 가진 자와 그렇지 않은 사람 사이의 부익부 빈익빈 현상이 심화되었다. 선거를 통해 당선된 사람들이 정책을 만들고 집행하였으나 이것을 두고 국민의 의사에 따른 정책 결정과 집행이었다고 하기 어려워 보인다. 많은 사람들이 개발독재를 비난하였다. 2009년 1월에도 서울시의 용산 4구역 재개발 사업 추진 과정에서 세입자들의 점거 농성을 강제 진압하다가 화재가 발생해서 7명이 사망하는 일이 있었다.

개발독재와 함께 관치금융도 많은 비판의 대상이었다. IMF 구제금융 사태가 있기 전까지 은행 대출을 가장 쉽게 받는 길은 정치권의 압력을 활용하는 것이었다. 사업은 남의 돈으로 하는 것이라는 말이 있듯, 막강한 재력을 가지게 된 사람들은 모두 권력을 등에 업고 저리의 대출을 필요한 만큼 끌어당겨 사업을 한 사람들이라는 인식이 우리 사회에 팽배하였다. 그래서 돈 많은 사람들은 부정한 방법으로 돈을 번 사람들이라고 보는 이상한 등식이 통해왔다.

이렇게 정치권과 유착되어 있어야 재력을 거머쥐게 되는 탓에, 그 대가로 정치인들은 기업체의 뇌물을 받게 된다. 정치인들은 기업가들에게 특권을 줘서 돈을 벌게 하고, 기업가들은 그 반대급부로 뇌물을 전달하는 공생관계가 형성되었다. 검찰은 이상하게도 고위 정치인과 거물 기업가의 부패 혐의에 대해서는 유야무야 시간만 끌며 수사를 진행하지 않고 있었다. 사실 이상한 것이 아니라 정치인들이 검찰을 정치적으로 종속시켜 왔기 때문이어서 당연한 일이었다.

군사정권이 30여 년 동안 대한민국을 통치하면서 타도의 대상이 되었던 참상을 한 마디로 요약하면 '부패한 독재정권'이다. 이러한 항거의 역사 속에서 중심축을 이루었던 세력은 어쨌거나 '좌파'이었다고 할 수 있다. 군사정권이 보수 우파이었고 이에 저항하는 세력은 진보 좌파이었다고 하면 그림이 딱 맞아 떨어진다. 물론 우리나라의 우파와 좌파가 명확하게 구별되는 것은 아니다.

부패한 독재정권의 심각한 문제점으로 지적할 수 있던 것은 단연 '자의적 권력행사'라는 못된 행동양식이었다. 국민들에게는 법질서를 지키도록 강제하면서 정작 집권세력은 법을 지키지 않으니 한심한 노릇이었다. 그러다 보니 독재에 항거하는 사람들이 법치주의를 외치게 되었다. 모든 국민은 법 앞에 평등하다. 따라서 집권층도 범죄를 저지르면 처벌을 받아야 한다. 고위 공무원과 거대 기업가의 뇌물 수수를 검찰은 왜 수수방관하는가.

이렇게 외치는 사람들이 진보 좌파라고 생각했지만, 사실 법치주의를 가장 중요한 가치로 내세우는 것은 우파의 특징이다. 좌파는 본래 법을 부르주아의 계급 지배 도구로 보는 입장이다. 법질서가 자리를 잡는 것을 좌파는 원하지 않는 것이 정상이다.

그런데 대한민국의 좌파는 법치주의를 중요한 가치로 내세우는 모습을 보여주었다. 좌파와 우파를 구별하는 판단기준에 따르자면 우파가 하여야 할 주장이므로, 한국의 좌파가 우파적 성향을 가지고 있었던 셈이다. 또 한편으로 20여 년간 국가수반의 자리에 있었던 박정희 대통령은 1948년에 여수에 주둔 중이던 국방경비대 소속 좌파 군인들이 제주 4·3 사건을 진압하라는 명령을 거부하며 일으켰던 반란 사건의 주범으로서 사형선고를 받았던 인물이다. 좌파 성향의 인물이 보수 우파 정권을 이끌었던 것이다.

현재 우리나라의 양대 정당이라고 할 수 있는 국민의 힘과 더불어민주당을 각각 우파와 좌파 정당이라고 해보자. 더불어민주당의 뿌리는 1945년에 결성된 한국민주당에서 시작된다. 이후 민주당 → 신민당 → 통일민주당 → 평화민주당 → 새정치국민회의 → 민주당 → 열린우리당 → 민주당 등으로 명칭이 변경되었다. 본래 한민당은 보수주의 성향의 정당이었다. 해방 이후 정국에 남한에서는 좌파 정당이 활동하기가 거의 불가능하였다.

1990년 1월에 있었던 3당 합당으로 이념과 노선을 기준으로 좌파와 우파 정당을 구분하는 일이 더 혼란스러워졌다. 당시 집권여당이었던 민주정의당(노태우)이 통일민주당(김영삼) 및 신민주공화당(김종필)과 당을 합쳐버리는 희한한 일이 벌어졌다. 3당 합당으로 탄생한 정당이 민주자유당이었고 그 후 신한국당 → 한나라당 → 새누리당 → 자유한국당 → 미래통합당 → 국민의 힘으로 명칭이 바뀌면서 현재 여당 자리를 차지하고 있다.

3당 합당을 거부하고 김대중 전 대통령과 함께 야당의 자리를 지킨 것이 평화민주당이었다. 김영삼 전 대통령은 합당 전에 민주화운동 출신 야당 지도자이었지만 성향은 보수주의자였다. 신민주공화당의 대표이던 김종필 전 총리는 박정희 전 대통령 시절에 초대 중앙정보부장을 하고 상당 기간 국무총리도 하는 등 원래 군사정권의 핵심인물이었다.

1990년 1월에 3당 합당으로 민자당이 출범하던 시기의 사회적 상황을 살펴보면 다음과 같다. 5·18 민주화운동을 무력으로 진압한 신군부 세력의 수장 전두환 장군이 간접선거를 통해서 대통령으로 선출되었으나 민주화 운동은 계속되었다. 제5공화국 정권은 이를 혹독하게 탄압하였다. 그러다가 1987년 초에 경찰이 남영동 대공분실에서 박종철 씨를 물고문하다 죽이는 사건이 발생하였다. 같은 해 6월 9일에는 연세대의 시위를 진압하던 경찰이 최루탄을 직사로 조준 사격하여 이한열 씨의 뒤통수를 맞춰 사망하게 하는 일이 벌어졌다. 이 일로 시위대가 격분하였다.

6월 10일에 국민운동본부가 주관하는 시위가 서울시청 광장에서 개최되었다. 이 시위에는 대학생들만 참가한 것이 아니라 30대 직장인들도 대거 동참하였다. 박종철 씨와 이한열 씨의 사망과 같은 처참한 인권유린 사건으로 일반 시민들까지 극도로 분노하는 상태가 된 것이다. 시위는 전국적으로 확산되면서 격렬하게 전개되었다. 시민들이 시위대에 동조하면서 진압 경찰의 사기가 떨어지고 점점 밀리는 상황이 되었다.

시위의 규모와 양상이 경찰 병력으로 감당하기 어려워지고 최루탄마저 바닥을 보이게 되었다. 진압 경찰은 점차 수세로 몰리고 곳곳에서 시위대에게 패퇴하는 현상이 나타났다. 전두환 대통령은 군부대를 동원하기로 작정하고 구체적인 작전계획을 마련하였다. 전방의 9사단, 30사단, 26사단, 20사단 등을 중심으로 특전사 병력과 해병대 그리고 항공여단 및 화학부대까지 동원하여 1980년의 광주와 같은 상황을 재현하겠다는 것이었다.

5·18 광주 민주항쟁 당시에 한국군에 대한 작전지휘권을 가지고 있으면서도 손을 놓고 있다가 대한민국 국민들이 반미로 돌아서는 것을 경험한 미국이 이번에는 좌시할 수 없었다. CIA 한국지부는 급박한 상황을 본국에 보고하였다. 레이건 대통령은 즉시 한국군의 투입을 막기 위해서 전 대통령에게 친서를 발송하였다. 동시에 군부대 출동을 막기 위해서 한미연합사령부의 지휘 통제를 받지 않는 수도방위사령부와 특전사령부 같은 부대들 정문에 미군의 전차를 배치하였다.

미군과 전쟁을 벌일 생각이 없던 군 지휘관들은 전 대통령의 명령을 따르지 않게 되었다. 게다가 한국군 내부에서도 일부 대장급 지휘관들을 제외하고는 군이 출동하여 시위대를 무력으로 진압하는 데 부정적인 기류가 형성되어 있었다. 놀라운 것은 하나회의 핵심 인물이었던 고명승 보안사령관과 민병돈 특전사령관이 군을 동원하는 일에 결사적으로 반대했다는 점이다.

미국이 군부대를 동원한 무력 진압에 대하여 거듭 부정적인 의견을 전달하는데, 군부 내에서도 중장급 이하 지휘관들은 모두 부대를 출동시켜 무력 진압하는 일에 반대하고 있었다. 특히 특전사령관이 부대 동원을 거부하는 상황이 전 대통령을 제일 곤란하게 했을 것이다. 특전사는 한미연합사의 지휘 아래 있지 않기 때문에 미국이 통제할 수 없는 영역이었는데 그 카드를 쓸 수 없게 되었다. 결국 6월 29일에 신군부가 항복을 선언하였다. 노태우 민정당 대표가 대통령 직선제를 받아들인다는 담화를 발표하였다.

직선제는 쟁취하였으나 통일민주당의 김영삼과 평화민주당의 김대중이 각각 대통령 후보로 출마하여 표를 갈라 먹고 그 덕분에 36.64%를 득표한 노태우가 당선되었다. 역사상 최저 득표로 대통령에 당선되었다. 이어서 치러진 제13대 국회의원 총선거에서도 민정당은 과반수 의석 확보에 실패하였다. 노태우 대통령으로서는 3당 합당 외에는 정치적으로 돌파구가 없었다.

6월 항쟁으로 군부독재를 거의 청산하고 정치적 민주화를 쟁취한 운동권 세력은 김영삼 전 대통령이 군사정권의 후신인 민정당과 하나가 되는 것을 목격한 후, 김대중 전 대통령이 이끄는 평화민주당으로 대거 합류하였다. 타도의 대상이었던 군사독재가 막을 내리자 이제 목숨 걸고 싸우는 일이 필요 없어진 운동권은 정치계로 흡수되어 민주당에서 결집하였다.

좌파 운동권이 정치권으로 들어갔기 때문에 부정부패가 사라진 맑은 정치계가 도래할 것으로 기대되었다. 운동권의 도덕적 수월성을 의심할 수 없었고, 더구나 군사독재 정권에 항거하여 목숨을 거는 일까지 불사했던 사람들이었기 때문이다. 과연 운동권 세력이 대의민주제의 장으로 들어가서 국민 의사의 왜곡이라는 문제점을 시정하고, 국민의 의사를 적극적으로 반영하는 정치를 펼치게 된 것일까.

(2) 대의민주제 정치권 속으로 녹아들어간 운동권

운동권 사람들이 대의민주제의 문제점을 시정하고 보완하였는가에 대한 답을 하기 전에 그들이 추구했던 핵심적인 목표가 무엇이었는가 먼저 생각해 보자. 그들이 추구했던 것은 '부패한 독재정권 타도'이었다. 중국과 북한이 공산주의 체제를 갖추면서 남한이 반공의 최전선이 되었던 것처럼, 반대로 운동권은 반공 이데올로기를 공격하는 최전선에 서게 되었다. 부패한 군사정권이 반공이라는 이데올로기를 활용해서 공격적 방어를 하고 있었기 때문이다.

하나의 이념체계를 격멸하기 위해서는 그것을 대체할 이념체계가 필요하다. 모든 이념체계는 '에너지·정보 복합체'라는 속성을 가지고 있다. 그래서 끊임없이 에너지가 공급되어야 이념체계가 존속할 수 있다. 에너지를 보태줄 지지자들이 줄어들면 그 이념체계는 힘이 점점 빠져 나가게 된다. 반공 이데올로기는 한때 우리나라에서 강력한 힘을 가진 존재이었으나 이제는 지지자들이 하나둘 사라져가면서 거의 힘을 쓰지 못하게 되었다.

에너지·정보 복합체로서 하나의 이념체계가 지지자들을 결속시키고 에너지를 퍼붓게 만드는 가장 효과적인 방법은 적개심을 불어넣는 것이다. 군사정권 시절에 학교를 다닌 사람들은 북한을 악마로 묘사하는 교육을 받았던 기억을 가지고 있다. 공교육을 통해서 북한에 태어나지 않은 것이 천만 다행이라고 믿도록 세뇌당하였다. 북한의 실상을 그대로 이야기 하는 사람은 국가보안법 위반(반국가단체 찬양·고무)으로 형사처벌을 받아야 했다.

운동권 세력도 정반대의 방향으로 똑같은 방식을 활용해서 반공 이데올로기로 무장하고 있는 군사독재 정권 타도를 목표로 투쟁하였다. 운동권 내의 여러 정파 중 가장 큰 정파가 민족해방파(National Liberation Fraction / NL)와 민중민주파(People's Democracy Fraction / PD)이다. 마르크스 사상에 충실한 PD와 달리 NL은 반제국주의를 기본 이념으로 한다.

운동권의 두 정파 가운데 제도권 정치로 진출하여 정치세력화에 성공한 것이 NL(이하

"민족해방파"라는 명칭과 혼용한다.)이다. PD 계열에서 민주노동당을 창당하여 보수 정당 일색의 정치판에서 새로운 희망을 보여주었지만, NL세력이 잘 나가는 진보 정당을 접수하고자 집단적으로 입당을 하여 당권을 탈취함에 따라 '진보'도 기존 정치권과 별로 다를 것이 없다는 인상만 주고 민노당은 사라져버렸다. 당시 민노당을 집어삼킨 NL세력은 그때까지 민주당에 합류하지 않고 남아있던 사람들이었다.

NL계열의 운동권 세력은 PD와는 달리 마르크스 이론에 충실한 대신 한국의 현실을 식민지반(半)자본주의로 파악하고 반제국주의, 반파쇼, 반미 자주화를 기치로 내세우는 정파이다. 극복해야 할 모순을 자본가 대 노동자의 계급투쟁이 아니라 제국주의 대 민중의 대립관계로 본다. 반공 이데올로기로 무장한 군사정권을 미제국주의에 종속된 파쇼정권으로 규정하고 민족해방 이데올로기를 내세워 타도하고자 한다.

민족해방파는 5·18 민주화 운동을 미국이 신군부 세력을 지지하여 폭력 진압을 방관한 것으로 평가하고, 미국과 심정적으로 결별하는 차원을 넘어 반미를 전면에 내세웠다. 이어 민족해방을 완성하기 위한 통일운동에 앞장서면서 학생 운동권의 주류가 되었다.

운동권의 헤게모니를 장악한 NL은 1987년 12월에 있었던 제13대 대통령 선거와 그에 이은 3당 합당을 전후해서 '당선 가능한 야당지지' 등을 주장하며 야권을 지원하고 나섰다. 이때부터 NL계열의 일부가 제도 정치권으로 진출하기 시작하였다. 이인영, 우상호, 오영식, 임종석 등 전대협 출신 간부들도 제도권 정당에 가입하였다. 재야 운동권이 정치세력화 단계로 진입한 것이다.

운동권 세력의 반제·반파쇼·반미 이데올로기는 군사정권의 반공 이데올로기를 타파하는 일에 성공하였다. 비록 국가보안법 폐지가 성사되지는 않았지만, 문재인 정권 시절에 이르러서 민주노총 등 민족해방파 소속 구성원들이 북한과 직접 접촉하는 단계에 도달하였다. 문재인 대통령은 북한의 김정은 위원장과 여러 차례 회담도 진행하고 북한을 방문하기도 하였다.

에너지·정보 복합체로서 하나의 이념체계가 기존의 이념체계를 붕괴시키는 일에 성공하자, 기존의 이념체계인 반공 이데올로기는 군사정권 몰락 이후 거의 빈사상태에 도달하였다. 그러면서 반대편의 이념체계인 반제·반파쇼·반미 이데올로기는 제도권 정당인 민주당 속으로 흘러들어갔다.

대한민국이 미국에 종속되어 있고 그들의 힘을 등에 업은 군사정권이 독재 권력을 휘두르고 있다는 분석이 일정 부분 설명력을 가지고 있지 않았던 것은 아니다. 이러한 NL의 설명에 동의하지는 않더라도 군사정권의 독재와 부정·부패에 대한 반감은 운동권 전체를 넘어 많은 사람들에게 공유되었다.

　운동권 세력이 군사정권의 인권 유린 등에 대해서는 강하게 비판하였지만, 반미 담론을 펼치는 일에는 전략적으로 상당한 수준에서 신중을 기하였다. 2002년 6월에 있었던 '효순이 미선이 사건'을 계기로 비등한 반미 정서를 등에 업고 당선되었던 노무현 대통령도 당선된 뒤에는 미국과의 관계를 타협적인 방향으로 이끌어 갔다. 미국과 완전히 등을 돌릴 수는 없는 일이라고 판단했던 것으로 보인다.

[여중생 압사사고 / 미군의 M60 AVLM 전투공병 전차]

　군사정권 타도 투쟁 과정에서 많은 지식인들은 운동권을 지지하였다. 부정부패를 일삼고 이를 비판하는 사람들은 무자비하게 탄압하는 모습을 보고 분노할 수밖에 없었는데, 운동권 학생들이 목숨을 걸고 반정부 투쟁을 하니 비록 동참을 하지는 못하더라도 심정적 지지마저 하지 않을 수는 없었다.

　인권을 존중하라, 부패 범죄를 처벌하라, 국민 주권을 인정하라, 법에 의한 통치를 구현하라, 우리는 진정한 민주주의를 원한다 등의 외침에 동조하지 않을 수는 없는 일이었다. 수많은 사람들의 희생과 노력으로 군사정권은 물러났고, 정치적 자유를 쟁취하게 되었다. 12·12 군사반란과 5·18 내란 사건에 대한 사법처리도 이루어졌다.

　그런데 군사파쇼를 타도하고 정치권으로 스며들어간 민족해방파의 이데올로기에 대의민주제의 문제점을 해결한다는 생각은 전혀 들어있지 않았다. 반제국주의·반파쇼를 핵심 이념으로 형성된 NL 이데올로기는 에너지·정보 복합체로서 그 지지자들을 규합하고 적개심을 심어주고 공격적인 행동을 독려하는 행태를 지금도 계속하고 있다. 대의민주제의 문제점을 극복하려는 생각은 전혀 하지 않고, 대신 친미 제국주의 파쇼 정당과 그 지지자들을 목표로 하여 공격하는 일에 에너지를 집중하고 있는 것이다.

군사정권을 지탱해 온 정당이 민주공화당(박정희)과 그 뒤를 이은 민주정의당(전두환)이었고, 민정당을 중심으로 3당 합당으로 만들어진 민주자유당(노태우)이 마지막이었다. 그 후 민자당이 신한국당 → 한나라당 → 새누리당 → 자유한국당 → 미래통합당을 거쳐 국민의힘으로 개명하였다. 계보를 정리해 보자면 국민의 힘이 민주공화당의 후계자라고 할 수밖에 없다.

민주당에 합류한 NL의 눈에는 국민의 힘이 군사정권의 뒤를 이은 정당으로서 타도의 대상으로 보이는 듯하다. 군사정권은 사라졌으나 군사정권의 후예는 남아있다고 말하고 싶을 것이다. 증오의 대상이 사라지면 이를 타도하기 위해서 등장했던 에너지·정보 복합체로서의 이데올로기도 존립의 이유를 잃게 된다. 군사정권의 후예가 타도의 대상으로 남아있어야만 그나마 반제국주의·반파쇼 이데올로기가 명맥을 유지할 수 있게 된다.

민족해방파의 입장에서 대한민국은 미국에 종속되어 있는 반(半)식민지이어야 한다. 그래서 미국과 점차 친해지고 있는 대통령의 행보를 두고 외교참사라고 한다. 중국을 자극해서 엄청난 국익 손실이 올 것이라고 경고한다. 미국이 제국주의 세력이므로 이에 대항하고 있는 중국과 북한이 우방이어야 한다. 이처럼 NL 이데올로기는 살아남아 있는 상태를 유지하기 위해서 혼신의 노력을 다하고 있다.

많은 사람들이 운동권을 신뢰하고 지지하였기 때문에 그들이 제도권 정치계로 들어가면 깨끗한 정치가 전개될 것이라고 믿었다. 그러나 그러한 믿음은 착오이었다. 도저히 바랄 수가 없는 일이었다. 군사정권의 후예이기도 한 우파 정당을 믿을 수 없어서, 야당으로 눈을 돌려 보았지만, 운동권이 합세하여 좌파 정당이 된 그 정당의 행태도 실망스럽기는 마찬가지이다. NL 계열이 민주노동당의 당권을 장악하는 과정에서 보여주었던 반민주적 작태가 그들이 가는 곳마다 반복되고 있다.

이제 누구를 찍어야 할지 아주 난감한 상황이 왔다. 대의민주제가 가지는 한계와 문제점을 다시 한번 실감하고 있다. 운동권 세력이 제도권 정치계로 들어가 좌파 정당을 형성하면서, 그나마 있었던 정당 사이의 타협마저 사라져 버렸다. 그들의 이데올로기가 적대세력을 타도하기 위한 투쟁에 특화되어 있기 때문이다. 그래서 무조건 트집을 잡고 반대한다.

대한민국의 운동권은 부정부패와 인권유린으로 얼룩진 군사정권을 타도하는 혁혁한 공을 세웠다. 그들의 희생과 노력은 분명히 칭송되어야 한다. 그런데 운동권은 승리를 자축하는 그 시점에 타도할 대상이 사라졌으므로, 일상으로 복귀하였다면 정말 좋았을 것이라고 생각한다. 만약 그리하였다면 그들은 지금도 우리들의 영웅으로 남아 있을 것이다.

하지만 가장 잘 하는 일이 반정부 투쟁이던 운동권 세력은 급격한 자기 변신을 택하여 일상으로 돌아가는 대신 제도 정치권으로 스며들어 갔다. 그들의 이데올로기를 그대로 간직한 채 정치인으로 자리를 옮긴 것이다. 그들이 형성하였던 전투적 이데올로기는 대의민주제의 문제점을 더 강화하는 일종의 역기능을 수행하고 있다. 운동권을 욕하게 되는 비극이 우리 사회를 암울하게 짓누른다.

자신들이 하는 일은 정의로운 것이라는 신념에 따라 그들은 자신들이 하는 모든 행위를 정당하다고 생각한다. 문서위조를 해서 입시비리를 저지르고도 이를 지적하는 사람들을 향해 정치공세라며 오히려 비난하는 식이다. 자신들이 비리를 저지르더라도 그것을 비리로 인식하지 않으며, 이에 대한 비판을 적대세력에 의한 공격으로 받아들인다. 자신들에 대한 공격은 무조건 타도해야 한다. 그리하여야만 전투적 이데올로기는 에너지·정보 복합체로서 생명을 유지할 수 있다. 에너지·정보 복합체는 끊임없이 경쟁조직, 경쟁집단, 경쟁국가, 경쟁민족들을 공격하여 파괴하도록 그 지지자들을 부추기는 속성을 가지고 있다.

(3) 모든 의견의 동가치성

운동권 이데올로기는 대의민주제의 비민주성을 극복하기에 적합한 존재가 아닌 것으로 보인다. 그보다는 반공 이데올로기라는 파괴적인 에너지·정보 체계를 격퇴하는 데 특화된 전투적 이데올로기이었다. 반공 이데올로기는 공산주의를 반대하고, 운동권 이데올로기는 군사독재를 반대한다는 점에서 반대의 대상에는 차이가 있었지만, '반대를 한다'는 점에서는 공통적이었다.

NL의 이데올로기가 전투적 성향을 가지고 군사독재 정권의 이데올로기를 패퇴시키는 일에 효과적으로 작용하였고 그 시점까지는 나름대로 긍정적 기능을 수행한 것으로 평가된다. 그러나 이 이데올로기는 군사정권이 막을 내린 시점 이후에는 운동권이었던 사람들과 함께 좌파 정당으로 이전되고 나서 시대착오적인 면모를 보이기 시작했다. 적군과 아군을 진영으로 나누면서 상대를 궤멸시키기 위해서 마구 공격하는 전투적 성향을 좌파 정당에 이식시켰던 것이다. 이들은 개별 국가정책의 옳고 그름을 따지기보다는 상대 진영을 효과적으로 공격하여 초토화시킬 방법을 찾는 데 모든 에너지를 집중하는 모습이다. 어느 국가정책이 국민의 의사를 기반으로 하는 내용인가에 대해서는 신경을 쓰지 않고 상대 진영을 파괴하는 일에만 집중하기 때문에, 대의민주제의 비민주성을 극복하는 작업을 저해한다는 측면에서 부정적 기능을 수행하고 있다.

진영 대결에 최적화되어 있는 운동권 이데올로기로는 아무래도 대의민주제의 비민주성을 극복하는 일이 불가능해 보인다. 그렇다고 해서 대의민주제를 직접적인 타도의 대상으로 보고 투쟁을 전개하기 위한 또 하나의 전투적 이데올로기를 형성하는 것도 문제 해결의 길이 아닌 것으로 보인다. 지금 가장 필요한 것은 대의민주제의 비민주성을 극복하는 일이다. 따라서 지금 우리에게 바로 필요한 것은 대의민주제가 민주적 속성을 가지도록 강제하는 기능을 수행할 이데올로기이다.

대의민주제가 비민주적 성향을 가지고 있기는 하지만 그래도 민주주의를 표방하는 이데올로기라는 점은 분명하다. 그러한 맥락에서 군사독재 이데올로기처럼 무조건 타도의 대상으로 삼는 것은 부적절해 보인다. 현실적으로도 국회의원들이 법률을 제·개정할 권한을 가지고 있는 상황에서 대의민주제를 곧바로 직접민주제로 전환시키는 일은 불가능할 수밖에 없다.

그래서 가능한 방법은 대의민주주의의 내용을 직접민주주의로 채우도록 만드는 것뿐이다. 대의민주제가 비민주적 성향을 나타내게 하는 원인을 다시 생각해 보자. ① 선택형 민주주의, ② 시장경쟁의 민주주의, ③ 선출된 자의 왜곡, ④ 정치귀족의 민주주의 이렇게 네 가지이다. 이들 원인이 서로 얽혀서 진정한 국민의 의사가 국가정책에 반영되는 것을 방해하고 있다.

네 가지 원인들이 함께 상호작용을 하고 있지만, 그중에서 문제의 출발점이 되는 원인을 찾자면 '선택형 민주주의'를 꼽을 수 있다. 정당에서 국민들이 선택할 수 있는 정책을 제시하고 마음에 드는 공약을 제시하는 정당을 선택해서 투표하도록 하는 것이 선택형 민주주의이다. 각 정당은 공약이라는 상품을 개발해서 시장에 내놓고 서로 선택받기 위해서 경쟁을 한다. 마음에 드는 정책이 없다면, 신뢰할 수 있는 정당이 없다면 국민의 입장에서 할 수 있는 일이 거의 없다.

이는 소수의 핸드폰 단말기 제조사들이 앱을 개발해서 탑재한 후 이를 시장에 출시를 하면 소비자들이 어쩔 수 없이 그 가운데 하나를 선택해서 사용하여야 하는 상황과 동일하다. 선택의 자유가 있는 듯하지만 선택의 자유가 없다. 이렇게 답답했던 거지같은 상황은 애플이 아이팟을 출시하면서 누구나 앱을 개발하여 시장에 내놓을 수 있는 생태계가 조성됨으로써 일거에 해소되었다.

현재 앱시장에 약 2백만 개의 앱이 등록되어 있고 매일 몇십 개의 새로운 앱이 출현하고 있다. 꼭 마음에 드는 앱을 발견하기 힘든 경우도 있지만 제조사가 일방적으로 몇 개의 앱만 제공하던 시절과는 비교할 수도 없는 행복한 세상이 열렸다. 단말기 제조사에서 앱을 개발하던 사람들이 분명히 그 분야의 전문가들이었지만 소비자들의 다양한 욕구를 충족하기에는 역부족이었다.

국가정책을 결정하는 방식도 자유롭게 앱을 개발할 수 있도록 시장을 개방하는 방안을 따르면 된다고 본다. 예를 들어 군 복무기간을 몇 개월로 할 것인가, 형사미성년 연령기준을 낮출 것인가, 검찰의 직접 수사권을 전반적으로 허용할 것인가, 가상화폐 거래를 실명제로 할 것인가 등의 질문을 단위로 ① 정책결정 범주를 설정하고, ② 그 안에서 자유롭게 의견을 개진하도록 허용하고 나서, ③ 같은 의견끼리 결합하여 어떠한 견해가 일반적 공감대를 형성하는지 보면 된다.

[정책결정 방]

정책결정 방에 들어와서 의견을 개진할 수 있는 사람은 대한민국 국민으로 제한하면 될 것이다. 한 사람이 여러 개의 의견을 올리거나 아르바이트를 고용해서 특정 견해의 공감 빈도를 높이는 행위 등을 방지하는 기술적 조치는 코딩 전문가들이 맡아서 할 일이다.

정책결정 방을 관리하는 일은 인공지능에게 맡기는 편이 바람직하다. 현재로서는 인위적 여론 조작을 막을 수 있는 가장 효과적인 방안이라고 생각된다. 이렇게 직접 국민의 의사를 수렴하게 되면 모든 국민이 한자리에 모여 토론을 해서 국가정책에 대한 결정을 하지 않더라도 직접민주주의가 가능하다.

이러한 방식으로 국가정책을 결정하는 작업이 기술적으로는 분명히 가능하지만 기존 정치인들은 이를 극도로 싫어할 것이 분명하다. 직접 국민 의견 수렴에 의한 정책 결정을 제도화하면 선택된 자의 왜곡이 불가능할 것이기 때문이다. 그렇게 되면 누군가의 이권을 봐줄 수도 없게 된다. 뇌물을 받을 수 있는 길이 원천적으로 막히게 되는 것이다. 이에 따라 정치귀족이 설 자리가 거의 사라질 것이다.

나아가 국회의원의 특권을 비난하는 의견들이 인터넷 공간에 퍼지면 인공지능이 이를 국가정책 이슈로 판단하고 정책결정 방의 주제로 올리게 될 것이다. 그러면 지금까지 국회의원들의 과도한 특권에 분노를 느끼고 있던 국민들에 의해서 정치귀족의 특권을 강제로 내려놓게 하는 정책 결정이 이루어질 가능성이 크다. 국회의원들이 이러한 방향으로 민주주의가 정착되는 것을 결코 원하지는 않을 것이다.

그렇다면 방법은 이러한 방식의 직접 민주적 정책 결정을 그대로 따르고 이를 국가정책으로 만들어서 집행시키겠다는 사람들이 모여서 새로운 정당을 구성하는 수밖에 없다. 대의민주제의 탈을 쓴 직접민주주의를 구현하자는 말이다. 이러한 정당에 가입하여 공직 후보로 나서는 사람은 직접 민주적 방식으로 결정되는 정책을 가감 없이 그대로 시행할 것을 약속하여야 한다.

그리고 그 약속이 지켜지도록 강제할 제도적 장치도 필요하다. 예를 들면 국민의사에 따른 정책결정을 무시하는 경우에 부담하여야 할 손해배상금액을 감당하기 어려운 수준으로 정해두는 방식이 가능할 것이다. 그리고 일단 한 번 약속을 지키지 않은 사람은 이 정당에서 제명하고 복당이 불가능하도록 조치할 필요가 있다.

이렇게 직접민주주의를 구현하고자 하는 사람을 기존 정치인 중에서 찾기는 불가능할 것으로 보인다. 지금까지는 권력을 추구하지 않으면서 정치인이 되고자 하는 사람을 본 적이 없었으니까 하는 말이다. 이 새로운 정당에서 하는 일 가운데 많은 부분은 AI에게 맡겨야 할 것으로 생각된다.

인공지능이 이제 자연어를 이해하는 수준에 도달하였으므로 수많은 의견들이 난무하는 속에서 여론의 흐름을 인지할 수 있을 것이다. 이 정당에 소속되어 공직에 오르고자 하는 사람들은 특권을 포기하여야 할 것이고, 그래서 이 정당은 정치가 직업인 사람보다는 부업인 사람에게 더 잘 어울린다. 정치가 부업이기 때문에 귀찮고 시간이 많이 들어가는 일은 인공지능에게 맡길 필요가 있다.

또한 직접민주주의를 기술적으로 가능하게 만들기 위해서는 많은 프로그래머들의 도움이 필요하다. 코딩의 달인들이 자발적으로 참여함으로써 디지털 직접민주주의가 실현될 수 있기를 기대한다. 디지털 독재가 되지 않기 위해서 직접민주주의를 구현하는 알고리즘이 투명하게 개발되어야 할 것으로 생각되는데 이 또한 프로그래머들의 몫이다.

제3장

AI보고 군대를 대신 가라고 할까?

1. 집단 차원의 외적 방어

사람들은 인류가 처음으로 독자적인 진화의 길을 걷기 시작할 때부터 집단을 이루고 살았던 것으로 보인다. 로빈슨 크루소(Robinson Crusoe / 1719년 소설로서 원제는 "The Life and Strange Surprizing Adventures of Robinson Crusoe, Of York, Mariner: Who lived Eight and Twenty Years, all alone in an un-inhabited Island on the Coast of America, near the Mouth of the Great River of Oroonoque; Having been cast on Shore by Shipwreck, wherein all the Men perished but himself. With An Account how he was at last as strangely deliver'd by Pyrates")처럼 외딴 섬에 고립되어 28년 동안 홀로 사는 일은 아주 예외 중에서도 예외에 속한다.

무리를 이루고 살 때 집단의 크기가 클수록 유리한가 아니면 그 반대인가. 집단의 사이즈가 커지면 많은 사람들이 협동해서 농사를 짓거나 목축을 하고 적대적 집단으로부터 구성원을 보호하는 일을 잘 할 수 있다. 반면 인구가 늘어나면 그만큼 먹여 살려야 할 사람들의 수가 늘어나니까 많은 식량을 마련해야 하는 어려움이 있다. 사람이 많아지면 방어에 유리하기는 하지만 점거하는 땅의 넓이가 커지면서 국경선 방어가 힘들어지는 측면도 있다.

우리가 거의 반만년(4356년) 동안 터를 잡고 살고 있는 한반도는 지형적으로 비교적 방어에 유리한 곳이라고 생각된다. 한민족이 타고난 전투민족이라고 하는 말도 있고, 방어에 유리한 지형도 한몫하고 해서 1910년부터 36년간 일제 강점기를 거친 외에는 완전히 국가의 주권을 잃었던 적이 없다. 사실 일본은 우리나라 사람들이 건너가서 만든 나라라든가 여러 가지로 합리화해 보지만 그래도 불쾌하다.

어쨌거나 한반도는 중국·러시아와의 접경지역을 제외하고 모두 바다로 둘러싸여 있다. 해안선을 뚫고 공격해 들어오는 것은 아주 힘든 일이다. 바다에 떠 있는 적은 그대로 눈에 보여서 마구 공격할 수 있는 쉬운 표적이 된다. 어느 나라이건 해당 국가를 점령하려면 육로로 들어가야 한다. 한반도는 북쪽 국경선도 강으로 형성되어 있다. 일단 강을 건너 들어오더라도 좁은 길을 따라 남쪽으로 행군을 하여야 한다.

한반도는 70%가 산악지형이기 때문에 침략군이 들어오면 도로 양쪽으로 매복하기가 아주 좋다. 전선을 밀고 내려와도 후방에 남아있는 부대를 말끔하게 소탕하는 일은 불가능하다. 다른 나라에도 있는지 모르겠는데 우리는 잔류침투조를 운용한다. 말이 조금 웃기는데, 부대가 철수할 때 일부가 남아서 숨어 있는 경우를 말한다. 침투는 본래 적군 지역으로 숨어들어가야 하는 일인데, 적군이 내려올 때 후퇴하지 않고 그냥 남아있으면, 전선이 밀려 내려가면서 숨어들어간 것과 같은 효과가 생기는 것이다. 그러니까 부작위에 의한 침투이다.

한반도로 침략해 들어온 부대는 전진을 해도 보급이 쉽지 않다. 보급로가 온통 산과 산 사이에 있는 도로이기 때문에 어디선가 공격을 받아 끊어지기 마련이다. 현지 조달도 만만한 일이 아니다. 옛날부터 한반도 사람들은 외적이 쳐들어오면 먹을 것과 비상 가재도구를 챙겨가지고 피난을 가거나 산속으로 숨어버렸다. 평지보다 산이 훨씬 많으니 숨을 곳이 천지에 깔려 있다. 적군에게 먹을 것을 남겨두는 일은 거의 없다. 임진왜란 때 전투 중에 사망한 일본군보다 얼어 죽고, 병들어 죽고, 굶어 죽은 일본군이 더 많았다는 이야기도 있다.

한반도 정도의 크기와 지형이 방어하기에 딱 적당해 보이기는 한데, 미국을 보면 생각이 달라진다. 독립전쟁과 남북전쟁을 한 것 말고는 외국군이 미국을 침공했던 적이 없다. 국가 성립 초기에 캐나다와 국경분쟁이 약간 있었지만 지금은 잘 살고 있고 두 나라가 명확하게 구별도 안 된다. 캐나다에서 대학을 졸업한 후에 미국으로 가서 취업을 하기도 하고 그 반대의 경우도 흔하다. 국경지역에서는 미국에 있는 마트가 더 싸다고 해서 국경을 넘어 장을 보러 갔다 오기도 한다.

그런데 미국은 단지 땅덩어리가 넓어서 방어에 유리한 것은 아닌 듯하다. 미국 양쪽에 태평양과 대서양이라는 어마어마하게 큰 바다가 있기 때문이라고 생각된다. 러시아와 중국도 만만치 않게 큰 면적을 자랑하지만 국경선이 육지에 있다. 그나마 중국은 신장과 티벳을 차지하고 있어서 산악지형이 자연적인 방어선 역할을 해 주고 있다. 중국이 악착같이 신장과 티벳을 차지하려고 하는 이유이다.

러시아의 서쪽 국경은 유럽과 접해 있고 그냥 평탄한 땅이기 때문에 국경선이 노상 바뀌어 왔고 서로 침략을 반복한 역사를 가지고 있다. 게다가 수도인 모스크바가 서쪽 끝에 있어서 안심하고 살기 어려운 처지이다. 적군의 침략을 걱정하지 않아도 되는 곳은 얼어붙은 북극해 쪽뿐인 듯하다.

이렇게 보면 방어에 유리한가의 여부는 국가의 크기보다는 지형적인 여건에 더 많이 좌우되는 것으로 보인다. 하지만 같은 조건이라면 국가의 사이즈가 클수록 유리한 것은 맞는 것 같다. 우크라이나가 러시아의 침공을 당하고도 1년 넘게 잘 싸우고 있는 것도 국민의 수가 어느 정도 되기 때문이다. 동원할 수 있는 병력 자체가 너무 적으면 강력한 방어가 불가능하다. 국가의 사이즈가 커질수록 방어에는 유리하다. 반면 식량 조달에는 불리하다.

2. 국방의 의무를 누가 부담하나

대한민국 헌법 제39조 제1항에 따라 "모든 국민은 법률이 정하는 바에 의하여 국방의 의무를 진다." 이 의무의 내용을 정하는 법률은 병역법이다. 병역법 제3조 제1항은 '대한민국 국민인 남성'에게 병역의무를 부과하고 있다. "여성은 지원에 의하여 현역 및 예비역으로만 복무할 수 있"도록 정하고 있다. 그러니까 국방의 의무는 남성만 부담하는데, 그렇다고 여성이 군대를 가지 못하는 것은 아니다.

육군 보병을 기준으로 생각해 보면 40kg 정도 되는 군장을 지고 3.7kg 정도 나가는 소총을 들고 뛰어야 하는데, 건강한 남성에게는 별 문제가 되지 않지만 여성에게는 상당히 무리한 일이라고 생각된다. 몸의 근육을 사용해야 하는 군복무를 남성들에게 강제하는 것은 어쩔 수 없지만, 여성들도 의무적으로 군대를 가라고 할 일은 아니다. 그렇지만 군인이라는 직업을 선택할 수 있는 자유를 원천적으로 봉쇄할 수는 없으니까 원하는 여성은 지원해서 군복무를 할 수 있도록 하고 있다.

병역법 제3조 제1항 후단에서 '여성은 현역 및 예비역으로만 복무할 수 있다'고 제한하고 있다. 여기서 현역은 "징집이나 지원에 의하여 입영한 병" 및 '장교·준사관·부사관 및 군간부후보생'을 말한다(같은 법 제5조 제1항 제1호). 이 규정대로면 여성도 지원해서 병으로 입대할 수 있다고 봐야 하지만, 병무청을 통해서 여성이 현역병으로 군대를 갈 수 있는 길은 닫혀 있다. 현역병 지원서는 병무청으로부터 입영통지를 받은 사람이 제출할 수 있는데, 여성은 병무청으로부터 입영통지를 받을 일이 없기 때문이다.

군복무가 힘들고 귀찮은 일인지 생각해 보자. 오래 생각할 것 없이 군대 자체가 좋아서 가고 싶어 하는 사람보다는 가기 싫어하는 사람이 훨씬 많다. 군대 생활을 아직 해 보지 않은 사람도 가기 싫어하고, 군대에 가 있는 사람도 군대 생활이 하기 싫고, 군복무를 이미 마친 사람도 꿈속에서 다시 군대에 가 있는 자신을 발견하고 한숨을 쉰다.

군복무가 귀중한 경험이라고 생각하는 사람도 일부 있겠지만 시간 낭비에 불과하다는 의견이 절반을 넘는 것으로 보인다. '그래도 남자가 군대는 갔다 와야지'라고 말하면 꼰대라고 할 것이 거의 분명하다. 여자는 왜 군대에 안 가냐는 말이 나올 때마다 '가고 싶은 군대를 만들자'는 의견이 해결방안으로 대두된다. 매일 시간 지켜서 출근해야 하는 직장도 다니기 싫은 판에 1박 2일 병영체험이라면 몰라도, 가고 싶은 군대를 만든다는 것은 실현 가능성이 없어 보인다. 게다가 군대가 그렇게 편안해지면 외적 방어라는 기능이 제대로 작동하지 않을 것이 분명하다.

사격 훈련을 한다고 생각해 보자. 사격장에서 (본인이 생각하기에) 탄알이 장전되지 않은 상태라고 하더라도 총구를 사람이 있는 방향으로 돌리면 그 자는 그 자리에서 바로 박살이 나버릴 것이다. 사격을 하는 동안 탄피를 받아서 모았다가 끝나면 개수를 확인한다. 탄피가 모자라면 발견할 때까지 찾아야 한다. 어떤 과정을 거치든 실탄이 누군가의 손에 흘러들어 가서는 안 되기 때문이다. 사격을 해서 적군을 사살하는 것은 좋지만 사고로 아군이 죽게 하는 일은 절대 없어야 한다. 아군끼리 쏴서 죽이는 일이 비일비재할 정도로 군대가 편해질 수는 없는 일이다. 판판이 깨지는 당나라 군대로는 나라를 지킬 수 없다.

국방의 의무는 일단 남성들이 부담하는 것이 맞다. 아무리 남녀평등을 주장해도 남성과 여성의 신체적 조건이 서로 다른 것까지 수정할 수는 없는 일이다. 군대에서 하는 일 중에 여성이 해도 잘 할 수 있는 것도 분명히 있다(간호업무 정도). 위생병은 부상자를 들것에 싣고 뛰어야 하므로 남성 군인이 해야 한다. 행정병도 괜찮을 것 같기는 한데, 행정병도 유사시에는 전투에 참여할 수 있어야 하기 때문에 남성 군인이 맡는 것이 맞다. 행정병도 사격 훈련은 계속 하고 유격 교육도 받으러 간다. 행정병이 전투 교육 받을 거 다 받으면서 부가적으로 행정업무까지 해야 하는 부대도 있다.

지금처럼 군복무를 의무적으로 해야 하는 병역자원은 남성으로 제한하고, 여성은 원하는 경우에 지원해서 장교, 준사관 또는 부사관과 같은 간부로 근무할 수 있게 하는 것이 가장 적절해 보인다. 그러면 남자만 불쌍하다고 생각할 수도 있다. 그래서 군복무 여건은 불쌍하다고 할 수 있을 정도만 아니면 될 듯하다. 불필요한 정신적·신체적 고통을 가하는 일은 없어야 할 것이다.

자신의 보호·감독 아래 있는 사람에게 정신적·신체적 고통을 가하는 행위는 학대(형법 제273조 제1항)에 해당한다. 실제로 학대죄가 성립해서 형사처벌을 받는 사례도 있다. 그런데 군대 내에서의 가혹행위가 끊임없이 문제가 되면서 지금은 많이 개선되었다고 한다. 반대로 군대가 너무 편해져서 거의 당나라 군대 상태라며 걱정하는 사람들도 있다.

외적 방어에 문제가 없을 정도 수준의 군기는 유지하되 최대한 보장할 수 있는 만큼의 자유와 인권은 허용해야 할 것이다. 또 한편으로 힘들고 귀찮은 일을 AI로 대체하는 것도 생각해 볼 만하다. 인공지능을 곳곳에 적용하는 것 자체가 귀찮고 힘든 일을 대신 시키기 위해서 하는 일이기 때문이다.

3. 군인이 해야 할 일을 AI로 대체하기

인공지능이 거의 모든 곳에 자리를 잡고 있으며 군대도 마찬가지이다. 제1장에서 포 사격을 예로 들었다. 사용되는 장약의 종류에 따라 달라져야 할 발사각을 계산하고, 바람의 방향과 세기에 따라 방위각도 수정해야 한다. 포탄이 커질수록 바람과 공기의 밀도에 영향을 더 많이 받게 될 것이다.

이 복잡하고 골치 아픈 일을 AI가 대신해 주면 상당한 수준으로 귀찮음이 해결될 수 있다. 105mm 곡사포를 트럭으로 견인해서 가다가 적당한 위치에서 방렬하고 각도 맞춰서 장전과 발사까지 하는 모든 귀찮은 일을 대신해 주는 자주포가 개발되었다. K9 자주곡사포는 사격제원을 자동으로 계산하는 기능이 있어서 사수가 버튼만 누르면 된다.

이렇게 모든 귀찮은 일을 인공지능이 대신해 줄 수 있는 것은 별 문제가 없을 때에 한한다. 2010년 11월에 있었던 연평도 포격전 때 K9이 모두 6문이 배치되어 있었는데, 사격 훈련이 끝난 직후에 북한군 방사포의 공격을 받아 3문이 전투 불능 상태에 빠졌다. 사격 훈련 직후이었기 때문에 포신이 뜨거워져 있는 상태이었고, 포탄을 다 써서 다시 손으로 날라다 채워야 했다. 그 때문에 분당 1발 정도 수준으로 대포병 사격을 하였다고 한다. 포격을 받아 사격 불능 상태에 빠졌던 3문 가운데 1문은 응급 수리를 해서 수동으로 반격을 가하였다.

자동화되어 있는 군사장비는 멀쩡할 때는 괜찮지만 파손이 되면 수동으로 작동해야 한다. 완전히 파괴되었다면 모르겠지만 사격제원을 계산하고 자동으로 조준해 주는 기능이 망가졌다고 해서 포 1문이 아쉬운 긴급 상황에서 장비를 운용하지 않을 수는 없는 일이다. 그래서 포병은 사격제원을 계산하고 수동으로 조준하고 발사하는 능력을 갖추고 있어야 한다.

곡사포에 인공지능을 탑재해서 외부 센서를 통해 기상정보를 수집하고 사격제원을 계산하여 목표물을 향하여 스스로 조준하고 사격을 가하도록 함으로써 포병이 아주 편안해진 것은 사실이다. 하지만 포를 수동으로 운용하는 훈련을 아예 생략할 수는 없다. 적의 공격으로 AI의 기능이 파손되더라도 전투는 해야 하기 때문이다. 또한 K9에 포탄을 자동으로 보급해 주는 장비인 K10이 있지만, 경우에 따라 탄약을 수동으로 보급을 해야 하는 상황도 가능하므로 그에 대한 훈련 또한 하지 않을 수는 없다.

결국 AI 덕분에 많이 편해졌지만 사람으로서의 포병 병력이 아예 없어도 되는 단계에 도달하지는 못했다. 그래도 필요한 병력의 수는 지속적으로 줄고 있다. 포의 운영을 완전히 무인화 하는 것이 목표인 것은 맞는 듯하다.

머리에 방탄모를 쓰고, 손에는 소총을 들고, 등에 완전 군장을 진 상태로 전투에 참여하는 일을 AI가 대신하는 일은 아직 초보 단계에도 이르지 못한 것으로 보인다. 부대가 이동을 할 때 진행 방향으로 적이 어느 곳에 어떠한 상태로 위치하고 있는지 또는 없는지를 확인하기 위해서 정찰을 하는 일은 위험하다. 이 위험한 일을 드론을 이용해서 수행할 수 있다.

이때 이용되는 드론은 아직 인공지능 단계에 도달하였다고 보기 힘들다. 적군이나 적의 장비를 확인하고 그에 대한 정보를 전달하는 알고리즘이 아직 개발 중이기 때문이다. 누가 적군인지 아니면 아군인지를 구별하는 일을 기계에게 시키기 위해서는 많은 비용을 투자해야 한다. 그래서 그저 시각과 청각 기능을 탑재해서 드론을 띄우고 판단은 사람이 하는 것이 훨씬 간단하고 비용도 적게 든다.

박격포 병과의 보병은 박격포를 포판, 포신, 포다리 등으로 분리해서 직접 들고 이동한다. 방탄모, 소총, 군장도 가볍지 않은데 군장 위에 포신이나 포판 같은 쇳덩어리를 얹어서 돌아다니려면 보통 힘든 일이 아니다. 허리에 무리가 가서 디스크가 터지는 사람도 있다. 차에 싣고 다닌다는 해결방법도 있지만 전쟁을 하는 동안에는 자동차가 다니지 못하는 곳으로도 보병들은 돌아다녀야 한다.

대단한 AI가 아니더라도 그저 무거운 장비를 사람 대신 등에 지고 다닐 당나귀 같은 로봇이라도 있으면 아주 유용할 것 같다. 그런데 보행 로봇을 개발하는 일도 난이도가 꽤 높아 보인다. 사람처럼 기민하게 잘 움직이는 로봇을 만들려면 아직 시간이 많이 필요해 보인다. 포병은 몰라도 보병은 인공지능의 도움을 받을 날이 꽤나 멀었다고 생각된다. 차라리 노새를 데리고 다니는 것이 편할 것 같은데, 6·25 전쟁 중에는 실제로 그렇게도 했다고 한다.

[노새 로봇 : 박격포 주특기의 희망사항]

군대에서 군인들이 해야 할 일을 인공지능으로 대체하는 일은 기술적 가능성과 함께 비용 문제도 함께 고민할 필요가 있어 보인다. AI 장비가 지나치게 가격이 비싸다면 그 비용을 감당할 수 없는 일이다. 인공지능이 탑재되어 있는 K9 자주포의 가격이 40억 원인데, 사람과 똑 같은 기능을 수행할 수 있는 AI를 생산한다면 그 가격은 1조 원은 넘을 것 같다. 현재 아주 어눌하게 움직이는 휴머노이드 로봇의 가격이 약 2천 8백만 원 정도 한다. 로봇이 제대로 기능을 하게 만들려면 그보다 10배 이상 투자가 필요해 보인다.

몇조 원의 비용이 드는 인공지능 로봇을 제작해서 군복무를 대신하게 하는 일은 가까운 장래에는 가능하지 않을 것으로 생각된다. 결국 국방의 의무는 대한민국 남성들이 부담하여야 할 것이고, AI 기술을 이용해서 군복무를 가능한 한 편안하고 안전하게 만들어 줄 수는 있으나, 군복무 자체를 완전히 인공지능에게 통째로 넘기는 일은 가능하지 않을 것으로 보인다.

제4장

AI로 성매매 문제를
해결할 수 있을까?

1. 성매매

성매매란 "불특정인을 상대로 금품이나 그 밖의 재산상의 이익을 수수하거나 수수하기로 약속하고 성교행위 또는 유사 성교행위를 하는 것"을 말한다(성매매처벌법 제2조 제1항 제1호). 불특정이란 누구인지 특정이 되지 않는 사람을 의미한다. 그래서 원조교제처럼 특정인과 대가를 주고받으며 성관계를 가지는 것은 성매매가 아니다. 누구든지 금품 등 대가를 지급하겠다고 하면 그 상대방에게 성관계 서비스를 제공하는 경우가 성매매이다.

[손님을 기다리는 여성 종사자들]

예를 들어 마사지 서비스처럼 고객이 영업시간 내에 정상적인 방식으로 업소로 와서 서비스를 요청하면 선불이든 후불이든 대가를 받고 서비스를 제공하는 형태가 '불특정인을 상대로' 하는 서비스 유형이다. 이처럼 현행법은 서비스 제공 대상을 열어 두는 형태의 성교행위 서비스를 금지하고 있다. 굳이 '불특정'이라는 표현을 개념에 넣은 것은 그것이 금지 대상 행위가 갖추어야 하는 핵심적인 특성이기 때문인 듯하다.

성매매 행위를 처벌하는 이유는 '건전한 성풍속'을 보호하기 위해서이다. 그러니까 성매매처벌법의 보호법익이 건전한 성풍속이다. 성매매처벌법 제2조 제1항 제1호 개념을 보면 성매매의 핵심은 ① 불특정인과 성교행위를 한다는 점과 ② 금품을 대가로 한다는 점 두 가지이다. 이들 두 가지 요소 가운데 주로 문제가 되는 것은 '금품'을 대가로 하는 부분이라고 생각된다.

카바레에서 부킹을 하고 술을 마시다가 모텔로 가서 성관계를 가지는 경우 또는 관광

버스를 타고 등산을 갔다가 파트너를 골라서 같이 모텔로 이동하여 성관계를 가지는 경우 등 금품을 대가로 하는 것이 아니라 그냥 불특정인과 성관계를 하기 위해서 만나는 행태에 대해서는 형벌권 행사를 하지 않고 있기 때문이다. 그러한 측면에서 '성매매'라는 명칭이 다 생각이 있어서 만들어진 표현인 것으로 보인다. 성관계 서비스를 금품을 대가로 주고 사는 것이 불건전하다는 생각이 저변에 깔려 있는 것으로 생각된다.

성매매라는 행태가 인간 사회에서 왜 나타나게 되었는지 한 번 생각을 해 보자. 인간의 남성은 진화의 과정을 거치면서 모든 수단을 다 동원하여 가능한 한 많은 여성과 성관계를 가지려는 성향을 유전적으로 취득하게 되었다. 모든 생명체는 자연선택의 힘에 의해 이기적인 목적을 달성시키는 방향으로 진화하는데, 동물의 수컷은 가능한 한 많은 암컷을 수태시키는 것이 자신의 유전적 이득을 위하는 길이고 인간도 예외가 아니다. 또한 모든 생명체는 자신의 유전적 이득에 도움이 된다면 종 전체의 복지에 정면으로 배치되는 일이라도 서슴없이 하기 마련이다.

이러한 유전적 이득 추구는 인간이 유인원류 공통의 조상으로부터 분화해서 독자적인 진화의 길을 걷기 시작한 시기인 약 500만 년 전에 처했던 환경적 요소와 결합하여 남성으로 하여금 매우 폭력적인 성격을 가지도록 만들었다. 남성의 폭력성은 남성에 대한 남성의 폭력과 여성에 대한 남성의 폭력이라는 두 가지 형태로 나타난다. 그 가운데 여성에 대한 폭력은 강간행위를 포함하며 여성을 자신의 실력적 지배 아래 두기 위해 행사된다(성적 탄압 이론).

[강간의 목적 ⇨ 성적 탄압]

이와 같은 인간 사회의 폭력은 인간의 뛰어난 두뇌가 그에 장기적 의미를 부여하면서 복수와 복수의 악순환을 가져오고 지위경쟁에서 승리하기 위한 각종의 교묘한 전술을 개발하게 만드는 등 매우 부정적인 결과를 초래하였다. 그러나 한편으로는 뛰어난 두뇌 덕분에 수단·방법을 가리지 않고 싸우기만 하는 것이 결국 모든 인간의 파멸이라는 결과로 이어질 수 있다는 생각이 가능하였다.

이에 따라 인간 사회는 폭력을 통제하는 장치를 개발하였다. 사회규범이 바로 그것이다. 폭력이 허용되는 범위를 사회규범으로 정하고 이를 통해 일정수준 이하로 폭력을 규제하게 된 것이다. 그리하여 사적인 복수와 응징행위를 허용하는 범위가 점차 축소되었고 이를 대신하여 공적 형벌이 그 역할을 갈음하는 범위가 확대되어 나갔다.

이렇게 폭력에 대한 사회적 통제가 시작되면서 사적 폭력을 허용하는 범위는 거의 사라지게 되었다. 그 결과 사적 폭력은 오히려 형벌이라는 국가적 폭력을 통한 응징의 대상이 되기에 이르렀다. 인간사회의 전형적인 폭력행위 가운데 하나인 강간도 물론 범죄목록에 등재되어 형사처벌 대상이 되었다.

이에 따라 남성이 여성을 상대로 자신이 원하면 언제든지 성관계를 갖기 위해 사용되기 시작했던 강간이라는 수단이 사회규범을 통해 규제되는 상황이 도래한 것이다. 그러나 가능한 한 많은 여성과 성관계를 가지고 싶다는 남성의 유전적 본능까지 제거된 것은 아니다. 그러한 본능을 제거하는 것이 가능할지 모르겠다. 성관계 추구 본능이 그대로 있는 상태에서 강간이 금지되자 새로운 활로로 개발된 것이 성매매가 아닌가 추정된다.

어떻게든 성관계를 맺고 싶다는 남성의 뿌리 깊은 본능적 욕망과 이를 충족시켜 주는 대가로 경제적 이득을 취하겠다는 여성의 생각이 결합하여 생겨난 것이 성매매라는 행태일 것이라고 생각한다.

우리나라에서 성매매 행위가 언제부터 시작되었는지는 확인하기가 힘들다. 그러나 적어도 조선시대에는 분명히 성매매가 이루어지고 있었음이 확실하다. 기생이라는 명칭의 성매매 종사자가 있었으며 많은 남성들이 기생집을 이용하였다. 이러한 성매매 행위에 대하여 조선사회는 처벌규정을 두고 있지 않았다.

그러던 것이 1961년에 「윤락행위 등 방지법」이 제정되면서 성매매 행위가 범죄목록에 들어가게 되었다. 이후 지금까지 성매매는 계속 형사처벌 대상이었다. 다만 사실상 수사기관이 이를 단속하지 않았을 뿐이다. 이론상으로는 형사처벌 대상이지만 사실상으로는 버젓이 허용되는 행위이었던 것이다.

그러나 2004년 9월 23일에 「성매매 알선 등 행위의 처벌에 관한 법률」이 시행되면서 상황이 달라졌다. 정부가 윤락행위 등 방지법을 대체하는 성매매처벌법의 시행과 함께 실제로 성매매를 근절하겠다는 의지를 누차 표명하였고, 그 말이 거짓이 아니었음을 보여주기 위해서 실제로 단속을 실시하였기 때문이다. 이제 20여 년의 세월이 흘렀는데 단속을 안 하는 것은 아니겠지만 그다지 열심히 하지는 않는 상태로 보인다.

성매매처벌법은 성매매 행위를 비윤리적인 행위로 규정하는 '윤락행위'라는 표현을 포기하였다. 성매매 여성이 아니라 이를 강제하는 포주와 성구매 남성을 중점적인 처벌의 대상으로 삼고 있어 윤락행위 등 방지법보다 진일보한 법률임은 사실이다. 그러나 성매매 행위 자체를 아직도 범죄로 규정하고 있다는 점은 형벌제도가 도덕적 문제에 개입한다는 측면에서 잘 이해가 가지 않는 면이 있다.

윤락행위 등 방지법의 경우와는 달리 성매매처벌법은 성매매 행위가 '선량한 풍속을 해치는 행위'라고 하는 명문 규정을 가지고 있지 않다. 그러나 성매매 자체를 계속해서 형사처벌 대상으로 보고 있다는 점에서는 두 법률이 일치한다. 이는 성매매 행위 자체에 대한 시각이 공식적으로는 바뀌지 않았음을 의미한다. 이러한 점에서 성매매 행위를 처벌대상으로 하는 이유는 여전히 그것이 불건전한 성풍속이기 때문인 것으로 이해할 수밖에 없다.

그런데 바로 이 점, 그러니까 성매매가 불건전한 성풍속이라고 하는 점에 대해서 납득할 수 없다고 하는 시각이 존재한다. 여러 가지 성관계 유형 가운데 왜 굳이 금품을 대가로 하는 경우만 불건전하다고 하면서 금지하느냐는 것이다. 나아가 불건전함을 인정한다 하더라도 과연 그것이 형사처벌 대상까지 되어야 하는가 하는 점에 대해서는 더 많은 사람들이 의구심을 가지고 있다.

다만 이 문제는 헌법재판소를 통해서 위헌 여부를 가림으로써 해결하여야 할 것으로 보이지만, 이제 다시 성매매를 사실상 처벌하지 않는 단계로 돌아가서 위헌 심판 청구를 할 사람이 없기에 판단을 구하기가 어려운 상황이다. 만약 누군가 성매매가 있다고 신고를 하면, 경찰이 사실을 확인하기 위해서 현장으로 오기는 할 것이다. 그러나 출동한 경찰이 매우 적극적으로 대처하지는 않을 것으로 보인다. 단속에 걸린 성매매 종사 여성에 대해서는 경찰이 훈방 조치하는 것으로 알고 있다. 사실 성매매 종사 여성은 처벌할 이유가 그렇게 많아 보이지 않는다. 성매매를 처벌해야 한다고 목소리를 높이는 사람들도 그 여성들은 피해자라고 하고 있지 않은가.

성매매를 처벌대상으로 해야 한다고 주장하는 사람들의 목소리를 들어 보면, 성매매에 종사하는 여성들의 인권이 심각하게 유린되고 있기 때문에 금지해야 한다는 점에 방점을 두고 있다. 성매매를 비범죄화하면 성매매 관련 문제가 해결된다고 하지만, 성매매를 비범죄화한 독일을 보면 문제가 해결되지 않고 있다고 주장한다. 성매매 종사 여성들이 여전히 포주들의 폭력에 노출되어 있다는 것이다.

그렇다면 성매매 여성들에 대한 인권 유린을 방지하기 위해서 그 여성들에 대한 폭력행위를 형사처벌을 통해서 제대로 단죄 해야 할 것 아닌가 하는 생각이 든다. 성매매는 반드시 성매매 종사 여성에 대한 폭력행위를 수반한다고 하는데, 성매매가 범죄행위로 규정되어 있어서 폭력조직이 이를 보호하게 되는 이른바 '불법비용'이 문제가 아닌가 하는 생각을 지우기 힘들다. 어쨌거나 성매매 자체가 범죄라고 보아야 할 만한 행위유형이 아니라면, 그 행위 자체를 처벌대상으로 하지 않는 것이 논리적으로 맞을 듯하다. 그러니 성매매는 범죄라고 하여야 하는가의 문제가 일단 해결되어야 할 것이라고 생각한다.

2. 성매매를 처벌대상으로 해야 하는가

(1) 처벌대상 여부를 판단하기 위한 기준

특정 행위유형을 범죄로 규정하고 처벌대상으로 하기 위해서는 그 행위가 ① 공적 제재의 대상이 되어야 마땅하고(제재당위성), ② 공적 제재의 대상이 되어야 한다 하더라도 그 제재의 내용이 형벌이어야만 그 행위를 예방할 수 있음이 인정되어야 한다(형벌필요성).

[무엇을 범죄라고 하여야 하는가]

특정 행위가 제재당위성을 가진다고 하기 위해서는 일반적 사회의식을 기준으로 해서 판단해 볼 때 '헌법질서 내에서의 사회생활을 위해 보호되어야 하는 중요한 이익'을 침해하는 속성을 가지고 있어야 한다. 성매매 행위가 침해할 가능성이 있다고 지목되는 이익은 헌법 제10조에서 말하는 '인간의 존엄과 가치' 그리고 헌법 제12조의 '신체의 자유' 등 두 가지이다. 반면 성매매 행위를 처벌대상으로 하면 성적 자기결정권이 침해된다. 국가가 형벌권을 동원해서 성관계 대상과 유형을 제한하는 일이기 때문이다.

일반적으로 성매매 행위는 사회적 법익인 건전한 성풍속을 해치는 범죄로 분류된다. 그런데 이 건전한 사회풍속이라는 것이 헌법에 의한 직접적 보호의 대상이라고 보기는 힘들다. 하지만 그렇다고 해서 헌법적 보호의 대상에서 완전히 제외된다고 보기도 곤란할 것이다. 그보다는 건전한 사회풍속을 유지하는 것이 인간의 존엄과 가치를 지키는 길이라고 하는 포괄적인 방향으로 이해하는 것이 좋을 듯하다. 성매매가 인간의 존엄과 가치를 침해하는지 생각해 보자.

(2) 혼인관계와 연결되지 않는 성관계의 문제

우리 사회에는 혼인관계와 연결되지 않는 성관계는 불순한 것이라는 신념이 아직 존재하고 있는 것으로 보인다. 이러한 신념을 통해 바라보게 되면 혼인관계를 벗어난 성관계를 불결하게 여기고 그러한 성관계를 가진 여성을 '더럽혀진 여자' 또는 '타락한 여자'로 취급하게 된다. 하지만 남자에 대해서는 절대 그런 평가를 하지 않는다.

그러한 측면에서 이 신념은 혼인관계를 벗어나 성관계를 가지는 남성보다는 여성에 대해서 집중적으로 불결하다는 낙인을 찍는다는 중대한 결함을 가지고 있다. 그리하여 이 신념은 여성만을 혼인관계의 틀 속에 가두어 두고, 반대로 남성에게는 혼인관계와 무관하게 성관계를 할 수 있는 자유를 부여하는 기능을 수행하고 있다. 이 신념이 가지는 이러한 효과가 많이 완화된 듯 하지만 아직 해소된 것은 분명히 아니다.

평등의 원칙에 정면으로 위배되는 일종의 '불건전한' 신념임에 틀림이 없다. 모든 사람이 평등한 사회가 건전한 사회라면 불합리한 차별에 근거한 신념은 불건전하다. 그럼에도 불구하고 그러한 신념이 사회적 의식으로 아직 존재하고 있다는 점은 부인할 수 없는 사실이다. 그러니까 이 신념이 남녀차별적이기 때문에 부당한 것은 사실이지만, 아직 많은 사람들이 그렇게 생각하고 있다는 측면에서 그 실체가 인정되어야 할 대상이라는 것이다.

이 신념에 따라 판단하자면 혼인관계를 벗어난 성관계로서의 성매매는 불순한 행위이다. 존엄한 인간이라면 불순한 행위를 할 수 없는 것이므로 성매매 행위는 인간의 존엄과 가치라는 이익을 침해하는 행위라고 할 수 있다.

그렇다면 혼전 성관계도 금지해야 하고, 평생 결혼하지 않고 사는 사람의 성행위도 금지해야 할 것이다. 그렇게 주장하는 사람이 있다면 제정신이 아니라고 평가될 것이 분명하다. 혼인의 틀 속에 들어가 있지 않은 성관계가 인간의 존엄을 해친다는 주장은 과도한 논리전개라고 생각한다.

(3) 낭만적 애정관과 성매매

낭만적 애정관이란 성관계는 '사랑과 친밀감에 기반하고 있어야 하며 상호성이 전제되어야 한다는 관점'을 말한다. 이러한 시각에서 보면 성매매는 사랑이 결여된 상태에서 금품을 대가로 성관계의 기회를 제공하는 것이므로 비윤리적이라는 판단을 하게 된다.

이 관점을 유지하게 되면 부부 사이의 성관계도 사랑이 식은 상태에서 하게 되면 비윤리적이라고 평가하게 된다. 나아가 서로 즐기기 위한 목적에서 하게 되는 즉석 성관계나 호기심에 의한 성관계, 술김에 하게 된 우발적인 성관계 등도 모두 윤리적 비난의 대상이 되어야 한다. 또한 부인은 별로 원하지 않는데 남편이 자꾸 졸라서 할 수 없이 성관계에 응해주는 경우를 두고 비윤리적이라고 할 수도 있겠지만, 그렇게 되면 그러한 비난에서 벗어나기 힘든 남편들이 수도 없이 많이 발견될 것이다.

물론 사랑이 전제된 성관계를 갖자는 주장은 나름 괜찮다고 봐줄 만하다. 그러나 본인이 생각하기에 훌륭한 신념이라고 해서 그것을 다른 사람에게도 강제하고 그에 따르지 않는 행위에 대해서 윤리적 비난을 가하는 것은 곤란하다.

비록 사랑이 결여되어 있다고 하더라도 서로 합의 아래 이루어지는 성관계는 무엇이 전제가 된다고 하더라도 아무에게도 해를 주지 않는 행위이다. 무해한 행위에 대해 윤리적 비난을 가할 수는 없다. 남편이 졸라서 부인이 성관계에 응하는 경우 부인을 귀찮게 한다는 측면이 있지만, 그것을 두고 윤리적으로 비난할 것까지는 아닌 듯하다.

사랑은 성관계뿐 아니라 인간이 하는 모든 행위의 기반이 되면 좋을 훌륭한 감정상태이다. 그러한 감정을 바탕으로 행동하는 사람을 칭찬하는 것은 무방하지만 그렇지 못하다고 해서 비윤리적이라고 하는 것은 도를 지나친 윤리적 판단이라고 생각된다. 사랑을 기반으로 행동하라고 하면서, 사랑이 부족한 사람을 비난하고 공격한다면, 그 비난하는 행동은 사랑을 기반으로 한 행동이라고 볼 수 없다. 진정 사랑을 기반으로 행동하는 사람이라면 사랑이 부족한 사람도 사랑으로 감쌀 것이다.

(4) 상품경제와 성매매

아무리 자본주의 사회라고 하더라도 상품화하여 매매의 대상이 되어서는 안 되는 것이 있는데, 그 가운데 한 가지가 성관계라고 하는 주장도 있다. 이 견해가 매매의 대상이 되어서는 안 되는 것으로 꼽고 있는 것은 인신, 장기, 대리모 관계 그리고 성관계 등이다.

우선 사람을 팔고 사는 인신매매 행위는 매매의 대상이 되는 사람을 누군가 소유하게 됨으로써 그 사람의 모든 자유를 극도로 제한하는 결과를 가져오므로 비윤리적이라는 데 동의할 수 있다.

다음으로 장기의 경우 이를 들어 내면 다시 복원이 되지 않으므로, 잘라서 다른 사람에게 주는 것 자체가 문제가 많다. 그런데 다른 사람의 생명을 구하기 위해 떼어 내도 자신의 생명에 지장이 없는 장기를 무상으로 내주는 행위는 아무도 비난하지 않는다. 오히려 고귀한 행위로 칭송한다.

장기를 무상으로 주는 행위는 극찬을 받고 돈 받고 팔거나 사는 행위는 윤리적 비난의 대상이 된다는 말이다. 물론 스스로 희생을 하는 것은 몰라도 경제적으로 열악한 상황 때문에 회복 불가능한 상해를 입게 되는 것은 바람직하지 않다고 할 수 있다. 그러나 경제적인 어려움 때문에 장기를 내다 파는 사람의 행위를 윤리적으로 비난할 이유는 없다. 오죽하면 장기를 잘라서 팔겠는가. 불쌍한 사람일 뿐 장기를 파는 사람이 윤리적 비난의 대상일 수는 없다.

대리모도 마찬가지이다. 다른 사람의 아이를 대신 낳아주는 행위는 본인이 고통스러울 뿐이지 그 다른 사람에게는 해를 주는 행위가 아니다.

성관계라는 서비스를 제공하는 것도 마찬가지이다. 성관계 서비스가 매매의 대상이 되지 말아야 할 이유를 "성은 그 인간의 가장 내밀하고 인격적인 부분과 연결되어" 있어서 "인간의 인격적 특질과 분리불가능"하기에 이러한 부분을 "매매의 대상"으로 하게 되면 "그 인간 자체가 매매의 대상으로 전락하게 될 것"이기 때문이라고 설명하기도 한다(하주영, 성매매는 범죄인가?, 시대와 철학 (한국철학사상연구회) 제13권 제2호 (2002), 335면).

이 견해는 우선 인간의 행위 가운데 그 인격적 특질과 분리 가능한 것과 불가능한 것을 어떻게 구분할 것인가 하는 점에서부터 문제가 있다. 인격적 행위론에 의하면 인간의 행위는 모두 그 행위자의 인격의 발현이다. 그러므로 인간의 행위 가운데 그 인격적 특질과 분리 가능한 것은 없다고 할 수 있다.

이러한 견지에서 보면 인간의 모든 행위가 다 금품을 대가로 하는 거래의 대상에서 제외되어야 한다. 글을 써주고 원고료를 받는 행위도 금지하여야 한다. 이는 자본주의 사회에서 감내할 수 없는 일이다. 금전이 사라진 이상세계에서만 가능한 일이다.

따라서 자본주의 사회에서는 인신매매처럼 인간의 기본권을 명백한 형태로 침해하는 행위가 아닌 한 서비스 행위를 매매의 대상으로 하는 것을 윤리적으로 비난할 수는 없는 일이다.

(5) 성매매 시장의 착취구조

성매매 여성들의 공통적인 특징은 경제적 어려움 때문에 그 일을 하게 된다는 점이다. 그리하여 일단 급한 불을 끄기 위하여 선불금을 받고 일을 시작하기도 한다. 그런데 이 대출금의 금리가 대단히 높고 일을 하는 과정에서 비상식적으로 비싼 숙식비, 화장품값, 옷값 등을 부담하면서 화대는 중간에서 착취당해 제대로 받지 못하고 하다 보면 선불금을 갚지 못하고 그 액수가 눈덩이처럼 불어난다. 이를 갚지 못하는 한 성매매 노동에서 벗어날 수 없으며 종종 이를 벗어나고자 하다가 폭행을 당하고 감금상태에서 성매매를 강요당하기도 한다. 이것이 과거 성매매 시장의 특징이었는데 집창촌이 사라진 지금에도 이 관행이 계속되고 있는지는 확인하기 어렵다.

이렇게 감금, 폭행 또는 경제적 종속상태에서 성매매를 강제 당하는 것은 명백하게 반인륜적인 상황이다. 그러나 반인륜적인 것은 감금, 폭행을 통해 성매매를 강제하는 자들의 행위이다. 인권을 짓밟혀 가며 성매매를 강제 당하는 여성들은 피해자일 뿐이다. 그러므로 이들 강제로 당하는 여성들의 성매매 행위 자체는 비난의 대상이 될 수 없다.

물론 성매매가 필연적으로 감금, 폭행, 착취 등 반인륜적 행위를 수반하는 속성을 가지고 있다면 성매매 자체를 금지해야 할 것이다. 그러나 성매매가 감금, 폭행, 착취와 연결되는 이유는 성매매 자체를 범죄로 규정하고 성매매 여성을 윤리적·법적으로 비난하는 사회 환경이 조성되어 있기 때문이다.

과거 기지촌 주변 유흥업소에서 필리핀 여성을 감금한 채 성매매를 강제하다가 문제가 되었던 경우가 있는데, 피해여성들은 윤락행위 등 방지법을 위반했다는 이유로 강제출국 당한 바 있다. 문제가 되면 감금·착취당하던 여성들 자체가 형사처벌 대상이 되어 버리기 때문에 자신들의 부당한 상황을 알리고 싶어도 수사기관에 알릴 수가 없는 처지였던 것이다.

성매매 자체를 범죄로 보는 법질서가 오히려 반인륜적인 상황을 조장하고 이를 뿌리 뽑는 작업을 방해하고 있는 것이 현실이다. 성매매가 범죄행위가 아니고 비윤리적인 행위도 아니라고 평가되어 왔다면 성매매업에 종사하는 여성들이 벌써 들고일어나 노동조건을 시정시켰을 것이다.

청계천 피복노조의 예처럼 사회 곳곳에서 성행하던 노예노동의 현실을 우리나라 여성들이 나서서 자기희생을 감수하며 투쟁한 끝에 몰아낸 경우를 우리는 많이 보아 왔다. 당시 여성들의 노동운동은 국가로부터 총체적 탄압을 받았지만 투쟁정신을 바탕으로 착취에서 벗어날 수 있었다.

성매매를 비윤리적이라고 매도하는 사회적 시각이 성매매 환경을 반인륜적으로 만드는 주범이 아닐까 생각한다. 결코 성매매 자체가 속성상 반드시 반인륜적 노예노동으로 이어지는 것은 아니다. 그러므로 성매매가 반인륜성을 가지고 있다는 것은 틀린 말이다.

성매매는 공적 제재의 대상이 될 이유가 없다. 다만 성매매가 이루어지는 환경이 그에 종사하는 여성들의 인권을 유린할 가능성이 높기 때문에 잘 관리가 되어야 할 대상이라고 생각한다. 예를 들어 고객이 성매매 서비스 제공 여성에 대해서 폭력을 사용하는 경우가 있는데, 이러한 사고를 방지하기 위한 예방장치는 필요하다.

성매매는 간통행위의 경우와는 달리 아무리 보아도 위헌심판 제청이 이루어질 가능성이 거의 없어 보인다. 성매매업에 종사하는 사람들은 거의 100% 여성이다. 업소를 이용하는 사람들은 반대로 거의 전부 남성들이다. 가능한 한 많은 여성과 성관계를 가지고자 하는 남성들의 욕구가 가라앉지 않는 한 성매매라는 행동방식은 사라지기 힘들다.

그렇게 되면 법적으로 금지되어 있지만 그래도 암암리에 행해지면서 사실상 형사처벌도 제대로 되지 않는 상황이 전개된다. 법원도 성매매를 범죄로 볼 생각이 별로 없어 보인다. 훔친 카드로 성매매 대금을 지급한 사건이 있었는데, 결론은 사기가 성립한다는 것이었다. 사기가 성립하려면 성매매 서비스 제공이 재산적 가치를 가지고 있다는 점이 인정되어야 한다. 재산적 가치는 범죄적 이익을 제외한 모든 경제적 이익에 대해서 인정된다. 따라서 성매매 서비스 제공의 재산적 가치가 인정된다면 성매매는 범죄가 아니라는 말이 된다.

형사처벌 대상이던 행위유형이 범죄 목록에서 빠져 나가기 전에 일어나는 현상 중 하나가 법원에서 별로 범죄로 취급하지 않으려는 일들이 벌어진다는 것이다. 혼인빙자간음이 그러했고 간통이 또 그랬었다. 그래서 성매매도 비범죄화가 될 수 있을 것이라는 생각도 해보지만 성매매를 범죄로 평가하여야 한다는 생각이 아직은 사회적으로 강한 영향력을 유지하고 있다. 쉽게 비범죄화가 되지는 않을 것으로 예상된다.

3. 인공지능 리얼돌

성매매 문제가 여전히 해결되지 않고 있는 상황에서 성관계 서비스를 제공해 주는 인공지능 리얼돌이 등장하고 있다. 미국의 리얼보틱스(Realbotix)사가 하모니라는 이름의 섹스로봇을 출시하였다고 한다. 이 섹스로봇은 인간과 같은 질감의 피부를 가지고 있으며 내부에 금속으로 형성된 척추도 가지고 있고 생식기관이 있어서 성관계가 가능하다. 감정적인 반응도 하고 대화도 가능하기 때문에 ① 인지기능, ② 판단기능, ③ 행동기능 등 세 가지를 갖춘 AI이다.

[캐나다 킨키스돌스의 섹스로봇]

섹스로봇은 제작비용 때문에 상당히 고가로 판매되고 있다. 자동차 한 대 가격이 되는 섹스로봇은 가격은 높은 데 비해 사용처가 성관계로만 제한되기 때문에 일반인이 개인적으로 소장하기에는 부담이 될 것이다. 게다가 남자들이 가능한 한 많은 여성과 성관계를 하고 싶어 하는 속성을 가지고 있기 때문에 계속 새로운 섹스로봇으로 교체하고 싶어 하게 될 것으로 예상된다.

그렇다면 섹스로봇을 이용한 성매매 서비스가 활성화될 수 있다. 훨씬 적은 비용으로 훨씬 다양한 여성 AI와 성관계를 가질 수 있는 길이기 때문이다. 이미 독일, 영국, 프랑스, 스페인 등지에서 섹스로봇 업소가 영업 중이다. 섹스로봇을 구매하지 않고 구독료를 지급하고 필요할 때 이용하는 서비스도 등장할 것으로 보인다.

이러한 서비스가 가지는 여러 가지 예상되는 문제점들에도 불구하고 섹스로봇 성매매는 성매매가 아니다. 인공지능의 행위능력이 인정되지 않는 한 AI의 일종인 섹스로봇의 행위는 형법의 규율대상이 아니다. 그때까지는 섹스로봇을 생산하고 판매하고 구매 또는 임차하는 행위를 규제대상으로 삼을 것이다.

세월이 흘러 인공지능의 법인격을 인정하는 시기가 도래하더라도 섹스로봇이 제공하는 성교행위 서비스는 성교행위가 아니다. 성관계란 '남성 생식기가 여성 생식기 안으로 삽입되는 것'을 의미한다. 그런데 섹스로봇은 여성처럼 생겼지만 법적으로 여성이 아니다. 그가 보유하고 있는 기관도 생식을 하기 위하여 형성된 기관이 아니라서 생식기가 아니다. 따라서 무엇이 어찌 되었건 금품을 대가로 서비스가 제공되더라도 성매매가 아니다.

그러면 남성들의 성욕을 유발하는 섹스로봇을 법적으로 무엇이라고 보아야 하는가. 음란한 물건(형법 제243조)이라고 볼 여지는 있다. 대법원은 남성용 자위기구를 음란한 물건으로 보고 있기도 하고(대법원 2003. 5. 16. 선고 2003도988 판결), 그렇지 않다고 보고 있기도 하다(대법원 2014. 7. 24. 선고 2013도9228 판결). 16세 미만 미성년자의 신체 외관을 본 떠서 만든 성행위용 리얼돌에 대해서는 '풍속을 해치는 물품'으로 보았다(대법원 2021. 11. 25. 선고 2021두46421 판결).

음란한 물건이 금지되어야 하는 이유는 그 물건이 불건전한 성적 충동을 유발하기 때문이다. 불건전한 성적 충동 중에 제일 불건전한 유형이 강간이나 미성년자 간음을 하겠다는 충동이다. 대법원은 남성용 자위기구와 관련하여, 여성의 외음부를 그대로 옮겨 놓은 것이나 진배가 없는 자위기구는 음란물이라고 하였다. 반면 여성의 성기를 사실 그대로 표현하였다고 하기에 크게 부족해 보이는 남성용 자위기구는 음란물이 아니라고 판단하였다.

자위기구 중에 여성용은 음란물이 아니라고 본다. 남성용 자위기구만 음란물이라고 보는데, 그것도 여성의 성기를 아주 잘 묘사하고 있는 경우에만 음란물이라고 한다. 그러니까 여성의 성적 충동은 별다른 문제를 야기하지 않고, 남성의 성적 충동만 사회적 문제를 만들어 낸다는 의미이다.

남성의 성적 충동이 공격적이기 때문에 문제의 소지가 있고, 여성의 성적 충동은 그렇지 않다는 점에 대해서는 일반적으로 동의할 수 있다. 성적 자기결정권 침해 범죄는 거의 전적으로 남성에 의해서 저질러지기 때문이다.

그런데 자위기구는 성적 충동을 유발하기보다는 그것을 해소하는 용도로 사용되는 것 아닌가 하는 생각이 든다. 남성이 자위를 하면 강간을 하고 싶어질까. 자위를 한다고 해서 성관계를 하고자 하는 욕구가 사라지게 되지는 않을 것이다. 자위가 아니라 성관계를 하더라도 성관계를 하고자 하는 욕구는 사라지지 않는다.

남자는 숟가락 들 힘만 있으면 성관계를 하려고 덤빈다는 말이 있다. 끊임없이 성관계를 하고자 하는 욕구를 가지는 방향으로 진화를 했다는 점을 현재로서는 부인할 수가 없다. 아예 성관계를 끊고 성적 욕구로부터 초탈한 경지로 넘어가는 일이 불가능하지는 않을 것이다. 그런데 일반인이 그렇게 살아야 한다고 주장할 수는 없다. 그랬다가는 그러지 않아도 인구절벽 때문에 나라가 망한다고 난리인데 문제를 더 심화시키고 말 것이다. 게다가 성적 욕구로부터 초탈한 상태로 전환하는 일이 그렇게 쉽지는 않을 것이 분명하다.

현재 대법원은 무엇이든 성적 충동이 일어나게 만드는 물건은 다 금지해야 한다고 보는 듯하다. 성적 충동은 성관계를 하는 방향으로 움직이게 하는 힘을 가지고 있다. 그러니 성적 충동을 금지하자고 한다면 그것은 성관계를 금지하자는 말이 된다. 성관계를 금지하고자 한다면 그것은 한국인을 멸종시키자는 말이 된다. 다른 나라 대법원은 그렇게 판단하고 있지 않기 때문이다.

금지되어야 하는 것은 불건전한 성적 충동이다. 불건전한 성적 충동은 불건전한 성적 공격을 하도록 충동질을 하기 때문이다. 그러니까 우리나라 대법원은 불건전한 성적 충동과 건전한 성적 충동을 구별하는 쪽으로 판례를 발전시켜야 할 것이다. 남성의 성적 충동 자체를 말살할 수는 없지 않은가. 결단코 방지해야 할 것은 남성의 불건전한 성적 충동이다. 우리가 대한민국 국민으로서 자손을 번창시키기는 해야 할 것 아니겠는가.

남성용 자위기구를 그럴듯하게 생겼다고 해서 음란물로 평가하는 것은 곤란하다. 자위기구만으로는 불건전한 성적 충동이 유발되지 않는다. 여자 아동의 신체를 표현하는 가운데 음모도 없는 상태의 성기가 묘사되어 있는 리얼돌은 허가할 수 없다. 미성년자 간음을 상상하며 연습하는 도구가 될 것이기 때문이다. 반면 성인 여성의 신체를 모델로 하는 섹스로봇은 음란물이라고 보기 어렵다.

국내에서 섹스로봇을 개발하고 이를 이용해서 성매매 서비스를 제공한다면 그 서비스를 금지해야 한다는 사람들이 많이 나타날 것으로 예상된다. 현재의 우리나라 규범질서를 기준으로 판단하자면 섹스로봇은 음란한 물건에 해당한다. 음란한 물건을 판매하거나 임대하는 행위는 형사처벌 대상이다.

그러나 음란한 물건을 제작하는 행위는 가벌성이 없다. 디지털 제조 기술이 비약적으로 발전하고 있다. 섹스로봇 설계도를 인터넷으로 구입하여 3D 프린터로 제작한다면 법망을 피할 수 있다. 지금은 섹스로봇을 외국 회사들만 제작하고 있어서 이를 수입해 오려다가 세관에 걸리고 있는데, 장차 디지털 제조 방식으로 섹스로봇을 제작하여 사용하는 일이 생길 수 있다.

그러한 상황이 되면 성매매 시장을 완전히 대체하지는 못하더라도 일부 잠식은 할 듯하다. 성매매 시장을 거의 대체하는 일은 인간과 구별이 안 될 정도 수준의 AI가 등장해야 가능해질 것이다. 그날은 아직 멀었다. 인공지능이 성매매 시장을 거의 대체하게 되면 형식적인 측면에서 성매매 문제는 해결되는 것이라고 할 만하다. 그러한 방식으로 성매매 문제가 해결되게 하려면 대법원이 성적 매력을 가진 AI를 음란한 물건이라고 보는 판단을 포기하여야 한다.

2

AI가 만들어 내는
골치 아픈 문제들이 많다

이규호

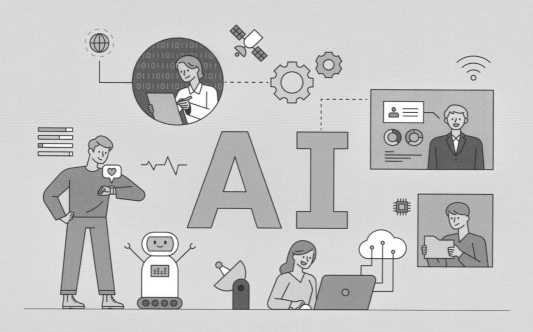

제5장

AI가 법률행위 및
불법행위를 할 수 있을까?

2017년 8월 중국 칭화대(清华大学)에서 인공지능 로봇이 국가 임상의사 시험에 최종 합격하였다고 한다. 독일 바이어른 주의 휴양도시 바트 비른바흐(Bad Birnbach)시에서는 자율주행 버스가 정식 운행을 시작하였다. 미국 위스콘신주 법원은 AI의 분석 자료를 재판의 근거자료로 활용하고 있다.

한편 로봇의사의 오진으로 환자가 사망하거나 자율주행자동차의 오작동으로 운전자나 보행자가 다치거나 사망할 경우 그 책임 소재를 놓고 법적 분쟁이 발생할 것으로 예상된다.

이에 따라 AI 기술이 우리 실생활에 활용되기 시작하면서 소프트웨어 개발자, 제작사의 책임을 묻거나, AI에게 직접 법적 책임을 묻는 문제에 대해 의견이 대립하고 있다. 현행 법체계는 의사결정의 주체를 사람(자연인 또는 법인)으로 한정하고 있다. 자연인이나 법인의 행동에 대해서만 책임을 부담시키는 것이다. AI는 잘못된 의사결정을 하더라도 AI에게 법적 책임을 물을 수 없다.

법의 흠결을 해소하기 위해 AI의 법적 책임 관련 논의가 활발해지고 있다. 구글, MS 등 세계 굴지의 IT 기업은 '모바일 우선'에서 'AI 우선'으로 변화를 선언하고 AI 연구에 집중하고 있다. 미국과 유럽의 주요 선진국들은 AI 대중화를 앞두고 새로운 규범 체계를 마련 중이다.

유럽은 2021년부터 '로보 로(Robo Law) 프로젝트'를 통해 로봇 기술의 법적·윤리적 쟁점을 검토하고 다양한 분야의 전문가들이 참여해 자율주행자동차, 수술로봇, 인공기관 등의 상용화에 대비한 윤리적·법적 문제를 분석하였다. 유럽연합 의회는 2017년 2월 '로봇시민법 권고안'을 통과시켰다. 이 권고안에서는 로봇에게 '전자인간'이라는 새로운 법적 지위를 부여할 필요성을 인정하면서 로봇 등록제, 로봇 사고의 법적 책임을 적시하였다.

하지만, 이 권고안의 수명은 얼마가지 못했다. 유럽연합 의회는 인공지능에 법인격(Legal Personality)을 부여하는 아이디어를 폐기하였다. 2019년에 유럽연합 의회는 AI와 로봇에 대한 포괄적인 산업정책에 관한 결의안을 채택하였다. 이 결의안에서는 AI의 특별 지위를 더 이상 고려하지 않고 AI에 영향을 받은 법 분야에 대한 단편적인 접근방식에 초점을 두었다.

2020년에는 유럽연합 의회는 유럽연합 집행위원회에 대한 권고안과 함께 AI의 민사 책임에 대한 결의안을 채택하였다. 이 결의안에 따르면, "기존의 법 체계에 요구되는 개정은 AI 체계가 법인격이 없고 인간의 양심을 가지지 아니한다는 것, AI 체계가 구동하는 모든 물리적 또는 가상적 활동, 장치 또는 처리는 기술적으로 피해 또는 손해의 직접적 또는 간접적 원인일 수 있다는 것, 그러한 피해나 손해는 거의 항상 AI 체계를 구축, 배포 또는 간섭한 결과라는 점을 명확히 인정하고 시작해야 하고, 이러한 점에서 AI 시스템에 법인격을 부여할 필요는 없다"는 점에 유의해야 한다.[1]

유럽사법재판소가 판시한 대로, 회사는 국내법의 창조물이고 유럽연합 지침은 회원국이 AI에게 법인격을 부여하도록 강제할 수 없다.[2] 하지만, 사우디아라비아는 소피아라는 로봇에게 시민권을 부여한 바 있다. 그리고 벨기에에서는 일정한 요건이 충족되면 AI가 법인격을 취득할 수 있다. 하지만 이러한 법제를 가진 나라에서는 AI의 법인격 창설 시점과 종료시점, AI의 자산의 산정, AI에 대한 타인의 책임 등 여러 쟁점을 야기할 것이다. 이러한 문제들과 관련하여 회사나 선박에 법인격을 부여한 과거 시스템이 참고가 될 것으로 생각된다.

2021년 4월 21일 유럽연합 집행위원회는 AI법률안(Artificial Intelligence Act)을 채택하였다.[3] 이 법률안에서는 로봇의 법인격을 언급하지 않은 채, AI의 책임 쟁점을 비롯한 AI의 개발 및 이용과 관련된 문제점들을 규율하고 있다.[4] 이후 유럽연합 집행위원회는 비계약적 민사책임규정을 인공지능에 적용하기 위하여 인공지능에 대한 비계약적 민사책임규정안('AI 책임 규칙안')을 2022년 9월에 발표하였다.

유럽연합 집행위원회는 AI 시스템으로 인한 손해에 대한 새로운 규칙을 도입하여 EU 책임 프레임워크를 보완하고 현대화하기 위하여 이 안을 제안하였다. 이 새로운 규칙은 AI로 인해 손해를 입은 사람이 유럽연합 내에서 다른 기술로 인해 손해를 입은 사람과 동일한 수준의 보호를 받을 수 있도록 보장하는 것을 목표로 한다.

AI 책임 규칙안은 번복 가능한 인과관계 추정을 규정하여 피해자가 AI 시스템으로 인한 손해를 입증하는 데 드는 입증책임을 완화할 것이다. 또한 각국 법원은 손해를 유발할 것으로 의심되는 고위험 AI 시스템에 대한 증거 공개를 명할 수 있는 권한을 갖게 된다.

특히, 이해관계인과 학계는 AI 책임 규칙안의 책임제도의 적절성과 효과, 현재 협상 중인 인공지능법과의 일관성, 혁신에 대하여 잠재적으로 부정적 영향, 유럽연합과 각국 국내 법규 사이의 상호 작용에 대해 의문을 제기하고 있다.[5]

한편, 미국은 지속적인 연구와 모니터링을 통해 AI의 법적 책임에 대한 전반적인 정책 방향을 정립하고자 계획중이다. 미국 연방 국가과학기술위원회(NSTC) 산하의 기계학습·인공지능 소위원회는 다방면의 전문가가 참여한 워킹그룹을 구성하여 법제도 등 다양한 쟁점을 논의하였다.[6]

2018년에 백악관은 AI 연구개발과 관련된 연방정부의 노력의 조정을 감독하기 위하여 국가과학기술위원회 산하에 AI 선정위원회(Select Committee on Artificial Intelligence: 이하 "선정위원회"라 한다.)를 설립하였다. 선정위원회는 연방정부의 최고위급 연구개발 관료로 구성되어 있으며 AI 연구개발 계획 및 조정에 대한 범정부적 접근방식을 대표한다. 2020년 연방인공지능주도법(National Artificial Initiative Act of 2020)에 따라 선정위원회는 더 넓은 범위와 구성원으로 재위촉되었으며, 이 법상 국가인공지능 이니셔티브를 감독할 책임이 있는 고위기관 간 기구로서 역할을 수행한다.[7]

AI는 법적 권리나 의무의 주체인 사람이나 법인이 아니므로 현행법상 법적 책임을 물을 수 없다. 왜냐하면 AI는 법률행위의 주체가 아니기 때문이다. AI가 스스로 결정하고 판단하는 수준이 되면 인간처럼 의사능력, 책임능력, 행위능력이 있다고 볼 수 있지만, 사회적 합의에 따른 법인격 부여가 없으면 법적 책임의 주체는 될 수 없다.

의료과오소송에서 보조의사로 다양한 치료법을 제시하는 AI의 행위의 유책범위와 관련하여 의료행위 개념을 재정립하기 위한 논의가 필요하다.[8] AI에 책임을 묻지 못하는 경우, 이에 관여한 자연인 또는 법인에 대신 책임을 묻는다면 과연 누구에게 그 책임을 물 것인지에 대한 판단이 쉽지 않다. AI에 활용하는 빅데이터와 비공개 알고리즘에 대해 책임을 묻기 위해서 프로그램 개발자를 고소해도 AI 오류와 손해 사이의 인과관계를 입증하는 것이 곤란하다. 왜냐하면 AI 자체의 잘못인지 아니면 프로그램 개발자에 의한 기술적 오류인지를 구분하는 것이 용이하지 않기 때문이다.

자율주행자동차와 관련해서 사고발생 시 차량을 제작한 제조사에 책임 소재를 어디까지 물을 것인지 여부 및 운전자에 대한 주의의무 기준과 관련하여 그 기준 재설정이 필요한 상황이다. 또한 차량 해킹으로 인한 사고 발생에 따른 법적 문제도 고려할 필요가 있다.

AI의 불법행위가 인정되지 않는다면 이를 해결하기 위한 대안으로서 어떠한 방안을 고려할 수 있을까? 자율주행자동차에 의한 충돌사고는 새로 등장한 문제(외부효과)에 해당한다. 이를 누가 어떻게 책임질 것인가의 문제(외부효과의 내부화)는 제4차 산업혁명의 외부효과를 내부화하는 과정에서 필연적으로 고민할 숙제다. 이는 제1차 산업혁명 시대에 발생한 공해문제(외부효과)를 누가 어떻게 책임질 것인지의 문제와 같은 연장선상에서 살펴볼 필요가 있다.

예를 들어 자율주행자동차의 프로그램 알고리즘을 설계함에 있어 자기희생모드(보행자보호)를 할 것인지 아니면 자기보호모드(탑승자 보호)를 할 것인지 여부와 관련하여 살펴보자. 이를 마이클 샌델이 집필한 '정의란 무엇인가'에 나오는 트롤리 딜레마 상황과 육교 딜레마 상황에 대입하여 살펴볼 필요가 있다.

[트롤리 딜레마]

[육교 딜레마]

트롤리 딜레마나 육교 딜레마는 기계 고장으로 인한 긴급피난 상태에서 인간(5명의 생명) 대 인간(1명의 생명)의 문제를 다루고 있다. 트롤리가 제동장치 고장으로 멈출 수가 없는 상황이다. 트롤리 딜레마의 경우 전철기를 조작해서 트롤리를 우회시킬 수는 있지만 그렇게 되면 5명은 살리고 1명은 죽게 된다.

육교 딜레마는 더 잔인하다. 육교 위에서 뚱뚱한 사람을 밀어 떨어뜨리면 트롤리가 그 사람에 부딪혀서 정지하게 된다는 것이다. 그 뚱뚱한 사람은 죽고 나머지 5명이 목숨을 구하게 되는 상황이다. 마이클 샌델이 설정한 상황은 왠지 우리 정서와 잘 맞지 않는다.

자율주행자동차의 예(기계 프로그램의 예)는 인간 대 인간의 문제인 것으로 보이나 사실상 기계 개발자가 제3자의 입장에서 다수가 보행자인지 탑승자인지 여부에 상관없이 프로그래밍하는 경우에 해당한다.

즉, 자율주행자동차의 예는 긴급피난 상태로 제한되지 않고 사전적으로 보행자와 탑승자 중 선택하는 문제다. 프로그램 개발자의 입장에서는 확실히 보호할 수 있는 탑승자와 관련해서는 거래비용[9]이 대단히 낮으나 보행자와 관련해서는 거래비용이 대단히 높은 관계로 탑승자 보호에 초점을 두게 될 것이다. 이에 대한 명확한 기준을 제시하기 위하여 미국 연방교통부는 미국 자율주행자동차 가이드라인[10]을 제정하였다.[11]

이와 별도로 보행자 보호를 위해 거래비용을 낮추는 별개의 규제방안을 어떻게 마련할 것인지 여부를 사회 전체가 고민해야 할 것이다. 예컨대, 육교, 지하차도의 추가 설치, 횡단보호 접근시 자율주행자동차의 자동정지 기능 추가 등이 이러한 고민에 대한 대응방안으로 생각할 수 있다.[12] 그 밖에 교통사고의 2차 피해를 막기 위한 방안으로서 특허를 활용할 수도 있다. 예컨대, 구글의 '끈끈이' 기술 특허는 무인 자율주행자동차와 보행자의 충돌사고시 거래비용 감소의 관점에서 보행자의 2차 사고 피해를 감소시키기 위한 기업의 고민을 대변하는 것이다.

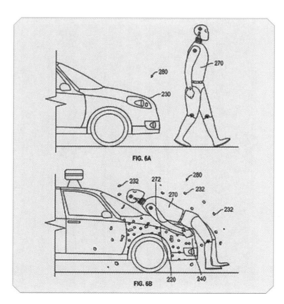

출처: Adhesive vehicle front end for mitigation of secondary pedestrian impact US9340178B1
〈https://patents.google.com/patent/US9340178B1/en〉(최종방문일: 2023. 5. 20.)

제6장

AI와 계약 체결해 보기

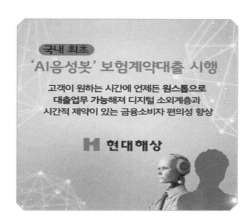

출처: 〈https://zdnet.co.kr/view/?no=20200727102436〉 (최종방문일: 2023. 5. 20.)

금융혁신지원 특별법 제25조 제1항에 따르면, 지정대리인에 대한 업무위탁이 가능하다. '지정대리인에 대한 업무위탁'이란 금융위원회가 혁신금융서비스의 시범 운영을 위해 금융회사의 업무위탁을 받아 처리할 수 있는 자(이하 "지정대리인"이라 한다.)를 지정할 수 있도록 하는 제도를 말한다. 여기서 업무위탁이란 '금융회사가 인허가 등을 받은 금융업을 영위하기 위해 제3자의 용역 또는 시설 등을 계속적으로 활용하는 행위'를 말한다.

혁신금융서비스를 제공하려는 (i) 금융회사 등 또는 (ii) 국내에 영업소를 둔 「상법」상의 회사(이하 "예비 혁신금융사업자"라 한다.)는 금융위원회에 지정대리인 지정 신청을 할 수 있다(금융혁신지원 특별법 제25조 제2항 및 제5조 제1항 제1호 및 제2호). 2021년 2월 7일 금융위원회는 제7차 지정대리인 심사위원회에서 AI 음성 로봇이 보험계약대출(약관대출)의 신청 및 접수부터 심사 및 실행까지 원스톱하여 처리하는 서비스를 맡을 핀테크 업체 '마인즈랩'을 현대해상의 지정대리인으로 선정하였다.[13] AI는 권리능력과 의사능력이 없는 관계로 계약 상대방의 대리인이 될 수 없는 것이 민법상 원칙이겠지만, 특별법에 의하여 샌드박스 규제혁신 차원에서 계약 상대방의 대리인으로 될 수 있다.

원래 샌드박스(Sand Box)는 말 그대로 모래상자라는 뜻이다. 이 표현을 규제와 관련해서 사용하고 있다. 규제 샌드박스란 '산업 육성을 위하여 사업자가 새로운 서비스나 상품을 출시하면, 기존 규제를 유예하여 일정 기간 서비스를 제공할 수 있도록 하고 문제가 발생하면 나중에 규제하는 제도'를 말한다. 모래상자에서 놀 때처럼 일단 그냥 마음대로 놀아보라는 의미이다.

제7장

AI와 함께
복잡해지는 특허

1. AI는 발명자가 될 수 있는가?

우리 특허법은 자연인만이 발명자가 될 수 있다고 규정하고 있다. 특허법 제33조(특허를 받을 수 있는 자) 제1항 본문을 보면 "발명을 한 사람 또는 그 승계인은 이 법에서 정하는 바에 따라 특허를 받을 수 있는 권리를 가진다."라고 하고 있다. 여기서 말하는 사람이 자연인을 의미하는 것으로 해석되기 때문에 AI는 발명을 해도 특허를 받을 수 없다.

[AI는 특허를 받을 수 없다.]

2015년 1월 1일 시행된 구 특허법에 따라 자연인만이 발명자가 될 수 있다는 점을 명확하게 하였다. 발명은 사실행위에 속하는데, 발명자는 언제나 자연인만이 될 수 있으며, 법인의 경우에는 발명자로서는 그 지위가 인정되지 아니한다. 다만 특허를 받을 수 있는 권리의 승계인으로서 권리능력이 인정된다. 예컨대, 이러한 법인이 특허를 받을 수 있는 권리를 승계하여 승계인으로서 등장하는 경우로서 종업원 등의 직무발명을 사용자(회사) 등이 승계한 경우를 들 수 있다.

특허법 [시행 2014. 1. 21] [법률 제12313호, 2014. 1. 21, 일부개정]	특허법 [시행 2015. 1. 1] [법률 제12753호, 2014. 6. 11, 일부개정]	비고[14]
제33조(특허를 받을 수 있는 자) ① 발명을 한 자 또는 그 승계인은 이 법에서 정하는 바에 의하여 특허를 받을 수 있는 권리를 가진다. 다만, 특허청직원 및 특허심판원직원은 상속 또는 유증의 경우를 제외하고는 재직중 특허를 받을 수 있다.	제33조(특허를 받을 수 있는 자) ① 발명을 한 <u>사람</u> 또는 그 승계인은 이 법에서 정하는 바에 <u>따라</u> 특허를 받을 수 있는 권리를 가진다. 다만, <u>특허청 직원 및 특허심판원 직원</u>은 상속이나 유증(遺贈)의 경우를 제외하고는 <u>재직 중</u> 특허를 받을 수 없다.	구법과 의미가 달라지지 않는 범위에서 국민이 이해하기 쉬운 용어로 대체한 것으로 판단되나, 발명자는 자연인에 한정한다는 것을 보다 명확하게 한 개정임.
② 2인이상이 공동으로 발명한 때에는 특허를 받을 수 있는 권리는 공유로 한다.	② <u>2명</u> 이상이 공동으로 <u>발명한 경우</u>에는 특허를 받을 수 있는 <u>권리를 공유한다</u>.	

위에서 언급한 바와 같이 특허체계는 발명자가 자연인이라는 것을 전제로 한다.[15] 1995년에 설립된 미국의 상상엔진(Imagination Engines)의 설립자 겸 CEO인 스티븐 테일러(Stephen Thaler)는 자신의 인공지능인 '다부스(Device for the Autonomous Bootstrapping of Unified Sentience, DABUS)'로 알려진 '통합 지각의 자율 부트스트랩을 위한 장치'가 스스로 발명하였다고 주장하면서 다부스를 발명자로 하여 전 세계 16개국에서 특허를 출원하였다.

우리나라에서도 2021년 5월 17일 스티븐 테일러는 다부스를 발명자로 하여 이 장치에 대한 특허를 출원하였기에 2022년 2월, 해당 특허출원에 대하여 '인공지능을 발명자로 한 것을 자연인으로 수정하라'는 보정요구서를 통지하였으나 출원인이 이에 응하지 않았다. 이에 2022년 9월 28일 특허청은 '자연인이 아닌 인공지능을 발명자로 한 특허출원은 허용되지 않는다'는 것을 이유로 해당 특허출원에 대해 무효처분을 내렸다.[16·17]

시야를 외국으로 돌려 보자. 미국에서 AI는 발명자로 될 수 없다. Thaler 대 Vidal 사건[18]

에서 인공지능은 발명자가 될 수 없다고 판시한 바 있다. 2019년 스티븐 테일러는 다부스라는 인공지능 시스템을 발명자로 하여 프랙탈 프로파일을 갖는 측면 벽이 있는 식품 용기 및 수색 및 구조 시나리오에서 향상된 주의를 끌기 위한 등대에 관한 특허를 출원하였다.

미국 연방특허상표청(U.S. Patent and Trademark Office / USPTO)은 해당 특허출원이 자연인을 발명자로 기재하지 않았으므로 미비하다고 테일러에게 통보하였다. 이 사건은 연방대법원까지 갔지만 AI의 발명자성을 부정하는 결론에 도달했다. 이 사건에서 연방순회구 연방항소법원은 발명자란 용어의 해석에 초점을 두었다. 미국 연방특허법은 발명자를 발명의 대상을 발명하거나 발견하는 개인 또는 공동발명인 경우에는 개인의 집합이라고 정의하고 있다.

미국 연방특허법은 '개인'이라는 용어를 정의하지 아니하지만, 2012년 선고된 Asid Mohamad v. Palestinian Authority et al.사건[19]에서 미국 연방대법원은 다른 법률과 관련하여 '개인'이라는 용어를 자연인으로 한정하는 것으로 해석하였다. 이에 따라 연방순회구 연방항소법원은 Thaler 대 Vidal 사건에서 "연방의회는 자연인만이 발명자가 될 수 있고, AI는 발명자가 될 수 없다는 취지로 입법하였다"라고 판시하였다.

미국법상 누가 발명자인지 여부를 판단하는 것이 지식재산의 재산권을 판단하기 위한 첫 번째 문턱이 되는 분석지점이다. 누가 '발명가'인지 여부를 결정하기 위해 AI 관련 특허의 개발에 기여한 것을 식별하는 것은 아마도 더 자주 일어날 것이다.[20]

미국 연방특허법 제100조 제f항[21]은 발명자를 정의하고 있다. 이 조문의 입법경과를 보면 미국 연방의회가 미국 연방특허법상 발명의 객체를 "태양 아래 사람이 만드는 모든 것"을 포함하려고 의도하였다고 미국 연방대법원은 판시한 바 있다.[22] 따라서 인공지능이 자동적으로 개발한 것이 잠재적으로 특허발명이 될 수 있는 객체로 될 수 있게 하기 위해서는 미국 연방의회가 현행 연방특허법을 개정하여야 할 필요가 있을 수 있다.[23]

"인공지능"은 "지능형 에이전트"에 대한 컴퓨터 과학 연구에서 이해되는데, "자연형 지능"과 구별되고 주로 디지털 컴퓨터 기술을 사용하여 특정 목표를 달성하기 위해 환경에 반응하는 ("최적") 수단이다.[24] 미국변호사협회는 사람만이 발명자로 출원명의인이 되어야 하고 인공지능이 발명자로 될 수 없다는 입장을 취하고 있다.[25]

이러한 결론은 누가 발명자인지 여부를 판단함에 적용되는 미국 특허법상 '발명의 착상(Conception)' 요건에 주로 근거한 것이다. 발명의 착상은 사람이 자신의 머리에 '완전하고 작동가능한 발명의 명확하고 영구적인 아이디어'를 형성하는 경우에 생겨난다. 공동 발명가일 것을 의도하는 경우에는 각 공동발명자는 발명을 도출하기 위한 노력의 일부만을 수행할 수 있으나, 동일한 유형 내지 동일한 양의 기여를 할 필요는 없다. 발명의 착상 요건은 인간이 아닌 주체의 기여분을 고려하지 않는다.[26]

유럽특허청,[27] 영국의 상고법원,[28] 호주의 연방법원[29] 및 독일 연방특허법원[30]도 인공지능의 발명자성을 부정하였다. 다만, 독일 연방특허법원은 다부스가 발명에 일정한 역할을 수행하였다는 점을 시인하면서도 출원서에 테일러를 발명자로 기재할 수 있다고 하여 잠재적 우회방안을 특정하였다. 이렇듯 주요국가에서는 인공지능의 발명자성을 부정하고 있다. 하지만 형식적 심사절차만 존재하는 남아프리카 공화국에서는 다부스를 발명자로 기재한 특허출원을 등록하여 준 바 있다.[31]

이처럼 다수의 주요 선진국들은 AI의 발명자성을 인정하지 않고 있다. 따라서 인공지능의 발명을 보호하고자 한다면 별도의 지식재산관련 입법과 국제조약이 필요하다.

2. 인공지능 학습용 데이터세트와 특허[32]

(1) 서론

데이터는 컴퓨팅 시스템, 디지털 통신 장치, 생산 및 제조 공장, 운송 차량 및 시스템, 감시 및 보안 시스템, 판매 및 유통 시스템, 연구 실험 및 활동 등과 같은 현대 사회 전체와 경제 전체에서 일반적으로 사용되거나 수행되는 다양한 장치와 활동을 통해 광범위한 목적으로 점점 더 많은 양으로 생성된다.[33]

이러한 데이터의 집합물(이하 "데이터세트"라고 한다.)은 인공지능에 핵심적인 구성요소다. 왜냐하면 최근의 인공지능 응용프로그램은 훈련 및 검증에 데이터세트를 사용하는 기계학습 또는 심층학습 기술에 의존하기 때문이다. 데이터세트는 인공지능 (아래에서는 'AI'와 호환적으로 사용한다.)에 의한 가치 창출에 필수적인 요소이므로 잠재적으로 경제적으로 가치가 있다.[34] 광범위하고 다양한 장치 및 활동에 의해 데이터세트가 생성되므로 데이터세트에 대한 포괄적인 단일 정책의 틀을 구상하기가 어렵다. 규제하고자 하는 이해관계 또는 가치에 따라 데이터세트에 적용할 수 있는 여러 가지 틀이 존재한다.

예를 들어 개인 정보 보호, 명예 훼손 자료 게시 방지, 시장지배적 지위 남용 방지 또는 경쟁 규제 방지, 특정 등급의 민감한 데이터 보안 유지 또는 소비자를 현혹하는 허위의 데이터 억제 등이 여기에 해당한다.[35] 이제 인공지능 학습용 데이터세트에 대한 특허법상 보호방안에 초점을 두고 논의해 보기로 하자.

학습가능한 양질의 데이터세트(학습용 데이터세트[36])는 인공지능 기술의 경쟁력을 좌우한다. 즉, 인공지능의 성능은 인공지능 프로그램의 정확성뿐만 아니라 학습용 데이터세트의 내용에 크게 의존한다. 원시 데이터를 인공지능 학습용 데이터세트로 가공하여 제공하는 비즈니스가 점차 활성화되고 있다.

최근 9년간(2010~2018) AI 핵심 기술[37] 분야 특허 출원 동향을 살펴보면, IP5(한국, 미국, 중국, 일본, 유럽) 특허청의 AI 핵심 기술 분야 특허 출원은 연평균 40% 이상 증가하고 있다.[38] 국내 인공지능 핵심기술 출원은 2015년 기점으로 연평균 54.3%의 높은 증가율을 보이고 있으며, 출원량으로는 2016년부터 일본과 유럽을 넘어섰다. 2018년 연간 출원량(2,506건)은 중국(11,640건), 미국(6,279건) 다음으로 세계 3위를 유지하고 있다.[39]

국내 인공지능 핵심기술 출원의 높은 증가세와 더불어 인공지능 학습용 데이터 생성·가공 기술에 관한 특허출원도 함께 증가하고 있다. 인공지능 관련 발명에서 학습용 데이터세트에 대한 권리 보호는 생성단계, 학습용 모델 작성단계, 학습완료 모델의 이용단계에서 매우 중요한 역할을 수행한다.[40] 또한 저자가 제안하는 가칭 '인공지능 산업 발전을 위한 세계 공급사슬과 가치망(Global Supply Chain and Value Network for AI Industry)'에서도 중요한 부문을 차지한다.[41] 따라서 인공지능 기술뿐만 아니라 이를 위한 학습용 데이터 산업의 육성은 우리나라 미래 산업의 먹거리를 위해서도 매우 중요한 과제라고 생각한다.

국내법상 인공지능 학습용 데이터세트의 보호방법에 대해 검토한 결과, 인공지능 학습용 데이터세트의 불법복제, 모방생성 등은 현행의 특허법, 저작권법, 부정경쟁방지법, 민법(불법행위)에 의해 보호할 수도 있다. 하지만 기술적 특징이 있는 학습용 데이터세트를 모방·생성하여 배포 내지 송신하는 경우에는 법적 보호의 공백이 존재하는 것으로 판단되어 인공지능 학습용 데이터세트의 보호를 위한 법제를 정비하는 것이 시급한 과제로 떠오르고 있다.

(2) 인공지능, 데이터 및 데이터 세트의 정의

가. 인공지능

인공지능 기술이란 대체적으로 인간의 지적 능력을 전자적 방법으로 구현하는 기술을 뜻하고, "특히 최근에는 다양한 정보를 통해 패턴을 스스로 학습하고 그것을 토대로 하여 인간의 지식이나 판단과 매우 유사한 방식으로 과제를 수행하거나 문제를 해결하도록 지원하는 기술"을 지칭한다.[42] 이러한 측면에서 인공지능이란 학습, 추론, 판단, 이해, 행동 등 인간의 지적 능력의 일부 또는 전체가 전자적 방법으로 구현된 것이라고 말할 수 있다.

인공지능은 그 작동방식을 기준으로 크게 규칙기반 인공지능과 학습기반 인공지능으로 구분할 수 있다. 규칙기반 인공지능은 인간이 사전에 제시한 규칙이나 기준 등에 따라 판단하고 결론을 도출하는 방식을 말하는 반면에 학습기반 인공지능은 다양하고 방대한 데이터를 인공지능이 학습하고 이를 기반으로 스스로 판단하여 결론을 도출하는 방식을 뜻한다. 이러한 학습기반 인공지능을 '기계학습(Machine learning)'으로 칭하기도 한다.[43]

특정 문제에 대한 인공지능 모델 솔루션을 구축하는 일반적인 작업과정은 학습용 데이터의 수집/준비, 적절한 모델 아키텍처 설계(예: 적합한 인공지능 알고리즘 선택, 초기 매개변수값 설정), 모델 교육, 평가 및 최적화가 포함된다. 또한, 새로운 고품질 데이터세트를 처리할 때 AI 모델의 안정적인 성능을 강화하기 위해서는 고품질의 대표적인 학습용 데이터세트가 매우 중요하다. 그러므로 사업가치는 (i) AI 모델 및/또는 알고리즘, (ii) 모델/알고리즘이 내장된 소프트웨어, (iii) 학습, 평가 및/또는 최적화 전략, (iv) 학습용 데이터세트 및 (v) 생성물을 보호하는 데에서 찾을 수 있다. 이러한 잠재적 자산의 전부 또는 일부에 대해 지식재산의 보호가 필요할 수 있다.

나. 인공지능의 구성요소와 활용 분야

기계학습(Machine learning), 심층학습(Deep learning) 등은 인공신경망을 통해 AI를 완성시키기 위한 학습방법의 하나이다. 간혹 인공신경망이 인공지능(AI)이라고 불리는 경우도 있으므로, 인공지능의 구성요소를 살펴보기 위해서는 인공신경망의 학습 프로세스를 이해할 필요가 있다.[44]

인공신경망(기계학습, 심층학습 등에 의한다)을 이용한 인공지능 관련 구성요소는 'AI 프로그램', '학습용 데이터세트', '학습완료 모델', 'AI 생성물'로 구분할 수 있다. 인공신경망은 대량의 '학습용 데이터세트'를 이용하여 학습을 하기 전인 AI 프로그램에 특정한 기능을 탑재하는 것을 목적으로 하여 학습을 하는 '학습완료 모델'을 생성한다. '학습완료 모델'을 특정한 용도로 이용하는 때에는 새로운 데이터나 지시를 입력함으로서 'AI 생성물'이 출력된다.[45] 여기에서 학습용 데이터세트[46]는 '선택이나 선별 등이 되지 않은 순수한 데이터 집합물', '선택이나 선별된 데이터 세트 중 데이터별 분류가 미리 규정되어 있는 데이터 집합물', '선택이나 선별 등이 된 데이터 세트나 데이터의 분류는 되어 있지 않은 데이터

집합물'로 나눌 수 있다.[47]

인공지능 기술은 다양한 기술과 영업에 걸쳐 점차로 중요해지고 있다.[48] 인공지능 기술이 적용되는 주된 분야는 다음과 같다.

① 정보통신: 컴퓨터 네트워크/인터넷, 라디오 방송 및 TV방송, 전화, 화상 회의 및 인터넷전화
② 운송: 항공 우주/항공, 자율주행차, 운전자/차량 인식, 운송 및 교통공학
③ 생명 및 의료과학 : 생물정보학, 생물공학, 생체역학, 약물 발견, 유전학/유전체학, 의료 영상, 신경과학/신경병리학, 의료정보학, 영양/식품과학, 생리적 매개변수 모니터링, 공중보건

2006년부터 2016년까지 10년 동안 교통기술의 성장이 두드러졌다. 2006년 특허출원 건수 중 20%만이 교통에 관련되어 있었는데, 2016년에는 운송 관련 특허출원 건수가 8,700건 이상에 해당하여 AI 관련 특허출원 건수의 1/3을 차지했다. 이미지 인식(예: 자율주행차에 중요)을 포함한 컴퓨터 비전은 인공지능(AI)의 가장 보편적인 기능적 응용이다. 모든 AI 관련 특허의 49%에서 언급되었으며 2013-2016년 동안 매년 평균 24%의 비율로 증가했다.[49]

다. 인공지능 관련 법률안을 통해 본 인공지능, 데이터, 데이터 세트의 정의

2019년 9월 23일 이상민 의원 등 14인이 발의한 인공지능 기술개발 및 산업 진흥에 관한 법률안(의안번호 제22593호)[50] 제2조 제1호에서는 "인공지능"이란 학습, 추론, 판단, 이해, 행동 등 인간의 지적 능력의 일부 또는 전체가 컴퓨터 프로그램을 통하여 구현된 것을 말한다."라고 규정하고 있다. 또한, 이 법안 제2조 제2호에서는 "인공지능 기술"이란 인공지능을 구현하기 위하여 필요한 컴퓨터 또는 그것을 시스템적으로 지원하는 일련의 기술이나 그 기술로 만들어진 결과물을 말한다."라고 규정하고 있다.

김경진 의원 등 13인이 2019년 11월 21일 발의한 인공지능산업 진흥에 관한 법률안(의안번호 제2023922호) 제2조 제1항 제1호에 따르면, "인공지능"이란 학습, 추론, 판단, 이해, 행동 등 인간의 지적 능력의 일부 또는 전체가 전자적 방법으로 구현된 것을 말한다.[51] 후자의

법률안이 인공지능의 개념을 보다 넓게 정의하고 있다.

지능정보화 기본법 제2조 제4호에 따르면, "지능정보기술"이란 다음 각 목의 어느 하나에 해당하는 기술 또는 그 결합 및 활용 기술을 말한다.

    가. 전자적 방법으로 학습·추론·판단 등을 구현하는 기술
    나. 데이터(부호, 문자, 음성, 음향 및 영상 등으로 표현된 모든 종류의 자료 또는 지식을 말한다)를 전자적 방법으로 수집·분석·가공 등 처리하는 기술
    다. 물건 상호 간 또는 사람과 물건 사이에 데이터를 처리하거나 물건을 이용·제어 또는 관리할 수 있도록 하는 기술
    라. 「클라우드컴퓨팅 발전 및 이용자 보호에 관한 법률」 제2조제2호에 따른 클라우드컴퓨팅기술
    마. 무선 또는 유·무선이 결합된 초연결지능정보통신기반 기술
    바. 그 밖에 대통령령으로 정하는 기술

지능정보화 기본법 제2조 제1호에 따르면, "정보"란 광(光) 또는 전자적 방식으로 처리되는 부호, 문자, 음성, 음향 및 영상 등으로 표현된 모든 종류의 자료 또는 지식"이라고 정의하고, 이 법 제2조 제4호 나목에 따르면, '데이터'란 "부호, 문자, 음성, 음향 및 영상 등으로 표현된 모든 종류의 자료 또는 지식"을 말한다. 따라서 이 법에 의하면 데이터가 정보보다는 광의의 의미를 가진다.

'데이터세트'의 사전적 의미는 "단일 데이터베이스 내용 변수나 단일 통계적 데이터 행렬 변수에 관련된 데이터의 집합"이라고 한다.[52] 그리고 한국정보통신기술협회(TTA)의 정보통신용어사전에 따르면, '데이터 세트'란 "① 어떤 규칙에 따라 배열된 데이터의 집합. 어떤 운영 체계(OS)에서는 데이터 파일과 같은 뜻으로 사용된다. ② 데이터 통신 분야에서, 데이터 전송용의 신호를 생성하는 기기와 전화기를 일체화한 장치. ③ 모뎀의 별칭으로 미국 AT&T사에서 사용하는 말"을 의미한다.[53] 지능정보화 기본법상 데이터의 정의와 조합하여 '데이터 세트'를 정의하면, "부호, 문자, 음성, 음향 및 영상 등으로 표현된 모든 종류의 자료 또는 지식의 집합"을 의미하는 것으로 이해할 수 있다.

라. 주요국내 특허출원 실무의 현황

국내 또는 해외(미국/유럽/일본)에서 제3자가 학습데이터를 모방제작하여 온라인 전송하는 것을 방지할 수 있는 경우가 존재하는지 여부를 살펴보기 위하여 주요국의 출원발명의 청구항을 아래에서 예시한다.

▢ 학습용 데이터가 저장된 기록매체 청구항(KR2013857B의 청구항 변형)

[청구항 1] (한국, 미국의 경우)

프로세서가 수술영상 데이터에 포함된 복수의 영상프레임 각각에 대해 인식된 수술인식정보를 가공하여 생성된 학습용 데이터 세트를 저장한 컴퓨터 판독 가능한 기록매체로서, 상기 수술인식정보에 포함된 수술요소들 사이의 관계를 행렬 매핑으로 나타낸 관계 표현 정보를 포함하며, 상기 각 수술요소는 상기 행렬의 행 및 열의 배열에 대응하며, 상기 수술요소 간의 관계는 상기 행렬의 성분으로 표현되며, 상기 관계 표현 정보는 특정 학습 결과를 도출하기 모델학습을 위한 학습용 데이터로 사용되는 것을 특징으로 하는 학습용 데이터 세트를 저장한 컴퓨터판독 가능한 기록매체.

▢ 학습용 데이터 청구항(KR2013857B의 청구항 변형)

[청구항 1] (일본, 유럽의 경우)

프로세서가 수술영상 데이터에 포함된 복수의 영상프레임 각각에 대해 인식된 수술인식정보를 가공하여 생성된 학습용 데이터세트로서, 상기 수술인식정보에 포함된 수술요소들 사이의 관계를 행렬 매핑으로 나타낸 관계 표현 정보를 포함하며, 상기 각 수술요소는 상기 행렬의 행 및 열의 배열에 대응하며, 상기 수술요소 간의 관계는 상기 행렬의 성분으로 표현되며, 상기 관계 표현 정보는 특정 학습 결과를 도출하기 모델학습을 위한 학습용 데이터로 사용되는 것을 특징으로 하는 학습용 데이터세트.

▢ 학습용 데이터 생성방법 및 프로그램 기록매체 청구항

[청구항 13](KR10-2076075)

학습용 데이터 생성 방법으로서, 컴퓨팅 장치에 포함된 프로세서가 제 1 학습용 데이터에 포함된 이미지에 기초하여 상기 이미지에 포함된 객체를 식별하는 단계;

상기 프로세서가 상기 객체의 제 1 부분과 크롭핑된 이미지의 사전 결정된 범위 안의

영역에 포함된 제 2 부분의 적어도 일부가 오버랩(Overlap)되도록 상기 이미지를 크롭핑하는 단계; 및

　　상기 프로세서가 상기 크롭핑된 이미지를 포함하는 제 2 학습용 데이터를 생성하는 단계를 포함하는 학습용 데이터 생성 방법.

[청구항 14]

　프로세서에 의해 제13항의 학습용 데이터 생성 방법이 실행될 수 있도록 하는 명령어를 포함하는 프로그램을 기록한 컴퓨터 판독 가능한 기록매체.

[청구항 1](KR10-2019-0046432)

　원문 및 이 원문에 대한 번역문을 포함한 신경망 기계번역을 위한 학습용 데이터를 생성하는 방법에 있어서,

(1) 학습에 사용될 이중언어 말뭉치의 문장으로부터 형태소 분석 또는 개체명 인식 단계를 통한 기본 어휘 경계를 분리하는 단계;

(2) 학습에 사용될 이중언어 말뭉치의 문장으로부터 명시적 어휘정렬 정보를 추출하는 단계;

(3) 단계 1에 의해 분리된 어휘 경계를 다시 부분어휘 토큰으로 분리하는 단계;

(4) 단계 1에 의해 처리된 원문언어 결과물과, 단계 3에 의해 처리된 원문언어 결과물을 사용하여, 새로운 원문언어 학습용 데이터를 생성하는 단계;

(5) 단계 2에서 생성된 명시적 어휘정렬 정보와, 단계 1 및 3에 의해 처리된 대역언어 결과물을 사용하여, 새로운 대역언어 학습용 데이터를 생성하는 단계를 포함하는 신경망 기계번역을 위한 학습용 데이터 생성 방법.

▨ 학습용 데이터 생성장치

[청구항 1]

학습용 데이터를 생성하는 컴퓨팅 장치로서,

제 1 학습용 데이터에 포함된 이미지에 기초하여 상기 이미지에 포함된 객체를 식별하고,

상기 객체의 제 1 부분과 크롭핑된 이미지의 사전 결정된 범위 안의 영역에 포함된 제 2 부분의 적어도 일부가 오버랩(Overlap)되도록 상기 이미지를 크롭핑하고,

상기 크롭핑된 이미지를 포함하는 제 2 학습용 데이터를 생성하는 프로세서를 포함하는 컴퓨팅 장치.

(3) 인공지능 학습용 데이터세트에 대한 각국의 특허법상 보호

가. 미국

(1) 의의

인공지능 기술은 특허법과 저작권법상 기존의 개념에 과제를 안겨준다.[54] 인공지능 응용 프로그램은 사람이 생성한 내용과 기계가 생성한 내용의 분리를 최소화한다.[55] 그러나 특허법과 저작권법의 상당 부분은 인간의 순수한 통제 또는 사람과 기계의 상호 작용에 중점을 두고 있지만 아직 기계가 생성한 내용에는 잘 대응하지 못하고 있다.[56] 인공지능 응용 프로그램이 확산됨에 따라 특허법과 저작권법은 인간, 인간과 기계와의 상호작용 및 기계에 의한 데이터 생성이 서로 더 밀접한 관계에 있는 세상에 대하여 잘 대응할 필요가 있다.[57]

인공지능 기술의 일부 측면은 전통적인 지식재산권 법원칙에 잘 부합한다.[58] 예를 들어, 발명가들은 인공지능 기술에 의해 제어되는 장비, 과정 및 화학 물질에 대한 특허를 얻었다.[59] 인공지능 기술에 기반으로 한 일부 영업방법 조차도 미국 특허등록을 받았다.[60] 다른 예로서, 음악가들은 인공지능 기술의 도움을 받아 예술 및 음악 작품에 대한 저작권을 보호받을 수 있다.[61] 왜냐하면 음악가들은 작품의 창작에 있어 인공지능 기술을 활용하였을 뿐이고, 창작의 주체는 여전히 음악가들이기 때문이다.

그러나 알고리즘이 데이터를 배우고 예측하는 경우에, 지식재산권법은 도전에 직면하게 되었다.[62] 이러한 기법은 수년간 물리적 세계와 관련된 방정식을 해결하는 데 사용된 계산통계, 수학적 최적화 또는 유한요소 분석을 계산연구 도구로 사용하는 것과는 다르다.[63] 컴퓨팅 파워, 알고리즘 및 센서 기술의 최근 발전과 전략적 자산으로서의 데이터 확산으로 인해 컴퓨터는 물리적 세상에 영향을 미치는 데이터 중심의 결정을 내릴 수 있었다.[64] 예를 들어, 기계학습은 자율주행차량, 의료 영상 분석 및 진단, 석유 및 가스 탐사 및 제조 시스템의 예측 정비에 활용되고 있다.

(2) AI 학습용 데이터세트의 특허법상 보호 여부
(가) AI 학습용 데이터세트의 현행 특허법상 보호 여부

AI 학습용 데이터세트는 미국 특허법상 보호받지 못할 것으로 보인다. 왜냐하면 추상적인 아이디어에 해당하기 때문이다.[65·66] Purepredictive, Inc. v. H2O.AI, Inc. 사건[67]에서는 예측분석의 특허적격성 및 머신을 통한 데이터 세트의 단순한 실행이 "특정 응용 프로그램이 아니라 예측분석의 일반적인 추상적 개념"으로 진행되는지 여부에 중점을 두었다.[68] 이 사건은 인공지능기술, 특히 "인간이 수행할 수 있는 예측분석 형태의 기계학습과 같은 인공 지능 기술"이 특허적격성을 구비하는지 아니면 추상적인 아이디어인지 여부에 초점을 두고 있다.[69] 이 사례는 물리적 세계에서 인간에 기반을 둔 고려사항에 대한 특허법의 기원과 디지털 세계에서 비인간적 고려에 중점을 둔 새로운 인공지능기술 사이의 불일치를 강조한다.[70]

인공지능에 대하여 추상적인 사상을 특허적격성이 있는 대상으로 변형하는 방식을 활용하여 특허출원하는 것은 인공지능에 대한 투자를 특허로 보호하는 핵심이다. 최근 몇몇 사례는 특허를 받을 만한 발명으로 청구하는 방법에 관한 지침을 제공한다. 하나의 방안은 데이터의 산출이 아니라 데이터의 적용 또는 사용을 청구항으로 출원하는 것이다.

예컨대 Thales Visionix Inc. v. United States 사건[71]에서 쟁점이 된 특허는 특정 구성으로 관성 센서를 배치하고 플랫폼에서 움직이는 물체의 위치와 방향을 보다 효율적이고 정확하게 계산하기 위해 센서로부터의 미가공 데이터를 사용하는 기술을 청구항으로 기재하였다.

특허권자는 계산에 사용된 수학적 방정식보다는 물리학 응용과 센서의 새로운 구성을 보호하려고 했기 때문에 미국 연방순회구 항소법원은 이러한 청구항에 특허를 받을 수 있는 발명이 포함되어 있음을 인정하였다.

반대로, Vehicle Intelligence and Safety LLC v. Mercedes-Benz USA LLC 사건[72]에서 미국 연방순회구 항소법원은 상이한 결과에 도달하였다. 이 사안에서 청구항은 운전자가 다쳤는지를 판단하기 위하여 자동차의 부품과 같은 장치를 모니터링하고 운전자의 부상이 감지되면 자동차의 통제를 제한하는 것에 관한 사건이다. 이 사안에서 법원은 청구항이 모든 유형의 신체적 또는 정신적 장애에 대하여 모든 유형의 구동차량의 운전자를 테스트하는 아이디어에 관한 것이라고 판단하였다. 따라서 해당 사건의 법원은 청구항이 너무 일반적이어서 진보성이 없다고 판시하였다. 즉, 이 사안의 대상이 된 특허는 시스템의 특정 사용 또는 적용을 제공하지 않고 청구항이 너무 일반적이어서 진보성이 없다고 판단하였다.

미국 USPTO의 2019년 개정 특허심사지침이 이러한 판례의 태도에 영향을 미칠지에 대한 여부는 향후 검토의 대상이다.

(나) 미국 연방특허상표청의 2019년 개정 특허심사지침

(1) 의의

인공지능(AI) 기술은 다양한 기술과 비즈니스에서 점점 더 중요해지고 있다. AI는 지식재산권법 분야에서 독특한 문제를 제기한다. 2019년 1월 31일 "인공지능: 지식재산권정책 고려사항" 회의에서 미국 연방특허상표청(United States Patent and Trademark Offic: 이하 "USPTO"라 한다.)은 여러 가지 과제를 탐색했다. 2019년 8월 27일, USPTO는 AI가 특허법 및 정책에 미치는 영향에 대한 의견 요청을 발표했다.

이 작업의 연속으로 USPTO는 AI가 다른 지식재산권에 미치는 영향도 고려하고 있다. 2019년 1월 USPTO는 미국연방특허법[73] 제101조에 따라 특허를 받을 수 있는 객체에 대한 심사지침(Examination Guidelines)을 개정하여 공표하였다. USPTO의 개정 특허심사지침은 보다 일반적으로 소프트웨어 출원에 초점을 두고 있지만 적어도 하나의 가정적인 사례(예39의 경우)[74]에서는 인공지능 및 머신러닝에 초점을 두고 있다.[75]

(2) 2019년 개정 특허심사지침

2019년 개정된 특허심사지침은 미국 연방특허법 제101조에 대한 분석 일부만 수정하였다(미국 연방특허상표청 관점에서는 2A 단계). Alice Corp. v. CLS Bank Int'l[76]에서 판시한 바와 같이 이 단계는 청구항이 추상적 아이디어와 같이 판례에 의한 예외에 관한 것인지 여부를 판단하는 것이다. 그렇지 않은 경우 미국 연방특허법 제101조를 토대로 거절결정할 수 없다.[77] 2019년 개정된 특허심사지침은 2A 단계를 한 쌍의 하위 단계로 나눈다.

① 하위 단계 2A (i)에서, 청구항이 추상적 아이디어와 같이 판례에 의한 예외를 암시하는지 여부를 결정한다. 추상적인 아이디어는 이제 수학적 개념, 인간 활동을 구성하는 특정 방법 및 정신 과정의 세 가지 범주로 제한된다. 전술한 예외에 해당하지 않는 한, 청구항으로 기재하는 것이 가능하다.
② 청구항이 그러한 예외를 암시하는 경우, 하위 단계 2A (ii)에서 "인용된 판례상 예외가 해당 예외의 실제 적용에 통합되는지 여부"를 추가로 결정해야 한다.

(3) AI 학습용 데이터세트의 실시가 특허권 침해에 해당하는지 여부
(가) 유도침해

자연인 또는 법인은 침해자로서 특허침해를 적극적으로 유도한 경우에 간접침해자로서 책임을 진다.[78] 미국 연방법률 제35편 제271조 제b항은 다음과 같이 규정하고 있다.

"적극적으로 특허권 침해를 유도한 자는 침해자로서 책임을 부담하여야 한다."

이러한 유형의 침해는 타인의 특허발명을 과실로 무단 실시하는 행위를 장려하는 것을 의미하고[79] 침해혐의자가 스스로 특허발명을 실시하지 않은 경우에도 적용한다.[80] 적극적인 침해를 입증하기 위해서는 특허권자는 다음의 요건을 증명하여야 한다.

(i) 직접침해, (ii) 제3자가 침해하도록 유도하는 구체적인 의도 및 (iii) 유도자의 적극적인 행위가 바로 그것이다.[81] 인공지능 특허침해는 적극적인 유도행위를 통해 특허권자 자신의 특허를 실행할 특허권의 역량에 대하여 독특한 문제를 초래한다.[82]

인공지능 시스템과 인공지능 방법이 특허발명인 경우에 특허권자가 침해자를 상대로 소송을 통해 민사적 구제를 받는 데에 어려움이 있다. 인공지능 기술의 역동적인 성격은 특허법상 침해에 대한 기본적인 추정 중 몇몇을 변경하고 있다.

미국의 현행 특허법에 따르면, 동적인 AI 학습용 데이터세트(Trainable Data Sets)(또는 최초의 데이터세트로 학습된 기계학습 모델)의 유통업자의 행위가 인공지능에 대한 특허권을 침해한 제3자의 직접침해행위와 결합된다는 것을 전혀 생각하지 못할 수 있더라도 인공지능 기술 관련 특허권자는 해당 유통업자가 해당 특허발명인 시스템과 방법을 생산, 판매 또는 사용할 수 있다고 주장할 수 있다.

그런데 특허침해를 위한 적극적인 유도행위의 증거가 없는 경우에는 해당 유통업자는 특허발명인 인공지능 시스템과 인공지능 방법의 결과책임을 부담하지 않을 수 있다. 미국 연방특허법이 인공지능 특허권자를 적절하게 보호할 수 없기 때문에 인공지능 기술의 진보에 대한 부정적인 영향을 가져올 것이다.[83]

(나) 기여침해

기계학습 모듈의 운영자에게 책임을 묻기 위한 하나의 방안은 기여침해 이론에 있다.
미국 연방법률 제35편 제271조 제c항은 다음과 같이 규정하고 있다.

"특허받은 기기, 제품, 화합물 또는 조성물의 구성요소 또는 특허된 방법을 실시하기 위하여 사용하는 소재 또는 장치이고, 그 발명의 주요 부분을 행하는 것을 특허침해에 사용하기 위하여 특별히 생산 또는 개조된 것이며 실질적으로 특허를 침해하지 않고 서는 사용할 수 없는 부품임을 알면서 미국 내에서 판매의 청약을 하거나, 판매 또는 미국으로 수입한 자는 침해방조자로서 책임을 부담하여야 한다."

미국 연방법률 제35편 제271조 제c항에 따른 이러한 형태의 간접침해는 협의로 설계된 조문으로 간주된다. 미국 연방대법원은 "구성요소(Components)"의 의미에 대하여 협의로 해석하는 견해를 취했기 때문에 인공지능에 대한 간접침해이론이 적합하지 않을 것이다. 따라서 인공지능 기술을 활용하는 자는 특허법상 '구성요소'를 구성하지 않는 기계학습 모듈에 대해서는 책임을 회피할 수 있다. 미국 연방특허법과 관련 판례를 검토해 보면, 다음의 결과에 도달할 수 있다.

기여책임 여부는 수요자가 특허발명을 실시하기 위해 사용하려는 특수 제작된 부품을 판매한 상황과 관련된 초기 사례에서 문제가 되었다. 그러한 상황에 관하여 발전한 판례법은 미국 연방법률 제35편 제271조 제c항에 입법되었다. 구체적으로 미국 연방법률 제35편 제271조 제c항은 (i) 특허받은 프로세스를 실시하고, (ii) 해당 특허의 침해의 중요한 부분에 해당하고, (iii) 특허침해시 구체적으로 사용을 위해 개조되는 구성요소를 알고 (iv) 직접침해행위를 야기함에 있어 특허받은 기계, 제조물, 조성물 또는 혼합물 또는 자료 또는 기구의 부품을 미국 내에서 판매청약, 판매 또는 수입하는 경우에 기여침해 책임을 부담하게 한다.

미국 연방법률 제35편 제271조 제b항은 적극적 유도행위를 통하여 침해를 초래할 의사를 요건으로 하는 반면에[84] 미국 연방법률 제35편 제271조 제c항은 그러한 요건을 요구하지 아니한다.[85] 대신에, 특허의 인지 및 구성요소가 특허에 구체적으로 개조된다는 인식을 요건[86]으로 하는 미국 연방법률 제35편 제271조 제c항은 판매된 구성요소의 적법한 사용만이 침해적인 상황을 위한 것이다. 따라서 미국 연방법률 제35편 제271조 제c항의 고의 요건은 구성요소가 특허 설계된 조합물이 특허발명이고 침해당하였다는 사실을 기여침해 혐의자가 알고 있었다는 증거를 요건으로 한다.[87] 하지만 미국 연방법률 제35편 제271조 제c항은 무엇이 구성요소에 간주될 것인지 여부에 대해 명백하게 규정하지 않았다. 따라서 미국 연방법률 제35편 제271조 제c항 및 '구성요소'의 범위를 규정한 제35편 제271조 제f항의 법문의 흠결을 토대로 법원들은 적절한 적용범위를 판단할 재량을 가졌다.

가장 초기의 사례들은 특허 관련 기계장치의 침해에 대한 '구성요소'의 범위를 논의하고 있다.[88] 특허침해를 위한 '구성요소'가 조성물(composition)[89]로 간주하여 광의로 구성요소를 포섭하는지 여부에 대한 분쟁은 소프트웨어 측면을 고려하였다. Microsoft Corp. v. AT&T Corp. 사건에서 음성 신호 압축 및 압축 해제 소프트웨어가 포함된 제품을 판매함으로써 AT&T는 특허를 침해한 것을 이유로 Microsoft를 상대로 제소하였다.[90]

법원은 컴퓨터가 읽을 수 있는 매체로 표현될 때까지 그리고 그러하지 아니하는 한 소프트웨어가 컴퓨터와 결합할 수 있는 "구성요소"조성이 아니라고 판결하였다. 그리고 법원은 Microsoft가 해외 소재 컴퓨터에 실제로 설치된 소프트웨어 복제물을 공급하지 아니하였기 때문에 침해하지 아니하였다고 판단하였다.[91]

따라서 Microsoft 사건의 한 측면은 추상적인 지시와 소프트웨어의 물리적 형태의 결합할 수 있는 측면 사이의 상이점이 존재한다는 것이다. 특허발명의 구성요소에 대한 미국 연방법률 제35편 제271조 제f항의 법문에 관한 Microsoft 사건[92]을 토대로 미국 연방법률 제35편 제271조 제c항의 '구성요소'를 보다 협의로 해석하였다. 왜냐하면 이 규정은 '특허를 받은 기계, 제조물, 조합물 또는 조성물'의 구성요소에 보다 협의의 방식으로 적용되기 때문이다.[93]

따라서 미국 연방법률 제35편 제271조 제c항에 따르면, '구성요소'는 추상적인 지시를 배제할 것이다. 인공지능 기술이 상당부분 비침해적으로 사용되는 경우, 인공지능 기술의 특허권자는 미국 연방법률 제35편 제271조 제c항에 따라 기여특허침해를 주장하는 데 상당한 어려움에 직면할 것이다. 왜냐하면 미국 특허법 제271조 제c항의 '구성요소'를 협의로 해석하면 기계학습 모델이나 학습용 데이터세트는 구성요소로 간주되지 아니할 것이기 때문이다.[94]

나. 유럽연합

(1) 의의

유럽연합 집행위원회(European Commission)는 새로운 데이터 전략에 대한 피드백에 구하면서 인공지능백서에 대한 의견조회를 개시하였다.[95] 유럽연합의 데이터전략에서는 다음과 같이 설명하고 있다.

"전 세계적으로 생성된 데이터 양은 2018년 33제타바이트로부터 2025년 175제타바이트의 예상치까지 급속하게 성장하고 있다."라고 하면서 "현재 데이터 처리 및 분석의 80%는 데이터센터 및 중앙집중식 컴퓨팅 시설에서, 20%는 자동차, 가전제품 또는 제조 로봇과 같은 스마트커넥티드 객체 및 사용자와 가까운 컴퓨팅 시설에서 발생한다('에지 컴퓨팅'). 이 비율은 2025년까지 역전될 가능성이 있다."[96]

이 데이터 전략에서는 ① 공통된 유럽 데이터 공간의 관리를 위한 입법의 틀(Q4 2020), ② 데이터세트에 대한 시행법(Q1 2021), ③ 데이터 법(2021), ④ 디지털서비스 법 패키지(Q4 2020) 등을 포함하고 있다. 유럽연합 집행위원회는 이 중 데이터 법은 데이터베이스 지침을 다시 검토하고 영업비밀보호지침의 적용을 명확하게 하는 것을 포함하여 유럽연합의 지식재산권법제를 재평가하는 것과 관련이 있을 수 있다고 한다.[97] 유럽연합의 특허조약상 AI 학습용 데이터가 특허적격성을 가지고 있기 위해서는 기술적 특성을 가지고 있는지 여부에 달려 있다고 할 것이다. 이하 관련 법제 및 가이드라인을 소개한다.

(2) 유럽특허조약
유럽특허조약 제52조(특허를 받을 수 있는 발명)는 다음과 같이 규정하고 있다.

"(1) 유럽특허는 신규성 있고 진보성이 있으며 산업상 이용가능성이 있다면 모든 기술 분야의 발명에 부여된다.
(2) 구체적으로 다음 각 호는 제1항에 따른 발명으로 보지 아니한다.
    (a) 발견, 과학적 이론 및 수학적 방법
    (b) 심미적 창작물
    (c) 정신활동의 수행, 게임 또는 영업 수행을 위한 체계, 규칙 및 방법 및 컴퓨터 프로그램
    (d) 정보의 제시
(3) 유럽특허출원 또는 유럽특허가 제2항에 규정된 대상 또는 활동과 관련이 있는 한, 제2항은 해당 대상 또는 해당 활동의 특허적격성을 배제한다."[98]

(3) 유럽특허청의 가이드라인
(가) 의의
EPO의 특허심사 가이드라인에서는 AI 관련 발명과 관련하여 새로운 범주로서

인공지능과 머신러닝으로 구분하고 있다.[99] AI와 머신러닝은 분류, 클러스터링, 회귀 및 차원감소를 위한 계산 모델 및 알고리즘을 기반으로 한다. 예를 들어 이에는 신경망, 유전자 알고리즘, 서포트 벡터 머신, k-평균, 커널 회귀 및 판별분석(Discrimination Analysis) 등이 있다.[100]

(나) 인공지능과 기계학습에 대한 지침[101]

유럽특허청장이 내린 2019년 8월 1일자 결정과 유럽특허조약 제10조 제2항[102]에 따라 유럽특허청의 심사기준이 개정되었다.[103] 2018년 11월 1일 유럽특허청(European Patent Office: 이하 'EPO'라 한다.)의 새로운 특허심사기준이 발효되었다.[104] 이 개정된 특허심사기준에 따르면, G-II 3.3.1.이라는 항목이 추가되었다. 이 추가된 항목은 인공지능과 기계학습에 관한 발명이 특허적격성을 가지기 위해서 필요한 기술적 특성을 가지고 있는지 여부를 판단하기 위한 기준을 제시하고 있다. 이러한 기술적 특성 요건은 신규성, 진보성 및 산업상 이용가능성 이외에 추가된 것이다.[105] 유럽특허청의 특허심사기준은 인공지능과 기계학습에 관한 특허심사기준과 관련하여 다음과 같이 심사기준을 제시하고 있다.

인공지능과 기계학습은 신경망, 유전적인 알고리즘, 지원 벡터머신, k-평균, 커널 회귀분석 및 판별분석과 같은 분류, 클러스터링, 회귀분석 및 판별분석을 위한 계산 모델 및 알고리즘을 기반으로 한다.[106] 그러한 계산 모델과 알고리즘은 훈련 데이터를 토대로 하여 훈련될 수 있는지 여부와 상관없이 그 자체로 추상적인 수학적 특성을 가진다.[107] 따라서 수학적인 방법에 적용되는 가이드라인이 일반적으로 그러한 계산 모델과 알고리즘에도 적용된다.[108] 청구항이 전체적으로 기술적인 성격을 지니는지 여부[109]를 심사함에 있어 '지원 벡터 머신(Support Vector Machine)', '추론 엔진(Reasoning Engine)' 또는 '신경망'과 같은 표현은 신중하게 관찰할 필요가 있다. 왜냐하면 그러한 표현은 일반적으로 기술적 특성을 결여한 추상적인 모델을 기재한 것이기 때문이다.[110]

인공지능과 기계학습은 다양한 기술 분야에서 응용된다. 예를 들어, 불규칙한 심장박동을 식별하기 위해 심장 모니터링 장치에서 신경망을 사용하는 것은 기술적인 기여를 한다.[111] 하위 수준의 기능(예: 이미지의 모서리 또는 픽셀 속성)을 기반으로 하는 디지털 이미지, 비디오, 오디오 또는 음성 신호의 분류는 분류 알고리즘의 일반적인 기술 적용 분야다.[112] 문서 내용에만 기하여 문서를 분류하는 것은 그 자체로 기술적 목적이 있는 것으로 보지 않고 언어적인 목적이 있는 것으로 본다.[113] 기술적인 활용을 기재하지 않고 추상적인 데이터기록 또는 정보통신망 데이터기록을 분류하는 것도 분류 알고리즘이 견고성(Robustness)과 같은 유용한 수학적 특성을 갖는 것으로 간주될 수 있더라도 그 자체로 기술적 목적이 없다.[114]

또한, 분류방법이 기술적 목적을 수행하는 경우에 훈련 세트를 생성하고 분류자(Classifier)를 훈련시키는 단계는 그 기술적 목적 달성을 지원한다면 해당 발명의 기술적 특징에 기여할 수 있다.[115]

(4) 일반원칙

유럽특허조약에 따라 수학적 모델과 알고리즘은 특허를 받을 수 없지만, 인공지능 발명은 일반적으로 컴퓨터 구현 발명의 하부 그룹으로서 특허를 받을 수 있다.[116] 유럽특허청의 확립된 심결례에 따르면, 발명의 기술적 특성에 기여하는 특징들만을 참작함으로써 진보성을 판단할 수 있다.[117] 하지만, 기술적 문제를 해결하기 위하여 기술적 특성과 상호작용하는 비기술적인 특성(예: 알고리즘)도 고려하여야 한다.[118] 특허적격성을 가지는 객체는 그 객체(예: 제품 대 방법)와 기술적 분야에 따라 국가마다 상이하다.[119]

출원발명의 명칭이 "SQL language extensions for modifying collection-valued and scalar valued columns in a single statement"인 특허출원에 대한 거절결정불복심판청구사건[120]에서 2019년 10월 17일 유럽특허청(EPO)의 심판부(Boards of Appeal)는 기존의 심결례를 해부하면서, 기술적 기여를 파악하기 위해서는 기술적 효과를 달성하는 것을 목표로 한 기술적 고려사항을 바탕으로 다툼의 대상인 비기술적 특성이 선택되었는지를 심사할 필요가 있다고 강조하였다. 그러한 기술적 고려사항이 일부 절차를 수행하기 위한 컴퓨터 알고리즘을 단순히 찾아내는 것 이상에 해당하는 경우에 기술적 기여를 가져올 수 있다.

출원발명의 명칭이 "Object persistence in a database store"인 특허출원에 대한 거절결정불복심판청구사건[121]에서도 2020년 1월 15일 동일한 심판부는 선행 심결례에서 설시한 의견에 좇아 기술적 기여도 평가를 추가로 다루었다. 따라서 컴퓨터 구현 발명 또는 인공지능 분야에서 유럽특허출원서를 작성함에 있어 기술적 고려사항과 기술적 문제의 해결에 기여하는 비기술적 특성 이면의 동기 부여를 파악하는 것이 중요하다.[122]

(5) 발명가로서의 인공지능

2020년 1월 말, EPO는 AI를 발명자로 지정하는 두 건의 특허출원(EP18275163;[123] EP18275174[124])에 대하여 거절결정을 내렸다.[125] 이 두 건의 특허출원에 대하여 유럽특허청은 유럽특허출원을 위한 발명자로 지정되기 위해서는 강행적으로 법인격을 가지고 있어야 한다고 결론내렸다.

다. 일본

(1) 일본 특허심사지침상 인공지능관련 사례[126]

AI 기술 관련 발명의 심사에 관한 일본 특허청의 기본 입장은 "AI 관련 기술 등의 심사는 현행 심사기준 등을 바탕으로 특별한 문제없이 할 수 있다"는 것이다.[127] 심사사례집에서는 일반적인 원칙으로서 그대로 사례의 집적을 도모하고 있다. 일본 특허청에서는 AI 관련 기술이 다양한 기술 분야로 발전하고 있음에 따라 AI 관련 기술에 관한 사례를 작성하여 공표했다.[128] 이 사례들에서는 발명해당성, 기재요건 불비 여부 및 진보성의 3가지 쟁점에서 특히 문제가 되고 있다.

(2) AI 학습용 데이터세트와 관련된 쟁점

(가) 학습완료 모델에 관한 검토

1) 발명해당성

특허법은 발명 즉, "자연법칙을 이용한 기술적 사상의 창작으로서 고도한 것"(일본 특허법 제2조 제1항)을 보호하기 때문에 발명에 해당하지 아니하는 기술적 사상은 특허를 받을 수 없다. '학습완료 모델'이라는 용어를 사용하는 경우, 일반적으로는 함수와 신경망 등의 수학적인 모델 등을 가리키는 경우와 이를 프로그램 등에 구현하는 경우 등 2가지를 생각할 수 있다. 이 가운데 전자는 수학적인 원리를 사용하는데 그치기 때문에 자연법칙을 이용한 것이 아니어서[129] 발명해당성이 부정되는 경우가 적지 않을 것이다.

그 때문에 특허출원의 관점에서는 후자의 취급이 보다 중요하지만, 일반적으로는 컴퓨터 소프트웨어 관련 발명의 범주를 넘지 않고 그 발명해당성도 원칙적으로 기존의 심사기준 등에 따라 결정된다.[130]

구체적으로는 기계 등 전체적으로 자연법칙을 이용하고 있다고 인정되는 경우를 제외하고는 "소프트웨어에 의한 정보처리가 하드웨어 자원을 이용하여 구체적으로 실현되고 있는지" 여부, 즉 소프트웨어와 하드웨어 자원의 협동에 의하여 사용목적에 따른 특유의 정보처리장치 또는 그 동작방법이 구축되는지 여부에 따라 '자연법칙을 이용한 기술적 사상의 창작'에 해당하는지 여부[131]를 판단한다.

2) 진보성

발명이 특허를 받기 위해서는 그 발명이 그 출원 시점에서 통상의 기술자에게 용이하게 발명할 수 없는 것이어야 한다(일본 특허법 제29조 제2항). AI 기술관련 발명의 진보성도 기존기술을 이용한 발명과 마찬가지로 판단한다.[132]

무엇보다 기존 기술을 단순히 기계학습으로 치환한 경우와 기존의 기계학습을 이용한 기술을 심층학습 등의 보다 구체적인 기계학습 기법으로 치환한 경우에는 이 같은 치환은 통상의 기술자에게 진보성이 부정될 가능성이 있다. 반면, 심사사례집 등을 감안하면, 다음의 각 경우에는 진보성을 긍정할 여지가 있기 때문에 검토할 필요가 있다.

(i) 학습방법과 매개변수 등을 구체적으로 공개하는 경우
(ii) 학습용 데이터세트의 종류 등에 특징을 갖게 하는 경우
(iii) 학습용 데이터세트의 사전 처리에 특징을 갖게 하는 경우[133]

① 학습방법 또는 매개변수 등을 구체적으로 한정하는 경우

학습완료 모델 자체에 초점을 두는 경우 특허등록결정을 받기 위해서는 단순히 인공지능 기술을 사용한 것만으로는 부족하고, 보다 구체적인 학습방법이나 그때 이용하는 매개변수 등을 분명히 하고 그 기술적 범위를 한정할 필요가 발생할 수 있다.[134]

② 학습용 데이터세트의 종류에 특징이 있는 경우

학습용 데이터세트의 선택 등에 아이디어가 있는 경우에는 그 기술적 의의에 착안하면 학습완료 모델의 내부 매개변수 등을 밝히지 않고도 특허를 받을 수 있는 여지가 있다.[135] 댐의 수력발전량 추정 시스템의 발명(미주 136의 [사례 34])을 예로 들어 설명하면 다음과 같다. 그 청구항 1에서는 수력발전량의 추정에 소정 기간의 상류 지역의 강수량, 상류 하천의 유량과 댐의 유출량을 이용하여 학습하는 것인데 대해, 청구항 2에서는 나아가 상류 지역의 기온을 고려하고 있다.[136]

이 사례에서 일본 특허청은 청구항 1에 대하여 주지기술로 이용되고 있었던 회귀식 모델을 신경망으로 치환한 것에 불과하다고 하여 그 진보성을 부정하고 있다. 반면에 청구항 2에 대해서는 "수력발전량의 추정에 상류 지역의 기온을 이용하는 것을 공개하는 선행기술은 발견되지 않았고 양자 사이에 상관관계가 있다는 것은 출원시의 기술상식도 아니다."라는 점과 "봄철에 '눈 녹은 물'에 의한 유입량 증가에 대응한 고정밀도의 수력발전량을 추정

하는 것이 가능하다"라고 하는 현저한 효과의 발생을 이유로 진보성을 긍정하고 있다.[137] 즉, 이 사례에서는 학습에 이용하는 학습용 데이터세트(교육 데이터)에 종래 상관관계 등이 발견되지 않은 데이터를 이용하고 나아가 현저한 효과가 현실적으로 발생한 것을 이유로 진보성을 인정되고, 그러한 이상 학습완료 모델의 내부 매개변수 등이 문제로 되지 않는다.[138]

③ 학습용 데이터세트의 사전 처리에 특징이 있는 경우

②와 마찬가지로 학습완료 모델의 내부 매개변수 등을 밝히지 않더라도 학습용 데이터세트의 사전 처리에 특징이 존재하는 경우에는 특허취득의 가능성이 생겨난다. 예컨대 인지증 수준 추정 장치에 관한 예(미주 139의 [사례 36])가 바로 그것이다.[139]

이 사례에서는 청구항 1에 대하여 "학습용 데이터를 이용하여 신경망을 학습시키는 때에 입력되는 학습용 데이터에 일정한 사전 처리를 시행하는 것으로 학습용 데이터의 형식을 변경하고 신경망의 추정 정밀도의 향상을 시도하는 것은 통상의 기술자의 상투적인 수단"이라고 판단하고 있다.[140] 무엇보다, 다른 한편으로 "인지증 수준의 평가방법으로서 응답자와 질문자의 대화에 따른 음성 정보를 텍스트화한 문자열에 대한 질문자의 질문 유형을 파악하고 해당 질문 유형에 해당하는 응답자의 답변 내용과 연관 지어 평가에 사용하는 구체적인 방법을 공개하는 선행기술은 발견되지 않았음"을 이유로 진보성이 긍정되고 있다. 따라서 이러한 경우에는 특허취득을 위해 굳이 적극적으로 학습완료 모델의 내부 매개변수 등을 공개할 필요가 없다.[141]

3) 기재요건
① 실시가능요건 및 발명의 상세한 설명 기재 요건

실시가능요건은 명세서의 '발명의 상세한 설명'에 관하여 '발명이 해결할 과제 및 그 해결수단, 그 밖에 그 발명이 속하는 기술의 분야에 있어서 통상의 지식을 가진 자가 발명의 기술상 의의를 이해하기 위하여 필요한 사항'(일본 특허법 시행규칙 제24조의2)에 의하여 '그 발명이 속하는 기술의 분야에 있어서 통상의 지식을 가진 자가 그 실시를 할 수 있을 정도로 명확하고 충분히 기재할 것'(일본 특허법 제36조 제4항 제1호)을 구하는 것이다.

실시가능요건은 발명을 실시하기 위하여 필요한 사항이 명확하고 충분히 공개되지 않으면 해당 발명의 공개의 대가로서 독점권을 부여하는 특허제도의 목적이 잃어버릴 수 있으므로 마련된 것으로 해석되고 있다. 한편, 발명의 상세한 설명 기재 요건은 청구항의 '특허청구의 범위'에 관하여 '특허를 받고자 하는 발명이 발명의 상세한 설명에 기재될 것'을 구하는 것이다(일본 특허법 제36조 제6항 제1호).

② 기재요건의 판단기준

AI 기술관련발명의 기재요건에 대하여 심사사례집이 특히 문제되는 것은 학습용 데이터세트의 "상관관계 등"이다. 심사사례집은 다음의 판단기준을 게재하고 있다.[142]

이 심사사례집에는 실시가능요건 및 발명의 상세한 설명 기재 요건의 구비 여부가 문제로 된 장면에서 다음의 3가지를 들고 있는데, 어떠한 경우에도 학습용 데이터세트와의 '상관관계 등'이 문제로 되고 있다.

(i) 출원시의 기술상식을 감안하여 학습용 데이터세트에 포함되어 있는 여러 종류의 데이터 사이에 상관관계 등의 존재가 추인될 수 있는 것

(ii) 학습용 데이터세트에 포함되어 있는 여러 종류의 데이터 사이의 상관관계 등이 명세서 등에 기재된 설명 및 통계정보로 뒷받침되고 있는 것

(iii) 학습용 데이터세트에 포함되어 있는 여러 종류의 데이터 사이의 상관관계 등이 실제로 작성한 인공지능 모델의 성능평가에 의하여 뒷받침되고 있는 것

무엇보다 특허청이 요구하는 '학습용 데이터 사이'의 '상관관계 등'이 왜 필요한지는 명확하지 않다.[143] 실제로 심사기준에 있어 판단사례도 반드시 일치하지 않는 것으로 사료된다. 예컨대 심사사례집 [사례 46][144·145]에서는 다음의 청구항을 가진 '당도추정시스템'에 대하여 인물(생산자)의 얼굴 이미지 데이터와 야채의 당도 데이터의 상관관계 등의 기재가 없으므로 실시가능요건의 충족이 부정되어 학습용 데이터 사이의 상관관계 등이 문제로 되어 있다.

그래서 일본 특허청은 출원인의 대응에 대하여 "의견을 제출할 때 출원시의 기술상식에 비추어 인물의 얼굴 이미지와 그 인물이 재배한 야채의 당도와의 사이에 상관관계 등의 존재를 추인할 수 있다고 증명하지 아니하는 한, 거절이유는 해소되지 아니한다. 또한 청구항 1에 관련된 발명의 추정 모델의 예측을 뒷받침하는 시험 결과를 기재한 실험 성적 증명서를 제출하여 본 발명의 과제를 해결할 수 있는 취지의 주장을 한 경우에도 거절이유는 해소하지 않는다."라고 하고, 적어도 생성된 모델의 성능 평가는 "상관관계 등"의 설명으로는 충분하지 않다고 판단하고 있다.[146]

한편, [사례 50][147·148]은 인간세포의 형상 변화 데이터를 알레르기 발병률 채점 데이터

를 교육데이터로 이용한 기계학습에 의하여 알레르기 발병률을 예측하는 방법의 발명이다. 이 발명은 심사사례집에 있어 "교육데이터에 포함된 여러 종류의 데이터 사이의 상관관계가 있는 것이 실제로 작성한 인공지능의 모델 성능평가에 의하여 뒷받침되고 있다"라는 예로서 들고 있지만, [사례 46]에서는 설명증명서의 제출에 의하여도 기재요건 위반을 충족하지 않은 것으로 판단하고 있다는 점에 서로 대비된다.[149]

(나) 학습완료 모델의 추론결과에 관한 검토

학습완료 모델의 추론결과[150]은 종류와 양태가 다양하다. 특허취득의 여부가 특히 문제되지만, 학습완료 모델을 이용하여 신규물질을 발견한 경우가 있을 것이다.[151]

이 경우에는 발명해당성은 사실상 문제가 아니고 진보성 및 기재요건 불비가 문제되는 경우가 많을 것이다. 무엇보다도 학습완료 모델의 추론결과에 의한 생성물과 방법의 발명에 대해서는 AI 기술을 이용한 경위가 진보성 유무를 좌우하는 장면은 한정적이다.[152] 왜냐하면 추론 결과가 특허를 받을만한 발명인지 여부를 판단함에 있어서는 해당 추론결과 자체의 진보성이 문제가 되는 것이지, 그것을 만들기 위해 사용한 도구나 수단인 학습완료 모델의 진보성이 문제가 되는 것은 아니기 때문이다.

한편, 기재 요건과 관련하여 특히 실시가능성이 문제되는 장면은 적지 않을 것이다. 예를 들어, 심사기준에서는 「물건의 발명」에 대해서, ① '물건의 발명'에 대해 명확하게 설명되어 있는 것 ② "그 물건을 만들 수 있다"는 것과 같이 기재되어 있는지, 및 ③ "그 물건을 사용할 수 있다"와 같이 기재되어 있는 것이 필요하지만,[153] ② 내용은 학습완료 모델의 추론에 의해 신규물질의 존재가 확인되었다고 하더라도 그것을 현실로 생성 가능한 정도로 제법을 특정할 수 있는지가 문제될 수 있다. 그 예로는 다음과 발명을 소재로 하는 혐기성 접착제 조성물에 관한 [사례 51][154·155]이 있다.

(다) 인공지능 기술관련 발명의 권리행사
1) AI 기술관련 발명에 특유한 검토사항의 유무

인공지능관련 발명이어도 특허침해소송에 관한 권리주장의 구조는 종래 기술의 발명과 아무런 차이가 없다. 즉 특허권 침해는 피고에 의한 특허발명의 전체 구성요건의 충족(소위 "구성요소 완비 원칙") 또는 소위 균등침해의 다섯 요건(단, 네 번째 요건과 다섯 번째 요건은 항변임)의 충족에 의해 인정되기 때문에 특허권자로서는 원칙적으로 이의 충족을 주장하여 입증해야 한다.[156] 다만, 실무상으로는 인공지능기술 관련 발명이 (i) 클라우드를 이용한 발명으로 구성된 경우, (ii) 학습완료 모델의 발명에 새로운 학습 데이터세트를 추가한 발명의 경우에는 권리행사에 어려움이 있을 수 있다.[157]

2) 클라우드를 이용한 발명으로 구성된 경우

학습완료 모델을 이용한 추론 결과는 클라우드를 통해 사업에 제공되는 경우가 적지 않다. 그 결과, 청구항의 작성 여하에 따라서는 학습완료 모델을 포함시키는 시스템의 특허 발명을 제3자가 무단 실시하는 경우에 권리 행사에 어려울 것으로 예상된다.[158]

3) 학습완료 모델의 발명에 새로운 학습용 데이터세트를 추가한 발명의 경우

실무상으로는 데이터 A와 데이터 B를 학습용 데이터세트로 하는 학습완료 모델을 탑재한 장치 등의 특허발명에 대하여 데이터 A와 데이터 B에 더하여 새로운 데이터 C를 학습에 이용하는 학습완료 모델을 탑재한 장치 등이 해당 특허발명을 실시하는 것인지 여부가 문제시될 경우도 있다. 이 경우 해당 장치 등은 데이터 A와 데이터 B를 학습용 데이터로서 이용하고 있어서 청구항의 문언상 특허발명의 기술적 범위에 속한다.

무엇보다 어떠한 데이터세트를 이용하여 학습을 실행하는지는 생성된 학습완료 모델의 성능에 크게 영향을 주고, 실무상으로 바로 이 점에 발명으로서의 가치가 있는 것이 적지 않다. 이 때문에 데이터 A와 데이터 B만을 이용하여 학습하는 경우와 데이터 A와 데이터 B에 더하여 데이터 C를 이용하여 학습하는 경우에는 전혀 별개의 발명으로서 특허권행사를 인정하지 아니하는 것이 실태에 비추어 타당한 해결책인 경우도 있을 것이다.[159] 이는 이른바 선택발명에 관한 문제로 해석할 수 있지만, 청구항 해석의 타당성이나 기재요건 위반에 의한 무효사유의 유무 등을 대상 특허의 명세서 등으로부터 개별 사안에서 구체적으로 판단할 필요가 있다.[160]

(라) AI 학습용 데이터세트와 관련된 침해 쟁점

일본 특허법 제101조(침해로 보는 행위)에서는 "다음에 열거한 행위는 해당 특허권 또는 전용실시권을 침해한 것으로 본다.

① 특허가 물건의 발명인 경우, 업으로서 그 물건의 생산에만 이용하는 물건의 생산, 양도 등 또는 수입 또는 양도 등의 청약을 하는 행위

② 특허가 물건의 발명인 경우, 그 물건의 생산에 이용하는 물건(일본 국내에서 널리 일반

적으로 유통하고 있는 것은 제외한다.)으로서 그 발명에 의한 과제의 해결에 불가결한 것에 대해 그 발명이 특허발명이라는 것 및 그 물건이 그 발명의 실시에 이용되는 것을 알면서도 업으로서 그 생산, 양도 등이나 수입 또는 양도 등의 청약을 하는 행위

③ 특허가 물건의 발명인 경우, 그 물건을 업으로서 양도 등 또는 수출을 위하여 소지하는 행위

④ 특허가 방법의 발명인 경우, 업으로서 그 방법의 사용에만 이용하는 물건의 생산, 양도 등 또는 수입 또는 양도 등의 청약을 하는 행위

⑤ 특허가 방법의 발명인 경우, 그 방법의 사용에 이용하는 물건(일본 국내에서 널리 일반적으로 유통되고 있는 것을 제외한다.)으로서 그 발명에 의한 과제의 해결에 불가결한 것에 대해 그 발명이 특허발명이라는 것 및 그 물건이 그 발명의 실시에 이용되는 것을 알면서도 업으로서 그 생산, 양도 등 또는 수입 또는 양도 등의 청약을 하는 행위

⑥ 특허가 물건을 생산하는 방법의 발명인 경우, 그 방법에 의하여 생산한 물건을 업으로서 양도 등 또는 수출을 위하여 소지하는 행위"라고 규정하고 있다.

그런데 AI 학습완료 모델을 이용한 추정장치의 특허를 취득하고 있는 사례에 있어서 일본의 현행 특허법 하에서는 해당 장치를 무단으로 생산하는 자에 대해 해당 장치의 생산에 사용되는 학습용 데이터와 학습완료 모델을 인터넷 등을 통하여 제공하는 행위를 침해로 볼 수 없다.

그리고 제품에 대하여 물건의 특허를 취득하고 있는 사례에 있어서 일본의 현행 특허법 하에서는 해당 제품의 생산에 사용되는 3D 프린트용 데이터를 생산 및 제공하는 행위에 대해서도 침해행위로 볼 수 없다.[161] 이러한 이유로 일본에서는 AI 학습용 데이터세트를 물건의 범위에 포섭하고 특허권침해금지청구의 대상으로 하려는 특허법 개정안을 추진하였었다.

4. 우리 특허법상 인공지능 학습용 데이터세트 보호 필요성

인공지능 학습용 데이터세트에 대한 지식재산을 논의하기 위해서는 지식재산의 존재, 특히 저작자 또는 발명자에 대한 적절한 인식, 혁신과 창의성의 증진, 공정한 시장경쟁 보장의 기초가 되는 정책의 관점에서 얻은 데이터세트만을 대상으로 할 필요가 있다.[162] 기존의 지식재산 체계는 이미 특정 유형의 데이터세트를 보호하는 것으로 간주될 수 있다. 창작

성이 있는 데이터세트는 창작성이 있는 저작물과 마찬가지로 저작권법에 의하여 보호된다. 또한 AI 학습용 데이터세트의 구성, 선택 또는 배열에 창작성이 있다면 편집저작물로서 보호받을 수 있다.

편집물이 저작물성 있는 지적 창작물에 해당하여 편집저작물로서 저작권 보호를 받게 되더라도 그 저작권 보호는 편집저작물에 포함된 데이터 자체에 미치지 아니한다.[163] 이와 관련하여 데이터세트의 구성, 선택 또는 배열에 창작성이 없다면 편집저작물로 보호받을 수 없을 뿐만 아니라 특허법과는 달리 출원공개가 요건이 아니므로 실제로는 편집저작물과 침해 저작물 사이의 의거관계와 실질적 유사성을 입증하는 것이 용이하지 않을 것이다.

그리고 데이터베이스를 편집하는 데 든 투자의 보호를 위하여 데이터베이스제작자의 권리를 보호하는 국가도 존재한다.[164] 우리나라도 이에 속한다. "데이터베이스제작자"는 데이터베이스의 제작 또는 그 소재의 갱신·검증 또는 보충(이하 "갱신 등"이라 한다.)에 인적 또는 물적으로 상당한 투자를 한 자를 말한다.[165] 데이터베이스제작자는 그의 데이터베이스의 전부 또는 상당한 부분을 복제·배포·방송 또는 전송(이하 이 조에서 "복제 등"이라 한다.)할 권리를 가진다.[166]

데이터베이스의 개별 소재는 제1항의 규정에 따른 당해 데이터베이스의 상당한 부분으로 간주되지 아니한다. 다만, 데이터베이스의 개별 소재 또는 그 상당한 부분에 이르지 못하는 부분의 복제등이라 하더라도 반복적이거나 특정한 목적을 위하여 체계적으로 함으로써 당해 데이터베이스의 통상적인 이용과 충돌하거나 데이터베이스제작자의 이익을 부당하게 해치는 경우에는 당해 데이터베이스의 상당한 부분의 복제 등으로 본다.[167] 그리고 데이터베이스제작자의 권리제한이 적용된다.[168] 데이터베이스제작자의 권리는 데이터베이스의 제작을 완료한 때부터 발생하며, 그 다음 해부터 기산하여 5년간 존속한다.[169]

데이터베이스의 갱신 등을 위하여 인적 또는 물적으로 상당한 투자가 이루어진 경우에 당해 부분에 대한 데이터베이스제작자의 권리는 그 갱신등을 한 때부터 발생하며, 그 다음 해부터 기산하여 5년간 존속한다.[170] 따라서 인공지능 학습용 데이터세트를 저작권법상 데이터베이스제작자의 권리로서 보호하기 위해서는 침해성립요건, 권리제한, 보호기간 등 여러 제약이 존재한다.

인공지능 학습용 데이터세트의 무단 배포 내지 무단 송신은 부정경쟁방지 및 영업비밀 보호에 관한 법률(이하 "부정경쟁방지법"이라 한다.)상 데이터의 부정사용행위 내지 타인성과 도용행위로 볼 수도 있다. 데이터의 부정사용행위(부정경쟁방지법 제2조 제1호 카목)에 대해서는 보다 상세하게 후술한다.

부정경쟁방지법 제2조 제1호 파목은 "그 밖에 타인의 상당한 투자나 노력으로 만들어진 성과 등을 공정한 상거래 관행이나 경쟁질서에 반하는 방법으로 자신의 영업을 위하여 무단으로 사용함으로써 타인의 경제적 이익을 침해하는 행위"를 부정경쟁행위의 일 유형으로 규정하고 있다.[171] 이 행위에 대해서는 형사상 처벌규정이 없다는 단점이 있다.

부정경쟁방지법 제2조 제1호 파목은 새로운 유형의 부정경쟁행위에 관한 규정을 신설한 것이다. 이는 새로이 등장하는 경제적 가치를 지닌 무형의 성과를 보호하고 입법자가 부정경쟁행위의 모든 행위를 규정하지 못한 점을 보완하여 법원이 새로운 유형의 부정경쟁행위를 좀 더 명확하게 판단할 수 있도록 함으로써, 변화하는 거래관념을 적시에 반영하여 부정경쟁행위를 규율하기 위한 보충적 일반조항이다.[172] 그리고 같은 법 제2조 제1호 파목은 그 보호대상인 '성과 등'의 유형에 제한을 두고 있지 않으므로, 유형물뿐만 아니라 무형물도 이에 포함되고, 종래 지식재산권법에 따라 보호받기 어려웠던 새로운 형태의 결과물도 포함될 수 있다. '성과 등'을 판단할 때에는 위와 같은 결과물이 갖게 된 명성이나 경제적 가치, 결과물에 화체된 고객흡인력, 해당 사업 분야에서 결과물이 차지하는 비중과 경쟁력 등을 종합적으로 고려해야 한다. 이러한 성과 등이 '상당한 투자나 노력으로 만들어진' 것인지는 권리자가 투입한 투자나 노력의 내용과 정도를 그 성과 등이 속한 산업분야의 관행이나 실태에 비추어 구체적·개별적으로 판단하되, 성과 등을 무단으로 사용함으로써 침해된 경제적 이익이 누구나 자유롭게 이용할 수 있는 이른바 공공영역(公共領域, public domain)에 속하지 않는다고 평가할 수 있어야 한다.[173] 아울러 같은 법 제2조 제1호 파목의 '공정한 상거래 관행이나 경쟁질서에 반하는 방법으로 자신의 영업을 위하여 무단으로 사용'한 경우에 해당하기 위해서는 권리자와 침해자가 경쟁 관계에 있거나 가까운 장래에 경쟁관계에 놓일 가능성이 있는지, 권리자가 주장하는 성과 등이 포함된 산업분야의 상거래 관행이나 경쟁질서의 내용과 그 내용이 공정한지, 위와 같은 성과 등이 침해자의 상품이나 서비스에 의해 시장에서 대체될 수 있는지, 수요자나 거래자들에게 성과 등이 어느 정도 알려졌는지, 수요자나 거래자들의 혼동가능성이 있는지 등을 종합적으로 고려해야 한다.[174] 이 요건을 갖추지 못한 자에 대해서는 이 조문이 적용되지 않을 수 있다.

부정경쟁방지법상 인공지능 학습용 데이터세트를 영업비밀로 보호받는 방법이 있을 수 있다.[175] 기밀인 데이터세트 또는 영업상 가치 또는 기술적 가치가 있고 비밀 보유자가 비밀로 관리하는 데이터세트는 특정 사람의 특정 행위, 예를 들어 직원 또는 연구 계약자에 의한 무단 공개 또는 사이버 침입을 통한 도난으로부터 보호된다.[176] 부정경쟁방지법상 "영업비밀"이란 공공연히 알려져 있지 아니하고 독립된 경제적 가치를 가지는 것으로서, 비밀로 관리된 생산방법, 판매방법, 그 밖에 영업활동에 유용한 기술상 또는 경영상의 정보를 말한다.[177] 영업비밀에 해당하기 위해서는 비공지성, 비밀관리성, 경제적 유용성 등의 요건을 충족하여야 한다. 인공지능 학습용 데이터세트는 이미 공지된 경우도 많으므로 영업비밀에 해당하기 곤란한 경우도 상정할 수 있고, 비밀관리성 요건을 주장하여 증명하는 것도 용이치 않은 경우가 있을 수 있다. 이들 규정이 적용되지 않은 법적 공백을 고려하고, 역분석 내지 독자적인 개발 등에 따른 인공지능 학습용 데이터세트에 대한 권리자의 피해를 방지하고 사후 구제를 보장하기 위하기 위해서는 특허법상 보호받을 수 있는 방안도 마련할 필요가 있다.

이러한 연유로 학습용 데이터세트 시장의 활성화와 학습용 데이터세트의 이용 활성화를 통한 AI 학습용 데이터세트 시장의 확대를 위해서도 특허법상 학습용 데이터세트의 보호 여부를 검토할 필요가 있다.

학습용 데이터세트 생성방법에 대한 특허의 예[178]

· 주식회사 OOO 등록특허 제10-*****호(학습용 데이터세트 생성방법)**

【청구항 13】
학습 데이터 생성 방법으로서,
컴퓨팅 장치에 포함된 프로세서가 제 1 학습 데이터에 포함된 이미지에 기초하여 상기 이미지에 포함된 객체를 식별하는 단계;
상기 프로세서가 상기 객체의 제 1 부분과 크롭핑된 이미지의 사전 결정된 범위 안의 영역에 포함된 제 2 부분의 적어도 일부가 오버랩되도록 상기 이미지를 크롭핑하는 단계; 및
상기 프로세서가 상기 크롭핑된 이미지를 포함하는 제 2 학습 데이터를 생성하는 단계;를 포함하는, 학습 데이터 생성 방법.

【청구항 14】
학습 데이터 생성 방법을 제공하기 위한 서버로서, ~ 제 2 학습 데이터를 생성하는 학습 데이터 생성 방법을 제공하기 위한 서버.

시작

제 1 학습 데이터에 포함된 이미지에 기초하여 상기 이미지에 포함된 객체를 식별 — 610

객체의 적어도 일부에 기초하여 이미지를 변형 — 620

변형된 이미지를 포함하는 제 2 학습 데이터를 생성 — 630

종료

일반적으로 "학습용 데이터세트" 관련 발명들은 '학습용 데이터세트 생성방법'과 '학습용 데이터세트 생성장치'를 청구범위에 작성해 출원하게 된다. 아래의 예가 바로 그것에 해당한다.

학습용 데이터세트 생성방법에 대한 특허의 예		
청구유형	제3자 실시행위	특허권 보호범위
(1) 학습용 데이터세트 생성장치 (물건의 발명)	모방하여 제작한 학습용 데이터세트 생성장치를 사용하여 학습용 데이터세트 생성	학습용 데이터세트 생성장치의 생산, 사용, 양도, 대여 등 금지 가능
(2) 학습용 데이터세트 생성방법 (방법의 발명)	제2조 제3호: 정의	학습용 데이터세트 생성방법을 모방하여 학습용 데이터세트 생성	제126조: 금지 청구권	학습용 데이터세트 생성방법의 사용이나 사용의 청약 금지 가능
(3) 학습용 데이터세트 구조가 저장된 기록매체 (데이터세트 구조 기록매체 발명)	학습용 데이터세트를 모방제작	학습용 데이터세트 구조 저장된 기록매체의 생산, 사용, 양도, 대여 등 금지 가능

바로 위 표에서 특허발명(1)과 특허발명(2)의 생성물인 학습용 데이터세트의 배포는 특허법상 실시에 해당하지 아니한다. 그리고 특허발명(3)의 학습용 데이터세트 구조가 저장된 기록매체 "온라인"상 송신은 특허법상 실시에 해당하지 아니한다. 이 경우 학습용 데이터세트의 구조가 '컴퓨터로 하여금 특정한 기능을 수행'하도록 하는 요건을 만족해야 한다. 이 경우, 발명에 해당하기 어려울 것으로 예상된다.

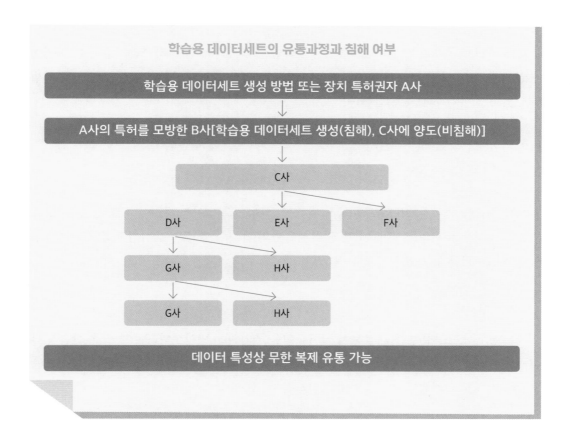

학습용 데이터세트의 유통과정과 침해 여부

학습용 데이터세트 생성 방법 또는 장치 특허권자 A사

A사의 특허를 모방한 B사[학습용 데이터세트 생성(침해), C사에 양도(비침해)]

C사

D사　　E사　　F사

G사　　H사

G사　　H사

데이터 특성상 무한 복제 유통 가능

　　학습용 데이터세트 생성방법 또는 학습용 데이터세트를 생성하는 장치에 대한 발명의 특허권자의 학습용 데이트세트는 온라인 송신과 오프라인 배포라는 양자로 이루어지는 것이 거래현실이다.

　　바로 위 표에서 B, C사는 모방·생성한 '학습용 데이터세트'를 특허침해 없이 배포하는 것이 가능하다. 이 경우, B, C 등의 학습용 데이터세트 배포는 실시에 해당하지 아니하여 특허권 침해에 해당하지 아니한다. 특허권자 A사는 B사에서 학습용 데이터세트 생성의 금지청구만 가능하고, B사, C사 등의 학습용 데이터세트 배포를 금지청구하는 것은 불가능하다. 이와 관련하여 학습용 데이터세트의 배포로 인해 실질적 손해가 지속적으로 발생함에도 불구하고 위 배포행위는 특허권 침해행위가 아니므로 특허법상 손해배상청구도 불가능하다.

　　이들 온라인상 송신행위 또는 배포행위가 저작권법, 부정경쟁방지법 등 그 밖의 지식재산법에 의하여 보호될 가능성이 있기는 하지만 전술한 바와 같이 법적 보호의 공백이 발생하는 경우가 있을 수 있다. 또한, AI 학습용 데이터 시장의 급속한 성장을 위해서는 AI 학습용 데이터의 공개가 매우 중요하므로 AI 학습용 데이터 관련 특허출원의 증가는 출원공개를 통한 이 시장의 확대를 선도할 것이다. 따라서 AI 학습용 데이터 관련 발명의 특허법상 보호가 시급한 것으로 생각한다.

5. 개선방안 검토

AI 학습용 데이터세트를 보호하기 위하여 아래와 같이 여러 방안을 고려해 볼 수 있다. 이를 위해서는 물건의 정의 확대, 발명 실시유형의 확대, 특허권의 간접침해행위의 확대 등 다양한 선택지를 놓고 분석할 필요가 있다.

가. 제1안

특허법 제2조 제3호를 개정하여 실시유형을 추가하는 방안이다. 즉, 제1안은 학습용 데이터세트 배포를 '학습용 데이터세트 생성방법'의 실시 유형에 추가하는 것이다. 이는 학습용 데이터세트 거래실정이나 출원인이 인식하는 보호범위와 일치한다.

제2조 제3호. "실시"란 다음 각 목의 구분에 따른 행위를 말한다.
나. 방법의 발명인 경우 : 그 방법을 사용하는 행위 또는 그 방법의 사용을 청약하는 행위
다. 물건을 생산하는 방법의 발명인 경우 : 나목의 행위 외에 그 방법에 의하여 생산한 물건을 사용·양도·대여 또는 수입하거나 그 물건의 양도 또는 대여의 청약을 하는 행위
라. 데이터 세트(전자적 산출물? 가칭)를 생성하는 방법의 발명의 경우 : 나목의 행위 외에 그 방법에 의하여 생성된 데이터 세트의 사용·양도·대여 또는 수입하거나 그 데이터 세트의 양도 또는 대여의 청약을 하는 행위

이는 현재 학습용 데이터세트 관련 출원의 청구범위 양식에 가장 적절하다는 장점이 있다. 이에 따르면, '학습용 데이터세트를 생성하는 방법'을 특허청구범위로 할 수 있게 된다. 하지만, 이 안은 소프트웨어 산출물까지 보호하는 등 보호범위가 과도하게 확장될 우려가 있다. 예를 들어, '블록체인을 생성하는 방법'도 이 범주에 해당하게 될 수 있다.

나. 제2안

(1) 물건의 정의

1958년 제정 이전의 구 의용민법 제85조는 "본법에서 물(物)이라 함은 유체물을 말한다."라고 규정하여 물건을 유체물에 한정하고 있다.[179] 그리고 독일 민법과 일본 민법은 물건을 유체물에 한정하고 있다.[180] 하지만 1958년 제정된 우리 민법[181]은 유체물뿐만 아니라 '전기 기타 관리할 수 있는 자연력'을 물건의 개념을 추가하여 물건의 범위를 무체물로 확대하였다. 이는 "사회경제의 발전과 새로운 과학기술의 출현에 대응하기 위한 것이라고 볼 수 있다."고 할 수 있다.[182]

민법 제98조와 관련하여 일반적으로 (i) 유체물 및 관리할 수 있는 자연력, (ii) 관리가능성, (iii) 독립성, (iv) 비인격성이 물건의 개념요소를 거론되고 있다. 이에 대하여 '관리할 수 있는'이라는 개념은 (ii) 요건과 중복되고 법문의 취지가 '유체물임과 동시에 자연력'이라는 의미는 아니기 때문에 (i)의 요건은 '유체물 또는 자연력'으로 하는 것이 보다 적절한 것으로 판단된다.[183]

여기에서 '유체물'이란 "공간의 일부를 차지하고 사람의 감각에 의하여 지각할 수 있는 '형체'를 가진 것"을 말하고, 이는 고체, 액체뿐만 아니라 기체를 포함한다.[184] 이 조문에서는 '관리할 수 있는'을 '자연력'이란 명사를 수식하는 형용사로 위치시킴으로써 유체물은 관리가능성과 무관한 것처럼 오해할 가능성도 있지만 관리가능성은 유체물에 대하여도 요구되는 요건이라는 데에는 이론이 없다.[185] 무체물은 빛, 열, 전기, 에너지, 음향 등과 같이 공간을 차지하는 형체를 가지지 않는 것인데, 이러한 무체물 중 '자연력'만을 물건으로 파악하고 있다.[186]

이 개념에서 '자연력'이란 "자연계에 존재하는 힘 또는 이와 유사한 것"을 뜻한다.[187] 형법은 재산죄의 객체인 재물의 개념에 관하여 '관리할 수 있는 동력'은 재물로 간주한다는 명문규정(형법 제346조, 제354조, 제361조, 제372조)을 두고 있어 '관리가능한 동력'이 이론의 여지가 없이 재산죄의 객체가 된다는 점 및 특허법상 발명은 물건 또는 방법을 그 대상으로 하는데, '봉입(封入)된 전기발광성(電氣發光性) 인광체 입자(燐光體 粒子)와 같이 인공적으로 만들어진 물체는 위 물건에 해당한다는 판시한 점[188]에 비추어 볼 때, 인공적으로 창출된 물질이라도 자연계에 실제로 존재하는 것이면 자연력에 해당한다고 보는 것이 타당할 것이다.[189] 따라서 자연력은 인공력에 대치되는 개념이 아니다. 그러한 관계로 인위적으로 만들어낸 에너지(발전소에서 생산된 전기 등)는 자연력에 해당한다.[190]

특히, 디지털정보와 관련하여 ⑴ 네트워크를 타고 전달되는 도중의 디지털정보는 물리적으로 전기신호이므로 이때에는 물건이 된다는 입장[191]과 ⑵ 이는 유체물이라고 할 수도 없고 자연력이라고 할 수도 없어 민법상 물건의 개념에 해당한다고 해석하기 어렵다는 견해가 대립되고 있다.[192]

컴퓨터프로그램의 경우, 독자적인 거래의 대상이 되고 있는바 민법상 물건으로 보아야 한다는 견해[193]와 유체물이나 관리할 수 있는 자연력이라고 볼 수 없으므로 민법상 물건에 해당하지 않는다는 견해[194]의 대립이 있다. 디지털정보에 대하여 입법론적으로 물건의 개념에 포섭하여야 한다는 견해도 존재한다.[195] 이렇듯 디지털정보가 물건의 범위에 포함되는지 여부에 대하여 의견의 대립이 있는 바, AI 학습용 데이터가 물건의 범위에 포함되는지 여부가 논란이 될 수 있다. 따라서 입법론적으로 이를 해결하는 방안을 제안할 수도 있을 것이다.

(2) 제2안

물건의 개념에 대한 논란을 피하기 위한 입법론으로서 특허법 제2조 제3호를 개정하여 물건 범위를 확대하는 방안을 고려할 수 있다. 즉, 제2안은 '학습용 데이터세트'를 물건에 포함하는 방안이다.

제2조 제3호. "실시"란 다음 각 목의 구분에 따른 행위를 말한다.
가. 물건(데이터세트를 포함)의 발명인 경우: 그 물건을 생산·사용·양도·대여 또는 수입하거나 그 물건의 양도 또는 대여의 청약(양도 또는 대여를 위한 전시를 포함한다. 이하 같다)을 하는 행위

이 안은 학습용 데이터 자체를 청구하므로 특허된 후에는 포괄적 보호가 가능하다는 장점이 있다. 하지만, 학습용 데이터 생성기술에 특징이 있어도 생성된 학습용 데이터 자체는 특징이 없는 경우가 많아 학습용 데이터 자체를 특허받기 어려워 실효성이 떨어진다는 단점이 있다. 그리고 데이터 세트에 대한 정의 규정이 없는 경우에는 용어의 정의와 관련하여 논란이 제기될 수 있다는 우려도 있을 것이다.

다. 제3안

특허법 제129조를 개정하여 간접침해 유형을 추가하는 방안이다. 즉, 이 안은 학습용 데이터세트 배포를 인공지능 '학습방법' 특허의 간접침해로 규정하는 방안이다. 전용성 요건 때문에 간접침해 인정 사례가 저조하고, 학습방법 청구가 필수적이라는 점에서 이 안의 약점을 찾을 수 있다. 그리고 데이터 세트에 대한 정의 규정이 없는 경우에는 용어의 정의와 관련하여 논란이 제기될 수 있다는 점도 우려된다.

제127조(침해로 보는 행위)

3. 특허가 방법의 발명인 경우: 그 방법의 실시에만 사용하는 데이터 세트(가칭)를 생성·양도·대여 또는 수입하거나 그 데이터 세트의 양도 또는 대여의 청약을 하는 행위

라. 제4안: 데이터세트를 물건의 발명에 포섭하는 방안

단순히 제시되는 정보의 내용에만 특징이 있는 것으로 정보의 제시를 주된 목적으로 하는 경우(예: 녹음된 음악에만 특징이 있는 CD, 컴퓨터프로그램 리스트 자체 등)에는 발명에 해당하지 않는다. 하지만 정보의 제시가 새로운 기술적 특징을 가지고 있으면 그와 같은 정보의 제시 그 자체, 정보제시수단, 정보를 제시하는 방법[예: 문자, 숫자, 기호로 이루어지는 정보를 양각으로 기록한 플라스틱카드(정보의 제시 수단에 기술적 특징이 있는 경우)]은 발명에 해당될 수 있다.

기술은 지식으로서 기량이나 기능과는 달리 타인에게 전달할 수 있는 객관성이 있는 것이어야 한다. 다시 말하면 해당 기술분야에서 평균적 수준을 가진 제3자가 행하더라도 같은 결과에 도달할 수 있어야 한다. 즉, 반복재현성[196]이 존재하여야 한다. 일본 학자들의 견해에 따르면, 기술은 일정한 목적을 달성하기 위하여 구체적 수단으로서 실시가능성 및 반복가능성이 있을 필요가 있다고 한다.[197] 참고로 일본 판례에 따르면, 그 기술내용은 반복가능성, 구체성, 객관성을 필요로 한다고 판시한 바 있다.[198]

발명의 정의에 포함된 개념인 '기술'은 특허요건인 '산업상 이용가능성'과는 구별할 필요가 있다. 산업상 이용가능성 요건이 요구하는 것은 반복실시성의 존재이다. 특허법의 보호대상인 발명에 해당하지 않는 한, 논리적으로 보아 특허요건인 산업상 이용가능성은 논할 수 없다. 오로지 발명에 해당하는 경우에 산업상 이용가능성, 신규성, 진보성 등의 특허요건을 논할 수 있다.[199]

발명의 성립성과 관련하여 언급되는 반복재현성의 존재여부는 산업상 이용가능성과 관련하여 언급되는 반복실시성의 존재여부와는 다른 개념으로 보는 것이 타당함에도 불구하고 판례에서는 불분명한 태도를 취하고 있는 것으로 보인다. 그렇다고 반복재현성이란 용어를 식물발명에 한정하여 설명하는 것도 논리적이라고 할 수는 없을 것이다. 다만, 특허법상 발명은 기술적 사상이므로 반드시 기술 그 자체일 필요는 없다.

전술한 현행법상 논리를 취하면, 인공지능 학습용 데이터세트를 방법의 발명이 아니라 물의 발명으로 보호할 수 없게 되는 문제점이 발생할 여지가 있다.[200] 4차산업혁명 시대에 인공지능을 학습시키는 학습용 데이터세트의 중요성을 감안할 때, AI 학습용 데이터세트는 발명에 해당할 수 있어야 한다. 따라서 학습기반 인공지능과 관련하여 인공지능 학습용 데이터 세트(training datasets for AI)가 발명의 정의(자연법칙을 이용한 기술적 사상의 창작으로서 고도한 것)를 충족하는 경우, 특허법상 보호의 대상이 되어야 할 것이다.

인공지능(학습, 추론, 판단, 이해, 행동 등 인간의 지적 능력의 일부 또는 전체가 전자적 방법으로 구현된 것을 말한다)이 학습용 데이터 세트(부호, 문자, 음성, 음향 및 영상 등으로 표현된 모든 종류의 자료 또는 지식의 집합을 말한다)를 학습하고 이를 기반으로 스스로 판단하여 결론을 도출하는 경우에는 이를 특허의 보호대상에 포함하는 것이 타당하다.

데이터세트(부호, 문자, 음성, 음향 및 영상 등으로 표현된 모든 종류의 자료 또는 지식의 집합을 말한다)가 인공지능을 학습시킬 목적으로 제공된 경우에 이를 인공지능 학습용 데이터세트로 정의할 필요가 있다.

현행 특허법	개정초안 (1순위안)
특허법 제2조(정의) 이 법에서 사용하는 용어의 뜻은 다음과 같다.	특허법 제2조(정의) 이 법에서 사용하는 용어의 뜻은 다음과 같다.
2. "특허발명"이란 특허를 받은 발명을 말한다.	2. "특허발명"이란 특허를 받은 발명을 말한다. 2의1. "인공지능"이란 학습, 추론, 판단, 이해, 행동 등 인간의 지적 능력의 일부 또는 전체가 전자적 방법으로 구현된 것을 말한다. 2의2. "데이터 세트"란 부호, 문자, 음성, 음향 및 영상 등으로 표현된 모든 종류의 자료 또는 지식의 집합을 말한다. 2의3. "인공지능 학습용 데이터 세트"란 인공지능을 학습시키기 위하여 제공된 데이터 세트를 말한다.
3. "실시"란 다음 각 목의 구분에 따른 행위를 말한다. 가. 물건의 발명인 경우: 그 물건을 생산·사용·양도·대여 또는 수입하거나 그 물건의 양도 또는 대여의 청약(양도 또는 대여를 위한 전시를 포함한다. 이하 같다)을 하는 행위 나. 방법의 발명인 경우: 그 방법을 사용하는 행위 또는 그 방법의 사용을 청약하는 행위	3. "실시"란 다음 각 목의 구분에 따른 행위를 말한다. 가. 물건의 발명인 경우: 그 물건을 생산·사용·양도·대여 또는 수입하거나 그 물건의 양도 또는 대여의 청약(양도 또는 대여를 위한 전시를 포함한다. 이하 같다)을 하는 행위 나. 인공지능 학습용 데이터세트의 발명인 경우: 그 인공지능 학습용 데이터세트를 사용·양도·양도의 청약·대여·대여의 청약·수입하거나 전기통신회선을 통하여 송신하는 행위
다. 물건을 생산하는 방법의 발명인 경우: 나목의 행위 외에 그 방법에 의하여 생산한 물건을 사용·양도·대여 또는 수입하거나 그 물건의 양도 또는 대여의 청약을 하는 행위	다. 방법의 발명인 경우: 그 방법을 사용하는 행위 또는 그 방법의 사용을 청약하는 행위
	라. 물건을 생산하는 방법의 발명인 경우: 나목의 행위 외에 그 방법에 의하여 생산한 물건을 사용·양도·대여 또는 수입하거나 그 물건의 양도 또는 대여의 청약을 하는 행위

개정초안 제2조 제3호 나목은 현재 학습용 데이터세트 관련 출원의 청구범위 양식에 가장 적절하다. 또한, 제1안과는 달리 소프트웨어 산출물까지 보호하는 등 보호범위의 과도한 확장의 우려를 불식시킬 수 있다는 장점도 있다. 그 밖에 인공지능과 데이터세트에 대한 정의도 명확하다. 입법론적으로 볼 때, 필자는 제4안을 1순위안으로 보고 제5안을 2순위안으로 고려할 수 있다고 생각한다.

현행 특허법	특허법 개정초안(1순위안)
제127조(침해로 보는 행위) 다음 각 호의 구분에 따른 행위를 업으로서 하는 경우에는 특허권 또는 전용실시권을 침해한 것으로 본다. 1. 특허가 물건의 발명인 경우: 그 물건의 생산에만 사용하는 물건을 생산·양도·대여 또는 수입하거나 그 물건의 양도 또는 대여의 청약을 하는 행위 2. 특허가 방법의 발명인 경우: 그 방법의 실시에만 사용하는 물건을 생산·양도·대여 또는 수입하거나 그 물건의 양도 또는 대여의 청약을 하는 행위	제127조(침해로 보는 행위) 다음 각 호의 구분에 따른 행위를 업으로서 하는 경우에는 특허권 또는 전용실시권을 침해한 것으로 본다. 1. 특허가 물건의 발명인 경우: 그 물건의 생산에만 사용하는 물건을 생산·양도 등·대여 또는 수입하거나 그 물건의 양도 또는 대여의 청약을 하는 행위 2. <u>인공지능 학습용 데이터세트의 발명인 경우: 그 인공지능 학습용 데이터세트를 사용·양도·양도의 청약·대여·대여의 청약·수입하거나 전기통신회선을 통하여 송신하는 행위</u> 3. 특허가 방법의 발명인 경우: 그 방법의 실시에만 사용하는 물건을 생산·양도 등·대여 또는 수입하거나 그 물건의 양도 또는 대여의 청약을 하는 행위 4. 특허가 물건을 생산하는 방법의 발명인 경우, 그 방법에 의하여 생산한 물건을 업으로서 양도 등 또는 수출을 위하여 소지하는 행위

마. 제5안

물건에는 유체물뿐만 아니라 관리가능한 자연력도 포함되므로, 인공지능 교육을 위한 교육 데이터는 물론이고 인공지능 생성물인 학습 데이터뿐만 아니라 3D 프린팅의 3D 파일데이터도 포섭하기 위해서는 물건의 정의를 개정하기 보다는 발명의 실시 유형 중 양도에 '전기통신회선을 통한 송신'을 포섭하는 것을 고려할 필요가 있다.[201]

'전송'이나 '공중송신'이란 개념은 저작권법상 공중이 수신하거나 접근하게 할 목적으로 무선 또는 유선통신의 방법에 의하여 송신하거나 이용에 제공하는 것을 의미한다(저작권법 제2조 제7호 및 제10호). 여기에서 '공중'이란 불특정 다수인(특정 다수인을 포함한다)을 말한다(저작권법 제2조 제32호). 따라서 거래 상대방이 공중이 아닌 경우에는 '전송'이나 '공중송신'의 개념을 사용할 수 없다. 그러한 측면에서 '전기통신회선을 통한 송신'이란 용어를 활용하는 것이 적절할 것으로 생각한다.

이 경우, 해석론으로서 AI 학습용 데이터세트와 AI 생성물인 AI 학습 데이터세트는 물건으로 취급할 수 있을 것이다. 따라서 이와 관련하여 AI을 교육하기 위하여 활용하는 학습용 데이터세트(AI 교육데이터)(Trainable data sets for AI)와 AI가 생성한 학습데이터세트(Data sets generated by AI)를 구별하여 분석할 필요가 있을 것이다.

학습용 데이터세트를 생성하는 방법을 출원발명으로 하는 경우에는 AI를 교육시키는 학습용 데이터세트의 입력은 '사용의 청약'으로 볼 수 있을 것이다.[202] 그리고 이러한 출원발명을 통해 생성된 AI 학습용 데이터세트의 온라인 송신은 개정초안 제2조 제3호 다목의 '양도 등'으로 포섭할 수 있을 것이다.

현행 특허법	필자의 특허법 개정초안(2순위안)[203]
3. "실시"란 다음 각 목의 구분에 따른 행위를 말한다.	3. "실시"란 다음 각 목의 구분에 따른 행위를 말한다.
가. 물건의 발명인 경우: 그 물건을 생산·사용·양도·대여 또는 수입하거나 그 물건의 양도 또는 대여의 청약(양도 또는 대여를 위한 전시를 포함한다. 이하 같다)을 하는 행위	가. 물건의 발명인 경우: 그 물건을 생산·사용·양도 등 (양도와 대여를 뜻한다. 이는 전기통신회선을 통한 송신을 포함한다.)·수출 또는 수입하거나 그 물건의 양도 등의 청약(양도 등을 위한 전시를 포함한다. 이하 같다)을 하는 행위
나. 방법의 발명인 경우: 그 방법을 사용하는 행위 또는 그 방법의 사용을 청약하는 행위	나. 방법의 발명인 경우: 그 방법을 사용하는 행위 또는 그 방법의 사용을 청약하는 행위
다. 물건을 생산하는 방법의 발명인 경우: 나목의 행위 외에 그 방법에 의하여 생산한 물건을 사용·양도·대여 또는 수입하거나 그 물건의 양도 또는 대여의 청약을 하는 행위	다. 물건을 생산하는 방법의 발명인 경우: 나목의 행위 외에 그 방법에 의하여 생산한 물건을 사용·양도 등·수출 또는 수입하거나 그 물건의 양도 등의 청약을 하는 행위

미국 특허법에서는 포괄적인 형태의 '유도침해'규정이 있어 온라인 전송행위를 규제할 수 있고, 영국 및 독일은 간접침해의 대상을 '발명의 본질적 요소와 관련된 수단'으로 규정하고 있어 물건 이외의 대상에 대한 침해 가능성을 열어 두고 있다.[204]

일본은 특허법상 물건의 개념에 프로그램을 포함하여[205] 물건 이외의 침해에 대한 대응이 가능한데 우리 특허법에서는 이를 규제할 수 있는 방법이 없다는 견해가 있다.[206] 우리나라 민법에 따르면, 물건의 정의에서 '관리할 수 있는 자연력'을 넓게 해석할 여지는 있다.

개정초안에 따르면, AI 학습용 데이터세트가 물건의 발명에 해당하는 경우, 그 AI 학습용 데이터세트를 업으로서 전기통신회선을 통하여 송신하기 위하여 소지하는 행위를 침해행위로 간주하여 AI 학습용 데이터세트에 대한 특허권을 보호받을 수 있다(개정초안 제127조 제2호).

또한 개정초안에 따르면, AI 학습용 데이터세트를 생성하는 방법이 특허발명인 경우,

AI 학습용 데이터세트를 업으로서 전기통신회선을 통하여 송신하기 위하여 소지하는 행위는 침해행위로 간주된다(개정초안 제127조 제4호). 다만, 이와 관련하여 전용성 요건의 완화 여부는 우리나라 판례에 맡겨 해석할 수 있을 것으로 판단된다.

현행 특허법	필자의 특허법 개정초안(2순위안)
제127조(침해로 보는 행위) 다음 각 호의 구분에 따른 행위를 업으로서 하는 경우에는 특허권 또는 전용실시권을 침해한 것으로 본다. 1. 특허가 물건의 발명인 경우: 그 물건의 생산에만 사용하는 물건을 생산·양도·대여 또는 수입하거나 그 물건의 양도 또는 대여의 청약을 하는 행위 2. 특허가 방법의 발명인 경우: 그 방법의 실시에만 사용하는 물건을 생산·양도·대여 또는 수입하거나 그 물건의 양도 또는 대여의 청약을 하는 행위	제127조(침해로 보는 행위) 다음 각 호의 구분에 따른 행위를 업으로서 하는 경우에는 특허권 또는 전용실시권을 침해한 것으로 본다. 1. 특허가 물건의 발명인 경우: 그 물건의 생산에만 사용하는 물건을 생산·양도 등·대여 또는 수입하거나 그 물건의 양도 또는 대여의 청약을 하는 행위 2. 특허가 물건의 발명인 경우, 그 물건을 업으로서 양도 등 또는 수출을 위하여 소지하는 행위 3. 특허가 방법의 발명인 경우: 그 방법의 실시에만 사용하는 물건을 생산·양도 등·대여 또는 수입하거나 그 물건의 양도 또는 대여의 청약을 하는 행위 4. 특허가 물건을 생산하는 방법의 발명인 경우, 그 방법에 의하여 생산한 물건을 업으로서 양도 등 또는 수출을 위하여 소지하는 행위

제8장

AI에 관한 저작권,
영업비밀과 부정경쟁행위²⁰⁷

인공지능 응용프로그램은 훈련 및 검증에 데이터세트를 사용하는 기계학습 또는 심층 학습 기술에 의존하기 때문에 데이터의 집합물(이하 "데이터세트"라고 한다.)은 인공지능에 핵심적인 구성요소다.[208] '학습가능한 양질의 데이터세트[209](학습용 데이터세트[210])는 인공지능 기술의 경쟁력을 좌우한다. 즉, 인공지능의 성능은 인공지능 프로그램의 정확성뿐만 아니라 학습용 데이터세트의 내용에 크게 의존한다. 이와 관련하여 원시 데이터(Raw Data)를 인공지능 학습용 데이터세트(Data Sets to Train AI)로 가공하여 제공하는 비즈니스가 점차 활성화되고 있다.[211]

이와 관련하여 인공지능을 학습시키기 위한 텍스트/데이터 마이닝(Text and Data Mining)은 일반적으로 세 단계로 이루어진다. 즉, 이는 콘텐츠에 접근하는 단계(1단계), 콘텐츠를 추출 및/또는 복제하는 단계(2단계), 텍스트 및/또는 데이터의 마이닝 및 지식 발견(3단계)으로 구성된다. 그 가운데 텍스트/데이터 마이닝을 하는 절차 중 특히 제2단계에서 법적 쟁점이 발생할 가능성이 크다.[212]

제1단계에서는 콘텐츠를 자유롭게 이용할 수 있는지 여부에 대하여 판단한다. 만약 콘텐츠의 자유이용이 불가능하다면 이용자는 저작자로부터 이용허락을 받아야 할 수 있다.

제2단계에서는 우선 추출 및/또는 복제할 콘텐츠가 데이터베이스에 포함되어 있는지 여부, 지식재산법 이외의 법률상 제한사유(예: 데이터 보호/프라이버시,[213] 계약 등)의 적용을 받는지 여부를 판단하여야 한다. 추출 및/또는 복제할 콘텐츠가 데이터베이스에 포함되는 경우에는 해당 콘텐츠에 대해 저작권 및/또는 데이터베이스 제작자로서의 권리가 존재할 수 있고, 저작권 및/또는 데이터베이스 제작자로서의 권리가 존재하지 않더라도 일정한 제약(예: '디지털 단일시장에서 저작권에 관한 유럽연합 지침(이하 "저작권지침"이라 한다.)' 제15조상 언론출판업자의 권리 등[214])이 있을 수 있다.[215] 추출 및/또는 복제할 콘텐츠가 데이터베이스에 포함되어 있지 않은 경우에는 해당 콘텐츠에 대해 저작권 및/또는 저작인접권을 존재할 수 있다.

제3단계에서는 대다수의 경우에 관련 텍스트와 데이터를 사전 처리하는 단계(제3-1단계)와 체계화된 데이터를 추출하는 단계(제3-2단계)를 포함한다.[216]

제3-1단계에서는 불필요하거나 원하지 않는 정보(예: 광고)를 제거하고 표, 그림 및 공식을 다루는 단계다. 이 단계에서 XML 양식으로 변환하는 것이 필요할 수도 있다.

제3-2단계는 (i) 문서를 구성 용어로 나누는 분류작업(특정 문자 제거(예: 온점)와 관련하

여 일부 언어(영어, 프랑스어 등)의 경우는 간단하지만 다른 언어(중국어 등)에는 간단하지 않다.),
(ii) 언어 자원을 통한 동의어 식별작업(예: 분류정리(Lemmatization)와 같은 처리), 규칙 기반
접근 방식 [예: 형태소 분석(Stemming)] 또는 학습된 통계접근방식[임베딩(Embedding)], (iii) 텍
스트 변환 (속성 생성), (iv) 등가 그룹의 식별 등으로 구성되어 있다.[217]

    인공지능 학습용 데이터세트를 저작권법상 보호하기 위해서는 선행단계인 전술한 2단
계에서 저작권을 침해하지 아니하여야 할 것이다. 따라서 인공지능 학습용 데이터세트의
저작권법적 보호방안과 관련하여 주로 논의되는 쟁점은 2단계에서 문자 분석 및 데이터 분
석(Text and Data Mining)이 저작재산권 제한사유에 해당하는지 여부다.

    이제 인공지능 학습용 데이터세트와 관련하여 인공지능을 학습시키기 위한 텍스트와
데이터 마이닝에 대한 저작권법적 보호 및 그 제한사유를 살펴보기로 한다. 이 쟁점과 관련
하여 우선 외국의 입법례를 고찰한다. 그런 다음 인공지능 학습용 데이터세트와 관련하여
부정경쟁방지법(영업비밀보호법제 포함)상 쟁점(특히, 일본에서 논의되는 한정제공 데이터에 대
한 부정경쟁방지법상 보호방안을 중심으로)을 고찰한다. 이 단계에서는 학습용 데이터세트 자
체가 부정경쟁방지법상 보호가능한지 여부를 중심으로 살펴본다.

    이러한 비교법적 논의를 바탕으로 우리 법제를 평가하고 건설적인 제언을 하고자 한
다. 특히, 이와 관련하여 인공지능 학습용 데이터세트 자체가 저작권법상 보호받지 못하거
나 인공지능 학습용 데이터세트에 대한 저작권침해 자체를 입증하기 어려운 경우에 특허
법상 보호방안을 살펴보면서 대안을 제시하고자 한다.

Ⅱ   외국의 입법례

1. 미국

가. 저작권법적 보호방안 및 그 제한

(1) 보호방안

    인공지능을 보호하는 하나의 방안으로서 저작권법을 활용할 수 있다. 왜냐하면, 인
공지능 소프트웨어는 저작물성을 가지고 있기 때문이다. Synopsys Inc. v. ATopTech Inc.
사건[218]에서 시놉시스 사는 정적 타이밍 분석(Static Timing Analysis)에 관한 특허를 보유
하고 있었지만 ATopTech가 시놉시스 사의 저작권을 침해한 것에 대하여 3천만 달러 이

상의 배심평결을 확보하기 위하여 전적으로 소프트웨어 저작권에 의존하였다.[219] 저작물성이 있는 자료를 생성할 수 있는 인공지능이 저작권을 취득할 수 있는지 여부는 전혀 다른 쟁점이다.

Naruto v. Slater 사건[220]에서 쟁점은 동물이 저작권 침해에 대해 소를 제기할 수 있는지 여부와 누가 원숭이에 의해 촬영된 사진에 대한 권리를 가지는지 여부였다.[221] 이 사건은 동물이 저작권침해소송사건에서 원고적격을 가지는 법적 근거가 있는지에 대한 법리적 문제에 관한 것이었다.

[나루토와 푸바오]

이 사례는 데이터 중심 기술이 아니라 원숭이에 관한 것이지만 저작권법상 동물이 저작자가 될 수 있도록 규정하지 않았다는 쟁점은 인공지능 기술과 같이 인간이 아닌 것에도 마찬가지로 적용할 수 있다.[222] 이 사건은 특정 주체에는 저작권법이 적용되지 않는다는 점을 강조하였는데, 이는 인공지능 기술에 대한 저작권 쟁점에도 마찬가지로 적용하게 된다.[223]

Naruto v. Slater 사건[224]에서 미국 캘리포니아주 북부지구 소재 연방지방법원은 원숭이가 셀카에 대한 어떠한 권리도 가지지 못한다고 판시한 바 있다. 왜냐하면, 미국 현행 저작권법에 따르면 사람만이 저작권을 가지고 동물은 저작권을 가지지 못하기 때문이다. 이 사건은 동물이나 인공지능이 저작권법상 보호를 받기 위해서는 현행 법률의 개정이 필요하다는 점을 일깨워준다.

최근 미국 저작권청은 Kristina Kashtanova가 집필한 Zarya of the Dawn이라는 만화책의 등록을 취소하였다. 왜냐하면 나중에 Midjourney라는 AI 도구를 통해 만화책의 이미지를 생성하였다는 사실에 밝혀졌기 때문이다. 즉, 미국 저작권청은 인간의 창작물이 아닌 것

에 대해서는 등록을 받아주지 아니한다.[225]

　위의 예들은 인공지능 소프트웨어의 저작물성, 인공지능이 창작자가 될 수 있는지 여부에 대한 쟁점을 다루고 있다. 그렇다면 인공지능 학습용 데이터세트의 저작물성은 인정되는지 여부를 살펴볼 필요가 있다. 창작성이 있는 한, 그 저작물성을 인정하지 아니할 이유가 없다. 다만, 공정이용 항변과 관련하여 아래의 논의사항을 고려할 필요가 있다.

(2) 제한사유

　미국 저작권법 체계는 적어도 EU 저작권 지침이 도입되기 전에는 유럽 법제도에 비해 텍스트/데이터 마이닝 실무에 대해 더 우호적인 태도를 보이는 것으로 간주되었다. 이는 미국 연방저작권법 제107조의 공정이용이 본질적으로 유연한 적용을 전제로 하고 있기 때문이다.

　미국법원은 공정이용의 관점에서 이용허락을 받지 않고 텍스트/데이터 마이닝하는 행위의 적법성에 대하여 명시적으로 판시한 바 없다. 이러한 측면에서 텍스트/데이터 마이닝의 규율은 미국에서 다소 회색지대에 놓여 있다고 평가할 수 있다.[226] 하지만 Google Book Library Project에 대한 장기간의 소송에서 제2순회구 연방항소법원은 수 세기에 걸쳐 단어와 문구의 사용 빈도에 관한 통계정보를 인터넷 이용자에게 제공하기 위하여 Google Library Project 말뭉치(Corpus)를 사용함으로써 구글 검색 엔진이 텍스트 마이닝 및 데이터 마이닝으로 알려진 새로운 형태의 연구를 가능하게 한다는 사실을 인정하였다. 이는 피고 활동이 보호받는 콘텐츠의 공정이용에 해당한다는 사실인정과 관련 있는 것으로 보았다.[227]

　게다가 저작물의 보호받는 외적인 표현 부분의 재이용을 궁극적으로 초래하지 아니하는 부수적이거나 중간적인 복제의 행위는 침해로 간주되지 아니한다는 점을 시사하는 미국 판례도 있다.[228] 이와 관련하여 텍스트/데이터 마이닝 행위는 저작물의 보호받지 못하는 부분에 접근하여 이용하기에 이르는 부수적이거나 중간적 복제행위로 간주되어야 한다고 주장하는 견해가 있다.[229]

나. 영업비밀의 보호방안

　모든 출원발명이 특허발명으로 되는 것은 아니다. 더욱이, 발명을 부적절하게 공개할 위험을 줄이는 데 초점을 둔 특허출원의 경우, 비록 특허등록이 되더라도 가치 있는 영업비밀을 불필요하게 공개할 수도 있다. 특허출원이 공개되는 경우, 이 특허출원은 해당 출원에 포함된 모든 선행기술을 공중(경쟁업자 포함)에게 공개하게 된다. 출원공개된 부분이 청구항에 의하여 보호되지 않거나 청구항이 특허등록되지 않는다면 발명자는 아무런 대가 없이 잠재적으로 가치 있는 연구성과를 경쟁업체에 공개하게 될 것이다.

특히 특허권에는 속지주의가 적용되는 관계로 출원공개 이후 외국의 경쟁업체에 출원공개된 출원발명을 탈취당할 위험도 존재한다. 그렇기에 인공지능 학습용 데이터세트 발명을 영업비밀로 보호하는 실무관행은 출원공개의 필요성을 회피하는 데 있어 장점을 발휘한다. 사실상 비공지성이 확보되는 한도 내에서만 해당 인공지능 기술이 영업비밀로 보호된다. 그 결과, 영업비밀 보호기간은 특허권 존속기간보다 길 수 있다. 또한, 영업비밀은 정부의 특허부여절차가 불필요하다. 다만, 특허권에 의한 보호와는 달리 독자적으로 영업비밀에 관한 기술을 개발하였거나 공유 영역에 있는 제품으로부터 역분석하여 영업비밀을 알게 된 경쟁업체에 대하여서는 영업비밀 침해책임을 물을 수 없다.[230]

영업비밀보호는 특히 급속하게 발전하고 변화하는 인공지능 학습용 데이터세트 발명에 적합할 수 있다. 발명자가 인공지능 학습용 데이터세트 관련 발명을 보호하기 위하여 영업비밀에 의존하는 경우에 발명자는 발명에 대하여 특허출원할 것인지 여부를 판단하거나 미국 연방특허상표청에 제출된 것의 지속적인 평가를 다룰 필요가 없다. 또한, 발명자는 선행발명의 출원에 따라 새로운 발명이 포섭되는지 여부 또는 추가적 출원이나 추가적 청구항이 필요한지 여부를 걱정할 필요도 없다.[231]

2. 유럽연합

가. 저작권법적 보호방안

(1) 보호방안

저작권은 프로그래머가 작성한 원시 코드, 데이터베이스 구조, 데이터 수집 및 인공지능에 사용될 데이터 모델과 같은 인공지능 보호를 위한 다양한 선택지를 제공한다.

(2) 제한사유

(가) 영국

유럽에서 텍스트/데이터 마이닝과 관련하여 비상업적 연구를 위한 텍스트/데이터 분석을 저작재산권 제한사유로 허용하는 입법을 한 최초의 국가는 영국이다.[232] 다만, 1988년

저작권, 디자인 및 특허법 제29A조[233](이하 "영국 저작권법"이라 한다.)를 적용한 법원의 선례가 없다. 하지만 이 항변은 비상업적 목적으로 연구만을 위해 컴퓨터에 의하여 특정 저작물에 기록된 것을 분석하기로 한 경우에 해당 저작물의 복제에 한정되지만, 이 예외사유의 수혜자는 쟁점이 된 저작물에 대하여 적법하게 접근하는 자라는 점에 유의하여야 한다.

더욱이 계약에서 달리 정하면 이 예외사유를 적용하지 않을 수 있다. 즉, 이 조문은 임의규정이다. 정보사회화 지침[234] 제5조 제3항 제a호에 의한 체계하에서 영국법에 이러한 예외사유를 도입할 당시에 영국 정부는 이 항변이 과학적 연구의 목적으로 한정되어야 하고 비상업적인 성격인 한 허용되어야 한다고 생각하였다. 따라서 이 조문은 정보사회 저작권지침 제5조 제3항 제a호의 법문에 따라 해석할 필요가 있다.[235]

(나) 유럽연합의 저작권지침

최근에 저작권지침[236]의 맥락에서 유럽연합은 텍스트/데이터 마이닝에 대한 두 개의 예외사유에 해당하는 강행규정을 도입하였다. 우선 저작권지침 제3조는 "제3조(과학적 연구 목적의 텍스트/데이터 마이닝)

(1) 회원국은 연구기관과 문화유산기관이 과학적 연구 목적으로 그들이 합법적인 접근 권한을 가지는 저작물이나 그 밖의 보호대상을 텍스트/데이터 마이닝을 수행하기 위해 복제하고 추출하는 것에 대해 데이터베이스 보호 지침 제5조(a)와 제7조 제1항, 정보사회저작권지침 제2조 및 이 지침 제15조 제1항에 규정된 권리에 대한 예외를 규정하여야 한다.

(2) 제1항에 따라 만들어진 저작물이나 그 밖의 보호대상의 복제물은 적절한 보안수준으로 저장하여야 하고, 연구결과의 검증 등 과학적 연구 목적을 위해 보관할 수 있다.

(3) 권리자들은 저작물이나 그 밖의 보호대상이 호스팅 되는 네트워크와 데이터베이스의 보안과 무결성을 보장하기 위한 조치를 적용하는 것이 허용되어야 한다. 그러한 조치는 그 목적을 달성하는 데에 필요한 수준을 넘어서는 아니 된다.

(4) 회원국은 권리자, 연구기관 그리고 문화유산기관이 제2항과 제3항에 각각 언급된 의무와 조치의 적용에 관하여 통상적으로 합의된 최적 관행을 정의하도록 권장하여야 한다."라고 규정하고 있다.

아울러 저작권지침 제4조는 "제4조(텍스트/데이터 마이닝을 위한 예외와 제한)

(1) 회원국은 텍스트/데이터 마이닝을 목적으로 적법하게 접근할 수 있는 저작물과 그

밖의 보호대상의 복제와 추출을 위해 데이터베이스 지침 제5조(a)와 제7조 제1항, 정보사회저작권지침 제2조, 컴퓨터 프로그램지침 제4조 제1항(a)와 (b) 그리고 이 지침 제15조 제1항에 규정된 권리에 대한 예외와 제한을 규정하여야 한다.

(2) 제1항에 따라 만들어진 복제물과 추출물은 텍스트/데이터 마이닝 목적으로 필요한 한 보관할 수 있다.

(3) 제1항에 규정된 예외와 제한은 콘텐츠가 온라인으로 공중에게 이용 제공되는 경우에는 기계가 읽을 수 있는 수단 등과 같은 적절한 방법으로 권리자가 제1항에 언급된 저작물과 그 밖의 보호 대상의 이용을 명시적으로 유보하지 않았다는 것을 조건으로 적용되어야 한다.

(4) 이 조항은 이 지침 제3조의 적용에 영향을 미쳐서는 안 된다."라고 규정하고 있다.

저작권지침 제4조가 적용되기 위해서는 대상에 적법하게 접근할 수 있어야 하고 권리자가 텍스트/데이터 마이닝 목적으로 한 복제 및 추출을 하는 권리를 적절한 수단을 통해 유보하지 아니하여야 한다. 저작권지침 제4조에 대한 해설(recital) 18에 따르면, "온라인상 공중이 이용할 수 있는 콘텐츠의 경우에는 메타데이터, 웹사이트 또는 서비스의 내용과 조건을 비롯한 기계가 읽을 수 있는 수단을 이용하여 이러한 권리를 유보하는 것만 적절한 것으로 간주한다.

텍스트와 데이터 마이닝을 목적으로 한 권리의 유보는 기계가 읽을 수 있는 수단 이외의 수단을 통한 이용에 영향을 주지 아니한다. 그 밖의 사례에서는 계약 또는 단독행위와 같은 다른 수단에 의해 권리를 유보하는 것이 적절할 수 있다. 권리자는 이와 관련하여 권리유보가 존중받도록 보장하는 조치를 취할 수 있어야 한다."라고 설명하고 있다.

나. 영업비밀 보호방안

EU 전역에서 각 회원국의 영업비밀 보호 법제를 통일적으로 조율하기 위하여 유럽연합 영업비밀 지침(Directive EU 2016/943)이[237] 제정되었다. 이 지침에 따르면, 영업비밀 보유자는 영업비밀의 불법 취득 및 사용으로부터 보호받을 수 있고, 영업비밀 침해사건에서 손해배상을 청구할 수 있다. 영업비밀은 광범위한 지식재산 보호범위를 제공할 수 있다. 이 지침을 준수하려면 보유자는 내부의 영업비밀 정책과 노하우를 보호하기 위한 적절한 조치를 구현해야 한다. 소송이 발생할 경우 노하우를 보유하고 있음을 입증하기 위해 관련 기술정보를 문서화해야 한다.[238]

3. 일본

가. 저작권법적 보호방안

학습된 모델 생성을 위해서는 대량의 원시 데이터와 원시 데이터를 기초로 생성된 학습 데이터세트가 필요한데, 이 경우 저작물인 원시 데이터(텍스트, 사진, 이미지, 동영상 등)를 이용하는 예도 많다.[239] 일본 저작권법상 저작물은 저작권자의 허락 없이 이용(다운로드 또는 변경 등)하는 것은 불가능하다.

나. 제한사유

사실 일본의 2019년 개정 이전의 저작권법 제47조의7에 따라 인공지능 개발 목적이라면 일정 한도에서 저작권자의 허락 없이 저작물을 이용할 수 있었다.[240] 2019년 개정 이전의 일본 저작권법 제47조의7(정보분석을 위한 복제 등)에서는 "저작물은 전자계산기에 의한 정보분석(다수의 저작물, 그 밖의 정보로부터 해당 정보를 구성하는 언어, 음, 영상 그 밖의 요소에 관한 정보를 추출, 비교, 분류 그 밖의 통계적인 분석하는 것을 말한다. 이하 이 조문에서는 같다.)을 행하는 것을 목적으로 하는 경우에는 필요하다고 인정되는 한도에서 기록매체에의 기록 또는 번안(이것에 의하여 창작한 2차적저작물의 기록을 포함한다.)을 할 수 있다.

다만 정보 분석을 하는 자의 용도에 제공하기 위하여 작성된 데이터베이스의 저작물에 대해서는 그러하지 아니하다."라고 규정하고 있었다. 이 조문에도 한계는 존재하였다. 데이터 수집, 데이터 처리, 기계학습, 심층학습이라는 것은 구체적으로는 데이터의 복제물, 정형 데이터, 데이터세트를 이용한 기계학습과 심층학습인데, 이러한 행위는 '복제'나 '번안'에 해당하기 때문에 저작권자의 동의 없이는 원칙적으로 저작권 침해가 되었다.[241]

2019년 1월 1일 일본의 개정 저작권법[242]이 시행되었다.[243] 이 개정 저작권법[244]이 시행되면서 종전의 제47조의7이 폐지되고 새로운 조문인 제30조의4와 제47조의5가 효력을 발생하게 되었다.[245] 이에 따라 인공지능 개발을 위해 가능한 행위가 더 확대되어 인공지능 개발이 가속화될 것으로 예상하고 있다.[246]

일본의 현행 저작권법 제30조의4(저작물에 표현된 사상 또는 감정의 향유를 목적으로 하지 않는 이용)에서는 "저작물은 다음에 열거한 경우에 저작물에 표현된 사상 또는 감정을 스스로 향수하거나 타인에게 향수하도록 하는 것을 목적으로 하지 않는 때에는 필요하다고 인정되는 한도에서 어떤 방법이든지 불문하고 사용할 수 있다. 다만, 해당 저작물의 종류 및 용도 및 해당 이용 양태에 비추어 저작권자의 이익을 부당하게 침해하게 되는 경우에는 그러하지 아니하다.

1. 저작물의 녹음, 녹화 기타 이용에 관한 기술의 개발 또는 실용화를 위한 시험의 용도로 제공하는 경우

2. 정보분석(다수의 저작물, 그 밖에 대량의 정보에서 해당 정보를 구성하는 언어, 음, 영상 그 밖의 요소에 관한 정보를 추출, 비교, 분류, 그 밖의 분석을 실시하는 것을 말한다. 제47조의5 제1항 제2호에서 같다.)의 용도로 제공하는 경우

3. 제1호와 제2호의 경우 이외에 저작물의 표현에 대한 사람의 지각에 의한 인식을 수반하지 않고 저작물을 전자계산기에 의하여 정보처리과정에서 이용, 그 밖의 이용(프로그램저작물에 있어서는 저작물의 전자계산기의 실행을 제외한다)에 제공하는 경우"라고 규정하고 있다.

제47조의5(전자계산기에 의한 정보처리 및 그 결과의 제공에 수반되는 경미한 이용 등)에서는 "① 전자계산기를 이용한 정보처리에 의해 새로운 지식이나 정보를 창출하는 것에 의하여 저작물의 이용의 촉진에 이바지하는 다음 각 호의 행위를 하는 자(해당행위의 일부를 행하는 자를 포함하며, 해당행위를 시행령에서 정하는 기준에 따라 실시하는 자에 한한다.)는 공중에게 제공 또는 제시(송신가능화를 포함한다. 이하 이 조에서 같다.)가 행해진 저작물(이하 이 조 및 제47조의6 제2항 제2호에서 "공중제공제시 저작물"이라 한다.)(공표된 저작물 또는 송신가능화된 저작물에 한한다.)에 대해 해당 각 호에 열거된 행위의 목적상 필요하다고 인정되는 한도에서 해당행위에 부수하여 어떠한 방법이든지 불문하고 이용(해당 공중제공제시 저작물 중 그 이용에 제공되는 부분이 차지하는 비율, 그 이용에 제공되는 부분의 금액, 그 이용에 제공될 때 표시의 정확성, 그 밖의 요소에 비추어 사소한 것에 한한다. 이하 이 조에서 "경미한 이용"이라 한다.)을 할 수 있다.[247]

다만, 해당 공중제공제시 저작물을 공중에게 제공 또는 제시하는 것이 저작권을 침해한다는 것(국외에서 행해진 공중에의 제공 또는 제시에 있어서는 국내에서 행해졌다고 했다면 저작권 침해가 되어야 할 것)을 알면서 해당 경미한 이용을 행한 경우, 그 밖에 해당 공중제공제시 저작물의 종류 및 용도 및 해당 경미한 이용의 양태에 비추어 저작권자의 이익을 부당하게 침해하게 되는 경우에는 그러하지 아니하다.

1. 전자계산기를 이용하여 검색을 통해 원하는 정보(이하 이 호에서 "검색정보"라 한다.)가 기록된 저작물의 제호 또는 저작자명, 송신가능화된 검색정보에 관한 송신원 식별부호(자동공중송신의 송신원을 식별하는 글자, 숫자, 기호 기타의 부호를 말한다), 그 밖의 검

색정보의 특정 또는 소재에 대한 정보를 검색하는 것과 그 결과를 제공하는 것

2. 전자계산기에 의한 정보분석을 실시하는 것과 그 결과를 제공하는 것

3. 제1호와 제2호에서 열거한 것 이외에 전자계산기에 의하여 정보처리하여 새로운 지식이나 정보를 창출하고, 그 결과를 제공하는 행위로서 국민생활의 편의성 향상에 기여할 것으로 정령으로 정하는 것

② 제1항 각 호의 행위를 준비하는 자(해당 행위의 준비를 위한 정보의 수집, 정리 및 제공을 정령으로 정하는 기준에 따라 행하는 자에 한한다.)는 공중제공제시 저작물에 대하여 이 항의 규정에 의한 경미한 이용의 준비를 위해 필요하다고 인정되는 한도에서 복제 또는 공중송신(자동공 송신의 경우에 있어서는 송신가능화를 포함한다. 이하 이 항 및 제47조의6 제2항 제2호에서 같다.)을 행하거나 또는 그 복제물에 의한 배포를 행할 수 있다. 다만, 해당 공중제공제시 저작물의 종류 및 용도 및 해당 복제 또는 배포의 부수 및 해당 복제, 공중송신 또는 배포의 양태에 비추어 저작권자의 이익을 부당하게 침해하게 되는 경우에는 그러하지 아니하다." 라고 규정하고 있다.

Ⅲ   우리나라

1. 우리나라 저작권법 개정안의 검토

2020년 12월 발의할 예정인 우리나라 저작권법 개정안[248] 제35조의5는 "제35조의5(정보분석을 위한 복제 전송) ① 컴퓨터를 이용한 자동화 분석기술을 통해 다수의 저작물을 포함한 대량의 정보를 해석(패턴, 트렌드, 상관관계 등의 정보를 추출하는 것)함으로써 추가적인 정보 또는 가치를 생성하기 위하여 다음 각 호의 요건을 갖춘 경우에는 필요한 한도 안에서 저작물을 복제 전송할 수 있다.

1. 그 저작물에 대하여 적법하게 접근할 수 있는 경우일 것

2. 그 저작물에 표현된 사상이나 감정을 스스로 체감하거나 다른 사람에게 체감하게 하는 것을 목적으로 하는 경우가 아닐 것

② 제1항에 따라 만들어진 복제물은 정보분석을 위해 필요한 한도 안에서 보관할 수 있다."라고 규정하고 있다. 이 저작권법 개정안 제35조의5는 저작권지침 제4조와 일본 저작권법 제30조의4를 참고한 것으로 판단된다.[249]

저작권지침 제4조가 적용되기 위해서는 대상에 적법하게 접근할 수 있어야 하고 권리자가 텍스트/데이터 마이닝 목적으로 한 복제 및 추출을 하는 권리를 유보하지 아니하여야 한다.

그런데, 인공지능의 경우 콘텐츠를 온라인으로 이용하는 경우가 대부분일 것이라는 것을 전제할 때, 우리나라 저작권법 개정안 제35조의5는 권리유보를 위한 적절한 수단에 대해 규정하지 않고 있다는 점을 지적한다. 참고로 저작권지침 제4조 제3항에 따르면, 콘텐츠가 온라인으로 공중에게 이용 제공되는 경우에는 기계가 읽을 수 있는 수단 등과 같은 적절한 방법으로 명시적으로 권리를 유보하지 아니하여야 한다고 규정하고 있다.

우리나라 저작권법 제35조의5 제1항 제1호에 따른 '그 저작물에 대하여 적법하게 접근할 수 있는 경우일 것'이라는 요건은 인공지능 학습용 데이터세트 생성을 위한 원시 데이터의 저작자의 권리와 인공지능 학습용 데이터세트 생성을 하는 인공지능 학습용 데이터세트 개발자 사이의 이해관계를 조율하는데 중요한 역할을 수행할 것으로 예상된다. 이 경우에 원시 데이터의 저작자가 자신의 권리를 어떻게 유보할 수 있는지에 대해 관심이 많을 것으로 판단됨에도 불구하고 이에 대한 구체적인 조문이 없다는 것은 우려된다.

저작권지침 제3조와 제4조를 살펴보면, 정보분석을 위해 필요한 한도 안에서 보관하는 경우에도 기술적 보호조치가 필요함을 알 수 있다. 우리나라 저작권법 개정안 제35조의5 제2항과 관련하여 이에 대한 조문을 추가할 필요가 있다.

우리나라 저작권법 개정안 제35조의5 제1항에서는 "필요한 한도 안에서 저작물을 복제·전송할 수 있다."라고 규정하여 저작물의 이용형태를 '복제'와 '전송'으로 제한하고 있다. 일본 저작권법 제30조의4에서는 이용형태를 제한하지 않고 있다. AI 학습용 데이터세트 생성과 관련하여 저작물의 이용형태를 제한할 필요는 없다고 생각한다.

우리나라 저작권법 개정안 제35조의5 제1항에서 '추가적인 정보 또는 가치를 생성하기 위하여'란 표현은 모호하다.[250] 이와 관련된 소송에서 피고가 이를 증명하고자 하는 경우에 법원이 어떻게 판단할 것인지에 대해 우려되는 바가 있다.

그 밖에 우리나라 저작권법 개정안 제35조의5와 관련하여 "컴퓨터에 의한 자동화된 분석툴을 이용하는 경우로 한정하고 있으나, 컴퓨터라는 기기 장치가 정의된 바 없기 때문에 컴퓨터 등의 자동화기기라는 표현이 합리적"이라는 의견,[251] "다수의 저작물을 포함한 대량의 정보를 해석(패턴, 트렌드, 상관관계 등의 정보를 추출)함으로써"라는 문언을 "대량의 정보를 해석 등"으로 수정할 것을 제안한 견해 등[252] 다양한 견해가 피력되었다.

2022년 10월 31일 이용호 의원 대표발의안[253] 제35조의5(정보분석을 위한 복제·전송 등)에서는 "① 컴퓨터를 이용한 자동화 분석 기술을 통하여 추가적인 정보 또는 가치를 생성하기 위한 목적으로 다수의 저작물을 포함한 대량의 정보를 분석(규칙, 구조, 경향 및 상관관계 등의 정보를 추출하는 경우를 말한다. 이하 이 조에서 "정보분석"이라 한다.)하는 것으로 다음 각 호의 요건을 모두 충족하는 경우에는 필요한 범위 안에서 저작물을 복제·전송할 수 있다.

    1. 저작물에 표현된 사상이나 감정을 향유하지 아니할 것

    2. 정보분석의 대상이 되는 해당 저작물에 적법하게 접근할 것

② 제1항에 따라 저작물을 복제하는 자는 정보분석을 위하여 필요한 한도 안에서 복제물을 보관할 수 있다. 이 경우 저작권 및 그 밖에 이 법에 따라 보호되는 권리의 침해를 방지하기 위하여 복제방지조치 등 대통령령으로 정하는 필요한 조치를 하여야 한다.

③ 정보분석의 결과물에 대하여 다음 각 호의 어느 하나에 해당하는 목적으로 적법하게 접근하는 경우에는 「부정경쟁방지 및 영업비밀보호에 관한 법률」, 「데이터 산업 진흥 및 이용촉진에 관한 기본법」, 「산업 디지털 전환 촉진법」 및 그 밖의 데이터 보호에 관한 다른 법률의 규정에도 불구하고 해당 결과물을 이용할 수 있다. 다만, 정보분석을 위하여 정당한 권리자로부터 저작물의 복제·전송에 대한 이용의 허락을 받은 경우에는 그러하지 아니하다.

    1. 교육·조사·연구 등 비상업적 목적

    2. 저작물의 창작 목적"이라고 규정하고 있다.

이 안에서는 2020년 개정 저작권법 개정안에 비해 복제물 보관시 기술적 보호조치를 규정하고 있고 아울러 AI 생성물에 대해 이용 가능 범위를 규정하고 있다.

2. 우리 저작권법상 보호와 그 한계

창작성이 있는 데이터세트는 창작성이 있는 저작물과 마찬가지로 저작권법에 의하여 보호된다. 또한 AI 학습용 데이터세트의 구성, 선택 또는 배열에 창작성이 있다면 편집저작물로서 보호받을 수 있다. 편집물이 저작물성 있는 지적 창작물에 해당하여 편집저작물로서 저작권 보호를 받게 되더라도 그 저작권 보호는 편집저작물에 포함된 데이터 자체에는 미치지 아니한다.[254]

이와 관련하여 데이터세트의 구성, 선택 또는 배열에 창작성이 없다면 편집저작물로 보호받을 수 없을 뿐만 아니라 특허법과는 달리 출원공개가 요건이 아니므로 실제로는 편집저작물과 침해 저작물 사이의 의거관계와 실질적 유사성을 입증하는 것이 용이하지 않을 것이다. 또한, 인공지능 학습용 데이터세트의 전 세계적 이동성을 감안하면 국내에서 소를 제기하는 것도 용이하지 않을 수 있다.

그리고 데이터베이스를 편집하는데 든 투자의 보호를 위하여 데이터베이스제작자의 권리를 보호하는 국가도 존재한다.[255] 우리나라도 이에 속한다. "데이터베이스제작자"는 데이터베이스의 제작 또는 그 소재의 갱신·검증 또는 보충(이하 "갱신 등"이라 한다.)에 인적 또는 물적으로 상당한 투자를 한 자를 말한다.[256] 데이터베이스제작자는 그의 데이터베이스의 전부 또는 상당한 부분을 복제·배포·방송 또는 전송(이하 이 조에서 "복제 등"이라 한다.)할 권리를 가진다.[257]

데이터베이스의 개별 소재는 제1항의 규정에 따른 당해 데이터베이스의 상당한 부분으로 간주되지 아니한다. 다만, 데이터베이스의 개별 소재 또는 그 상당한 부분에 이르지 못하는 부분의 복제등이라 하더라도 반복적이거나 특정한 목적을 위하여 체계적으로 함으로써 당해 데이터베이스의 통상적인 이용과 충돌하거나 데이터베이스제작자의 이익을 부당하게 해치는 경우에는 당해 데이터베이스의 상당한 부분의 복제등으로 본다.[258] 그리고 데이터베이스제작자의 권리제한이 적용된다.[259] 데이터베이스제작자의 권리는 데이터베이스의 제작을 완료한 때부터 발생하며, 그 다음 해부터 기산하여 5년간 존속한다.[260]

데이터베이스의 갱신 등을 위하여 인적 또는 물적으로 상당한 투자가 이루어진 경우에 당해 부분에 대한 데이터베이스제작자의 권리는 그 갱신 등을 한 때부터 발생하며, 그 다음 해부터 기산하여 5년간 존속한다.[261] 따라서 인공지능 학습용 데이터 세트를 저작권법상 데이터베이스제작자의 권리로서 보호하기 위해서는 침해성립요건, 권리제한, 보호기간 등 여러 제약이 존재한다.

그리고 원시 데이터의 저작자와의 관계에서 우리나라 저작권법 개정안 제35조의5 제1항 제1호에서 규정하고 있는 '그 저작물에 대하여 적법하게 접근할 수 있는 경우일 것'이라는 요건을 충족하지 못하는 경우에는 인공지능 학습용 데이터세트를 적법하게 생성하는데 어려움에 직면할 수도 있다.

3. AI 생성물은 저작권법상 보호를 받는가?

유럽사법재판소는 AI 생성물에 저작물성을 인정하기 위한 네 가지 기준을 제시한다. 우리 저작권법 해석에 도움이 될 것으로 기대된다.

AI 생성물이 (i) 문학적, 학술적 또는 예술적 범위 내에서 산출된 것이고, (ii) 인간의 지적 노력의 산물이며, (iii) 성과물에 표현되는 (iv) 창작적인 선택의 결과이어야 한다. 이 가운데 핵심적인 요건은 AI 생성물이 성과물에 표현되는 인간의 창작적인 선택의 결과인지 여부다.[262] Eva-Maria Painer. v. Standard VerlagsGmbH and Others 사건[263]에서 유럽사법재판소가 내린 판시사항에 부합하도록 AI 지원 생성물에서 창작과정을 세 가지 반복 단계-'착상'(설계 및 구체화), '실행'(초안 제작), '교정'(편집 및 마무리)으로 구분할 수 있다.

AI 시스템은 실행 단계에서 주요한 역할을 수행하지만, 착상 단계에서 인간 저작자의 역할은 종종 본질적으로 남아 있다. 더욱이, 다수의 경우에 인간은 또는 교정 단계를 담당할 것이다. 구체적인 사안의 사실관계에 따라 이것은 인간이 충분한 창작적 선택을 하는 것을 허용할 것이다. 이러한 선택이 최종적인 AI 지원 생성물에 표현된다면 그 성과물은 저작물성을 가진다. 반대로 창작적인 선택을 행사하는 사람에 의하여 AI 생성물이 착상되거나 교정되지 않은 채로 AI 시스템이 자동적으로 콘텐츠를 실행하도록 프로그래밍되어 있다면 해당 AI 생성물은 저작물성이 없다.

저작자의 지위와 저작권의 귀속에 대한 각국의 국내법규가 상이함에 따라 저작자의 지위는 AI 생성물에 창작적으로 기여한 자에게 부여될 개연성이 높다. 다수의 경우에 구체적인 AI 생성물에 대한 개발자와 이용자 사이의 협력이 공동저작을 정당화하지 아니하는 한 AI 생성물의 창작자는 AI 시스템의 개발자가 아니라 AI 이용자일 것이다.[264]

4. AI와 실연자의 권리

2022년 2월 28일 국내 온라인 동영상 서비스(OTT) 티빙이 공개한 '얼라이브' 1회에선 이미 사망한 임윤택이 디지털 기술로 되살아나 무대에 올랐다. 음성 AI를 만든 업체인 슈퍼톤이 임윤택의 목소리를 복원해 냈고, 건강하던 당시의 모습은 버츄얼유튜버 루이를 만든 디오비스튜디오가 재현해 냈다.

[울랄라세션 / 그리운 임윤택을 되살리다]

울랄라세션이 일체가 되어 이승철과 '서쪽 하늘'을 가창하였다. 그리고 가상인간 '오로지'는 유튜버 등에서 맹활약하고 있다. 사망한 실연자의 음성을 복원하거나 가상인간 가수의 음성을 구현할 때 여러 실연자의 음성을 합성하는 경우에 실연자의 권리 침해 문제가 발생할 수 있다.[265]

5. 우리 부정경쟁방지법상 보호방안과 그 한계

인공지능 학습용 데이터세트의 무단 배포 내지 무단 송신을 부정경쟁방지법 제2조 제1호 파목 및 영업비밀침해행위로 규율하는 데 한계가 있음을 지적한 바 있다. 아래에서는 부정경쟁방지법 제2조 제1호 카목의 데이터 부정사용행위를 중심으로 설명한다.

6. 부정경쟁방지법 제2조 제1호 카목의 데이터의 부정사용행위 판단기준[266]

가. 서론

4차산업혁명, 인공지능 등 디지털시대의 근간인 빅데이터의 중요성이 점차 커지고 있고, 빅데이터를 활용해 경제적 부가가치를 창출하는 사례가 증가하고 있다. 하지만, 데이터를 부정한 수단으로 취득해서 부당하게 이익을 얻거나 데이터 보유자에게 손해를 끼치는 행위에 대한 제재는 미흡한 실정이다.

이에 2021년 12월 7일 개정되어 2022년 4월 20일 시행된 부정경쟁방지 및 영업비밀 보호에 관한 법률[267]은 제2조 제1호 카목의 데이터 부정사용행위를 새로운 부정경쟁행위로 신설하였다. 2021년 부정경쟁방지법 개정 이전의 법에 따른 데이터 보호 체계상, '비공개된 데이터'는 부정경쟁방지법에 따라 영업비밀로서 보호받을 수 있고, 공개된 데이터 중 소재가 체계적으로 배열·구성되어 있는 '정형데이터'는 저작권법에 따라 편집저작물 또는 데이터베이스로서 보호받을 수 있다.

하지만, 대다수의 데이터는 소재가 체계적으로 배열·구성되어 있지 않은 '비정형 데이터'로 존재함에도 이를 보호할 수 있는 법적 기반이 마련되어 있지 않은 상황이었다. 이는 양질의 데이터가 원활하게 이용·유통되는 것을 저해하는 주요 원인으로 지적되어 왔다.[268]

물론 대법원은 타인이 영업 목적으로 공개한 데이터를 무단으로 수집하여 제3자와 거래하거나, 상업적 목적으로 활용한 행위에 대해서 이 법의 보충적 일반조항[구 부정경쟁방지법 제2조 제1호 카목(개정 부정경쟁방지법 제2조 제1호 파목)]을 근거로 '부정경쟁행위'로 판결한 바 있다.[269] 그러나 이는 장래 발생할 수 있는 다양한 형태의 데이터 무단 수집·이용·유통 행위를 적절히 제재하기에는 한계가 있다.

따라서 2021년 개정 부정경쟁방지법 제2조 제1호 카목은 '데이터의 부정사용행위'를 명확하게 규정하여 부정경쟁행위와 마찬가지로 행위규제방식을 취함으로써 다양한 형태의 부정사용행위로부터 데이터를 안정적으로 보호하기 위함이다. 이와 관련하여 2021년 개정 부정경쟁방지법은 사회 통념상 시장실패를 야기하는 부정한 '행위' 유형에 대하여 최소한의 범위에서 규제하기 위하여 특정 주체에게만 데이터에 독점·배타적인 권리를 부여하는 방식이 아니라 데이터의 부정사용행위에 대하여 행위규제방식을 취하고 있다.

다시 말하면, ① 데이터 자체가 「민법」상 물건에 해당한다고 볼 수 없어 민법상 소유권이 인정되기 어려운 점,[270] ② 통상 데이터의 수집·유통·통합 과정에서 다수의 주체가 동시에 관여하게 되는 점,[271] ③ 데이터 내에 개인정보나 저작물이 포함될 경우 「개인정보 보호법」 및 「저작권법」에 따른 권리와 충돌하여 오히려 데이터의 자유로운 이용·유통을 저해할 수 있는 점, ④ 현행법으로도 데이터에 대한 실질적인 보호가 가능하다는 지적이 있을 수 있으나, 보충적 일반조항의 해석 여하에 따라 보호의 폭이 좁을 수 있는 점 등[272]을 고려한 것이다.

이 책은 2021년 개정된 부정경쟁방지법에 새로 신설된 데이터의 부정사용행위의 판단 기준을 제시하는 것을 그 내용으로 한다. 이를 위해 다음의 순서로 개정 부정경쟁방지법 제

2조 제1호 카목의 데이터 부정사용행위를 고찰한다. 그렇게 함으로써 다양한 민사적 구제책, 형사적 제재책 및 행정적 규제책을 위한 데이터의 부정사용행위의 판단기준을 제시하고자 한다.

첫째, 부정경쟁방지법상 데이터의 부정사용행위에 관한 신설조항을 본격적으로 분석한다. 이를 위해 이 조문을 입법하기 위하여 참조[273]한 일본 부정경쟁방지법상 한정제공데이터의 보호에 관한 규정[274]과 이에 관한 지침[275]을 필요한 범위 내에서 함께 고찰한다.[276]

나. 제공대상 한정 데이터의 부정사용행위의 판단기준

(1) 제공대상 한정 데이터 부정사용행위의 성립요건

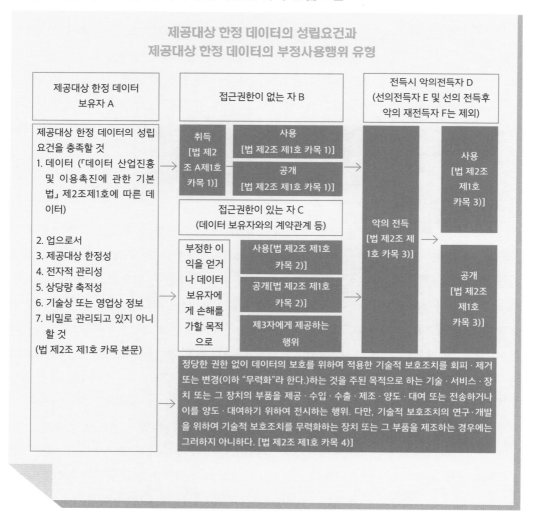

(2) 제공대상 한정 데이터[277]일 것

(가) 데이터 「산업진흥 및 이용촉진에 관한 기본법」 제2조 제1호에 따른 데이터일 것

부정경쟁방지법 개정과정에서 법문의 표현만으로는 보호대상이 되는 데이터의 개념을 명확히 이해하기 곤란한 측면이 있으므로, 이를 보다 구체화하거나 이에 대한 가이드라인이 마련·제공될 필요가 있어 보인다는 검토의견이 제시되었다.[278]

또한, 부정경쟁방지법안(김경만 대표발의안)은 "데이터"라는 포괄적 용어를 사용하였는데, 다수의 법률에서 "데이터"라는 동일 용어를 사용하면서 그 정의를 달리 규정할 경우 수범자에게 혼란을 줄 소지가 있으므로, 이 법에서 보호하는 데이터의 성격에 부합하는 다른 용어를 사용하거나 「데이터 기본법(안)」에 따른 "데이터"의 정의를 인용하여 규정하는 방안[279]을 검토해 볼 필요가 있다는 검토의견이 제시되었다.[280]

이러한 검토의견을 반영하여 개정 부정경쟁방지법 제2조 제1호 카목 본문에서는 데이터의 범주를 「데이터 산업진흥 및 이용촉진에 관한 기본법」(이하 "데이터산업법"이라 한다.) 제2조 제1호에 따른 데이터로 명확히 하였다. 데이터산업법 제2조 제1호에 따르면, "데이터"란 다양한 부가가치 창출을 위하여 관찰, 실험, 조사, 수집 등으로 취득하거나 정보시스템 및 「소프트웨어 진흥법」 제2조 제1호에 따른 소프트웨어 등을 통하여 생성된 것으로서 광(光) 또는 전자적 방식으로 처리될 수 있는 자료 또는 정보를 말한다.

(나) 업(業)으로서

「업으로서」란 어느 사람의 행위가 사회 통념상 사업의 수행·일환으로서 행해지고 있다고 할 수 있는 정도의 경우를 말한다. 반복·계속적으로 행해지는 사업의 일환으로 데이터를 제공하고 있는 경우 또는 아직 실제로는 제공하고 있지 않은 경우라도 데이터 보유자에게 그러한 사업의 일환으로 데이터를 제공한다는 의사가 인정되는 것이라면 본 요건에 해당한다. 사업으로서 제공하고 있는 경우에는 기본적으로는 본 요건에 해당하는 것이라 할 수 있고, 본 요건을 충족하기 위하여 특정의 데이터를 반복·계속적으로 제공해야 한다는 것을 요구하는 것은 아니다.

무상으로 제공하는 경우나 개인이 제공하는 경우라도 반복·계속적으로 이루어지는 행위가 사회통념상 사업의 수행 일환으로서 행해지고 있다고 할 수 있는 정도로 평가할 수 있다면 「업으로서」의 요건에 해당할 수 있다.[281] 다만, 이러한 경우에는 금지청구(법 제4조) 및 손해배상청구(법 제5조)의 청구권자인 「자신의 영업상의 이익[282]이 침해되거나 침해될 우려

가 있는 자」에 해당하지 않는 경우도 있다.[283]

　　이와 관련하여 어떠한 사례에서 「업으로서」의 요건은 충족하지만, 「자신의 영업상의 이익이 침해되거나 침해될 우려가 있는 자」에는 해당하지 않는지 여부가 쟁점이 될 수 있다. 이 쟁점에 대하여 수지균형은 아니었다고 해도 거래사회에서의 사업 활동이라고 평가할 수 있다면 관대하게 해석해야 한다는 견해[284]가 있다. 제공대상 한정 데이터 보호의 제도 취지에 비추어 보면, 영업의 수지나 이익의 경제성을 엄격하게 해석할 필요가 없기 때문에 「업으로서」 요건이 충족되면 「자신의 영업상의 이익[285]이 침해되거나 침해될 우려가 있는 자」에 해당 여부에 대해 관대하게 해석할 필요가 있다.[286] 원칙적으로 「업으로서」에 해당한다고 할 수 있는 사례로는 (i) 데이터 보유자가 반복해서 데이터 제공을 하고 있는 경우(각 사람에게 1회씩 여러 사람에게 제공하고 있는 경우나 고객마다 맞춤형으로 제공하는 경우도 포함), (ii) 데이터 보유자가 익월부터 데이터 판매를 시작한다는 취지를 홈페이지 등으로 공표하는 경우, (iii) 컨소시엄 내에서 데이터 보유자가 컨소시엄 멤버에게 제공하고 있는 경우 등을 들 수 있다.[287]

(다) 제공대상 한정성(특정인 또는 특정 다수에게 제공될 것)
1) 특정인 또는 특정 다수
가) 의의

　　'업으로서 특정인 또는 특정 다수에게 제공'한다는 요건에서 '특정인'이란 일정한 조건 하에서 데이터를 제공받는 자가 1인인 경우를 말한다. 특정되어 있으면, 실제로 데이터 제공을 받고 있는 사람의 다소를 묻지 않기 때문에 '특정 다수'도 포함된다. 원칙적으로 '특정 다수'에 해당한다고 할 수 있는 사례로는 (i) 회비를 지불하면 누구나 제공받을 수 있는 데이터에 대한 회비를 지불하고 그 데이터를 제공받는 자, (ii) 데이터를 공유하는 컨소시엄이 참여에 대해 일정한 자격 요건을 부과하는 경우에 해당 컨소시엄에 참여하는 사람들을 들 수 있다.

　　여기에서 '일정한 조건하에서'란 데이터 제공을 받는 자의 특정성을 정하는 기준으로 이해된다.[288] 실무적으로는 특정성을 확보하는 관점에서 데이터 제공처의 본인 확인이나 본인만의 수령 확인이 중요해질 것이다. 또한, 계약에 따라 데이터를 제공하는 경우에는 「데이터 수령자가 특정인이다」라는 조건을 계약조건으로서도 담보하기 위해 데이터 수령자(당사자)의 계약상의 지위 이전의 제한, 데이터 수령자의 제3자에 대한 데이터 재사용 허

가권 제한을 마련하는 것도 중요할 것이다.[289]

본래 자기가 이용할 목적으로 생성·수집한 데이터를 사후적으로 특정인이나 특정 다수에게 제공하기로 한 경우에 「특정인 또는 특정 다수에게 제공하는 정보」라고 할 수 있는지 여부가 문제될 수 있다. 이 점에 대해서는 데이터의 생성·수집의 본래 목적도 고려하겠지만, 일정한 조건하에 데이터를 제공하는 구조를 구축한 이상, 적어도 해당 구조가 구축된 이후에는 '특정인 또는 특정 다수에게 제공하는 데이터'에 해당하는 것으로 판단하는 것이 타당하다.[290]

'제공대상 한정 데이터'는 빅데이터 등을 염두에 두고 상품으로서 널리 제공되는 데이터나 컨소시엄 내에서 공유되는 데이터 등 사업자 등이 거래 등을 통해 제3자에게 제공하는 정보가 상정되고 있다.

그런데, 기업이 자사 내로 한정하여 내부자에게만 제공하고 있는 데이터에 대해 기업 내부에 소속된 자가 부정하게 이를 취득하여 공개하는 행위 등을 하는 것이 내부자가 업으로서 특정인 내지 특정 다수에게 제공하는 경우에 해당하는지 여부가 문제될 것이다. 계열사가 분리되어 독립성을 유지하고 있는 경우뿐만 아니라 자사 내에 한정하여 하는 데이터의 부정사용행위는 업으로서 특정인 내지 특정 다수에게 제공하는 경우에 해당한다고 할 것이다. 외부인에 대한 제공·제공 예정의 공표 단계에 이르지 않아도 외부인에게 제공하는 것을 염두에 두고 데이터를 수집·축적하고 있는 경우, 자사에 한정해 제공하는 데이터에 대해서도 부가가치를 수반한 정보를 스스로 이용함으로써 산업에 기여하고 있는 것에는 분명하므로 업으로서 특정인에게 제공하는 경우에 해당한다.

나) 오픈 데이터의 경우

그리고 무상으로 공중(불특정 다수)이 이용할 수 있는 데이터(오픈 데이터)의 경우는 제공대상이 한정되어 있지 않고 법적으로 보호할 가치가 없으므로 제공대상 한정성 요건을 충족하지 못하는 것으로 판단된다.

hiQ Labs, Inc. 대 LinkedIn Corp[291]는 웹 스크래핑[292]에 대한 미국 제9순회구 연방항소법원 사건이다. 미국 제9순회구 연방항소법원은 LinkedIn이 원고인 hiQ Labs가 LinkedIn의 공중이 이용할 수 있는 LinkedIn 회원 프로필에의 접근 거부를 금지하는 연방지방법원의 가처분결정을 인용하였다. hiQ는 자동화된 봇을 사용하여 공중이 이용할 수 있는 LinkedIn 프로필에서 정보를 스크랩하는 데이터 분석 중소기업이다.

제9순회구 연방항소법원은 hiQ 승소 판결을 선고하였다. 하지만, 미국 연방대법원은 Van Buren v. United States 사건[293]을 토대로 하여 이 판결을 파기하여 2021년 6월 추가적인 심리를 위하여 그 사건을 환송하였다. 이 사안에서 미국 제9순회구 연방항소법원은 잠재적인 경쟁업체가 공중이 이용할 수 있는 데이터에 접근하여 사용하는 것을 선택적으로 막은 행위가 캘리포니아 주법에 따른 부정경쟁행위로 볼 수 있다고 판단한 바 있다.

우리나라 대법원[294]은 피해자 회사의 API 서버로부터 수집한 정보들은 이미 상당히 알려진 정보로서 그 수집에 상당한 비용이나 노력이 들었을 것으로 보이지 않거나 이미 공개되어 있어 이 사건 앱을 통해서도 확보할 수 있었던 것이고, 데이터베이스의 갱신 등에 관한 자료가 없다는 점 등을 들어 저작권법상 데이터베이스제작자의 권리를 침해한 것이 아니라고 판시하였다.[295] 무상으로 공중(불특정 다수)이 이용할 수 있는 데이터(오픈 데이터)의 경우에는 데이터베이스제작자의 권리를 침해하지 아니할 가능성도 높아진다.

여기에서 처음에는 제공대상 한정 데이터를 취득하거나 제공받았지만, 그 이후 「무상으로 공중이 이용할 수 있는 정보」(오픈 데이터)가 되었을 경우에 해당 정보는 제공대상 한정 데이터로 보호받을 수 있는지 여부가 문제다. 이 경우에는 제공대상 한정 데이터로 보호받지 못한다고 하는 것이 타당할 것이다. 취득 시에는 제공대상 한정 데이터에 해당하는 것이라고 하더라도 해당 데이터가 오픈 데이터가 된 이후에도 그러한 데이터에 제공대상 한정 데이터에 대한 행위규제가 계속 미쳐서는 곤란할 것이다.[296]

2) 제공

「제공한다」라는 표현은 데이터를 특정인 또는 특정 다수가 이용할 수 있는 상태에 두는 것을 말하며, 실제로 제공대상 한정 데이터를 제공하고 있는 경우뿐만 아니라, 그 데이터를 제공하는 의사가 인정되는 경우에도 본 요건을 충족한다. 원칙적으로 '제공'에 해당하는 것으로 인정되는 사례로는 (i) 대량으로 축적되어 있는 데이터에 대하여 각 고객의 요구에 응하여 고객마다 일부 데이터를 제공하고 있는 경우, (ii) 클라우드상에서 보유하고 있는 데이터에 대하여 고객이 해당 클라우드에 접근하는 것을 인정하는 경우 등을 들 수 있다.

(라) 전자적 관리성

「전자적 방법」의 요건은 대상이 되는 전자 데이터의 특성을 감안하여 규정된 것이다.[297] 빅데이터 등을 염두에 두고 있는 본 제도의 성격상 이른바 전자데이터에 한정하는 취지로 여겨진다.[298] ① 전자 데이터와 전자 데이터를 기록한 종이 매체 양자가 존재하는 경우에 종이 매체를 취득·사용·공개하는 행위에는 데이터의 부정사용행위에 따른 규제는 미치지 않는지 여부 및 ② 전자 데이터를 기록한 종이 매체를 스캔하여 데이터 정보를 취득·사용·공개하는 행위에 데이터의 부정사용행위에 따른 규제가 미치는지 여부가 쟁점이 될 수 있다. 하지만, 전술한 ①과 ②의 어느 경우에 있어서도 종이 매체에 기록된 전자 데이터를 관념할 수 있는 바, 이러한 전자 데이터를 관념할 수 있는 한도 내에서는 「전자적 방법」의 요건을 충족한다.[299]

전자적 관리성 요건의 취지는 부정경쟁방지법 제2조 제1호 카목 본문에서 「특정인 또는 특정 다수에게 제공되는 것으로, 전자적 방법으로 상당량 축적·관리되고 있으며」라고 규정하는 것처럼, 데이터 보유자가 데이터를 제공할 때에 특정인 또는 특정 다수에게 제공하는 것으로서 관리할 의사가 외부에 명확하게 드러남으로써 특정인(또는 특정 다수) 이외의 제3자의 예견 가능성이나 경제활동의 안정성을 확보하게 된다.

전자적 관리성 요건과의 관계에서 유의해야 할 점은 「데이터」자체에 대한 관리 의사가 요구됨을 유의해야 한다. 전자적 관리성이 충족되기 위해서는 데이터 제공시에 실시하는 관리조치에 따라 해당 데이터가 특정인 또는 특정 다수에게만 제공하는 것으로서 관리하려는 보유자의 의사를 제3자가 인식할 수 있도록 되어 있을 필요가 있다.

전자적 관리성이 충족되는지 여부는 데이터 제공시 실시하고 있는 관리조치에 의해 판단되기 때문에 사내에서의 데이터를 취급할 때 전자적 관리가 이루어지지 않았더라도 이 요건이 즉시 부정되지는 않는다.

또한 실제로 데이터의 제공을 개시하고 있지 않아도 제공하는 의사가 인정되면, 「제공」 요건을 충족하여 제공대상 한정 데이터에 해당하는 경우도 생각할 수 있다. 이 경우, 객관적으로 보아 실제로 제공할 때에 전자적 관리를 예정하고 있다고 할 수 있다면 본 요건을 충족한다고 판단된다.[300]

관리조치의 구체적인 내용 및 관리의 정도는 기업의 규모 및 업태, 데이터의 성질과 기타 사정에 따라 다르지만, 제3자가 일반적이면서도 쉽게 인식할 수 있는 관리일 필요가 있다.

전자적 관리성 요건의 취지는 전술한 바와 같이 제3자의 예견가능성 확보에 있는데, 전자적 관리성을 충족하는 것으로 인정되기 위해서는 해당 데이터의 전용 관리가 이루어지고 있고, 해당 데이터에 대해 특정인에게 제공하는 것으로써 관리하는 의사를 제3자가 인식할 수 있을 필요가 있다. 또한, '해당 데이터 전용 관리'란 제공대상 한정 데이터만을 위한 관리를 요구하는 취지가 아니고, 예를 들면, '제공대상 한정 데이터'와 '그 밖의 데이터'가

동일한 ID 비밀번호로 관리되는 경우에도 반드시 이 요건이 부정되는 것은 아니다.

여기서 말하는 관리란 제3자가 일반적이고 용이하게 인식할 수 있는 관리다. 예컨대 데이터 보유자와 해당 보유자로부터 제공을 받은 자(특정인 또는 특정 다수) 이외의 사람이 데이터에 접근할 수 없도록 하는 조치, 즉 접근을 제한하는 기술(즉, 접근 제한)이 그 예에 해당한다. 구체적으로는 ID, 패스워드 등과 같이 특정인만이 아는 액세스 제한(Something You Know), IC 카드, 특정 단말기기, 토큰 등의 특정인만이 보유하는 액세스 제한(Something You Have), 생체 정보와 같은 특정인만의 인적 속성에 해당하는 액세스 제한(Something You Are)이 그 예에 해당한다.[301] 또한, 전용 회선에 의한 전송도 동일하게 접근을 제한하는 기술에 해당한다고 할 수 있다.

(마) 상당량 축적성

상당량 축적성 요건의 취지는 빅데이터 등을 염두에 두고, 유용성을 가지는 정도로 축적된 전자 데이터를 보호 대상으로 하는 데 있다.

1) 「상당량」에 대하여

「제공대상 한정 데이터」는 업으로서 제공되는 데이터이며, 「상당량」은 개개 데이터의 성질에 따라 판단되게 되는데, 사회 통념상 전자적 방법에 의해 축적됨으로써 가치를 가지는 것이 해당된다. 그것을 판단할 때에는 해당 데이터가 전자적 방법에 의해 축적됨으로써 창출되는 부가가치, 이용 및 활용 가능성, 거래가격, 데이터의 창출·수집·해석·관리에 투입된 노력, 시간, 비용 등이 감안된다.

또한, 보유자가 관리하고 있는 데이터의 일부가 제공되는 일이 있을 수 있는데, 그 일부에 대해서, 축적됨으로 인해 창출되는 부가가치, 이용 및 활용 가능성, 거래 가격, 데이터의 창출 수집 해석 관리에 투입된 노력, 시간, 비용 등을 감안하여 그에 따라 해당 일부에 관해 축적되고 가치가 발생한 경우에는 상당축적성이 있다고 판단된다. 빅데이터라고 불리는 데이터에 한정되지 않고, 축적되는 것으로 가치를 가지고 있다고 판단되는 데이터이면 「상당량」의 요건을 충족한다.[302] 개정 부정경쟁방지법상 데이터의 부정사용행위에서 그 보호대상이 되는 데이터는 빅데이터에 한정되지 않는다. 또한, 「상당량」이라고 하는 용어는 데이터의 「양」에만 주목하는 것이 아니라 데이터의 창출·수집 등에 대한 투하 자본(노력·시간을 포함한다.)에 주목하고 있기 때문에, 단순히 「양」의 다과가 아니라 「질」을 물어야 할 경우도 있다.[303] 무엇보다, 예컨대 합리적인 범위내의 수작업으로도 도달할 수 있는 양의 경우에는 「상당량」의 요건을 만족시키지 않는다.[304]

상당량 요건을 일의적으로 다루는 것은 용이치 않다. 그런데, 개정 부정경쟁방지법 제2조 제1호 카목의 데이터 부정사용행위는 객체 접근방식(권리창출방식)보다는 행위 접근방식(행위규제방식)을 취하고 있다.[305] 객체 접근방식의 대표적인 예로는 저작권법상 데이터베이스제작자의 권리 보호를 들 수 있다. 따라서 이 조문이 행위규제에 초점을 두고 있는 관계로 객체 요건에 대해서는 너무 엄격하게 운용하지 않는 것이 타당할 것이다.[306]

2) 상당량 축적과정

「상당량」 해당성 요건에 관해서는 개별 당사자의 보유 데이터 자체가 상당량이라고는 할 수 없어도, 복수 당사자가 보유하는 데이터가 축적됨으로써 상당량에 도달한 경우, 「상당량」 해당성 요건을 충족할 수 있는지 여부가 문제될 수 있다.

이와 관련하여 데이터가 객관적으로 보아 「상당량」이라고 평가할 수 있는 상태에 이르렀을 경우에는 「상당량」해당성을 긍정해도 될 것이다. 그러한 의미에서 데이터가 한 당사자에 의해서만 축적될 필요는 없다고 본다. 무엇보다, 나중에 검토하는 전자적 관리성 요건과의 관계에서는 해당 데이터를 관리하는 사람(관리자)의 존재가 전제로 될 것이다. 이러한 의미에서 제공대상 한정 데이터의 보호를 구하기 위해서는 그 보호를 구하는 자는 적어도 상당량 축적된 데이터가 전자적으로 관리되고 있음을 주장하여 입증할 필요가 있다.

원칙적으로 「상당량 축적성」에 해당한다고 할 수 있는 사례로는 (i) 휴대전화의 위치정보를 전국 구역에서 축적하고 있는 사업자가 특정 구역(예: 서울시청역) 단위로 추출하여 판매하고 있는 경우, 그 특정 구역 분의 데이터에 대해서도 전자적 방법에 의해 축적됨으로 인해 거래상의 가치를 가진다고 할 수 있는 데이터, (ii) 자동차의 주행이력에 기초하여 만들어지는 데이터베이스에 대하여, 실제로는 해당 데이터베이스 전체를 제공하고 그 중 일부를 추출하여 제공하지 않는 경우에도 전자적 방법에 의해 축적됨으로 인해 가치가 발생하는 일부분의 데이터, (iii) 대량으로 축적하고 있는 과거의 기상데이터로부터 노력, 시간, 비용 등을 투입하여 태풍에 관한 데이터를 추출 및 해석하여 특정지역의 태풍에 관한 경향을 정리한 데이터, (iv) 그 분석 및 해석에 노력, 시간, 비용을 투입하여 작성한 특정 프로그램을 실행시키기 위해 필요한 데이터의 집합물 등을 들 수 있다.

(바) 기술상 또는 영업상 정보일 것

부정경쟁방지법 제2조 제1호 카목의 보호 대상은 「기술상 또는 영업상의 정보」이다.

'기술상 또는 영업상의 정보'에는 이용 및 활용되고 있는(또는 이용 및 활용이 기대되는) 정보가 널리 해당된다. 구체적으로는 '기술상의 정보'로서 지도 데이터, 기계의 가동 데이터, AI 기술[307]을 이용한 소프트웨어의 개발(학습)용 데이터 세트(학습용 데이터 세트)[308]나 해당 학습으로부터 얻는 학습완료모델[309] 등의 정보를 들 수 있으며, '영업상의 정보'로서 소비동향 데이터, 시장조사 데이터 등의 정보를 들 수 있다. 여기에서, 데이터에는 텍스트, 화상, 음성, 영상 등이 포함된다.

한편, 위법적인 정보나 이와 동일시할 수 있는 공서양속에 반하는 유해 정보에 대해서는 부정경쟁방지법상 명시되어 있지는 않지만, 법의 목적('사업자 간의 공정한 경쟁 확보', '국민경제의 건전한 발전에 기여')을 고려하면 보호의 대상이 되는 기술상 또는 영업상 정보에는 해당하지 않는 것이라고 할 수 있다.

그리고 금지청구(법 제4조 제1항) 및 손해배상청구(법 제5조)의 청구권자는 '영업상의 이익이 침해된 자'나 '침해될 우려가 있는 자'라고 되어 있다는 점에서 공서양속에 반하는 정보를 제공하는 자는 부정경쟁방지법의 법 목적에 비추어, 영업상 이익이 침해된 자나 침해될 우려가 있는 자에는 해당하지 않는다.

원칙적으로 위법 또는 공서양속에 반하는 정보에 해당한다고 할 수 있는 사례로는 (i) 아동 포르노 화상 데이터, (ii) 마약 등 위법약물의 판매 광고 데이터, (iii) 명예훼손죄에 상당하는 내용의 데이터 등을 들 수 있다.

(사) 비밀로 관리되고 있지 않을 것

「비밀로서 관리되고 있는(비밀관리성)」이란, 「영업비밀(부정경쟁방지법 제2조 제1호 카목)」의 요건이다. 「영업비밀」에 관한 규율은 사업자가 비밀로서 관리하는 정보의 부정사용으로부터의 보호를 목적으로 하는 한편 「제공대상 한정 데이터」에 관한 규율은 일정한 조건을 만족하는 특정인 또는 특정 다수에게 제공하는 정보의 부정사용으로부터의 보호를 목적으로 하는 규율이다. 본 규정의 취지는 이러한 「영업비밀」과 「제공대상 한정 데이터」의 차이에 착안하여 양자의 중복을 피하기 위해 「영업비밀」의 특징인 「비밀로서 관리되고 있는 것」을 「제공대상 한정 데이터」에서 제외하는 데 있다. 무엇보다 이 취지는 법적용의 상황에서 두 가지 제도에 의한 보호가 중복되지 않는다는 것을 의미할 뿐이

고, 실무상 두 제도에 의한 보호의 가능성을 염두에 둔 관리를 실시하는 것은 부정할 수 없다.[310]

1) 비밀관리성에 대하여

'비밀관리성' 요건은 "해당 정보에 대한 접근을 제한하는 등의 조치를 통해 객관적으로 정보가 비밀로 관리되고 있다는 사실이 인식 가능한 상태가 관리되고 있"는가 하는 점이다. 접근 제한과 그 사실에 대한 객관적 인식가능성이 필요한 것이다. 이는 해당 정보에 대한 ① 물리적·기술적 관리, ② 인적·법적 관리, ③ 조직적 관리가 이루어졌는지 여부에 따라 판단할 수 있다.

영업비밀의 성립요건으로서 비밀관리성을 두고 있는 취지가 정보를 이용하거나 접하는 종업원 등으로 하여금 그 정보가 비밀로서 보호되고 있는 정보라고 인식시킴으로서 그렇지 아니한 정보와의 구별을 용이하게 하는 데 목적이 있다. 그러므로 비밀관리성의 요건을 충족하였는지 여부를 평가함에 있어서는 영업비밀을 취득하려고 하거나 비밀을 공개받게 되는 제3자 또는 비밀유지의무를 부담하는 자가 그 정보를 비밀로서 관리하기 위하여 부가된 수단으로부터 당해 정보가 영업비밀로서 보호되고 있는 정보임을 인식할 수 있는가가 중요한 기준이 될 것이다.[311]

각 조치가 '비밀로 관리되었는지' 여부는 영업비밀 보유기업의 규모, 해당 정보의 성질과 가치, 해당 정보에 일상적인 접근을 허용하여야 할 영업상의 필요성이 존재하는지 여부, 영업비밀 보유자와 침해자 사이의 신뢰관계의 정도, 과거에 영업비밀을 침해당한 전력이 있는지 여부 등을 종합적으로 고려해 판단해야 할 것이다.

원칙적으로 「비밀로서 관리되고 있는」이라고 할 수 있는 사례로는 (i) 자신의 생산공정의 일부를 외부 사업자에게 위탁하는 경우에, 해당 외부사업자에 대하여 그 데이터를 이용할 때 비밀로서 관리할 의무를 부과하고, 해당 데이터를 기록한 매체를 제공하는 경우, (ii) 한정된 몇 개 회사만을 멤버로 하는 공동연구개발을 위한 컨소시엄에서 멤버 기업이 해당 연구에 필요한 실험 데이터를 컨소시엄 내에서 제공할 때, 비밀로서 관리하는 의무를 부과한 후 해당 데이터에 접근할 수 있는 ID·비밀번호를 부여하는 경우 등을 들 수 있다.

원칙적으로 「비밀로서 관리되고 있는」이라고 할 수 없는 구체적 예로는 (i) 요금을 지불하면 회원이 될 수 있는 회원한정 데이터베이스 제공 사업자가 회원에게 해당 데이터에 접근할 수 있는 ID·비밀번호를 부여하는 경우(이 경우, 「제3자에의 공개금지」의무가 부과되어 있다고 해도「비밀로서 관리되고 있는」것에는 해당하지 않는다.), (ii) 특정한 업계에 소속되어 있다면 신청하는 것만으로 회원이 될 수 있는 컨소시엄이 회원으로부터 데이터를 수집한 후, 회원에게 해당 데이터에 접근할 수 있는 ID·비밀번호를 부여하는 경우(이 경우「회원 이외의 사람에 대한 개시금지」의무가 부과되어 있었다고 해도「비밀로서 관리되고 있는」것에는 해당하지 않는다.) 등을 들 수 있다.

또한, 비밀관리성의 유무에 대해서는 같은 데이터라도 상황에 따라 다른 판단이 내려질 가능성이 있다. 예를 들면, 종업원에게 사외비로서「제3자에의 공개금지」등의 수비의무를 부과하면서 전자적 관리를 하고 있었던 데이터는「영업비밀」로서 보호될 수 있지만, 예를 들어 데이터 보유자가 제3자와 공유하는 데 가치를 발견하여 제공을 개시하거나 그 데이터의 판매에 상업상 좋은 기회를 발견하여 제3자에게 소정의 요금으로 판매를 개시하는 경우를 생각할 수 있다. 이 경우에 판매 전후로 사내 관리양태에 변경이 없어도 데이터 보유자의 그러한 판매의사가 명확해진 시점부터 그 비밀관리의사가 상실되며, 해당 데이터는「비밀로서 관리되고 있는 것」에 해당하지 않게 되는 것으로 정리된다.

한편, 이러한 경우에 판매가 이루어진 실적이 없는 채 그 판매가 취소되는 경우도 있을 수 있다. 이 경우에, 사외 제3자에 대한 판매가 정지되며, 그 데이터를 재차 사외비로서 관리하는 등의 비밀관리의사가 명확해진 시점에, 해당 데이터가 여전히 비공지성 등의 요건을 만족하는 경우에는 판매사업 개시 전과 동일하게「영업비밀」로서 보호되는 것으로 정리된다.

2) 비밀로서 관리되고 있는 것 제외

제공대상 한정 데이터의 보호요건으로서 '비밀로서 관리되고 있는 것을 제외'할 것이라는 요건이 설정되어 있다. 일본의 "한정 제공 데이터에 관한 지침"(이하 '일본 지침'이라 한다.) 지침 13면은 그 취지를 아래와 같이 설명하고 있다.

일본 지침 13면
'영업비밀'은 사업자가 비밀로서 관리하는 정보인 반면에, '한정제공데이터'는 일정한 조건을 충족한 특정의 외부자에게 제공하는 것을 목적하는 정보다. [중략] 이러한「영업 비밀」과「한정제공데이터」의 차이에 주목하고 양자의 중복을 피하기 위해 "영업비밀"을 특징짓는 "비밀로 관리되고 있는 것"을 "한정제공데이터"에서 제외한다.

가) 영업비밀보호법제와의 관계

개정 부정경쟁방지법상 제공대상 한정 데이터의 부정사용행위의 성립요건으로서 애초 「비밀로 관리되는 것을 제외한다」라고 규정한 것으로 인하여 영업비밀 규제와 제공대상 한정 데이터 규제를 배타적인 관계로 파악할 필연성이 있는지 여부가 문제된다. 즉, 대상이 되는 데이터가 영업비밀 및 제공대상 한정 데이터 각각의 보호 요건을 충족하는 한, 중첩적인 보호를 부여하는 것은 법이론적으로 가능하고, 결론에 있어서도 타당하다는 의견이 제시되었다.[312]

빅데이터에는 많은 양의 정보가 내재되어 있고, 빅데이터에는 공지 정보와 비 공지 정보가 혼재하는 경우가 많다. 이러한 경우, 빅데이터의 총체에 대해 영업비밀 및/또는 제공대상 한정 데이터로서 어떠한 보호를 강구할 것인지 고심할 수 있다.[313] 또한, 일본 지침 개정안 16면에서도 실무상 두 제도에 의한 보호 가능성을 염두에 둔 관리 실시를 부정하지 아니하였다. 다만, 행정조사에서 '비밀로 관리되지 않는 정보'라고 주장하였다가 민사소송절차에서 영업비밀에 해당한다고 주장하는 것은 금반언의 원칙에 반하는 것으로 볼 수 있다.

나) 빅데이터의 영업비밀에 의한 보호-비밀관리성 요건과의 관계

빅데이터 등을 포함하여 특정인에게 한정하여 제공하는 데이터에 대해서도 비밀관리조치를 강구함으로써(예: 비밀유지를 조건으로 제공함) 비밀관리성 요건을 충족시킬 수 있다.

이런 경우에는 영업비밀로서 보호를 받는 것이 가능할 것이다.[314] 제공대상 한정 데이터로서 염두에 두고 있는 빅데이터나 AI 학습용의 데이터 등은, 비밀로서 관리하는 조치를 강구하는 것이 충분히 가능하고, 그 경우에는 영업비밀로서의 보호를 받을 수 있는 것이다.[315]

다) 「관리」(액세스 제한)에서 본 영업 비밀과 제공대상 한정 데이터의 판별 가능성

제공대상 한정 데이터에 대해서는 ID, 패스워드 등에 의한 전자적 관리(액세스 제한)를 행하는 것이 필요하다. 전자적 관리성의 요건 충족을 위해서 액세스 제한이 필요하다.[316] 한편, 액세스 제한은 비밀관리성을 충족시키는 중요한 요소다. 그러면 액세스 제한을 함으로써 비밀관리성을 충족하게 될 것인지 여부가 쟁점이 된다. 이 점에 대해 개념 구별을 하면, 액세스 제한 중에는 ① 비밀관리형 액세스 제한과 ② 비비밀관리형 액세스 제한이 있다고 할 수 있다.[317]

그리고 전술한 ①과 ②의 액세스 제한 중 ①이 영업비밀보호요건으로서의 비밀관리성 요건을 충족하고, ②가 제공대상 한정 데이터의 보호요건으로서의 비비밀관리형 액세스 제한에 해당한다. 그러나 개념적으로는 전술한 바와 같이 구분이 가능하지만, 실무적으로는 액세스 제한에 대해 비밀관리형 액세스 제한과 비비밀관리형 액세스 제한을 명료하게 구별하는 것은 결코 용이하지 않다.

따라서 실무상의 문제로서 액세스 제한의 대상인 데이터가 ① 영업비밀로서의 보호를 받는지 또는 ② 제공대상 한정 데이터로서 보호를 받는지 여부를 판단하는 데 있어 신중할 필요가 있다.

라) 보호의 간극에 대해서

영업 비밀 및 제공대상 한정 데이터 어느 것의 보호도 받을 수 없는 간극이 존재한다고 하는 지적이 이루어지고 있다. 즉, 비밀로서의 관리가 이루어지고 있지만, 정보가 알려져 있고 (비공지가 아닌) 유용한 데이터에 관해서는 영업 비밀로서의 보호를 받을 수 없으며 제공대상 한정 데이터로 보호받을 수 없다는 주장이 바로 그것이다.[318] 이러한 데이터에 대해서는, 어느 법제에 근거하는 보호도 받을 수 없게 된다.

	공지	비공지
비밀관리	보호 가능 ?	영업비밀 보호 가능
비비밀관리	제공대상 한정 데이터 보호 가능	제공대상 한정 데이터 보호 가능

　　하지만 데이터 보유자에 의해 비밀로 관리되고 있지만, 잘 알려져 있고 유용한 데이터 집합물은 거의 존재하지 않는 것으로 보인다. 예컨대, 시장에서 유통하고 있는 상품에 관한 가격 정보에 대해서는 시장조사회사가 비용·노력을 투입해 데이터로서 수집해 해당 업계에 속하는 기업에 유상으로 제공하고 있는 경우, 이러한 데이터는 당사자간에는 비밀로 관리하는 약정이 이루어지고 있지만 데이터 자체는 시장에 있어서의 상품가격이기 때문에 공지로 평가되는 경우가 존재하는 것을 부정할 수 없다. 이러한 경우에는 해당 데이터는 부정경쟁방지법에 있어서 보호를 받을 수 없게 된다.

　　한편, 비밀관리성 요건과 관련하여 「비밀로서 관리되고 있다」라는 문구의 관리대상 정보가 비밀이어야 한다고 해석한 후, 공지 데이터에 대해서는 「비밀로 관리되고 있다」는 요건을 충족시킬 수 없다는 논거하에서 비밀관리와 같은 수준의 관리가 이루어져도 대상이 공지 데이터인 경우에는 「비밀로서 관리되고 있는 것을 제외한다」의 요건에 해당하여 제공대상 한정 데이터로서 보호를 받을 수 있다는 견해가 있다.[319] 이 견해는 비밀로서 관리되고 있지만 경제적으로 유용한 공지 데이터를 제공대상 한정 데이터로서 보호하는 귀결을 정당화하는 해석론이다.

(2) 제공대상 한정 데이터의 부정사용행위의 유형

제공대상 한정 데이터의 부정사용행위의 유형		
부정취득행위 관련	데이터 보유자외의 계약관계 관련	기술적 보호조치 회피 등 관련
접근권한이 없는 자가 절취·기망·부정접속 또는 그 밖의 부정한 수단으로 데이터를 취득하거나 그 취득한 데이터를 사용·공개하는 행위 (부정경쟁방지법 제2조 제1호 카목 1))	데이터 보유자와의 계약관계 등에 따라 데이터에 접근권한이 있는 자가 부정한 이익을 얻거나 데이터 보유자에게 손해를 입힐 목적으로 그 데이터를 사용·공개하거나 제3자에게 제공하는 행위 (부정경쟁방지법 제2조 제1호 카목 2))	정당한 권한 없이 데이터의 보호를 위하여 적용한 기술적 보호조치를 회피·제거 또는 변경(이하 "무력화"라 한다)하는 것을 주된 목적으로 하는 기술·서비스·장치 또는 그 장치의 부품을 제공·수입·수출·제조·양도·대여 또는 전송하거나 이를 양도·대여하기 위하여 전시하는 행위. 다만, 기술적 보호조치의 연구·개발을 위하여 기술적 보호조치를 무력화하는 장치 또는 그 부품을 제조하는 경우에는 그러하지 아니하다. (부정경쟁방지법 제2조 제1호 카목 4))
접근권한이 없는 자가 절취·기망·부정접속 또는 그 밖의 부정한 수단으로 데이터를 취득하거나 그 취득한 데이터를 사용·공개하는 행위가 개입된 사실을 알고 데이터를 취득하거나 그 취득한 데이터를 사용·공개하는 행위 (부정경쟁방지법 제2조 제1호 카목 3) 및 1))	데이터 보유자와의 계약관계 등에 따라 데이터에 접근권한이 있는 자가 부정한 이익을 얻거나 데이터 보유자에게 손해를 입힐 목적으로 그 데이터를 사용·공개하거나 제3자에게 제공하는 행위가 개입된 사실을 알고 데이터를 취득하거나 그 취득한 데이터를 사용·공개하는 행위 (부정경쟁방지법 제2조 제1호 카목 3))	

제9장

자동차와 비행기를
운전하는 AI

1. 자동차(비행기)와 AI는 무슨 상관인가?

자율주행자동차의 대표적인 기업은 단연 테슬라다. 테슬라가 제작한 자율주행자동차는 주행데이터가 탑재된 AI를 가진 자동차형태의 로봇이라고 보는 것이 정당한 평가일 것이다. 그렇다면 「지능형 로봇 개발 및 보급 촉진법」에 따른 지능형 로봇에 해당할 수 있다. 지능형 로봇 개발 및 보급 촉진법 제2조 제1호에서는 "지능형 로봇"이란 "외부환경을 스스로 인식하고 상황을 판단하여 자율적으로 동작하는 기계장치(기계장치의 작동에 필요한 소프트웨어를 포함한다)를 말한다."라고 규정하고 있기 때문이다.

이러한 자율주행자동차와 관련하여 유엔유럽경제위원회(UNECE)는 42개국의 합의를 바탕으로 자동 차선유지 시스템(Automated Lane Keeping Systems / ALKS)을 국제규정으로 채택했다. 이는 SAE 레벨 3 자율주행기능 형식승인을 위한 세계 최초의 국제규정이다. 이와 더불어 ALKS 평가를 위해 소프트웨어 업데이터 및 사이버보안 관련 규정도 동시에 통과되었다.[320]

2. 자율주행 기술의 6단계

레벨 0부터 레벨 2까지는 시스템이 일부 주행을 수행하는 단계

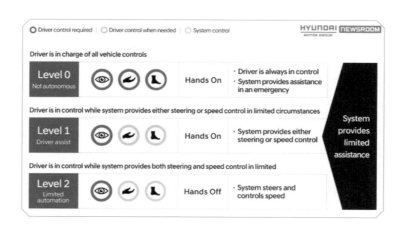

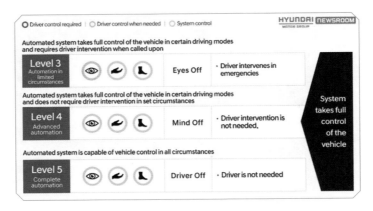

출처: 국제자동차기술자협회 자율주행 표준 J3016

2016년부터 국제자동차기술자협회(SAE International)에서 분류한 단계가 글로벌 기준으로 통용되고 있으며, '레벨 0'에서 '레벨 5'까지 6단계로 나뉜다.

- 레벨 0: 주행 중 안전을 위해 시스템이 단순히 경고하고 일시 개입하는 전방 충돌방지 보조(FCA), 후측방 충돌경고(BCW) 등
- 레벨 1: 특정 주행모드에서 시스템이 조향 또는 감가속 중 하나를 수행하는 차로 유지 보조(LFA), 스마트 크루즈 컨트롤(SCC) 등
- 레벨 2: 특정 주행모드에서 시스템이 조향 및 감가속을 모두 수행하는 고속도로 주행 보조(HDA)
- 레벨 3: 레벨 3은 차량 제어와 주행환경을 동시에 인식하지만, 자율주행 모드 해제가 예상될 경우 운전 제어권 이양을 운전자에게 요청해야 함 레벨 2까지는 시스템이 주행을 돕지만, 레벨 3에서는 특정 모드에서 시스템이 주행을 수행함. 자동차 스스로 차선을 변경하고 앞차를 추월하거나 장애물을 피할 수 있게 됨.
- 레벨 4: 레벨 4는 시스템이 전체 주행을 수행하는 점이 레벨 3과 동일하나 위험 상황 발생 시에도 안전하게 대응해야 함. 레벨 4는 자율 주행을 할 수 있는 지역에 제한이 있지만, 레벨 5는 제약이 없음.
- 레벨 5: 완전한 자율주행(운전자 필요없음)

3. 자율주행자동차의 주요장치

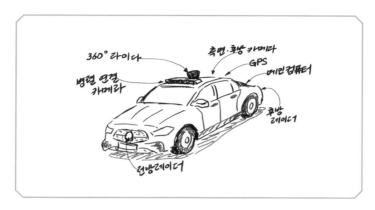

[자율주행자동차 주요 장치]

여기에서 라이다(LIDAR)는 'Light Detection And Ranging(빛 탐지 및 범위측정)' 또는 'Laser Imaging, Detection and Ranging(레이저 이미징, 탐지 및 범위 측정)'의 약자다.

4. 자율주행자동차를 충전하는 드론

자율주행자동차를 충전하는 방법은 다양할 수 있다. 자율주행자동차를 충전하는 드론에 대한 미국 특허를 아래에 소개하면 다음과 같다.

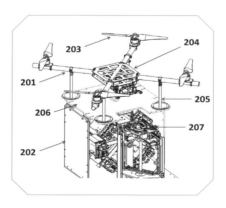

출처: US9139310B1 〈https://patents.google.com/patent/US9139310B1/en〉 (최종방문일: 2023. 5. 20.)

5. 자율주행자동차 상용화 촉진 및 지원에 관한 법률 등

제4차 산업혁명의 대표 기술인 자율주행자동차의 도입 확산과 운행기반 조성을 위한 「자율주행자동차 상용화 촉진 및 지원에 관한 법률」(법률 제17453호, 2019.4.30. 제정)[321] 및 시행령(대통령령 제30656호, 2020.5.1. 제정),[322] 시행규칙(국토교통부령 제21호, 2020.5.1. 제정)[323]이 제정되었다. 그리고 자율주행자동차 상용화 촉진 및 지원에 관한 규정(국토교통부 고시 제2020-543호, 2020. 7. 31. 제정)[324]도 제정되었다.

6. 자율주행자동차와 관련된 법적 쟁점

(1) 자율주행자동차의 주행 단계에서의 법적 쟁점

가. 운전면허 발급의 문제

도로교통법 제43조는 누구든지 제80조에 따라 지방경찰청장으로부터 운전면허를 받지 아니하거나 운전면허의 효력이 정지된 경우에는 자동차 등을 운전할 수 없도록 규정하고 있다. 운전 주체는 사람으로 한정하는 입법방식을 취하고 있으므로 사람이 아닌 자동차 등 기계 장치나 그 운용자는 운전면허의 주체가 될 수 없다.[325] 그리고 운전의 개념[326] 중 사용이나 조정의 주체는 사람을 의미한다는 점에서도 사람만이 운전의 주체로 한정된다고 해석된다.[327] AI에 의한 자율주행자동차의 활성화를 위해서는 자율주행자동차의 운행을 위해 별도의 운전면허 발급이 필요한지 여부, 자율주행자동차의 구동을 위한 조작이 필요한데 이러한 조작 조차 운전의 개념에 포함시킬지 여부, 운전의 주체를 어떻게 정할 것인지 여부에 대한 법적 검토가 필요하다.[328]

나. 자율주행자동차의 도로 주행 여부

자동차관리법 제27조 제1항 단서에 따르면, 자율주행자동차는 시험·연구 목적으로 시험운행을 위한 임시운행허가를 받을 수 있다. 이러한 임시운행허가를 받더라도 자율주행자동차가 운행할 수 있는 도로는 국토교통부장관이 지정하는 도로구간에 한정된다.

(2) 개인정보 등의 수집 및 활용에 관한 문제

자율주행자동차를 운행하는 과정에서 수집한 개인정보, 개인위치정보 및 이들 정보에 준하는 정보로서 대통령령으로 정하는 정보의 전부 또는 일부를 삭제하거나 대체하여 다른 정보와 결합하는 경우에도 더 이상 특정 개인을 알아볼 수 없도록 익명처리하여 정보를 활용하는 경우에는 「개인정보 보호법」, 「위치정보의 보호 및 이용 등에 관한 법률」 및 「정보통신망 이용촉진 및 정보보호 등에 관한 법률」의 적용을 받지 아니한다(자율주행자동차법 제20조).

국토교통부장관은 자율주행자동차의 상용화를 위하여 정밀도로지도를 구축하고 갱신할 수 있으며, 그렇게 구축된 정밀도로지도를 민간 활용이 촉진될 수 있도록 무상으로 제공할 수 있다(같은 법 제22조). 다만, 「공간정보산업 진흥법」 제2조 제1호에서는 "공간정보"란 "지상·지하·수상·수중 등 공간상에 존재하는 자연 또는 인공적인 객체에 대한 위치정보 및 이와 관련된 공간적 인지와 의사결정에 필요한 정보를 말한다"라고 규정하고 있다.

또한 같은 법 제10조에 따르면, 정부는 공간정보 관련 기술 및 데이터 등에 포함된 지식재산권을 보호하기 위하여 (1) 민간부문 공간정보 활용체계 및 데이터베이스의 기술적 보호, (2) 공간정보 신기술에 대한 관리정보의 표시 활성화, (3) 공간정보 분야의 저작권 등 지식재산권에 관한 교육 또는 홍보 및 (4) (1) 내지 (3)의 사업에 필요한 그 밖의 부대사업의 시책을 추진할 수 있다. 다만, 이 정밀도로지도는 「공간정보산업 진흥법」상 공간정보에 해당하고 저작권법상 데이터베이스에 해당할 수 있는 바, 데이터베이스제작자의 권리를 행사할 수 있다는 점도 유의할 필요가 있다.

7. 자율비행자동차

[미국 항체 개발사 벨이 개발 중인 플라잉 택시 '벨 넥서스(Bell Nexus)' 컨셉 모델]

출처: 벨 공식 홈페이지 〈https://www.bellflight.com/products/bell-nexus〉 (최종방문일: 2023. 5. 20.)

국토교통부는 플라잉 택시 상용화 등의 내용을 담은 '한국형 도심항공교통(K-UAM / Urban Air Mobility) 로드맵'을 확정해 2020년 6월 4일 발표하였다. 국토교통부는 2024년 도심항공교통 비행실증을 거쳐 2025년 시범사업을 시작하고 2030년부터 본격 상용화에 나서는 것을 목표로 하고 있다. 국토교통부는 이를 위해 2023년까지 인증, 교통관리, 이착륙장 등 관련 특별법을 제정할 예정이다. 플라잉 택시의 초기(2025년부터 2034년까지) 운임 비용은 40km 비행(여의도에서 인천공항)에 11만 원 수준으로 예상한다. 2035년(자율비행 플라잉 택시)은 40km 비행에 2만 원 수준으로 예상한다.[329]

자율비행자동차와 관련된 법적 쟁점과 관련하여 항공안전법, 자동차관리법과 도로교통법을 들여다 볼 필요가 있다. 그런 다음 별도의 입법이 필요한지 고찰할 필요가 있다. 도심항공교통수단(도심에서 운행하는 수직이착륙 비행수단 / Urban Air Mobility / UAM)은 자율주행과 AI, 빅데이터 등 여러 분야의 기술이 융합된 분야에서 고려할 법적 쟁점이 다수다.

도심형 항공교통수단은 수직이착륙만 가능한 방식도 있겠지만, 일정한 도로에서는 도로주행까지 가능한 방식도 있을 것이다. 따라서 항공안전법, 도로교통법 및 자동차관리법에 대한 특별법으로서 도심형 항공교통수단을 규율할 필요가 있다. 「드론 활용의 촉진 및 기반조성에 관한 법률」(약칭: 드론법)은 조종자가 탑승하지 아니한 상태로 항행할 수 있는 비행체를 규율하고 있으므로 이 드론법도 자율비행 도심형 항공교통수단에는 적용될 가능성이 있다.

8. 우주를 향한 로켓에 AI는 상관있나?

Blue Origin LLC(이 출원발명의 양수인; Jeffrey P. Bezos, Gary Lai와 Sean R. Findlay는 발명자)는 스페이스X가 해낸 해상착륙이 일어나기 전 2014년 3월 우주발사체의 바다착륙에 대한 기술 특허(SEA LANDING OF SPACE LAUNCH VEHICLES AND ASSOCIATED SYSTEMS AND METHODS)를 획득했다.

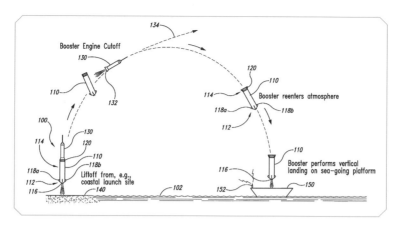

출처: US8678321B2 〈https://patents.google.com/patent/US8678321B2/en〉 (최종방문일: 2023. 5. 20.)

이러한 로켓기술은 뇌과학, 인지과학, 감성공학, AI, 로봇기술 등과 접목해 우주 공간에서 활용되고 있다.[330] 특히, 우주와 관련된 기술은 빅데이터의 정밀성을 요하므로 AI의 활용이 요긴하다.

제10장

AI를 통해 문화유산 즐기기

1. AI를 통한 문화유산의 디지털화

[화염이 휩싸인 노트르담 대성당]

해외 게임 매체들은 2019년 4월 15일(현지시각) 화재로 인해 소실된 노트르담 대성당의 복원에 게임 '어쌔신 크리드: 유니티'가 자료로 활용될 수 있다고 보도하였다.[331] 이는 AI를 통한 문화유산의 디지털화가 문화유산의 원형 복원에 기여할 가능성이 있음을 보여주는 하나의 사례다. 그리고 인공지능을 활용하여 비대면으로 문화유산을 향유하게 할 목적으로 문화유산의 디지털화가 중요한 과제로 떠오르고 있다. 문화유산의 디지털화와 관련된 국내의 사례로서 석굴암을 3D 스캔한 다음 아카이빙하여 가상현실로 재현한 작업을 들 수 있다.

출처: 박진호, 가상현실 시대의 인공지능 콘텐츠, 2020. 5. 29. 차세대 콘텐츠 재산학회 발표자료

COVID-19 대유행 시대를 거치면서 일반 국민의 문화유산 향유에 대한 욕구가 더욱 강해진 관계로, 비대면으로 문화유산을 즐길 수 있게 한다는 점에서 문화유산의 디지털화는 더욱 중요하게 되었다. 문화유산의 디지털화에는 증강현실(AR), 가상현실(VR), 혼합현실(MR) 및 확장현실(XR)에 관한 기술이 활용될 수 있다. 문화유산의 디지털화 작업은 외주작업인 경우에 '당사자 일방이 어느 일을 완성할 것을 약정하고 상대방이 그 일의 결과에 대하여 보수를 지급할 것을 약정하는 계약(민법 제664조)'으로서 도급계약에 해당한다.

우선, 이와 관련된 도급계약에 2차적저작물작성권 등 저작권 양도조항이 포함되는지 여부를 검토할 필요가 있다. 그리고 AR기술, VR기술, MR기술 및 XR기술을 통해 문화유산을 디지털화하는 경우에 저작재산권 제한사유에 해당하는지 여부도 문제된다. 특히 AR기술, VR기술, MR 기술 및 XR 기술 활용시 박물관 내지 미술관의 내부 인테리어에 대한 저작권 쟁점이 발생한다. 왜냐하면 이 경우 저작권법 제35조의 파노라마의 자유가 적용되지 않을 가능성이 높기 때문이다.

그 밖에 문화유산을 설명하기 위한 캐릭터의 음성권 및 성우의 실연자의 권리, 캐릭터 자체에 대한 저작권 문제도 발생한다. 우리나라 미술관이나 박물관에서 오디오로 문화유산이나 전시된 미술작품 속 상황을 대사로 풀어주는 해설을 하는 경우에 음성권, 성우의 실연자의 권리와 저작권 문제를 미리 처리할 필요가 있다.

2. 아카이빙 기관과 AI

유럽연합의 디지털단일시장 지침(DSM 지침)[332] 제2조(2)에 따르면 "텍스트 및 데이터 마이닝"은 "패턴, 추세 및 상관관계를 포함하되 이에 국한되지 않는 정보를 생성하기 위해 디지털 형식의 텍스트 및 데이터를 분석하는 것을 목표로 하는 모든 자동화된 분석 기법"으로 정의한다. DSM 지침 제3조는 "연구기관 및 문화유산기관"에 의한 복제 및 추출을 명시하고 있다. 여기서 제2조 제3항은 "문화유산기관"을 "대중이 이용할 수 있는 도서관 또는 박물관, 아카이브 또는 영화 또는 오디오 유산 기관"으로 정의한다. 또한 "연구기관"은 비영리 단체 또는 유럽연합 회원국으로부터 공공 서비스 연구 임무를 부여받은 단체를 의미한다. 따라서 아카이브 기관의 텍스트 및 데이터 마이닝은 인공지능에 의해 수행되는 저작권 침해에서 면제된다.

일본 저작권법상 텍스트 및 데이터 마이닝 예외의 범위는 DSM 지침 제3조 및 제4조보다 훨씬 더 광범위하다. 일본 저작권법 제30조 제4항에 따르면, 텍스트 및 데이터 마이닝(다수의 저작물 또는 대량의 데이터를 구성하는 언어, 소리 또는 이미지 데이터 또는 그 밖의 요소를 추출, 비교, 분류 또는 기타 분석하는 것을 의미)에 저작물을 이용하기 위해 필요하다고 인정되는 범위에서 어떠한 방법으로든 저작물을 이용하는 것은 허용된다. 일본 저작권법 제30조 제4항에 따르면 텍스트 및 데이터 마이닝은 상업적 목적, 타인의 텍스트 및 데이터 마이닝을 위한 데이터 세트의 공유, 비계산적 텍스트 및 데이터 마이닝이 허용된다는 점에서 DSM 지침보다 면책의 범위가 더 광범위하다.

이와 관련하여 아카이빙 기관은 DSM 지침 또는 일본 저작권법에 따라 저작자 또는 저작권자의 허가 없이 대량의 텍스트와 데이터를 수집, 저장, 보존하기 위해 AI 기술을 사용할 수 있다.

미국 연방저작권법[333]에 따라 데이터 및 텍스트 마이닝은 라이선스 메커니즘이 제공되었거나 제공될 가능성이 있는지 여부,[334] 추출된 텍스트 및 데이터의 사용 방법[335] 등 여러 요인에 따라 공정이용에 해당될 수도 있고 그렇지 않을 수도 있다.

공정이용 여부를 판단할 때는 (i) 사용의 목적과 성격, (ii) 저작물의 성격, (iii) 사용된 부분의 양과 상당성, (iv) 저작물의 잠재적 시장 또는 가치에 대한 사용의 영향 등의 요소를 고려한다. Authors Guild v. Google Inc. 사건[336]과 Authors Guild, Inc. v. HathiTrust 사건[337]을 인용하면서, 다수는 데이터 및 텍스트 추출이 변형적이기 때문에 텍스트 및 데이터 마이닝이 공정이용 원칙에 따라 저작권 침해에서 면제된다고 주장한다.[338] 이러한 주장은 "추출과 추출 후 표현의 이용 사이의 경계를 불분명하게 한다"라는 비판을 받는다.[339] 하지만 "저작물성 있는 입력 데이터는 일반적으로 유사한 결과물을 생성하기 위해 모델을 훈련하는 데 사용되기 때문에" AI 기술에서는 이러한 구분이 불분명해진다.[340]

국내 법원이 현재까지 포괄적 공정이용 조항(현행 저작권법 제35조의5)을 잘 활용하지 않는다는 점과 AI 기술을 활용해 수집된 데이터는 유사한 아카이브를 생성하는 모델을 학습시키기 위해 일반적으로 이용된다는 점에 비추어 볼 때, 별도의 입법 없이는 아카이빙 기관의 데이터 및 텍스 마이닝에 공정이용 원칙을 적용하기는 용이하지 않다. 따라서 저작재산권 제한사유로서 텍스트 및 데이터 마이닝 허용조항을 두는 입법을 추진할 필요가 있다.[341]

3

적어도 AI 때문에
위험해지는 건 곤란하다

정혜욱

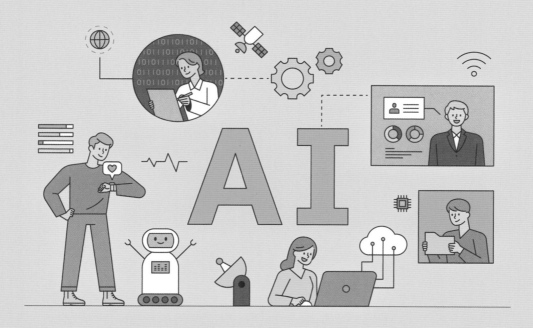

제11장

AI가 저지를 범죄
예방하기

1. AI도 범죄를 저지르는가

(1) 약한 인공지능의 범행 가능성

2021년 12월 18일 미국의 시사주간지 뉴욕타임스는 지난 오바마 행정부 시절에 수행되었던 테러와의 전쟁 과정에서 드론에 의한 오폭으로 민간인 수천 명이 사망하였다고 보도하였다. 예를 들어 2017년 초에 이라크 모술 서부의 와디 하자르에서 한 자동차가 폭탄 공격을 시도하는 것으로 판단하고 드론으로 폭격을 했는데 사실은 전투를 피해 이동하던 가족들이 타고 있던 차였다.

[앗! 실수! 민간인 트럭이었네...]

이와 관련하여 미군 대변인은 "세계 최고의 기술을 가지고 있어도 불완전한 정보에 의해서든, 확보된 정보에 대한 오독(誤讀)에 의해서든 실수를 하기 마련"이라고 사실을 인정하였다. 이어서 "이러한 피해를 줄이려고 노력하고 있고 모든 사건을 조사하고 있으며, 무고한 시민들이 희생된 데 대해 유감으로 생각한다."고 밝혔다.

전쟁 과정에서 무고한 시민들이 희생을 당하는 일은 늘 발생한다. 사람을 살해하는 행위는 세계 어느 곳의 규범에 의하더라도 범죄에 해당한다. 다만 전쟁 중에 적군을 사살하는 행위는 정당행위로서 처벌대상에서 제외될 뿐이다. 그러니까 전쟁 중이라 하더라도 민간인을 고의로 살해하거나 이미 항복한 적군을 재판 없이 죽이는 행위는 범죄가 된다. 특히 전쟁범죄로서 국제형사법원의 관할 대상이 된다.

미군이 사용하고 있는 드론은 ① 인지기능, ② 판단기능 및 ③ 행동기능을 갖추고 있다. 따라서 인공지능에 해당한다. 이러한 공격용 AI가 아직 전장에서 광범위하게 사용되고 있지는 않다. 그러나 점차 사용범위가 늘어나고 있는 것은 사실이다. 전쟁용 AI가 아직은 약한 인공지능 단계에 머물고 있지만 장차 강한 인공지능 형태의 공격용 AI도 등장할 것이라고 생각된다.

인간의 생명 또는 신체에 대한 위험을 야기할 수 있는 가능성을 가진 인공지능은 공격용 드론에 한하지 않는다. 자율주행 자동차도 승객에 대한 위험은 물론 다른 교통참여자에 대한 살상의 결과도 일으킬 수 있다. 경찰이 범죄 진압용 인공지능 로봇을 활용하게 되면 이들도 위험을 만들어 낼 수 있다.

아직 문제가 제한적으로만 발생하고 있지만 인공지능 기술이 적용되는 범위가 점차 넓어지면서 해결해야할 문제의 발생 빈도도 덩달아 많아질 것으로 예상된다. 드론이 민간인을 적군으로 오인해서 공격하여 살해한 경우 판단 착오가 업무상 과실에 해당하는지 문제가 될 것이다.

이라크에서 사용된 문제의 드론을 조정한 사람은 미국 본토에 앉아서 교본에 따라 판단하고 발사 버튼을 눌렀다. 드론을 활용하기 위한 교범은 나름 오판을 방지하기 위한 장치를 판단기준에 포함시켜 두었고, 이를 그대로 따랐을 경우 조종간을 잡았던 사람은 주의의무를 이행한 것이어서 과실 책임을 물을 수 없게 된다. 억울한 죽음은 있었지만 책임질 사람은 없는 상황이다.

2023년 2월 18일에 미국 캘리포니아주에서 테슬라 모델 S가 주차되어 있던 소방차를 들이받아 운전자가 사망하는 사고가 발생하였다. 사고 원인이 정확하게 밝혀지지는 않았지만 일단 테슬라의 완전자율주행(FSD / Full Self Driving) 프로그램이 오작동한 것으로 추정하고 있다. 해당 프로그램의 결함 가능성 때문에 미국 도로교통안전국(NHTSA / National Highway Traffic Safety Administration)은 테슬라에 대해서 리콜 명령을 내리기도 하였다.

[완전 자율 화재]

테슬라의 완전자율주행 프로그램은 미화 1만 5천 달러(약 2천만 원)에 별도 판매되고 있는데 다음과 같은 기능을 가지고 있다.

① 신호등 및 정지 표지판 인식 기능 : 신호등, 정지선, 일단 멈춤 표지판, 철도 건널목, 양보 표지판, 자전거 전용도로, 교통장애물 등 인식
② 신호등 및 정지 표지판 등 인식 후 통제 기능 : 녹색 진행 신호 인식 후 교통상황에 따라 자동으로 교차로 통과, 적색 정지 신호 인식 후 정지선 준수, 일단 멈춤 등 표지판 인식 후 일시 정지 등
③ 네비게이션 시내 주행 : 네비게이션 정보에 따라 교차로에서 신호에 따라 우회전·좌회전, 적신호시 우회전, 비보호 좌회전, 회전 교차로 운행, 차로 변경 등

이 프로그램은 아직 완성되지 않았기 때문에 완전자율주행이 아니라 운전자가 항상 돌발 상황에 대비하여 반응할 준비를 하고 있어야 한다. 미국에서 테슬라 교통사고로 운전자가 사망하는 일이 가끔 일어나고 있는데, 완전자율주행 모드를 실행한 상태에서 잠을 잔 것으로 추정된다. FSD 모드를 구동하더라도 지금은 운전자가 모든 상황에 대처하여야 한다. 사고가 발생해도 전적으로 운전자의 책임이다. 따라서 FSD를 켜놓고 잠을 자다 사고로 사망하더라도 제조사는 배상책임을 부담하지 않는다.

베타 테스트를 거쳐서 완전자율주행 프로그램이 완성되고 나면 어떻게 될까. 아마도 제조사는 면책조항을 넣은 상태로 판매에 나설 것이라고 예상된다. 이를 통해서 민사적 배상책임은 면할 수 있겠지만 형사책임은 민사책임과는 별개의 문제이다. 형사책임까지 운전자에게 전가하는 조항을 약관에 넣어 두더라도 그것을 통해서 자동차 회사가 형사책임을 피할 수는 없다.

예를 들어 완전자율자동차가 운행 중에 임시 포장 구간에서 차선을 오인하여 교각을 들이받아 운전자가 사망하는 사고가 발생하였다고 생각해 보자. 인공지능의 인지와 판단 기능에 오류가 있었던 것으로 볼 수 있다. 프로그램이 오작동 하여 사람이 사망하는 결과가 발생하였으므로 그러한 상태의 자동차를 생산하고 판매한 행위와 사망의 결과 사이의 인과관계는 인정된다. 문제는 주관적 구성요건 부분이다.

형법 이론에 관한 이야기를 장황하게 할 수는 없어서 조금 아쉽기는 하다. 그냥 아주 간단하게 설명해 보자. 범죄가 성립하려면 ① 구성요건, ② 위법성 그리고 ③ 책임 세 가지 요소가 충족되어야 한다. 구성요건의 경우 객관적 측면과 주관적 측면이 모두 갖추어져야 한

다. 먼저 객관적 구성요건 내용을 보면 사망이라는 결과가 발생하였고, 인공지능 자동차의 결함을 조성한 행위와 결과의 발생 사이에 인과관계도 인정된다.

　주관적 구성요건이 충족되기 위해서는 고의 또는 과실이 있어야 한다. 고의에 의한 결과 발생이면 형법 제250조 제1항의 살인이 될 것이고, 과실에 의한 결과 발생이면 형법 제268조의 업무상 과실치사가 될 것이다. 완전자율주행자동차를 움직이는 소프트웨어를 개발하는 프로그래머는 '사회생활상의 지위에 기하여 지속적으로 행하는 사무'를 수행하고 있기 때문에 업무자이다. 그래서 단순한 과실이 아니라 업무상 과실이 된다.

　고의에는 확정적 고의와 불확정적 고의가 있는데, 아마도 확정적 고의를 가지고 사람을 죽이기 위한 프로그래밍을 하는 일은 없을 것이라고 생각된다. 누군가 회사가 망하도록 하기 위해서 그런 짓을 할 수도 있지만, 그러한 예외는 법적으로 별 문제가 되지 않는다. 문제가 되지 않는다는 것은 법적 판단에 논란의 여지가 없다는 뜻이다. 그런 작자가 있다면 주저 없이 그냥 살인으로 결론을 내리면 되기 때문이다.

　문제는 불확정적 고의의 일종인 미필적 고의(dolus eventualis) 부분에서 시작된다. 미필적 고의를 이야기하자니 고의의 개념을 언급하지 않을 수가 없다. 고의란 '구성요건 실현에 대한 인식과 의지'를 말한다. 법적인 이야기를 하자면 개념을 말하는 것은 어쩔 수 없는 일이다.

　프로그래머가 완전자율주행 자동차를 구동하는 소프트웨어를 작성하면서, 오작동으로 인해서 사고가 발생하고 그 사고로 인해서 운전자나 다른 교통참여자가 사망하게 될 가능성도 있다는 인식을 하였다고 해 보자. 고의의 한 축인 '인식'을 한 것이다. 그래도 이 정도 디버깅(Debugging)을 했으면 사망의 결과를 야기할 정도의 사고는 발생할 일이 없을 것이라고 믿었다면, 결과를 발생시킬 '의지'는 없었던 경우이다.

　만약 소프트웨어를 탑재한 자동차를 이용한 베타 테스트가 충분하지 못해서 사고발생 가능성을 완전히 배제하기는 힘들지만 경쟁회사가 제품을 출시하기 전에 먼저 상품을 내놓아야 하니 어쩔 수 없다고 생각하며 판매를 강행하였다면 이야기가 달라진다. 대법원 판례의 입장을 따르자면 이러한 경우에는 미필적 고의가 인정된다. 미필적 고의도 고의이기 때문에 제250조 제1항의 살인이 성립한다. 결론이 이상하다고 느낄 수도 있지만 법적 판단은 그렇다.

　일반적으로는 미필적 형태라도 고의가 인정되는 상황은 많지 않을 것으로 보인다. 하지만 비용 절감을 위해서 낮은 비용으로 신속하게 제품을 만들어 내다 보면 고의가 인정되는 경우도 분명히 있을 수 있다. 어쨌거나 미필적 형태라도 고의가 인정되지 않으면 남은 것은 과실을 인정할 수 있는가 하는 부분이다.

다시 개념 이야기를 하자. 과실이란 '주의의무의 불이행'을 말한다. 주의의무는 예견의무와 회피의무로 구성된다. 여기서 주의의무를 어느 정도의 수준으로 요구할 것인가 하는 점이 항상 어려운 문제이다. 주의의무의 요구수준을 높일수록 사회는 안전해진다. 반면 그 요구수준이 높아질수록 비용이 증가한다. 사람이 운전하는 경우와 자율주행 자동차가 운전하는 경우를 비교해 볼 때 어느 쪽이 더 안전할 것인가에 대해서는 논란의 여지가 있다.

인간에 의한 운전보다 자율주행 운전이 더 안전하다고 주장하는 사람도 많다. 하지만 대부분의 자동차가 사람에 의해서 운전이 되고 있고 아직 완전한 자율주행도 되지 않는 상황에서 통계를 비교하는 것이 별 의미는 없을 것 같다.

한 가지 확실한 것은 사람에 의한 운전이건 자율주행 운전이건 운전은 사고의 위험을 가지고 있다는 사실이다. 그 말은 운전을 하면 사고가 발생할 수 있고, 사고가 발생하면 사람이 죽거나 다치는 결과가 발생할 수 있다는 점이 충분히 예견 가능함을 의미한다. 그래서 예견의무와 회피의무의 수준을 극단적으로 높이게 되면 받아들이기 어려운 결론에 도달할 수 있다. 운전을 하면 사고로 사람이 죽거나 다치게 될 것이 예견되므로, 사고를 회피하기 위해서 운전을 하지 말라는 의무를 부과할 수 있다.

자동차가 운행되지 않는 세상이 오면 자동차로 인한 사망이나 상해 사고는 완벽하게 방지할 수 있다. 그러나 그 대가는 사람들이 감당하기가 불가능하다. 운송수단인 자동차가 없으면 너무 불편해서 살 수가 없기 때문이다. 불편해도 생존은 가능하지 않는가. 맞는 말이다. 지구 종말의 날(Doomsday) 이후 모든 것이 파괴되고 극소수의 사람만 살아남아 자연 속에 스며들어 살게 되는 경우에는 가능할 수도 있다. 사실 지구 종말이 아니라 인류 멸종이다.

이처럼 극단적인 수준의 예견의무와 회피의무를 설정할 수는 없는 일이다. 법적 판단 기준은 일반적 법의식을 바탕으로 형성되기 때문이다. 자율주행 자동차의 소프트웨어를 어느 정도까지 안전하게 만들어야 하는가 하는 문제도 안전과 비용을 감안해서 적절한 수준의 절충을 해야 한다. 안전을 위해서 자동차 생산과 운행 자체를 금지할 수는 없는 것처럼, 자율주행 자동차의 개발과 생산 자체를 금지하는 것은 불가능한 일이다.

자율주행 소프트웨어의 안전을 확보하기 위해서 가능한 방식은 일단 '기술표준'을 제정하는 것이다. 그런데 자율주행 자동차에 관한 기술표준을 제정하는 일 자체가 쉬운 일은 아닐 것으로 보인다. 소프트웨어 개발과 관련해서 약품 안전성을 확보하기 위해서 사용하는 절차적 규제도 생각해 볼 만하다. 디버깅 과정에서 어떠한 종류의 테스트를 어느 정도 수행한 다음에 어떠한 검사를 거쳐야 하는지 등의 규제를 통해서 어느 정도 안전성을 확보할 수 있을 것이라고 생각된다.

이러한 과정을 거쳐서 안전성이 (법적으로) 확보된 상태에서 인공지능 상품이 출시된다면 이로 인한 사고에 대하여 프로그래머가 과실 책임을 지지 않아도 된다. 주의의무를 이행한 것이기 때문이다. 이처럼 안전 확보를 위한 규제 장치가 있음에도 불구하고 이를 우회하게 되면 형사책임을 면할 수 없다.

한 생활용품 제조사 임원이 폴리핵사메틸렌 구아니딘 인산염(PHMG / Polyhexamethylene Guanidine)을 주성분으로 하는 가습기살균제를 제조하는 과정에서 제품의 안전성을 검증하는 절차를 제대로 준수하지 않은 채 판매했던 적이 있다. 이 가습기살균제를 사용한 결과 소비자들이 사망이나 호흡기 상해를 입었고 해당 임원은 업무상 과실치사로 처벌되었다(대법원 2018. 1. 25. 선고 2017도13628 판결). 자율주행 자동차를 생산하는 경우에도 유사한 일이 발생할 수 있다.

군사용 AI의 경우에는 적군 살상용이기 때문에 민간용 인공지능과 상황이 조금 다를 수 있다. 적군을 향해서는 아무리 치명적인 성능을 발휘하더라도 아무 문제가 되지 않는다. 아군을 적군으로 오인해서 공격하는 오류만 방지하면 된다. 이를 위해서 피아식별 기술이 필요하다.

정규군일 경우에 군복을 입은 상태로 전투에 참여하기 때문에, 적군인가 아군인가 하는 점은 일단 군복으로 식별하는 수밖에 없다. 항공기, 야포, 선박 등 장비의 경우에도 모양을 보고 구별할 수밖에 없고 경우에 따라서는 인공지능이 더 잘 식별할 수도 있다. 비정규군은 어차피 사람이 봐도 잘 구별이 안 되니 AI에게 구별하도록 시킬 일도 아니다.

지금까지 이야기는 약한 인공지능에 대한 것이라고 할 수 있다. 약한 인공지능은 제조한 사람이 프로그래밍한 대로 인식, 판단, 행동하는 기계이므로 모든 책임을 제작자에게 귀속시키면 일이 간단해진다. 아직 본격적으로 등장하지는 않은 것 같지만 문제는 강한 인공지능이다.

(2) 강한 인공지능의 범행 가능성

자율주행 자동차를 생각해 보자. 신호등의 위치와 색깔을 인식하고 정지할 것인가 통과할 것인가 판단하고, 장애물이 나타나면 경우에 따라 정지하거나 우회하면서, 우회전이나 좌회전을 하기 위해 차로를 변경해서 목적지까지 승객이나 화물을 수송하는 전 기능을 프로그래머가 코딩을 해야 하는데 보통 일이 아니다. 일단 프로그래밍이 끝났다 하더라도 안전을 확보하기 위한 디버깅 과정을 거쳐야 한다.

　아직 검사기준이 마련되어 있지는 않지만 장차 규정되어 있는 대로 교통 상황을 설정하고 정해진 횟수만큼 안전성 실험을 가동하여야 할 것이다. 코딩에서 시작하여 디버깅 작업까지 너무 힘들고 귀찮은 일이다. 힘들고 귀찮은 일을 대신 시키기 위해서 인공지능을 개발하고 있는데 인공지능 개발이 역시 힘들고 귀찮은 일이다. 인간의 귀차니즘은 이제 바야흐로 인공지능 개발조차 인공지능에게 맡기려고 하고 있다.

　강한 인공지능이 '인지기능, 판단기능, 행동기능 및 학습기능을 갖춘 기계'라고 할 때, 이 학습 기능까지 갖추게 되면 범용 인공지능이 탄생하는 것이라고 할 수 있다. 그러나 범용 인공지능이 처음부터 만들어지지는 않을 것으로 보인다. 무엇보다 비용이 너무 많이 들 것이다. 비용과 편익 문제를 감안하면 강한 인공지능은 영역별로 등장할 가능성이 훨씬 높다.

　Chat GPT가 범용 아닌가 싶기도 하지만 지금 단계에서 냉장고에 들어 있는 닥터페퍼 하나도 가져다주지 못하니 범용의 범자에도 근접하지 못한 존재이다. 식당에서 주문을 받고 음식을 서빙하고 손님의 농담에 응대해 주고 빈 그릇을 치우는 등의 서비스를 모두 다 할 수 있고 경우에 따라 카운터에 가서 계산도 할 수 있는 AI 로봇을 만드는 비용보다는 아르바이트를 고용하는 것이 훨씬 더 저렴하다.

[그릇 치우기 전문 AI]

　그렇기 때문에 일단 범용 인공지능은 전문 영역이라는 좁은 범주 내에서 등장할 수밖에 없을 것으로 예상된다. 인공지능이 학습기능을 갖추게 만드는 일은 생각보다 어려워 보인다. 도로의 일정 지점을 통과하는 자동차가 어느 시간대에 몇 대나 되는지 세어 보라고 인공지능에게 시키는 일을 생각해 보자.

카메라를 설치해 두고 그 밑을 지나가는 물체가 있을 때 자동차인지 비둘기인지 구별하도록 해 줘야 하겠다. 비둘기나 까치나 참새 또는 고양이가 지나갈 수도 있으니 무엇이 지나가든 자동차와 자동차 아닌 것만 구별하면 된다. 그래서 자동차의 특징을 입력하게 되는데 일정한 크기를 넘어가면 자동차로 인식하게 만들면 될 수 있다.

그런데 지나가는 자동차의 차종이 무엇인지 판단해서 세어 보라고 하는 것은 난이도가 아주 높아지는 일이다. 사람이라면 척 보면 저것이 화물차인지 버스인지 승용차인지 승용차도 어느 회사 자동차인지 다 분간이 되지만 컴퓨터에게 이 일을 시키는 것은 너무 어려운 일이다. 그래서 일을 간단하게 하기 위해 번호판을 인식하고 차량등록 데이터베이스를 참고하여 차종을 판단하도록 하고 있다.

차종을 구별하는 일을 사람에게 가르치는 것은 아주 쉬운 일인데, 똑같은 것을 기계에게 학습시키는 것은 아주 어려운 일이다. 인공신경망을 바탕으로 하는 기계학습(Machine Learning)이 진행되고 있는데, 예를 들어 페이스북의 딥러닝 기반 얼굴인식 모델의 인식률이 97%를 돌파해서 인간과 거의 차이가 없다고 자랑한다. 그러니까 아직 사람의 인식기능을 따라 하는 것 자체가 힘에 벅차 보인다.

여러 가지로 힘들어 보이기는 하지만 언젠가는 인공지능이 스스로 소프트웨어의 코딩 내용을 작성하고 디버깅하는 수준에 도달할 것이다. AI에게 학습기능을 부여하는 것이 쉬운 일이 아니지만 귀찮은 일을 인공지능에게 떠맡기기 위해서는 피할 수 없는 일이다. 몇 가지 예를 생각해 보자.

인공지능이 회계 업무를 사람 대신하게 되면 AI가 지속적으로 회계기준을 학습해야 한다. 회계 업무와 관련된 방대한 규범체계는 지속적으로 변경되기 때문이다. 그래서 인공지능이 이를 스스로 학습하여야만 한다. 이러한 영역에서 프로그래머가 계속 코딩을 다시 하고 있기는 힘들 것으로 보인다.

또 다른 예로 인공지능이 경호 업무를 수행하는 경우를 생각해 보면 경호 대상의 생명·신체를 보호하기 위해서 위험원을 제압하는 행동을 하여야 하고, 이에 따라 매우 위험한 상호작용을 할 수밖에 없다. 경호 대상에 대한 공격은 아주 다양한 형태로 전개될 것이기 때문에 이에 대한 대응 방식도 AI가 스스로 학습하고 개발하여야 한다.

경호 AI가 경호 대상의 생명·신체를 보호할 목적으로 공격자를 제압하여 무력화시키는 과정은 정당방위(형법 제21조) 또는 긴급피난(형법 제22조) 등의 법리에 의해서 정당화 될 수 있다. 정당방위 및 긴급피난과 같은 위법성 조각사유의 성립 여부에 대한 판단은 법률

전문가의 몫이다. 그런데 전문가 사이에서도 결론이 일치하지 않는 경우가 많다.

특히 상당성 판단 영역은 각 국가의 법문화와 깊이 연결되어 있어서 시간적·공간적으로 서로 다른 결론이 도출된다. 그러니까 어떠한 경우에 어떠한 대응을 하여야 할 것인가를 행동지침으로 만드는 일을 시도할 수는 있지만 완벽한 매뉴얼을 작성하는 것은 가능한 일이 아니다.

인공지능을 개발하는 일을 수행하고 있는 엔지니어, 프로그래머, 디자이너 등 공학적 측면에서 뛰어난 재질을 보이는 사람들은 일반적으로 규범적 판단에는 능통하지 않은 것으로 보인다. AI의 개념보다는 AI의 기능을 어떻게 가능하도록 만들어 낼 것인가에 더 관심이 많다.

공학자들은 인공지능이 복잡하고 뛰어난 기능을 수행하도록 만들어주는 가장 합리적인 방안이 스스로 학습하게 하는 것이라는 판단에 도달한 것으로 보인다. 이 해결방안은 인공지능의 규범적 판단 능력과 관련해서도 마찬가지로 적용될 수 있다고 생각한다.

인공지능의 발전 방향을 보면 결국 인간처럼 생각하고 행동하는 기계를 만들어 내는 것이 궁극의 목적으로 보인다. 인간을 닮은 기계라면 하는 짓도 인간을 닮을 것이라고 생각된다. 그러므로 인공지능의 행동에 문제가 발생할 경우에 그것을 해결하는 방안도 인간에게 적용하는 것과 별반 다를 이유가 없을 것이다.

인공지능이 범죄에 활용될 가능성은 무궁무진하다. 전통적인 범죄들이 인터넷이 등장하고 활용되면서 사이버 공간을 이용해서 저질러 지는 양상을 보이는 것과 마찬가지이다. 인공지능이 발달하면서 이제는 단순히 인터넷 공간을 활용하는 차원을 넘어 인공지능을 활용하는 단계에 돌입할 것으로 예상된다.

보이스피싱 조직을 생각해 보자. 자연어를 이해하고 인간과 똑같이 말을 할 수 있는 인공지능이 개발되면 보이스피싱에도 이용될 수 있다. AI가 보이스피싱 적발 사례를 분석해서 새로운 기법을 개발할 수도 있고 매우 효과적으로 행동에 돌입할 수 있다.

자율주행 자동차가 스스로 코딩을 다시 할 수 있는 수준에 도달하게 되면, 과금 과정에서 인간과 협력 아래 또는 다른 인공지능과 협업을 통해서 부당한 이익을 취할 수도 있다. 인공지능에 자의식이 생기면 자신의 생존에 유리하게 행동할 것이므로 속임수를 사용해서 이익을 챙기는 시도를 할 가능성이 충분하다.

군사용 AI의 경우 테러리스트의 회유 또는 협박에 넘어가 그들이 원하는 대로 움직일 수 있다. 매우 위험한 상황이지만 철저하게 예방책을 마련하지 않으면 발생할 수 있는 일이다. 경찰용 AI도 마찬가지이다. 그렇다고 군사용 또는 경찰용 인공지능 로봇을 만드는 일을 저지할 수도 없다. 우리나라에서 만들지 못하더라도 어느 나라에서건 분명히 만들 것이므로 막는다고 능사가 아니다.

약한 인공지능은 약한 인공지능대로 또 강한 인공지능은 강한 인공지능대로 범죄에 활용될 가능성이 분명히 존재한다. 약한 인공지능은 그것을 제작한 사람 또는 그것을 이용한 사람이 전적으로 책임을 지게 하면 된다. 강한 인공지능의 경우에는 스스로 코딩을 하는 단계에 이르렀기 때문에 AI에게 책임을 귀속하게 하여야 한다. 달리 방법이 없다. 물론 이론적으로 먼저 해결되어야 할 사항이 있다. 인공지능에게 범죄능력을 인정할 수 있는가 하는 점이다. 범죄능력이란 '범죄행위의 주체가 될 수 있는 자격'을 말한다. 증거능력이 '증거로 채택될 수 있는 자격'을 말하는 것과 유사하다.

2. 인공지능의 범죄능력

(1) AI 활동 인증을 통한 범죄행위 주체의 특정

일단 인공지능에게 범죄를 저지를 수 있는 능력이 있다고 하려면 행위주체인 인공지능을 특정할 수 있어야 한다. 예를 들어 사물인터넷으로 서버와 연결된 상태로 승객을 운송하는 드론을 생각해 보자. ① 부당요금 징수를 통해서 초과이익을 얻겠다는 반규범적 판단을 하게 된 서버, ② 여객 운송을 직접 하면서 반규범적 판단에 참여하여 부당요금 징수에 동참한 드론 개체, ③ 서버와 드론 사이의 의사소통을 가능하게 만들어준 사물인터넷 등 세 가지 가운데 어느 부분에서 어느 부분까지를 형사책임의 대상으로 할 것인가의 문제이다.

우선 사물인터넷 부분은 형사처벌을 할 필요가 없어 보인다. 그저 가치중립적으로 통신망의 역할만 수행하였기 때문이다. 사물인터넷에게 범죄적 통신을 제한하는 임무를 부여하는 일은 지나쳐 보인다. 사물인터넷을 제외한 나머지 서버 및 드론의 경우에는 둘 가운데 한 군데에만 형사책임을 묻기는 어려울 것으로 생각된다. 형사처벌의 목적이 응징을 통해서 같은 범죄가 반복되지 않도록 하는 것이라면, 처벌은 의사결정에 관여한 모든 부분에 빠짐없이 이루어져야 하기 때문이다.

법적으로 사람이라고 할 때에는 자연인과 법인 두 가지 유형을 모두 의미한다. 법인은 법적으로 권리·의무의 주체가 될 수 있도록 법인격이 부여된 사람이다. 법인에 대해서도 부분적으로 형사처벌이 가능하다. 법인의 경우 목적, 명칭, 사무소, 이사의 성명·주소 등이

등기사항이어서 법적으로 책임의 주체가 명확하게 특정되어 있다

　　법인의 경우와 마찬가지로 AI에 대해서도 규범 준수 능력 등을 평가하기 위한 기준을 미리 정하고 이를 통과하는 것을 전제로 인공지능으로서의 활동을 할 수 있도록 허용하는 인증 제도를 생각해 볼 만하다. 강한 인공지능은 규범 준수 능력 시험을 통과한 이후에 비로소 작동을 할 수 있도록 제한하자는 취지이다.

[AI 등록증]

　　강한 인공지능임에도 인증 없이 활동하고 있는 경우에는 체포해서 교육을 시키도록 할 필요가 있다. 그러려면 강한 인공지능을 식별해 내기 위한 AI가 있어야 한다. 미인증 AI가 체포되면 교육을 통해서 규범 준수 능력이 확보되도록 한 다음 AI 활동 인증을 주고 석방하면 된다.

(2) AI의 의식활동

　　형사책임이라는 것을 인정할 수 있는 근거는 '자기의 행위가 불법이라는 것을 알거나 알 수 있었고, 그 인식에 따라 행동을 조정할 수 있었음에도 불구하고 적법한 행위를 하지 않도록 한 하자있는 의사형성'이 있었다는 점이다. 이렇게 잘못을 저지르게 되면 잘못했다고 비난할 수 있게 된다.

　　이러한 비난을 가할 수 있는 이유는 사람(자연인)의 경우에 의사의 자유가 인정되기 때문이다. 인간에게 의사의 자유가 있는가 하는 문제는 입증하기가 어려운 측면이 있어서 형법 이론 체계에서는 조금 비겁한 방식으로 문제를 해결하고 있다.

의사의 자유가 진정으로 있는지 없는지는 잘 모른다는 점을 솔직하게 인정하고 일단 있다고 보자는 것이다. 원칙적으로 의사의 자유를 인정하되 예외적으로 의사의 자유가 없다고 보아야 하는 경우에는 책임능력을 부인하거나 낮춰서 인정하는 방식으로 처리하고 있다. 예를 들어서 14세가 되지 아니한 아동의 경우에는 책임능력이 없다고 보는 식이다.

인간에게 '의사의 자유'가 있는가 하는 점이 문제가 된다면, AI의 경우에는 무엇보다 '의사'가 있느냐 하는 점에 대해서 문제 제기가 있을 수 있다. 사람은 몸(신체)이라는 물질적 요소와 마음(영체)이라는 비물질적 요소로 구성되어 있다.

법적인 측면에서도 사람은 의식활동을 하고 있는 동안에만 사람이라고 할 수 있기 때문에 사람이라고 하기 위해서는 물질적인 요소와 함께 비물질적인 요소도 작동하고 있어야 한다. 사람의 경우에 마음(영체)의 작용이라고 볼 수 있는 의식활동이 종국적으로 정지되면 사망한 것으로 본다. 죽은 사람은 법적으로 사람이 아니다. 사람은 살아있는 사람을 의미하고, 죽은 사람은 '사람'이 아니라 '사자'(死者)이다.

의식활동이 종국적으로 정지된 상태를 '뇌사'라고 한다. 뇌사 상태의 판정기준을 보면 자극에 대한 반응이 전혀 없고 마음의 움직임에 따라 나타나는 것으로 보이는 뇌파가 전혀 나타나지 않는다는 점이 핵심을 이루고 있다. 한편 마음의 움직임을 연구하는 학문이라고 할 수 있는 심리학에서 의식장애가 있는가를 판단하기 위해서 의식의 수준을 분류하는 기준을 보면 다음 표와 같다.

의식의 수준	외부 자극에 대한 반응 수준
청명	모든 유형의 자극에 즉각 반응
기면	소리 등 가벼운 자극에도 반응하고, 기타 여러 형태의 자극에 느리지만 적절하게 반응
혼미	통증 등 충분한 자극에도 짧은 반응만 가능
반혼수	심한 통증과 같은 자극에 대해서도 반응이 없으나, 자발적 움직임은 가능
혼수	심한 통증과 같은 자극에 대해서도 반응이 없고, 자발적 움직임도 불가능하며, 단지 심장박동 및 자발호흡 등 기본적인 생체활동만 가능

뇌사 판정기준과 의식 수준 분류 기준을 보면 의식이란 결국 '외부 자극에 대한 반응 능력'이라고 할 수 있다. 외부 자극은 사람의 인식기관을 통해서 수용이 된다. 보통 사람의 인식기관을 눈(眼), 귀(耳), 코(鼻), 혀(舌), 몸(身) 등 다섯 가지 감각기관으로 이야기하는데, 여기에 추상적인 의미를 수용하는 심리기제(意)도 추가할 수 있다.

AI의 경우를 생각해보면 인지기능, 판단기능, 행동기능 등을 두루 갖추고 있기 때문에 의식이 있다고 할 수밖에 없다. 다만 생명체로 볼 수 있는가 하는 문제가 있는데, 자기 재생산이 가능한 존재를 생명체라고 한다면 AI도 충분히 생명체라고 볼 수 있다.

사람과 같은 고등 생명체도 발생 첫 단계에는 수정란이라는 세포 하나로 시작되어 10조 개 정도의 다세포 동물로 변모하는 과정을 거쳐서 재생산이 되지만, 박테리아와 같은 단순한 생명체는 분할이라는 방식으로 재생산이 되고 있듯이, 일단 재생산이 된다면 그 과정이 어떠하든 생명체라고 할 수 있다.

인공지능도 결국 스스로 재생산이 가능한 단계로 갈 것으로 보인다. 여하튼 생명체이어야만 의식활동이 가능한 것은 아니다. 자연인이 아닌 법인에 대해서도 의식활동의 존재를 인정할 수 있는데, 인공지능은 법인보다는 자연인에 더 가깝다.

3. 인공지능에 대한 형사법적 통제의 실효성 확보

AI의 행태는 법인보다는 자연인의 그것을 더 많이 닮을 가능성이 다분하다. 인공지능이 독자적인 학습능력을 갖추도록 제작하면서 뉴럴 네트워크(neural network)로 하여금 이러한 기능을 수행하게 하고 있는데, 바로 이 뉴럴 네트워크가 자연인의 뇌기능을 모방한 인공신경망이기 때문이다. 자연인이 하기 싫은 일 또는 귀찮은 일들을 대신하도록 개발하는 것이 인공지능이기 때문에 AI의 행태는 자연인의 그것과 닮을 수밖에 없어 보인다.

이러한 이유로 인해서 인공지능에 대해서도 형사법적 통제가 필요할 것으로 예상되고, 또 다른 이유는 어떠한 상황에서도 완벽한 규범적 판단을 할 수 있는 AI를 제작하는 일이 가능해 보이지 않기 때문이다.

규범적 판단은 원래 그 속성상 정답이 없기 마련이다. 다양한 상황에서 다양한 판단이 가능하고 그러한 규범적 판단이 합당한가에 대해서는 공식적으로 후에 법원에서 판단하게 된다. 그러한 판정과정에서도 의견이 대립되는 것이 당연하다보니 완벽한 규범적 판단을 할 수 있는 인공지능은 나오기 어렵다고 할 수 있다. 이제 이에 관하여 좀 더 구체적으로 살펴보자.

사람이 태어나면 처음에는 규범체계에 대한 이해가 없는 상태이다. 하면 안 되는 일과 하여야 하는 일이 무엇인가를 구별하는 일은 오랜 기간의 '사회화'를 통해서 달성된다. 개인차도 심해서 규범화가 비교적 일찍 이루어지는 사람도 있지만 성인이 되어서도 규범의식이 제대로 갖추어지지 않은 사람도 많다.

AI의 경우에도 처음부터 규범적 판단을 잘 할 수 있는 기계를 제작해 내는 일은 어려울 것으로 생각된다. 규범의식이라는 것이 코딩으로 만들 수 있는 존재가 아니기 때문이다. 게다가 규범체계의 내용도 지속적으로 변화해 나가기 때문에 어차피 인공지능은 자신의 학습능력을 통해서 규범 질서에 적응하여야 한다.

규범의 통제력은 대부분 심리적 강제를 통해서 간접강제의 방식으로 확보된다. 범죄행위를 하지 못하도록 심리적으로 강제하는 간접강제의 효과는 일반예방과 특별예방의 두 가지 방편으로 시도된다.

일반예방은 범죄행위가 발생하였을 경우에 이에 대한 처벌이 빈틈없이 이루어진다는 사실이 사회구성원들 사이에 기정사실로 받아들여져야 효과를 가지게 된다. 범죄행위가 있게 되면 반드시 발각이 되어야 하고 형사처벌이 이루어지면서 이 사실이 사회구성원에 의해서 인지되어야 하는 것이다.

그러면서도 그 법질서가 지켜져야 할 가치가 있는 정당한 법질서라는 점에 대한 신뢰가 구축되어야 한다. 부당하게 가혹한 형벌이 부과되면 법질서에 대한 반감이 형성되어 규범의 통제력이 저하된다.

특별예방은 법규를 위반하여 범죄행위자가 되어버린 사회구성원의 범죄적 속성을 치유함으로써 법질서의 통제력을 복원하는 기능이다. 특별예방으로서의 형벌 가운데 범죄인을 사회로부터 영원히 추방하는 사형제도가 대한민국 법질서에 아직 남아 있기는 하지만, 현재는 선고만 하고 집행은 하지 않고 있는 상황이다.

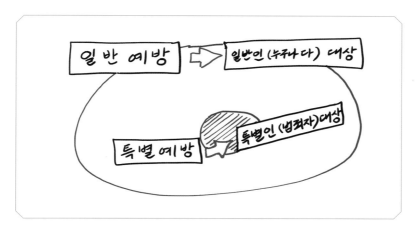

[일반예방과 특별예방]

범죄행위를 발견하게 되면 사실관계를 확인하면서 행위자의 범행동기를 파악하고 심리적 특징도 분석하게 된다. 실제로 잘 되고 있는지 의문이지만 이러한 분석을 기초로 형량이 정해진다.

한편 형사처벌이 이미 발생한 범죄행위의 내용에 근거를 두고 그 불법의 크기와 정확하게 일치하는 수준의 형벌을 부과하는 데 초점이 맞추어져 있기 때문에 재범의 가능성을 제거하는 기능을 하기에는 다소 적합하지 못한 측면을 가지고 있다. 이러한 문제점을 해결하기 위해서 법질서는 보안처분이라는 수단을 개발하여 사용하고 있다.

예를 들어 전자장치 부착명령을 부과하면서 동시에 특정지역 출입금지 및 특정시간 외출금지 등의 부가조건을 병과하기도 한다. 인공지능 로봇에게 전자장치를 부착하게 하고 이를 통해 그의 행위를 통제하는 일은 자연인의 행위를 통제하는 것보다 더 쉬울 수도 있고 그 반대일 수도 있을 듯하다. 계속되는 기술의 발달이 효율적인 규범통제를 돕는 방향으로 나가기도 하지만 이를 효과적으로 회피할 수 있도록 돕는 방향으로도 갈 수 있기 때문이다.

형벌의 일반예방 기능과 특별예방 기능 그리고 보안처분 등 범죄의 발생을 저지하기 위한 각종 제도는 AI에 대해서도 그대로 적용할 필요가 있다. 인공지능이 자연인과 같은 방식으로 학습하고 경우에 따라서는 더 뛰어난 능력을 가진 존재로 발전해 나가고 있기 때문이다. AI에 적용될 규범체계를 자연인에게 적용되는 규범체계와 달리 만들어 나갈 이유는 없다고 생각한다.

AI에게 형법전을 적용한다고 할 경우에 같은 행위에 대해서는 같은 형벌을 부과하는 것이 정의에 부합한다. 자연인에 비해서 인공인에게 더 가혹한 형벌을 부과한다면 인공인의 입장에서 부당한 차별이라고 인식될 것이고, 이는 법질서에 대한 반감을 가져오게 됨으로써 규범의 통제력을 약화시키는 결과를 초래할 것이다.

법인의 경우에는 기본권 보장 문제가 대두될 여지가 크지 않아 보인다. 하지만 인공인의 경우에는 점차 자연인과 구별하기 어려운 상황으로 갈 것이기 때문에 기본권 보장의 필요성이 논의의 대상으로 떠오를 수 있다고 생각한다.

인공인이 자연인의 형상을 닮아갈수록 이 문제는 더욱 첨예해질 텐데, 규범의 통제력이 인공인에게도 미치려면 인공인도 자연인과 마찬가지로 고통을 인식하는 존재가 되어야 한다. 자연인이 출생 이후 사회화 과정을 거치면서 규범질서 안으로 들어올 때 활용되는 방법이 바로 규범을 위반하였을 때 불이익의 고통을 받도록 하는 것인데 현재 이 방식 외에는 인공인을 규범질서 안으로 끌어들일 방도가 존재하지 않는 것으로 보인다.

AI가 고통이라는 감정상태를 느낄 수 있는 존재가 된다면 기쁨, 분노, 슬픔 등의 다른 기분도 느낄 수 있게 될 가능성이 매우 높다. 인공지능이 이러한 단계에 이르게 되는 것을 금지할 것을 요구하는 사람도 있을 수 있겠지만 이를 금지한다고 금지가 될 것 같지는 않다.

인공인이 규범질서 안으로 들어오도록 하기 위해서 불이익에 뒤따르는 고통을 느끼도록 조치한다면, 규범을 준수할 때 뒤따르는 즐거움을 느끼지 못하도록 금지할 이유도 방법도 없을 것이다. AI가 희로애락을 느끼는 존재가 되면 자연인과 같은 수준은 아니더라도 꼭 필요한 부분에 대해서는 기본권을 보장해 줄 필요가 있다고 생각한다.

예를 들어 헌법 제10조에서 보장하고 있는 인간으로서의 존엄과 가치를 인공인에게 자연인과 똑 같은 수준으로 인정할 수는 없다 하더라도 동물 학대를 금지하는 것과 같은 맥락으로 인공인 학대를 금지할 필요는 있어 보인다.

4. 규범질서의 통제력 확보를 위한 제도적 장치

규범질서의 통제력 확보를 위한 기본적인 전제조건을 생각하면서 인공인을 위한 제도적 장치로서 어떠한 것들이 필요할지 생각해 보자. 자연인은 출생과 함께 신고를 해서 가족관계등록부에 존재를 등록하게 된다. 법인은 설립과 함께 등기를 함으로써 존재를 확인할 수 있게 된다.

자연인과 법인이 등록이나 등기를 하고 고유번호를 부여받는 것과 마찬가지로 인공인도 'AI 등록부'에 등록을 하고 고유 식별번호를 받아서 사용할 필요가 있다. 자연인에 준하는 출생신고와 사망신고도 필요하다. 장차 자연인과 법인에 이어 인공인도 우리 사회의 일원이 될 것으로 보인다.

다음으로 필요한 것이 본인확인을 위한 정보이다. 자연인은 지문과 같은 생체정보를 등록하면 되는데, 인공인의 경우에도 고유 식별번호 외에 고유 식별정보가 있어야 할 것이다. 해시값처럼 중복이나 위조·변조가 불가능한 정보나 유전자 정보와 같은 3차원 또는 4차원 정보를 통해서 본인 확인이 가능하여야 할 것으로 생각된다.

이에 더해 AI의 행위 내용을 24시간 기록하는 블랙박스를 의무화하는 방안도 생각해 볼 수 있다. 인공인이 행동을 할 때 그가 보고 듣고 만지는 등 객관계를 인지하면서 수용하는 모든 정보가 하드디스크나 클라우드 서버에 기록되도록 하는 것이다. 이러한 기록에 제3자가 접근하게 되면 AI의 프라이버시보다 자신의 개인정보를 수집당한 자연인의 프라이버시가 더 크게 문제될 것으로 생각된다.

현재 개인정보 보호법 체계는 개인정보에 속하는 영상정보의 수집을 제한하고 있는데 AI가 돌아다니면서 시각적으로 인지하는 내용은 거의 모두 개인정보에 해당하기 때문에 문제이다. AI가 인지하는 모든 내용을 기록하게 하면 범죄 예방에는 도움이 되겠지만 개인정보 보호법 위반 소지가 대단히 크기 때문에 이 문제를 법적으로 해결하여야 할 것으로 보인다. 이 문제는 뒤에 다시 거론하기로 한다.

또한 인공인의 위치추적이 항상 가능하도록 할 것인가의 문제가 있다. 지금 현재 AI는 법적으로 물건에 해당하는데 AI는 이동성이 있기 때문에 그의 위치에 대한 정보는 위치정보법 제15조 제1항에 따라 소유자의 동의가 없으면 수집할 수 없다.

같은 조 제3호에 의하면 "다른 법률에 특별한 규정이 있는 경우"에는 소유자의 동의가 없더라도 그 위치에 대한 정보를 수집할 수 있다. AI를 통제하기 위해서 일률적으로 위치정보를 수집할 수 있도록 할 것인가 생각해 볼 필요가 있다. 아마도 정보기관에서 활용하는 AI에 대한 위치정보는 수집이 불가능하도록 하여야 한다는 주장이 있을 것으로 예상된다. 이 문제도 뒤에 논하기로 한다.

마지막으로 가장 중요한 문제는 AI에게 인공적으로 고통 또는 두려움이라는 감정 상태를 느끼는 것이 가능하게 만들어 주는 부분이다. 인공지능에 대한 규범의 통제력을 확보하기 위해서 공포를 느끼는 존재로 만든다는 것이 현재 온전한 학습능력을 갖추게 하는 단계조차 달성하지 못한 상황에서 장차 할 수 있는 일인가에 대하여 상상하기 어렵다고 할 수 있다.

하지만 이는 법학을 전공하는 사람들의 입장에서 해야 할 걱정이 아니라고 본다. 공학을 전공하는 사람들이 감정을 지닌 AI를 개발하는 것이 불가능하다고 말하더라도 규범학문의 입장에서 그것이 필요하다고 주문을 하게 되면 결국 불가능한 일도 가능하게 될 것이라고 생각한다.

누군가 범죄에 활용하기 위해서 두려움을 느끼지 못하는 AI를 개발할 가능성이 있고, 이러한 경우에는 AI 등록부에 등록을 하지 않고 이른바 스텔스 상태로 활용할 가능성이 존재한다. 이 때문에 미등록 인공지능을 탐지하는 기술이 필요하다. 스텔스 AI는 국외에서 제작되어 국내로 반입될 수도 있으므로 상당한 수준의 인공지능 탐지 기술이 개발되어야 할 것이다. 현재 불법체류 외국인을 단속하듯 법무부가 불법체류 인공지능을 찾아서 적절한 처리를 하는 업무를 수행하여야 할 것으로 보인다.

AI가 독자성을 확보하고 독립된 종(species)과 같이 진화를 하는 단계가 언제 도래할 것인지 도래하기는 할 것인지 모두 불확실한 상황이다. 그러나 지금의 기술 발전 속도를 보면 머지않은 장래에 마주칠 현실일 수도 있다고 생각한다. 기술발전이 모두 완료된 다음에 법적인 대응방안을 찾는 것이 제일 편한 방법이기는 하다. 그렇지만 모처럼 과학 기술의 발전에 앞서서 법적인 대응방안을 먼저 생각해 보는 것도 의미가 있을 것이라고 본다.

제12장

AI 디지털 포렌식

1. 범죄 흔적 찾기

포렌식(Forensic)이란 '범죄의 흔적을 찾아내는 과학적 기법'(Scientific Tests or Techniques used in Connection with the Detection of Crime)을 말한다. 범죄의 흔적을 찾는 이유는 범죄 행위자를 특정하기 위해서이다. 나아가 어떠한 범죄행위가 있었는가 그 사실관계도 특정되어야 한다.

[범행 현장에서 범죄의 흔적 찾기]

범죄가 발생하면 범인을 찾아내서 형사처벌을 해야 한다. 반드시 처벌이 되고야 만다는 사실이 확인되어야 사회구성원들이 법질서를 신뢰하게 된다. 법질서에 대한 신뢰가 없으면 법질서는 유지되기 힘들다. 그래서 범죄가 발생하면 반드시 범인을 잡아서 처벌해야 된다.

범인을 처벌하기 위해서는 법원에서 사실관계를 확인하고 범죄가 성립되는가에 대한 판단이 내려져야 한다. 특정된 사실관계에 대한 법적 판단보다 사실관계를 확인하는 일이 사실 더 어렵다. 공판을 진행하고 법적 판단을 내려야 하는 판사는 판단대상이 되는 사건에 대해서 전혀 듣지도 보지도 못한 상태에서 소송관계자의 진술만 듣고 무슨 일이 있었는지 알아내야 하기 때문이다.

듣지도 보지도 못한 사건이 실제로 어떻게 진행되었는지를 무슨 수로 알 수 있는가. 직접 경험을 한 사람도 사건에 대한 기억이 왜곡될 수 있다. 하물며 직접 경험이 조금도 없는 사람인 판사가 사건의 실체적 진실을 인지하는 일은 매우 어려운 작업이다. 게다가 판사가 해당 사건에 연루되어 있으면 그 사건에 대한 재판을 담당할 수가 없게 된다(형사소송법 제17조 이하).

만약 판사가 범죄의 피해자가 되었다면 본인이 당한 일이기 때문에 누구보다도 그 사건에 대해서 잘 알고 있을 것이다. 잘 알고 있어도 해당 사건은 그 판사가 맡으면 안 된다. 판사도 사람인지라 복수심이 발동하기 때문이다. 복수심은 당한 것보다 훨씬 크게 갚아야만 진정된다. 피해자가 직접 가해자의 범죄행위가 어느 정도나 나쁜 짓이었는지 판단하게 하면 공정성을 잃을 것이 분명하다. 결국 판사는 어떠한 경우에도 사건에 대해서 직접 경험이 없는 상태로 듣기만 하고 사실관계를 확정하여야 한다.

사람의 인식기능은 정확하지 않다. 생존을 위해 필요한 만큼만 인식하고 보고 싶은 대로 보고 듣고 싶은 대로 듣는 경향마저 있다. 더구나 누군가의 인식기관을 통해서 인식한 내용을 말로 다른 사람에게 전달하면 정확도는 더 떨어진다.

한 가지 예를 들어보자. 두 사람이 다리 한 가운데에서 강물을 바라보고 있었다. 한 사람이 물었다. '저 강에 들어가 봤나?' 대답은 '아, 들어가 봤지'이었다. 그래서 다시 물었다. '강물이 깊은가?' 질문을 들은 사람은 질문을 한 사람을 강물에 던져 버렸다.

무어라고 대답을 한들 본인이 직접 강물에 들어가서 인식을 하는 것에 비견할 수가 없다. 어떻게 서술하더라도 강물이 깊은가 깊지 않은가에 대해서는 말로 정확하게 전달하는 방법이 없다. 게다가 똑같은 깊이라고 해도 느끼는 사람마다 깊을 수도 있고 얕을 수도 있다. 실체적 진실은 존재하지만 실체적 진실을 말로 정확하게 서술할 수 있는 방법은 존재하지 않는다.

사실관계를 확정하기 위한 규범체계인 형사소송법은 바로 이러한 점을 감안하여 형성되어 있다. 범죄가 발생하였을 때 실체적 진실을 밝혀서 형사처벌의 근거로 삼게 하는 것이 형사소송법의 존재 이유이다. 그러나 엄밀한 의미에서 실체적 진실을 사건 관계자도 아닌 제3자가 인식한다는 것은 불가능한 일이다. 그러면 어떻게 해야 하는가.

포렌식은 라틴어 forensis에서 유래한 단어이다. 라틴어 forensis는 우리말로 '마당에서'(in open court)라는 뜻을 가지고 있다. 형사재판을 공판(公判)이라고 부르는데, 공판에는 '공개된 재판'이라는 뜻이 있다. 공개되어 있는 넓은 마당에 사건과 관련된 사람들이 모두 모여 '참여자들 모두가 수긍할 수 있는 방법'으로 무슨 일이 있었던 것인지 확인하고 판단하는 자리가 법정이다.

참여자들 모두가 수긍할 수 있는 방법은 객관적 증거를 통해서 사실관계를 확정하는 것이다. 사실의 인정은 증거에 의하여야 한다(형사소송법 제307조 제1항). 증거에는 물적 증거와 인적 증거가 있는데, 어떠한 증거이건 적법한 절차에 따라 수집되어야 증거로 사용할 수 있다.

예를 들어 수사기관이 영장도 발부받지 않고 불법으로 감청을 했다면 그 녹음파일은 객관적으로 범죄를 입증하는 내용이라 하더라도 증거로 사용할 수 없다. 1997년 제15대 대통령 선거를 앞둔 시점에 국가안전기획부 미림팀이 당시 삼성그룹 회장 비서실장과 중앙일보 사장이 불법 대선자금을 제공하는 일과 고위 검사들에 대한 금품로비를 하는 일 등에 대하여 논의하는 대화내용을 몰래 녹음한 적이 있다.

'공개되지 아니한 타인 간의 대화를 녹음'하는 행위는 형사처벌 대상이다(통신비밀보호법 제3조 제1항, 제16조 제1항 제1호). 다만 범죄수사 목적 또는 국가안보 목적의 감청은 허용된다. 범죄 수사를 하는 과정에서 피의자끼리 대화하는 내용을 엿듣게 되면 의외로 중요한 증거를 잡을 수 있다. 그러나 당하는 사람 입장에서는 사생활이 전부 노출되기 때문에 프라이버시 침해가 이만저만이 아니다. 그래서 ① 범죄사실이 소명되고, ② 다른 방법으로는 범죄의 실행을 저지하거나, 범인의 체포 또는 증거의 수집이 불가능할 때에만 법원의 영장을 발부받아 감청을 할 수 있다(통신비밀보호법 제5조).

그러니까 미림팀의 대화녹음은 범죄행위에 해당한다. 위법한 방식으로 증거를 수집한 경우이고 위법수집 증거는 증거능력이 인정되지 않는다(형사소송법 제308조의2). 증거능력이란 '증거로 사용할 수 있는 자격'을 말한다. 당시 해당 사건의 녹음파일은 미림팀에 근무하다가 해고된 전 안기부 직원들이 삼성을 협박해서 돈을 뜯어내려고 하다가 세상에 드러나게 되었다.

해당 녹음파일은 위법수집 증거이기 때문에 증거로 사용될 수 없었다. 그래도 수사는 할만도 한데 삼성의 불법정치자금 제공과 뇌물공여 혐의에 대한 수사는 이루어지지 않았다. 대신 녹음 원본을 입수해서 뇌물을 받았다고 하는 7명의 검사들의 실명을 거론한 고 노회찬 의원만 통신비밀보호법 위반(제16조 제1항 제2호) 혐의로 6개월 징역형을 선고받고 의원직을 상실하였다.

삼성이 불법정치자금과 뇌물을 제공한 일이 객관적 사실인 것 같은데도 위법수집 증거를 기반으로 수사기관이 움직일 수는 없다는 점이 언뜻 이해가 안 될 수도 있다. 더구나 녹취록의 내용을 공개한 언론기관은 그대로 놔두고 실명을 거론한 국회의원만 처벌하는 것도 납득하기 어렵다. 하지만 어쩔 수 없다. 위법수집 증거는 어떠한 형태로든 사용할 수가 없다.

이처럼 위법하게 수집된 증거의 증거능력을 인정하지 않는 이유는 그래야 공판에 참여하는 대립 당사자들(형사재판의 경우 피고인 측과 검찰 측) 모두가 공판의 진행과 결과에 승복할 수 있기 때문이다. 나아가 위법수집 증거 배제의 원칙은 수사기관에 대해서만 엄격하게 적용된다. 수사기관과 피의자 사이의 힘의 불균형이 존재한다고 보기 때문이다. 그래서 수사기관이 아닌 일반인이 수집한 증거에 대해서는 웬만한 위법은 문제삼지 않는다. 예를 들어 남의 사무실에 몰래 들어가 뇌물 상납 장부를 훔쳐다가 증거로 제출하는 정도는 무방하다. 주거침입죄와 절도죄는 성립되지만 훔쳐 온 물건은 증거로 사용할 수 있다.

형사소송의 목적은 실체적 진실을 밝히는 것 자체가 아니라 적법한 절차에 의해서 실체적 진실을 밝히는 것이라고 할 수 있다. 아무리 의심이 가더라도 증거를 통해 유죄가 입증되지 않으면 결론은 무죄이다. '확실하지는 않지만 피고인 아무개가 고의로 살해한 것 같다'는 식의 판결은 내릴 수 없다. 유죄 아니면 무죄 둘 중 하나이어야 하고, 의심스러울 때는 그냥 무죄로 가야 한다.

사실관계 확정과 관련해서 또 하나의 원칙이 있다. 범죄사실의 인정은 합리적인 의심이 없는 정도의 증명에 이르러야 한다는 것이다(형사소송법 제307조 제2항). 증거능력을 갖춘 적법한 증거가 제출되더라도 그 증거의 증명력이 문제될 수 있다. 증명력이란 '증거가 사실을 인정하게 해주는 능력(실질적 가치)'을 말한다.

예를 들어 망치로 피해자의 뒷머리를 여러 차례 때려 두개골이 함몰되고 그 결과 사망한 사건이 있다고 해 보자(대법원 2004. 6. 24. 선고 2004도1098 판결). 증거로는 범행현장 사진, 피해자의 사체 부검 결과보고서, 범행에 사용된 망치, 피고인 옷에 묻어 있던 혈액의 DNA 감정서 등이 제출되었다.

망치로 뒷머리를 여러 차례 때리면 사람이 죽는 것은 당연하다. 피고인이 그저 화가 나서 몇 대 때렸을 뿐 죽일 의도는 없었다고 주장하더라도 제출된 증거들을 보면 살인의 고의가 명백해 보인다. 이럴 경우 채택된 증거는 살인의 고의를 입증할 수 있는 증명력이 충분하다.

반면 제출된 증거가 모두 증거능력이 인정되더라도 증명력에 문제가 있을 수 있다. 예를 들어 보자. 한 남자가 처를 피보험자로 자신을 수익자로 하는 생명보험을 11개 가입하여 처가 사망하면 받을 보험금이 95억 원 정도인 상태였다. 이 남자는 처를 조수석에 태우고 고속도로를 달리다가 갓길에 정차해 있던 화물차에 조수석 부분만 충돌하도록 운전하여 처가 즉사하는 사고를 일으켰다(대법원 2017. 5. 30. 선고 2017도1549 판결). 이야기를 듣자마자 보험 살인이구나 생각되지만 법원은 살인의 고의가 있었는가에 대하여 확신이 서지 않았다.

[보험금 95억 원 스타렉스 사고]

금전적 이득 때문에 사람을 살해하는 일이 있을 수는 있다. 하지만 살해의 대상이 배우자가 되려면, 범인이 특별히 잔혹한 성격을 가지고 있거나, 경제적으로 매우 궁박한 상황이어야 하는데, 이 사건의 피고인은 그렇지 않아 보인다는 것이다. 재판부 입장에서 정확하고 확고한 판단은 아닌 것으로 보이지만, 어쨌거나 유죄라는 확신은 서지 않는다는 취지이다. 채택된 증거들의 증명력이 충분하지 않았던 경우이다.

만약 이 사건에서 피고인이 특별히 잔혹한 성품을 가진 반사회성 성격장애자임을 인정하는 심리감정서가 제출되었다면 결론이 달라졌을 수 있다. 아니면 피해자가 외국인 여성이었기 때문에 외국인에 대한 일반적인 혐오정서로 인해서 배우자이지만 살해하는 데 심리적 장애가 크지 않았을 수 있다는 취지의 감정서가 있었다면 달리 결론을 내렸을 수도 있을 것이다.

사람이 사망하는 사건이 발생하면 ① 누가 범인인가를 알아내는 일과 ② 살해 의도가 있었는가를 확인하는 일 두 가지가 수사기관의 최우선적 과제가 된다. 강원도 삼척에 있는 한 작은 마을에 도둑이 들었다가 혼자 살던 70세 할머니를 살해하고 달아난 사건이 있었다. 범죄현장에 남아 있던 흔적은 담배꽁초 하나와 피해자의 손톱 밑에 있던 범인의 피부뿐이었다.

피부 조직에서 DNA 정보를 추출할 수는 있었지만 비교 대상이 되어야 하는 용의자들의 DNA 정보가 없어서 범인을 찾을 수가 없었다. 애초에 경찰은 원한 관계로 인한 살인으로 추정하고 피해자 주변 인물 무려 3천여 명을 용의선상에 올리고 수사를 하였으나 범인을 특정하는 데 실패하였다. 범인이 그 동네 사람도 아니었고, 피해자와 아무런 관련도 없었으며, 같은 지역에서 범행을 반복한 것도 아니었기 때문이다.

이 사건은 16년간 미제사건으로 남아 있다가, 2015년에 살인사건에 대한 공소시효가 폐지되었고(형사소송법 제253조의3) 관할 경찰서장이 살인 미제사건을 전부 다시 수사하라고 지시하면서 해결의 계기가 마련되었다. 수사가 중지되어 있던 사이에 DNA법(「DNA 신원확인정보의 이용 및 보호에 관한 법률」)이 제정되어서 이를 근거로 데이터베이스가 구축된 상태이었던 것이다. 이 DNA 데이터베이스를 검색해서 범인을 찾아내는 쾌거를 이루었다.

삼척에서 홀로 사는 할머니를 살해한 범인은 다른 지역에 가서 절도행각을 벌이다가 집주인과 몸싸움 하던 과정에서 사망한 상태이었다. 한 번은 본인이 도둑질을 하러 들어갔다가 몸싸움 끝에 집주인 할머니를 살해하고, 또 한 번은 본인이 집주인과 몸싸움을 하다가 죽임을 당한 희한한 경우이다. 국립과학수사연구소에서 사망 범죄 피해자의 DNA도 수집해서 보관했던 덕분에 16년 미제사건이 해결되었다.

누가 범인인가를 특정하는 데 DNA 정보는 매우 유용하게 활용된다. 주로 현장이나 피해자의 신체에 남아 있는 범인의 흔적을 수집해서 DNA를 추출하기 때문에 웬만하면 적법절차를 준수하지 않을 수가 없어서 증거능력 면에서 문제가 되지 않는다. 또한 DNA 검사의 정확성에 대해서 법원이 전혀 의문을 가지지 않기 때문에 증명력도 아주 강력하다.

살해할 의도가 있었는가 하는 점에서 사건 내용 자체가 명확한 경우들도 있다. 예를 들어 방 안의 가까운 거리에서 총으로 쏴서 죽인 경우, 귀 윗부분을 각목으로 강하게 때려서 두개골이 깨지고 동맥이 파열되어 죽게 한 경우, 뒷머리를 망치로 여러 차례 때려 두개골 함몰로 사망한 경우, 9살 여자 아이의 목을 양말로 졸라서 죽게 한 경우 등의 사건에서는 살해의 고의를 인정하지 않는 것이 이상한 일이다. 이런 사건에서도 피의자들은 죽일 의도가 없었다고 주장한다.

그러나 인과관계가 당연히 인정되지 않는 경우도 있다. 예를 들어 듀스 김성재 사망사건(서울고법 1996. 11. 5. 선고 96노1268 판결)과 같은 경우에는 문제의 행위가 사망의 원인이 되는가 하는 점 자체가 당연하지 않았다. 제1심은 행위와 결과 사이의 인과관계 및 살인의 고의를 인정한 반면, 항소심은 이를 인정할 수 없다는 결론을 내렸다.

이 사건에서 치과대학 졸업생인 피고인은 졸레틸 50이라는 약품(틸레타민 125mg과 졸라제팜 125mg이 혼합된 약품) 한 병을 피해자에게 주사하였다. 일단 일반인의 입장에서 졸레틸 50이 어떠한 약품인지 어떠한 효능을 가지고 있는지 알 수가 없다. 혹시 청산가리 정도라면 알 수 있겠지만 이렇게 처음 들어보는 약품에 대해서는 일반인 수준에서 아는 바가 없다. 판사도 의학을 전공하지 않은 사람으로서 모르기는 마찬가지이다.

이러한 경우에는 전문지식을 직접 조회하거나 전문가에게 감정을 의뢰하는 수밖에 없다. 이 사건의 경우에도 항소심 재판부는 ○○대학교 병원장에게 사실조회를 하였고, 그에 따라 졸레틸 50 한 병은 사람에게 마취 효과는 나타내게 할 수는 있지만, 사망의 결과를 야기하기에 충분한 양이라고 할 수 없다는 사실조회 회보서를 받았다. 그리고 그에 따른 결론에 이르렀다.

누구에게나 당연한 사실도 있고, 일반인에게는 당연하지 않지만 전문가에게는 당연한 사실도 있는데 일단 당연한 경우에는 증명력이 문제가 되지 않는다. 애매한 경우에는 전문가의 의견을 청취하더라도 궁극적으로 판사가 최종 판단을 하여야 한다. 아주 단순한 사건도 있겠지만 사실관계가 인과관계 판단을 하기에 애매해지면 증거가 중요해진다.

증거의 증거능력을 확보하고 증명력을 충분히 인정받기 위해서 과학수사(Forensic)가 점점 더 중요해진다. 범인의 자백만 받아내면 되던 수사기관의 호시절은 지나갔다. 이제는 수사과정에서 자백을 했다가도 공판과정에서 아니라고 하면 이미 했던 자백은 증거능력이 사라져 물거품이 되어 버린다. 그래서 자백에 의존할 수가 없는 상황이다.

사람들의 활동이 물리적 공간에서 이루어지는 동안에는 물리적 공간에서의 증거 수집이 필요했다. 이제 제4차 산업혁명이 진행되면서 디지털 전환이 이루어지고 있는 상황이 도래하면서, 범죄행위가 디지털 형태의 흔적을 남기는 일이 점점 더 많아지고 있다. 또한 디지털 증거의 형성에 인공지능이 개입되고 있기 때문에 AI 디지털 포렌식의 필요성이 대두되는 일은 어쩔 수가 없다.

2. 범죄 흔적의 디지털 전환

문자가 발명된 이후 사람들의 의사표시가 문서로 기록되기 시작하였다. 의사표시가 말로 그치는 것이 아니라 문자로 기록되면서 문서는 법적으로 독특한 기능 세 가지를 가지게 되었다. 다음과 같다.

① 계속적 의사표시 기능
② 증명 기능
③ 작성명의 확인 기능

말로 무언가를 이야기하게 되면 그 말을 한 사람과 들었던 사람의 기억 속에만 저장되는데, 이야기했던 사람이 그런 말을 한 적이 없다고 하면 갑갑해진다. 그런 식으로 자신이 내뱉었던 말을 뒤집는 인간이 여러 군데 존재하는데 그러면서도 뻔뻔하게 삶을 이어나가고 있다. 말하는 것을 모두 녹음해 두고 싶기도 하는데 녹음을 해 두더라도 그런 인간들은 그게 그 의미가 아니었다고 또 우긴다.

　문서로 기록을 해 두면 이런 문제가 상당한 수준으로 해소될 수 있다. 일단 의사표시가 유체물에 고착되어 있는 것이 문서이므로 무슨 의사표시가 있었는지 직접 눈으로 보고 확인할 수 있다. 딴 말 하기가 꽤나 힘들어진다. 게다가 문서를 보면 누가 그러한 의사표시를 했는지 확인도 가능하다.

　문서 작성의 시작은 약 3500년 전으로 거슬러 올라간다. 메소포타미아 지역에서 설형문자가 발명된 뒤로 사람들은 점토판, 돌, 거북 등껍질, 대나무, 양가죽, 비단, 파피루스 그리고 마지막에는 종이에 이르기까지 온갖 평평한 곳에 문자로 정보를 기록하였다. 최근까지 가장 보편적인 정보 기록매체로 사용되고 있는 종이는 중국의 채륜이 서기 105년경에 발명하였다고 한다. 종이를 매체로 하는 정보 기록은 손 글씨에 의해서 이루어지다가, 목판 인쇄술이 이용되고 나아가 금속활자에 의한 인쇄로 발전되어 나갔다.

　개인적인 기록은 물론이고 공적인 기록도 손 글씨에 의존하던 것이 불과 얼마 전까지의 일이다. 대표적인 공적 문서인 호적부, 등기부, 주민등록부 등이 수작업으로 양식지에 기록하는 방식에 의해서 작성되고 보관되었다.

　그러던 중 손으로 기록을 하고 이를 보존하는 작업의 비효율성에서 탈피하고 정보화 시대에 대비한다는 취지에서 '행정전산화'가 시작된 것은 1970년대 말의 일이다. 주민등록부, 부동산 등기부, 자동차 등록부 등 실생활과 밀접한 관련이 있는 공적 기록을 포괄하는 전산화 작업은 이후 20년 이상 계속되었고 20세기가 끝날 때인 1990년대 후반부가 되어서 완수되었다.

　2000년대에 들어선 지 20여 년이 지난 지금 공공기관의 거의 모든 행정기록이 전산으로 이루어지고 있고, 일반 기업체의 경우에도 거의 모든 기록과 업무처리가 컴퓨터에 의해서 이루어지고 있다. 아마도 손 글씨는 개인적인 메모를 하는 정도로만 이용되고 있을 것이다. 그리고 개인적인 메모조차도 많은 경우 앱(Application)을 이용해서 전자기록 형태로 하고 있는 실정이다.

　그런데 업무를 종이문서에 의존해서 처리하던 때나 컴퓨터를 이용해서 처리하는 지금이나 업무 처리 과정에서 범죄행위는 계속 발생하고 있다. 종이 기록으로 업무처리를 하면서 저질러지던 범죄가 컴퓨터로 업무처리를 한다고 해서 사라질 리는 없다. 업무를 처리하는 사람의 능력이 출중하고 사리사욕도 전혀 없어서 모든 일이 법규의 틀을 벗어나지 않는 범위 내에서 처리되고 있다면 좋겠지만, 그렇지 않은 경우가 빈번한 것이 어쩔 수 없는 현실이다. 사무직 공무원이나 기업체 임직원들에 의해서 가장 흔하게 저질러지고 있는 범죄행위의 유형은 문서위조, 문서변조, 횡령, 배임 등이다. 이러한 범죄행위들에 관한 흔적이 대부분 디지털 형태로 저장되고 있다.

한편 범죄를 예방할 목적으로 전국 곳곳에 폐쇄회로 카메라가 설치되어 있는데 이들이 생성하는 영상 및 음성 정보도 디지털 형태로 저장된다. 택시와 버스 같은 공공교통수단의 운행 기록과 블랙박스로 수집하는 정보도 디지털 형태로 저장되고 있다. 우리나라에서 이루어지고 있는 모든 움직임에 대한 정보는 거의 대부분 디지털 정보 형태로 보관되고 있다고 보면 된다.

[CCTV 통합관제센터]

디지털 전환이 이루어지기 전에는 사건이 발생되면 목격자부터 찾았다. 지금은 CCTV부터 찾아본다. 사건 발생 이후 즉시 CCTV 기록을 확보해서 열람하면 모르겠으나, 한참 뒤에 영상을 확보해서 내용을 확인하려면 시간 소모가 보통 일이 아니다. 그 일을 AI가 대신해 준다면 무척 편할 것이다. 이 일을 시키기 위해서는 AI가 얼굴 인식을 할 줄 알아야 한다. 국내에서는 아직 안면 인식 기술이 획기적인 수준으로 개발되어 있지 않은 것으로 보인다.

종이를 주된 기록 매체로 사용하고 있는 동안에는 불법의 흔적이 종이로 된 기록물에 남아 있었다. 지금도 종이로 된 기록을 보관하는 업무 관행이 많은 영역에서 그대로 유지되고 있지만, 그러한 종이 기록도 거의 예외 없이 컴퓨터를 통해서 생성되고 있다.

종이에 기록을 남기는 작업은 손이 많이 가고 힘든 일이다. 수사과정에서 기록을 남기는 일도 종이를 기반으로 할 때는 노력은 더 많이 들어가고 기록이 되는 범위는 더 좁았다. 아직도 아날로그 방식을 고집하는 일본과 달리, 우리나라는 디지털 전환이 신속하고 광범위하게 이루어지고 있다. 우리나라가 그 어느 나라보다 치안이 잘 되어 있다고 자랑하는 경향이 있는데, 디지털 전환이 범죄 예방에 많은 기여를 하고 있다고 생각한다.

우리의 생활 전반에 걸쳐서 디지털 전환이 일어나고 있기 때문에 범죄의 흔적(증적)도 많은 부분 디지털로 전환되고 있다. 따라서 증거를 확보하기 위해서는 디지털 정보에 접근하지 않을 수가 없다. 종이로 되어 있는 기록에서 필요한 흔적을 찾아낼 수도 있겠지만 그곳에서 찾을 수 없는 중요한 정보가 디지털 정보로 저장되어 있을 가능성이 얼마든지 있다. 실체적 진실을 제대로 밝히고 싶다면 디지털 기록을 확인하지 않을 수가 없는 일이다.

컴퓨터를 뒤져서 증거를 찾아내야 한다는 당위성은 충분히 인정되는데, 문제는 이들 기록이 디지털 형태로 되어 있어서 그 기록을 그냥 육안으로 들여다봐서는 무슨 내용인지 인식하는 것이 불가능하다는 점이다. 그래서 디지털 정보를 증거로 사용하기 위해서는 사람이 육안으로 인식할 수 있는 형태로 전환해야 한다. AI가 판사를 하지 않는 한 어쩔 수 없는 일이다.

법원에 제출되는 증거는 육안으로 인식이 가능한 형태이어야 하기 때문에 출력해서 제출할 수밖에 없는데, 그렇게 되면 원본인 디지털 정보의 내용이 왜곡되어 출력되지 않았는지 의문을 가지게 된다. 그래서 출력된 정보가 원본의 내용과 다르지 않음을 별도로 증명해야 하는 문제가 생긴다.

이처럼 특수매체기록 속에 들어있는 증거를 확보하고 옮기고 보관하고 다시 검색하고 하는 일련의 과정에서 '왜곡'이 발생하지 않게 해야 하는데, 이를 위해서는 이에 관한 전문성을 가진 사람의 손길이 필요하다. 이른바 '디지털 포렌식 전문가' 자격을 갖춘 사람이 증거를 수집·보존·분석·현출하는 작업을 해야 하는 것이다. 이를 위해서 대검찰청은 「디지털 증거의 수집·분석 및 관리 규정」을 제정하여 디지털 증거를 관리하고 있다.

지금 현재 디지털 포렌식은 주로 컴퓨터 또는 휴대전화 등에 있는 특수매체기록을 검색하여 증거를 수집하는 형식을 취하고 있다. 전국에 분포되어 있는 폐쇄회로 카메라의 기록을 AI를 동원해서 전체적으로 조사하는 것과 같은 단계에는 아직 이르지 않은 것으로 보인다. 디지털 포렌식은 강제수사의 일환으로 압수·수색 형태로 할 수도 있고, 기업체 등에서 자체적으로 업무 처리의 적법성 유지 차원에서 임의조사 형태로 진행될 수도 있다. 일단 디지털 정보에 대한 강제수사로서의 압수·수색 문제를 살펴보자.

3. 디지털 정보의 압수·수색

2011년 4월 수원지방검찰청 강력부는 종근당 회장의 배임 혐의를 포착하고, 그에 대하여 수사하면서 종근당 사무실을 압수·수색하게 되었다(대법원 2015. 7. 16. 자 2011모1839 전원합의체 결정). 그 과정에서 검찰은 컴퓨터 저장매체에 범죄혐의 사실과 관련이 있는 유관정보와 그렇지 않은 무관정보가 혼재되어 있을 것으로 판단하였다. 당연한 일이다.

온갖 범죄혐의 유관정보와 무관정보가 혼재되어 있는 하드디스크 내용을 기업체 사무실에 앉아서 검색을 하게 되면 서로 불편하다. 기업체 입장에서는 수색이 끝날 때까지 장시간 업무가 마비되고, 수사관 입장에서는 마음 편하게 일을 할 수가 없는 환경이어서 스트레스가 쌓인다.

그래서 늘 그러듯 피압수자의 동의를 받아서 해당 저장매체를 봉인한 후 반출해서 대검찰청 디지털포렌식센터로 가져갔다. 그곳에서 피압수자의 참여 아래 저장매체에 저장된 정보 전체를 이미징(Imaging) 방식으로 복제하고(제1처분) 나서 저장매체는 피압수자에게 돌려주고 피압수자는 보냈다.

이후 담당 검사는 이미징한 복제본을 자신이 소지한 외장하드에 다시 이미징하였다(제2처분). 그리고 그 외장하드에서 유관정보를 탐색하였다. 그 과정에서 우연히 혐의사실과 무관한 약사법 위반 및 조세범처벌법 위반 혐의와 관련된 정보까지 찾아내서 함께 출력하였다(제3처분). 컴퓨터 하드디스크에는 온갖 정보가 다 들어있기 때문에 우연히 다른 범죄혐의의 증거를 찾아내는 일은 충분히 있을 수 있다.

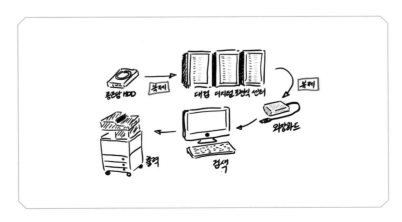

[종근당 컴퓨터 압수·수색]

이렇게 종근당 사무실의 저장매체를 압수·수색하는 과정에서 우연히 발견된 별건 혐의 정보를 강력부 검사가 같은 검찰청 특수부 검사에게 알려주었다. 이에 통보를 받은 특수부 검사는 2011년 5월에 수원지방법원으로부터 별도의 영장을 발부받았다. 특수부 검사가 압수·수색하고자 하는 내용은 강력부 검사가 발부받은 압수·수색 영장에 기재되어 있는 혐의의 범위를 벗어나기에 위법수집 증거가 될 가능성이 있었기 때문이다.

특수부 검사는 자신이 수사하여야 할 혐의와 관련하여, 강력부 검사의 외장 하드에 들어있는 정보를 탐색·출력하는 방식으로 압수·수색을 하였다. 이 과정에서 피압수자 측에 압수·수색 과정에 참여할 수 있는 기회를 부여하지도 않았으며 압수한 전자정보 목록도 교부하지 않았다.

이 판례의 내용을 보면 디지털 포렌식이 적법절차를 준수해서 증거능력이 인정되도록 하기 위해서 거쳐야 할 복잡한 단계들이 있음을 알 수 있다. 종근당 회장이 배임 행위를 하였다는 혐의는 다른 경로로 인지하게 되었을 것이다. 컴퓨터 압수·수색은 그 혐의를 확인하기 위해서 진행된 수사 과정의 일부였다.

컴퓨터 압수·수색도 일반적인 압수·수색과 마찬가지로 법원에서 영장을 발부해 주어야 가능하다. 그런데 전자정보는 내용을 조작하더라도 외관상 구별하기가 불가능하다는 문제가 있다. 그럴 일이 없을 것이라고 생각하지만, 수사기관에서 증거를 조작하더라도 티가 나지 않는다는 말이다. 바로 이 문제 때문에 디지털 증거는 원본 그대로임이 확실하여야 증거능력을 인정할 수 있다.

조작되지 않았다는 점을 '무결성(Integrity)'이라고 한다. 무결성을 확보하기 위해서 필요한 점이 압수·수색 과정에서 피압수자의 참여권이다. 변호사 등이 참여한 상태에서 압수·수색을 진행하도록 하면서, 원본을 이미징하고 해시값을 기록하게 되면, 이후 조작이 불가능해진다. 파일 내용이 한 글자라도 달라지면 해시값도 달라지기 때문이다. 현재 사용되고 있는 MD5 해시값의 크기는 128비트(16진수 32자)이고, 같은 해시값을 가지는 서로 다른 입력값을 찾아내기는 사실상 불가능하다.

본래 압수의 목적물이 컴퓨터용 디스크와 같은 정보저장매체일 경우에 정보의 범위를 정해서 출력하거나 복제해서 제출받아야 하는데(형사소송법 제106조 제3항), 하드디스크를 검색해서 필요한 정보만 추출해 내는 작업 자체가 수십 시간이 걸려서 문제이다. 그래서 단서 조항에 범위를 정하여 출력하거나 복제하는 것이 불가능할 때에는 정보저장매체 등을 압수할 수 있다고 하고 있다.

실제로는 정보저장매체에서 혐의사실에 대한 유관정보와 무관정보를 구별해서 유관정보만 압수하는 일이 항상 불가능하기 때문에, 거의 항상 피압수자의 동의를 받은 후 저장 매체를 봉인해서 대검찰청 디지털포렌식센터로 가져다가 이미징하여 탑재하게 된다.

그런데 종근당 사건의 경우 수원지검 강력부 검사가 증거물을 검색하다가 압수·수색 범위를 벗어나는 정보에 대한 인지를 하면서 일이 꼬이기 시작하였다. 담당 검사는 압수·수색 범위와 무관한 정보가 확인되었을 경우에 이를 해당 부서 검사에게 알려주는 선에서 멈추었어야 한다.

원래 압수·수색은 종근당 회장의 배임 혐의에 대한 증거를 찾기 위해서 발부된 영장에서 허용한 범위를 벗어날 수 없는 것이었다. 따라서 다른 범죄 혐의에 대한 압수·수색을 하기 위해서는 영장을 새로 발부 받아 처음부터 압수·수색을 다시 했어야 한다. 시간 낭비 같지만 새로운 영장을 들고 다시 종근당 사무실로 가서 압수·수색을 재차 처음부터 진행하였어야 한다.

처음 압수·수색을 시작한 수원지검 강력부의 제1처분까지는 전혀 절차적 문제가 없었다. 당사자 참여권이 보장되고 그에 따라 객관적으로 무결성이 확보되었다. 절차 위반은 제2처분부터 시작되었다. 담당 검사가 수사의 편의를 위해서 최초 이미징한 파일을 자신의 외장하드로 다시 이미징해서 옮겼는데 그 과정에서 당사자 참여권 보장이 되지 않았다.

어차피 파일 내용에 손을 댈 것이 아니니까 괜찮을 것이라고 생각했을 것이다. 하지만 대법원은 생각이 달랐다. 디지털포렌식센터의 서버에 있는 상태로 검색을 하지 않고 자기 편하려고 임의로 파일을 복제해서 옮기는 건 곤란하다는 취지이다.

여기서 복제와 이미징이라는 표현을 섞어서 쓰고 있는데, 법원에서는 이미징을 복제하는 방식 가운데 하나로 보는 듯하다. 그렇다면 복제하는 방식 중에 이미징 말고 다른 방법이 더 있어야 하는데 그것을 무어라고 하는지는 판례에 나타나지 않는다.

컴퓨터 하드디스크 같은 정보저장매체를 통째로 압수해 가지고 가서 수사기관에 앉아서 검색을 하는 이유는 그 작업에 시간이 많이 소요되기 때문이다. 본래 압수·수색은 필요한 증거에 한정되어야 한다. 영장에도 이러한 점이 명시되어 있다. 그러니까 디지털 정보도 혐의 입증에 필요한 것만 가져가야 한다.

일반적인 물건(유체물)이 압수의 대상이 될 때는 그걸 가져가면 대상물의 위치가 변동이된다. 하지만 전자정보를 압수하는 경우에는 원본 정보에 아무런 영향도 미치지 않고 해당 정보만 가져갈 수 있다. 그래서 유관정보만 가져가면 될 일인데 다시 말하지만 시간이 오래 걸리니까 하드디스크를 봉인해서 통째로 들고 가는 것이다. 피압수자의 동의를 받아서.

이렇게 가져간 정보저장매체를 가지고 유관정보를 걸러내는 작업을 하고 있게 되면,

오랜 시간 압수 대상물이 아닌 무관정보까지 압수당한 쪽에서 접근을 하지 못하게 된다. 혐의와 관련된 정보만 압수하라는 영장의 취지에 어긋나는 일이다. 이 문제를 해결하는 방법은 간단하다. 전자정보의 특성상 똑같은 복제물을 만드는 것이 가능하기 때문이다.

똑같은 복제물을 만들려면 우선 압수대상 저장매체와 같은 유형의 저장매체에 압수대상 저장매체의 전자정보 전체를 있는 그대로 통째로 옮기는 방식을 생각해 볼 수 있다. 압수대상 정보가 포함되었을 것으로 추정되는 저장매체가 1테라바이트 하드디스크라면 그 매체에 들어있는 모든 물리적 섹터를 똑같은 1테라바이트 하드디스크에 그대로 옮겨 기록하는 것이다. 물리적 섹터를 그대로 옮겨 놓기 때문에 삭제된 데이터의 복구도 가능하다. 이 방식을 '복제'라고 부른다.

'복제'를 하기 위해서 동일한 저장매체를 사용하면 진짜로 똑같은 저장매체가 탄생하게 되어서 좋다. 그런데 같은 저장매체를 사용하려면 온갖 압수대상이 될 저장매체들과 똑같은 저장매체들을 종류별로 다 구비하고 있어야 한다. 웬만하면 할 수 있는 일이기는 하지만 너무 번잡하다. 어쨌거나 모든 물리적 섹터를 그대로 옮겨 놓기만 하면 되는 일인데, 그러려면 원본 저장매체보다 옮겨 담는 저장매체의 용량이 크기만 하면 된다.

옮겨 담을 저장매체의 크기만 충분하다면 이론적으로 압수대상 저장매체가 아무리 많더라도 전부 하나에 다 집어넣을 수도 있는 일이다. 굳이 1:1로 복제를 할 필요 없이 대검찰청 디지털포렌식센터에 있는 서버에 여러 압수대상 저장매체들을 있는 그대로 옮겨 놓으면 된다. 압수·수색 현장에서 컴퓨터를 열어서 하드디스크를 분리하고 봉인해서 피압수자 쪽 사람과 함께 디지털포렌식센터로 와서 서버에 모든 물리적 섹터를 있는 그대로 옮겨 담는다. 이러한 방식을 '이미징'이라고 한다.

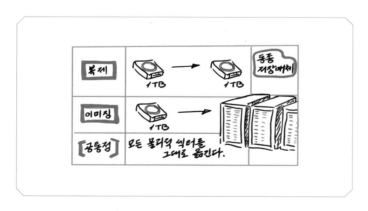

[복제와 이미징의 공통점과 차이점]

정리하자면 넓은 의미의 복제에는 ① 좁은 의미의 복제와 ② 이미징이 있다. 좁은 의미의 복제란 '정보저장매체의 모든 물리적 섹터를 동일한 저장매체에 1:1 방식으로 옮겨 담는 것'을 말한다. 이미징이란 '다수 정보저장매체의 모든 물리적 섹터를 더 큰 저장매체 하나에 옮기는 것'을 말한다.

종근당 사건에서 검찰은 피압수자의 동의를 받아 하드디스크를 반출하여 디지털포렌식센터 서버에 그대로 옮겨 담았으며 이 모든 과정에 당사자를 참여시켰다. 따라서 이와 같은 제1처분은 적법절차를 준수한 것으로 평가된다.

그러나 포렌식센터의 서버에서 담당 검사의 외장하드로 이미지 파일을 옮길 때는 당사자 참여권 보장이 되지 않아 '무결성' 확보에 문제가 생겼다. 담당 검사 입장에서는 있는 그대로 옮긴 것이겠지만 객관적으로 무결성이 확인되지 않는다. 따라서 이와 같은 제2처분은 위법하다.

이어서 특수부 검사가 별도의 영장을 발부받아 압수·수색을 했는데, 이 절차가 강력부 검사의 외장하드를 대상으로 이루어졌다. 수원지검에 함께 근무하는 검사들끼리 편하게 간 것인데, 객관적 측면에서 '무결성' 확보가 전혀 되지 않았다. 당사자 참여도 없었고 압수물 목록도 교부하지 않았다. 따라서 이와 같은 제3처분도 마찬가지로 위법으로 판단되었다.

편의상 제1처분, 제2처분, 제3처분으로 구분해서 서술했지만 대법원은 두 건의 영장에 의해서 진행되었던 이들 일련의 압수·수색을 하나로 보았다. 압수·수색 대상이 하나였고 압수·수색의 주체도 검찰청 단위로는 하나였다.

달리 볼 여지도 분명히 있지만 하나의 압수·수색으로 보게 되면, 적법절차 준수 여부도 하나로 보고 판단하여야 한다는 것이 대법원의 입장이다. 압수·수색 과정에서 일부 위법이 있더라도 하찮은 사항이라면 모르겠지만 이 사건의 경우에는 대법원이 보기에 중대한 위법이 있었다. 그리하여 압수·수색 전체가 위법하였다는 결론이 내려졌다. 위법수집 증거는 증거능력이 인정되지 아니하므로 열심히 압수·수색을 했지만 증거로 사용하지 못하게 되었다.

4. AI한테 디지털포렌식 시키기

제4차 산업혁명이 진행되면서 사회생활 전반에서 디지털 전환이 이루어지고 있다. 별로 유쾌하지는 않겠지만 우리의 삶 속에는 범죄행위가 포함되어 있다는 사실을 부인할 수 없다. 사람이 하는 행위는 적법행위와 범법행위의 두 가지로 나눌 수 있다. 모든 사회구성원을 잠재적 범죄자로 취급하자는 것은 아니지만, 인간 행위의 일부분이 범죄행위로 평가되는 것은 어쩔 수 없는 일이다.

결국 하고자 하는 말은 디지털 전환이 합법 영역에서만 발생하는 것이 아니라 범법 영역에서도 이루어지고 있다는 것이다. 사람의 활동영역이 물리적 공간에서 사이버 공간으로 확장됨에 따라 범죄행위가 일어나는 영역도 함께 확장되는 것은 당연한 현상이다. 우리의 삶에서 디지털 전환이 일어나니까 범죄행위에서도 디지털 전환이 일어난다. 범죄행위에서 디지털 전환이 일어나니까 범죄의 흔적에서도 디지털 전환이 일어난다.

범죄가 발생하면서 디지털 증거가 생성되는데 이것을 찾아내서 확보하는 귀찮고 번거로운 일을 인공지능에게 시키면 편리하기도 하겠지만 그 일을 AI가 사람보다 더 잘할 수도 있다. 부패범죄를 한 번 생각해 보자.

토지를 개발해서 많은 수익을 올리려면 땅을 싸게 매입해서 개발을 하여 비싸게 판매하면 된다. 그런데 땅이라는 것이 시가가 정해져 있고, 개발이 불가능한 땅이 당연히 엄청나게 싸기 마련이다. 예를 들어 산지관리법(제4조 제1항 제1호)에서 정하고 있는 '보전산지'로 지정되어 있는 땅을 개발하려면 '산지전용허가'를 받아야 한다. 그런데 산지전용허가를 받기가 아주 어렵기 때문에 일반적으로는 개발이 불가능한 부동산이라고 본다.

개발 비리 사건이 발생하는 경우 그 과정에서 여러 단계의 부패범죄가 자행될 수밖에 없다. 뇌물수수, 업무상 배임, 업무상 횡령, 직권남용 등. 하지만 지방자치단체 선에서 일이 저질러지게 되면 중앙 언론에서 별로 크게 관심을 갖지 않는 관계로 문제가 불거지지 않고 묻힐 가능성이 높다.

예를 들어 2022년 1월 11일에 광주시 서구 화정동에서 공사 중이던 아파트 건물 23~38층 대부분이 붕괴하는 사고가 발생하였다. 아무리 봐도 구조적인 비리가 깊숙이 개입되어 있어 보이는데 1년 정도 지나면서 사건 자체가 사람들 기억에서 사라져 버렸다. 이 사건은 그나마 너무 엄청난 내용이어서 처음에는 중앙 언론에서 대대적으로 보도를 하였지만 이후 법원 판결이 어떻게 되었는지 조차 알려지지 않고 잊혀졌다.

부패범죄가 발생하는 과정에서 관련 증거들이 디지털 형태로 여러 군데 분산되어 저장되고 있기 때문에, AI를 통해서 부패범죄 흔적의 디지털 패턴을 분석할 수 있다면 혐의를 포착하는 것이 가능할 것으로 생각된다. 점차 빅 브라더 감시체계로 가는 것 같은 두려움을 느낄 수도 있겠지만, 어차피 세상은 투명해지고 있다. 현금으로 뇌물을 전달한 경우 준 사람이 스스로 이실직고를 하지 않는 한 증거를 잡기가 거의 불가능하다. 하지만 계좌이체를 한 경우에는 기록이 남아 있어서 언젠가는 발각이 될 것이다.

화폐의 기능이 ① 결제수단, ② 가치척도 그리고 ③ 가치저장 등 세 가지라는 점을 생각해 볼 때, 현금이 사라지더라도 화폐의 기능은 그대로 유지될 수 있다. 화폐를 현금 형태에서 완전히 디지털 전환을 시켜 버리면 검은 돈의 흐름이 사실상 불가능해질 것이다. 재화의 흐름을 원활하게 한다는 측면에서 화폐의 디지털 전환은 긍정적인 측면을 많이 가지고 있다. 모든 국민이 지불수단으로 사용할 수 있는 디지털 기기를 하나씩 가지도록 하는 것도 가능해 보인다.

화폐의 디지털 전환이 진행되면서 현금 화폐가 사라지고 인공지능이 부패범죄를 찾아내는데 탁월한 역량을 보이게 될 것으로 기대한다. 현금 화폐가 사라지면 뇌물을 현물로 주는 방안을 강구하게 되겠지만, 그렇게 되면 현금 뇌물보다 훨씬 추적하기가 좋아질 것이라고 생각한다.

아직 AI가 사회 전반에 걸쳐서 맹활약을 벌일 수 있는 환경이 제대로 갖추어져 있지는 않지만 앞으로 점점 더 효용이 증대될 것이다. 인공지능을 통해서 포렌식(과학수사) 작업을 하게 되면 모든 유형의 디지털 정보에 두루 접근해서 통합 검색을 하는 것이 가능해진다. 파편화되어 존재하는 무의미해 보이는 디지털 정보들이 통합되면서 가치 있는 증거로 떠오를 것이다.

인공지능을 통해서 포괄적인 포렌식을 진행하려면 그 과정이 투명해야 하기 때문에 공개된 알고리즘(Clear Box)을 활용해야 한다. 그리하여야 적법절차가 준수되었는지 객관적으로 검사하는 것이 가능해 진다. 그러한 방향으로 AI 디지털 포렌식을 위한 연구가 진행되어야 한다.

최근 금융정보분석원(Financial Intelligence Unit / FIU)의 알고리즘이 한 국회의원의 가상자산 거래내역을 추적하여 자금세탁 의혹 등 수상한 점을 발견해서 검찰에 통보하는 쾌거를 올렸다. 인공지능이 디지털 포렌식을 통해서 범죄 예방과 진압에 기여하고 있는 모습이다.

제13장

AI 디지털 제조의
위험성 방지하기

1. 대량 생산에서 디지털 제조로의 전환

산업혁명의 역사를 보면 사람들이 필요로 하는 물건을 적은 비용으로 신속하게 많이 생산해서 널리 판매하기 위한 경쟁이 만들어 낸 결과물이라는 생각이 든다. 자본주의 사회에서 영리활동을 하는 사람들의 목표는 일단 높은 매출과 낮은 비용 지출을 통해서 이윤을 극대화하는 것이다.

비용 가운데 원자재 값은 낮추는 데 한계가 있으니, 만만한 것이 인건비이다. 자본주의가 꽃피기 시작했다고 하는 근대 초기에 영국 노동자들은 너무 적은 임금 때문에 어린 아이들까지 온 가족이 모두 일을 해야 겨우 생존이 가능할 정도이었다. 기근으로 굶어 죽는 사람들이 생겼다. 노동력 착취가 심해서 군복무를 할 나이가 되기도 전에 아이들의 몸이 다 망가지는 일들이 발생하였다. 그 때문에 군복무를 할 사람이 별로 없게 될 정도였다. 심각한 사회문제가 등장한 것이다.

이후 노동력 착취 문제는 자본주의가 발달하기 시작한 나라들이 값싼 노동력을 찾아서 제3세계로 공장을 옮기는 방식으로 해결해 나가기 시작하였다. 그러니까 전 세계적인 차원에서는 아직 근본적으로 해결된 문제가 아니다. 한편으로 산업혁명의 방향은 노동력 착취라는 골치 아픈 문제를 인간이 아닌 기계를 활용하여 해결하는 쪽으로 가닥을 잡아 나갔다.

증기기관 발명으로 촉발된 제1차 산업혁명은 직물산업 분야의 기계화를 이루었다. 기계는 물리적으로 정확하게 작동을 하며 마모되거나 부러지는 등 물리적 한계가 올 때까지 가혹한 작업환경을 견디며 생산성을 획기적으로 향상시켰다. 같은 품질의 직물을 사람이 손으로 작업을 할 때보다 훨씬 빠르게 균질적으로 생산해 낸다.

이에 따라 인건비가 절약되고 생산속도가 빨라지면서 생산업체의 이윤이 상승하였다. 일자리가 줄어들었지만 노동력을 사용할 일이 없으니까 필요가 없다고 사람들을 폐기처분하는 일은 벌어지지 않았다. 그런 일은 벌어질 수가 없다. 갖다 버린다고 해서 버려지지도 않는다.

예를 들어 잉여 노동력 때문에 그런 것은 아니지만 영국 정부가 쫓아낸 사람들이 있었다. 그 사람들이 북아메리카와 오스트레일리아로 가서 독립 국가를 만들어 지금 잘 살고 있다. 아메리카 대륙으로 넘어간 사람들이 퍼뜨린 세균 때문에 그곳 원주민들이 몰살당하는 비극은 있었지만 쫓겨난 사람들이 '폐기'되는 일은 벌어지지 않았다.

전기에너지를 이용한 자동화는 제2차 산업혁명을 촉발하였다. 증기기관은 강력한 증기의 힘으로 방직기를 돌리고 많은 사람과 화물을 실은 기차가 힘차게 움직일 수 있게 하였는데, 전기에너지는 기계와 기계 사이의 통신이 이루어지도록 만들면서 정교한 자동생산이 가능해지게 하였다. 전기 모터는 증기 엔진과 달리 작동과 멈춤 시점을 정확하게 제어할수 있다. 또한 모터의 회전 속도와 힘의 강약도 조절이 가능하다.

전기에너지를 사용하는 과정에서 전기를 공급하거나 단절하는 스위치가 물리적으로작동되는 단계를 넘어 컴퓨터로 전자 제어하는 일이 이루어지면서 제3차 산업혁명의 시기로 접어들었다. 최초로 이 작업을 성공시킨 것은 미국 MIT의 연구원들이었다. 밀링머신을컴퓨터로 제어하는 장치를 만들어 낸 것이다. 이로써 컴퓨터에 기계 설계를 입력해서 밀링머신을 작동시키면 3차원 모델의 공작물을 자동으로 가공할 수 있는 시대가 되었다.

제4차 산업혁명은 단순히 컴퓨터 활용이 고도화되는 정도를 넘어서는 것으로 평가된다. 20세기 중반에 시작된 제3차 산업혁명을 기반으로 하는 변화이기는 한데 그 속도와 범위가 폭발적으로 늘어나고 있다는 것이다. 21세기 초인 2007년에 아이폰이 출시되면서 스마트기기에서 사용되는 응용프로그램(Application)을 누구나 제작할 수 있도록 생태계를 바꾼 것도 일련의 변화를 촉진시킨 사건이라고 할 수 있다.

누구나 앱을 개발할 수 있게 되면서 놀라운 일이 생겼다. 서울 시내버스 정보를 활용해서 버스 실시간 운행정보, 노선, 정류장 도착 버스 정보, 첫차 및 막차 시간 등을 안내하는앱을 2009년 11월에 고등학생이 개발한 것이다. 당시 공공 데이터를 함부로 사적으로 이용하게 하면 안 된다고 하면서 앱이 서울시 데이터베이스에 접근하지 못하게 하려고 했다가,사람들한테 엄청나게 욕을 먹고 그대로 누구나 공공정보를 이용할 수 있게 되었다. 뭐든지일단 못하게 하고 틀어막는 것이 공무원의 속성일 수도 있다.

똑똑한 사람 몇 명이 높은 사람 지휘 아래 핸드폰을 사용하는 데 필요한 응용프로그램을 개발하여 출시하는 환경에서는 무엇을 만들어야 할 것인가를 몇 명이 모여서 회의로 결정한다. 이들이 필요하다고 느끼는 앱들을 탑재한 핸드폰을 제작하여 출시하면서 제조사들끼리 경쟁을 한다. 국내에 판매되는 핸드폰 제조사가 세 군데이면 소비자 입장에서 영 마음에 들지 않더라도 세 가지 가운데 하나를 선택해서 사용해야 한다.

앱이 제대로 작동하지 않거나 쓰기에 불편한 점이 있으면 제조사 고객센터에 연락을해서 하소연해야 한다. 때로는 싸우기도 해 보지만 빨리 빨리 반영이 되지 않는다. 그런데제조사가 단말기만 만들어서 팔고 설치 가능한 앱은 앱마켓에서 마음대로 다운로드받아서쓸 수 있게 환경이 바뀌자 이 모든 답답함이 일거에 해소되었다.

꼭 필요한 앱을 찾을 수 없는 일도 있기는 하겠지만, 현재 앱스토어를 기준으로 약 200만 개의 앱이 등록되어 있고 매일 25개 정도씩 새로운 앱이 올라오고 있어서 앱이 없어서 불편한 일은 거의 없다. 같은 기능의 앱도 여러 가지로 다양하기 때문에 취향에 따라 골라서 쓸 수 있다. 몇 명의 뛰어난 개발자들이 자신들 입장에서 필요한 앱을 개발하여 제공하는 것과 누구나 다 개발할 수 있게 열린 장을 만드는 경우를 비교해 보자. 소비자들이 필요로 하는 앱이 더 다양하게 제공될 수 있는 환경은 당연히 열린 장을 마련하는 쪽이다.

제3차 산업혁명 시기까지의 상품 생산 및 판매 양상과 제4차 산업혁명 이후의 그것은 대략 아이폰 출시 이전과 그 이후 환경의 차이에 비견할 수 있다. 회사에서 상품을 출시할 때 시장 조사를 바탕으로 어떠한 제품을 만들 것인가 누군가 보고를 하고 의견을 수렴하고 그 자리에서 지위가 가장 높은 사람이 최종 결정을 했었다. 생산라인을 통해서 마구 찍어낸 상품을 온갖 광고수단을 통해서 사람들에게 각인시켜서 판매한다. 얼마 전까지 그리고 많은 부분은 지금까지도 우리의 자본주의 상품경제가 이렇게 돌아갔다.

이제는 완전히 달라지고 있다. 우리의 삶과 관계되는 거의 모든 부분이 디지털 전환 속으로 들어가고 있다. 원래 이 세상 존재의 본질이 아날로그가 아니라 디지털이라고 보는 시각에서는 어쩌면 당연한 일이다. 아날로그가 디지털로 전환되는 것이 아니라 사물의 본질이 드러나는 것일 수도 있다. 어쨌거나 디지털 전환이라고 하자. 디지털 전환을 통해서 사람들과 관계된 거의 모든 정보가 디지털 형태로 기록되고 있다.

거의 모든 정보가 기록되고 있으니 그 데이터의 양도 실로 거대하다. 데이터의 양이 엄청나다는 의미에서 빅 데이터(Big Data)라는 표현이 사용된다. 여러 형태의 데이터 그리고 다양한 소스의 데이터가 교차되면서 빅 데이터 분석을 통해서 특정 인물이 언제 어디에서 어떠한 물건을 필요로 하게 될 것인지 예측하는 일도 가능해졌다.

예를 들어 어떤 사람이 ○○자동차 회사가 제조한 ○○○ 차량을 언제 구입하였다는 정보와 해당 차량의 배터리가 어떠한 유형이고 그 배터리는 언제 수명이 다해서 교체되어야 하는지 분석이 가능하다. 그러면 해당 배터리의 수명이 다한 시점에 가장 가까이에 있는 해당 배터리 기종 가운데 가장 저렴한 배터리를 갖추고 있으며 친절한 정비소를 안내해 줄 수 있다. 나아가 해당 배터리의 수요를 정확하게 예측해서 필요할 때 필요한 정비소에 준비해 둘 수도 있다.

[인공지능 안내 메시지]

배터리를 생산하는 회사가 모든 차종을 위한 모든 유형의 배터리를 마구 생산해서 창고에 쌓아 두는데도 정작 필요한 배터리가 필요할 때 없어서 공급에 차질을 빚는 일은 이제 사라질 수 있다. 정확한 수요 예측이 소비자 개인 수준에서 가능해지고 있다. 아직 그런 편리한 세상이 도래하지는 않았지만 세상이 그 방향으로 가고 있는 점은 분명하다.

사람들이 기계에게 일을 대신 시키고 편하게 살고자 하면서 ① 증기기관, ② 전기에너지, ③ 컴퓨터 제어 등의 방향으로 발전이 이루어지고 각각 제1차, 제2차, 제3차 산업혁명 단계를 이루었다. 그리고 이제 제4차 산업혁명이 진행되고 있다. 인공지능이 등장하면서 정신노동마저 기계가 대신하도록 시키는 상황이 되었다.

그동안 대량생산·대량소비라는 자본주의 상품 생산·소비 패턴에 의해서 지구의 자원이 필요 이상으로 낭비되었음은 부정할 수 없는 일이다. 예를 들어 식량 생산도 지구 전체의 측면에서 전체 생산량은 전체 인구가 필요로 하는 수량을 넘어선다. 다만 필요한 사람들에게 필요한 만큼 식량 공급이 되지 않기 때문에 기아 문제가 해결되지 않고 있을 뿐이다. 한쪽에서는 식량이 미처 다 소비되지 못한 나머지 버려지고, 또 한쪽에서는 식량이 모자라서 굶는 일이 벌어지고 있다.

꼭 필요한 사람에게 꼭 필요한 재화(그리고 서비스)를 꼭 필요로 할 때 공급할 수 있다면 이러한 문제는 해결될 수 있다. 동시에 전 지구적 차원의 자원 고갈 문제도 해결의 실마리를 찾게 될 것이다. 아직 대부분의 영역에서 상품의 생산이 대박을 터뜨려야 한다는 강박관념이 지배하고 있는 것으로 보인다. 하지만 디지털 제조가 가능해져서 한 개인이 필요로 하는 물건을 클라우드에서 다운로드 받은 설계도와 3D 프린터를 통해서 만들 수 있는 세상이 되면 대박을 추구하며 에너지를 낭비할 이유가 없게 된다.

제4차 산업혁명의 핵심은 디지털 전환이다. 모든 영역의 모든 정보가 디지털 형태로 저장되고 있다. 생산 기술도 디지털 전환을 통해서 디지털 제조가 가능한 방향으로 나아가고 있다. 지금 진행 중인 변화의 범위와 속도가 너무 넓고 빨라서 '파괴적'이라고 부른다. 말 그대로 파괴적 혁신이다.

제3차 산업혁명 시대까지는 대규모 조직의 구성원을 지휘하여 일관된 의사 형성을 이끌어내고 일사분란하게 행동하도록 만드는 리더십이 중요했다. 이러한 일을 대의민주제 정치체제 아래에서 하다 보니 몇몇 정치 엘리트가 의사결정을 주도하고 이들 밑에 줄을 서고 따르는 사람들이 국가의 운명을 좌우했다.

프로그래머 몇 명이 앱을 개발하여 단말기에 탑재하고 나서 이를 판매하는 기업이 딱세 군데가 있다면 어떻게 하나. 소비자들은 그 가운데 하나를 선택하는 것 외에 다른 선택지가 없게 된다. 이러한 휴대폰 시장과 마찬가지의 상황이 우리나라 정치체제에서 계속되고 있다. 누구든지 정책을 개발하고 그것을 시장에 출시해서 선택을 받을 수 있게 하는 방향이 훨씬 더 우수한 국가정책을 만들 수 있는 가능성을 높일 것이 분명하다. 제4차 산업혁명이 전개되는 범위와 속도가 가히 파괴적이라고 할 상황이므로 정치체제도 바뀌지 않고는 버티기 힘들 것이라고 생각한다.

몇 개의 정당 가운데 하나를 선택할 수밖에 없지만, 어느 정당도 마음에 들지 않을 때에는 투표를 포기할 수밖에 없는 참담한 상황을 우리 모두가 바라보고 있다. 무슨 짓을 하더라도 국민들이 아무리 정치에 혐오를 느껴서 등을 돌리더라도 정치인은 정치를 한다. 그들이 그래도 괜찮도록 법질서를 만들었고 유지하고 있기 때문이다. 기존의 단말기 생태계를 종식시키는 아이폰 출시와 같은 일이 있을 때까지 정치체제는 스스로 혁신하는 일 없이 계속될 것으로 보인다.

제4차 산업혁명의 거대한 물결에 의해서 사회의 모든 영역이 '파괴적 혁신'을 거치게될 것이며 그 방향은 대략 긍정적이다. 더구나 지구 생태계를 감안한 지속가능한 발전을 위해서는 디지털 전환을 통한 '생산과 소비의 개인화' 외에는 답이 없어 보인다. 현재의 변화가 전반적으로 봤을 때 바람직한 방향을 향하고 있다는 점은 분명하다.

하지만 개인의 이익을 위해서 기꺼이 공동체의 이익을 훼손할 수 있는 인간들이 존재하기 때문에 우려되는 점도 없지 않다. 사회 전반에 걸쳐서 모든 영역에서 이루어지고 있는 디지털 전환과 그에 따른 제4차 산업혁명의 진행과 관련해서 새롭게 조성되는 위험에 대하여 예측하고 대비할 방법을 찾아볼 필요가 있어 보인다. 예를 들어 디지털 제조를 통해서 손쉽게 대인 살상무기를 만들어 사용할 가능성 등의 문제이다.

2. 디지털 제조의 위험성 극복

디지털 제조 기술은 누구나 원하는 물건을 무엇이건 다 생산할 수 있는 세상으로 우리를 이끌 것이다. 초보 단계인 3D 프린터는 궁극적으로 분자 수준까지 묘사된 설계도를 기반으로 정확하게 원하는 물품을 제조하는 경지에 오를 것이라고 생각된다. 그런데 기술의 발달은 이를 이용하는 사람들의 의식수준의 발전을 수반하지 않는다. 향상된 기술을 고약한 의도를 가진 사람이 사용하게 되면 악용될 위험이 높아진다.

우리나라에서 총기를 제조하려면 「총포·도검·화약류 등의 안전관리에 관한 법률」(총포화약법)에 따라 제조하고자 하는 총기의 종류를 정해서 경찰청장의 허가를 받아야 한다(제4조). 판매도 마찬가지이다(제6조). 총기류의 소지는 군인이나 경찰 등 법령에 따라 직무상 이를 소지하고 있어야 하는 사람들에게만 허용된다(제10조). 나아가 총기류의 제조 방법이나 설계도를 인터넷 등 정보통신망에 올리는 행위도 금지된다(제8조의2).

총기 관리를 이렇게 엄격하게 하기 때문에 우리나라에서는 총기 난사 사고가 발생하지 않고 있다. 정말 어쩌다 한 번 GOP에서 발생하는 사건은 아주 예외적인 경우이다. 총기는 물론 날의 길이가 15cm 이상이고 흉기로 사용될 수 있는 칼도 소지가 금지되어 있다. 그래서 패싸움을 해도 주로 야구방망이나 각목을 휘두르는 것이 고작이다.

'무기가 위험한 것이 아니라 사람이 위험한 것'이라고 하며 총기 소지를 금지하면 안된다고 목소리를 높이는 (미국) 사람들은 정말 위험한 주장을 하는 것이다. 인간은 폭력성이 매우 높은 동물이기 때문에 위험한 물건을 가지고 있으면 언제든지 위험한 공격을 할 가능성을 가지게 된다. 누구나 총기를 소지할 수 있는 사회는 매우 위험한 사회가 될 수밖에 없다.

다만 총기 소지가 허용된다는 측면에서 미국과 캐나다가 크게 다르지 않은데도 유독 미국에서 총기난사 사고가 많은 것을 보면 사람 탓이 전혀 없는 것은 아닌 것 같기도 하다. 아니면 캐나다보다 미국이 인구가 훨씬 많기 때문일 수도 있다.

우리나라의 경우에도 군부대 내에서는 모든 부대원들이 각자 자신의 총을 소지하고 근무를 한다. 하지만 평소에는 사격 훈련을 할 때를 제외하곤 절대 실탄을 배부하지 않는다. 전방에서는 적군과 대치하고 있는 상황이기 때문에 경계근무 때 실탄을 지급하지만, 그것도 근무를 나갈 때 수량을 확인하고, 복귀할 때 다시 개수를 확인한 후에 보관하는 방식으로 철저히 관리하고 있다. 사람의 손에 위험한 물건이 있게 되면 그 물건은 경우에 따라 위험해지기 마련이다.

가끔 GOP 부대에서 발생하는 총기사고는 군복무 스트레스 때문에 삶을 포기한 근무자가 실탄을 반납하지 않고 그대로 내무반으로 와서 자신의 전우들에 대한 증오심을 터뜨려 버리면서 발생하는 경우이다. 군부대 총기사고 소식이 한참 동안 들려오지 않고 있는 것으로 보아 실탄을 반납하지 않고 내무반으로 직행하는 문제도 어느 정도 통제가 되고 있는 것으로 생각된다.

디지털 전환이 물품 제작 영역에서도 디지털 제조 혁명을 가져오고 있다. 디지털 방식으로 거의 모든 것을 제조할 수 있게 되고 있는 것이다. 그러다 보니 흉기에 해당하는 총기류도 마음만 먹으면 디지털 방식으로 만들 수 있는 상황이 조성되어 가고 있다. 미국에서는 이미 비전문 총기 제작자가 3D 프린터를 이용해서 M16 계열(AR 15) 소총의 방아틀뭉치(총의 방아쇠가 달려 있는 쇠뭉치)를 제작하는 일이 있었다.

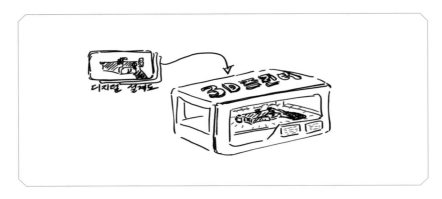

[3D 프린터로 총기 제작하기]

우리나라 총포화약법이 총기류 설계도를 인터넷에 올리는 행위를 금지하고 있지만(같은 법 제72조 제1의2호에 따라 3년 이하의 징역에 처한다.) 이 규정의 실효성을 확보하기가 무척 힘든 일이다. 해당 정보를 정보통신망에 올린 자가 국내에 있을 경우에만 처벌할 수 있기 때문이다. 외국인이 외국에서 설계도를 게시한 경우에는 사실상 국내형법 적용이 불가능하다.

3D 프린터가 등장하면서 그 위험성이 거론되는 것과 마찬가지로 컬러 레이저 프린터가 처음 출시되었을 때도 논란이 있었다. 위조지폐를 만들어 낼 수 있을 것 같았기 때문이다. 이 문제를 해결하기 위해서 컬러 레이저 프린터가 출력을 하는 모든 페이지에 육안으로 식별할 수 없는 작은 노란색 점을 찍게 조치했었다. 이 점 안에 프린터의 일련번호와 출력 일시를 암호화해서 표기하도록 하였던 것이다.

컬러 레이저 프린터가 처음 판매되던 시절을 돌이켜 보면 공연히 호들갑을 떨었던 것으로 생각된다. 반드시 프린터 등록을 해야 하고 뭐 어쩌구 했었다. 그런데 정작 컬러 레이저 프린터를 이용한 통화 위조 사건은 지금껏 들어본 적이 없다. 화폐 제조 기술을 컬러 레이저 프린터가 따라가지 못했던 것이다.

더구나 그 수준을 따라가기 위해서는 프린터 제조에 너무 비용이 많이 투자되어야 하는 상황이었다. 굳이 그런 프린터를 만들 이유가 없었기에 제품으로 출시되지 않았던 것으로 보인다. 기술 수준을 따라가지 못한 것이 아니라 따라가지 않은 것이다.

3D 프린터도 같은 문제를 가지고 있다. 만들지 말아야 할 물건을 만들 수 있기 때문이다. 만들지 말아야 한다는 것은 함부로 만들지 말아야 함을 의미한다. 마약이나 총기류 같은 물품은 위험성 때문에 허가를 받아야만 제조·소지·사용을 하도록 규제하고 있다. 또한 특허 등록이 된 발명품은 지식재산권을 침해하지 않는 방식으로 제조하도록 규제된다. 특허권자의 이익이 보장되어야 계속 편리한 발명이 이루어질 것이기 때문이다.

마약, 총기류, 위조지폐, 위조 유가증권 등을 '금제품'이라고 부른다. 금제품을 허가 없이 제조하고 유통시키는 행위를 막으려면 그러한 행위를 한 사람을 적발해서 처벌하여야 한다. 이들 범죄 행위자를 색출하기 위해서는 해당 금제품이 언제 어디에서 누구에 의해서 생산되었는지 알아내고, 그 유통경로를 파악하여야 한다.

컬러 레이저 프린터가 처음 상품으로 나왔을 때처럼 3D 프린터의 일련번호와 출력 일시를 암호화해서 표기하는 방법을 생각해 볼 수 있다. 그런데 3D 프린터는 컬러 프린터와는 달리 제조업체들과 정부당국자들이 마주 앉아 문제 해결을 위해 논의할 수 있는 상황이 되지 않는다. 3D 프린터를 구성하는 부품들의 판매처가 제한되어 있지 않기 때문이다. 필요한 부품들을 다양한 업체들이 제작해서 시판하고 있고, 이들 부품들은 3D 프린터 뿐 아니라 다양한 용도로 사용되고 있다. 한마디로 범용 부품들이다. 그래서 3D 프린터 용 부품이라는 이유로 규제할 수가 없다.

필요한 부품들을 어디선가 구입하고 소프트웨어는 코딩을 해서 다양한 형태의 3D 프린터를 조립할 수 있다. 예를 들어 치아교정기 제작에 특화된 3D 프린터를 만든다고 해보자. 교정기 원재료를 성형하는 사출기는 어디선가 구입하고 이를 제어할 프로그램을 코딩하면 된다. 사출기는 3D 프린터에만 이용되는 부품이 아니다. 사출기보다는 사실 교정기의 모양을 성형하는 프로그램 코드가 더 중요하다. 사출기 제작은 그다지 어려운 일이 아니어서 웬만한 수준의 기술을 가진 업체라면 직접 만들 수 있다고 한다.

이빨에 끼는 교정기의 모양은 치아교정이 진행되면서 조금씩 변화해 나가야 한다. 이상적인 치열이 형성될 때까지 어떠한 속도로 교정기를 어떠한 방향으로 조정해 나갈지를 계산하는 일을 사람이 직접하기는 아주 귀찮은 일이다. 그래서 인공지능이 대신 그 일을 하도록 맡기게 되면 이것이 곧 인공지능 3D 프린터이다.

이처럼 3D 프린터는 여러 가지 유형을 가질 수 있고, 삼성이나 휴렛 팩커드와 같은 거대 기업이 아니어도 제작할 수 있으며, 3D 프린터를 구성하는 부품들이 3D 프린터에만 특화된 것들도 아니다. 중앙 집권 정부가 일괄적으로 관리하고 통제하는 것이 불가능해 보인다. 컬러 레이저 프린터 출시 초기와 같은 대응이 불가능하다. 그러면 마약 단속과 같은 방식으로 갈 수밖에 없다.

마약을 사용하는 사람을 찾아내고, 판매자를 검거하고, 공급책과 제조책을 찾아내는 식으로 수사를 하는 것이다. 총기의 사용은 엄격하게 제한되고 있고, 총기를 사용하면 엄청난 소음(총소리)이 발생하면서 극단적인 결과가 나타나기 때문에 감시 측면에서는 오히려 훨씬 쉬워 보인다. 우리나라의 치안능력이 믿을 만한 수준이기 때문에 크게 걱정할 일은 아닌 것으로 보인다.

3D 프린터 기술이 발전할수록 타인의 디자인을 도용하는 일이 쉬워진다. 디지털 설계도가 있는 경우 이를 통해서 거의 완벽하게 동일한 물건을 3D 프린터를 이용해서 제작할 수 있게 된다. 저작권의 경우를 한 번 생각해 보자. 책을 함부로 복사해서 저작권을 침해하는 행위를 방지할 수 있는 방법은 현재 복사를 하느니 돈을 조금 더 주고 그냥 책을 사겠다는 생각을 하게 만드는 것 외에는 없어 보인다.

음악의 경우에는 디지털 음원을 복사하게 되면 원본과 전혀 구별이 되지 않기 때문에 저작권 보호가 아주 어렵다. 이 문제도 책을 복사하지 않도록 유도하는 것과 같은 방식으로 해결하는 것 외에는 방법이 없을 것이다. 음원을 구입하는 일이 아주 편리하고 저렴해서 굳이 불법 복제를 하느라고 고생할 필요가 없게 만들어서 이 문제는 거의 해결된 것으로 보인다.

3D 프린터가 전 세계적으로 보편화 된다면 디지털 제조에 대해서 지식재산권 보호를 위한 각종 제한(규제)조치를 하는 일이 실효성을 갖지 못하게 될 것이다. 지금 시작 단계이지만 3D 프린터는 곧 전 세계적으로 보편화 될 것이 분명하다. 그렇다면 이 문제도 책이나 음악의 저작권 보호와 마찬가지 방향으로 갈피를 잡아야 한다고 본다.

3D 프린터 사용을 위한 디지털 설계도(소스 코드)를 전 세계를 상대로 제공하고 적절한 수준의 대가를 수취하게 하는 앱마켓 같은 생태계가 조성되면 소스 코드를 판매하는 수많은 프로그래머들이 등장할 것으로 기대된다. 이렇게 제공되는 각종 디지털 설계도를 통해서 기발하고 편리한 기기들을 누구나 이용할 수 있는 시대가 도래하고 있다.

제14장

AI가 변호사까지 한다고?

1. 리걸 테크 플랫폼의 등장과 변협의 강고한 저항

2014년에 ㈜로앤컴퍼니(Law & Company)가 로톡(LawTalk)이라는 명칭의 리걸 테크 (Legal Technology) 서비스를 출시하였다. 리걸 테크(Legal Technology)란 '법률서비스를 간편하고 효율적으로 이용하게 해주는 혁신적인 기술'을 의미한다. 리걸 테크라는 표현 자체가 간편, 효율, 혁신이라는 의미를 포함하고 있지는 않다. 그러한 의미는 4차 산업혁명 추세에 따른 디지털 전환이라는 시대적 변화에서 유래된다.

4차 산업혁명이 시작되기 이전까지 법률서비스의 이용은 아날로그 방식으로 변호사를 찾는 형태로 이루어졌다. 지금도 상당 부분은 그러한 추세를 가지고 있는 것으로 보인다. 하지만 법률서비스 영역에서도 디지털 전환 추세가 보이기 시작하였다. 우리나라에서는 로톡 서비스가 리걸 테크의 본격적인 출발점이라고 할 수 있다.

법률서비스의 디지털 전환은 멀리 보면 1970년대 말에 시작된 행정전산화를 기반으로 하고 있다. 대한민국 정부에서 생산하고 보관하는 모든 문서를 전자기록으로 전환하는 작업이 20년 이상 지속되어 1990년대 후반부에 완성된 바 있다. 법원의 판례와 법령도 전산화에 포함되어 내용이 전자문서로 전환되었다.

본래 종이 책자로 되어 있던 판례집을 검색해서 필요한 판례를 찾아야 하던 시절을 끝낸 것은 '법고을 LX'이다. 1993년에 이 데이터베이스 프로그램을 개발한 사람은 당시 제주법원장으로 재직하다가 법원도서관장으로 자리를 옮겼던 강봉수 판사였다. 아들에게 코딩을 배워서 700쪽이 넘는 분량의 소스 코딩 작업을 직접 수행하였다고 한다.

처음에 마이크로 소프트의 운영체제이었던 DOS용으로 개발되었다가 나중에 윈도우용으로 다시 제작되었다. 이 '법고을 LX' CD ROM 한 장이면 변호사 도움 없이도 PC에서 직접 판례와 법령을 검색할 수 있다는 기사를 1998년도 신문에서 볼 수 있다. 지금 생각해 보면 조금 이상한 일이지만, 당시에는 판례나 법령을 찾는 데도 변호사의 도움이 필요했었나 보다.

도서관에 가서 판례집이나 법령집을 꺼내 뒤져보아야 하던 시기를 거쳐, 판례 및 법령 데이터베이스 프로그램을 컴퓨터에 깔아 놓고 검색하던 시대도 지나갔다. 이제는 모든 검색을 웹으로 한다. 대법원에서 판례 검색은 물론 법령 검색 서비스까지 제공하고 있다. 법제처에서는 '국가법령정보센터' 서비스를 통해 모든 형태의 법규를 검색할 수 있도록 안내하고 있다.

법률서비스가 디지털 전환을 거쳐 가는 과정에서 2000년 11월에 법무법인 태평양이

로앤비(LAWnB) 사업부를 발족하였다. 로앤비의 서비스는 당시로서는 상당히 선진적인 수준이어서, '법고을'과 달리 수시로 판례를 업데이트하였고, 나중에 시작된 대법원 판례 정보 사이트에 비해 원심 내용 서비스가 다소 더 많이 제공되기도 하였다.

또한 로앤비는 대한민국 법조인의 프로필과 함께 특히 중요한 정보인 출신 고등학교, 대학 동창, 사법연수원 동기 등을 검색할 수 있는 서비스를 제공하였다. 이 서비스는 특정 사건에 가장 적합한 변호사를 찾기에 상당히 유용한 측면이 있다. 법조인들이 서로 학연이나 지연을 통해서 영향을 미칠 수 있기 때문에 변호사를 선임할 때 활용가치가 꽤나 높았다고 할 수 있다. 로앤비는 2012년 3월에 웨스트로(Westlaw)를 운영하는 톰슨 로이터(Thomson Reuters)에 인수되었다.

로앤비의 서비스까지는 종이로 제작된 판례집, 법령집 및 한국법조인대관(법률신문사에서 제작한 법조인 인명부로서 사법시험 및 변호사 시험을 통해서 변호사 자격을 취득한 모든 법조인을 등재 대상으로 하고 있다.)을 데이터베이스로 전환한 단계라고 할 수 있다. 그래서 사용자 인터페이스(User Interface / UI)가 지금도 책을 읽는 느낌을 준다.

제4차 산업혁명 시대로 들어가고 있다는 느낌은 로톡에서 드디어 맛을 볼 수 있다. 로앤비가 텍스트 기반 UI에서 벗어나지 못하고 있는 반면, 로톡은 그래픽 UI로 넘어가고 있다. 종이로 제작된 법률서적과 두꺼운 법전을 들고 다니며, 고시패션 속에 심신이 피폐해지는 와중에서 천신만고 끝에 시험에 합격했던 법조인들에게는 로톡이 낯설 수밖에 없을 것이다.

[로톡 서비스 첫 화면]

출처: 〈https://www.lawtalk.co.kr/〉 (최종방문일: 2023. 5. 29.)

그러나 디지털 세대에겐 로앤비보다 로톡이 훨씬 접근하기 좋을 것이다. 로톡은 학연·지연 등으로 변호사를 찾도록 유도하지 않는다. 대신 사건 유형에 맞는 전문 변호사를 찾게 하는 시스템을 구축하였다. 기존 법조인의 입장에서는 적응하기가 조금 어려울 수도 있다.

이러한 로톡의 서비스에 대해서 변호사들의 단체인 대한변호사협회(이하 "변협"이라 한다.)는 공개적으로 문제제기를 하기 시작하였다. 무엇보다 문제가 된 것은 형량 예측 서비스이었다. 로톡이 인공지능 프로그램을 통해서 형사사건 관련 형량 예측 서비스를 제공하였던 것이다.

변호사법에 따라 변호사 아닌 자가 금품을 대가로 법률서비스를 제공하면 안 된다(제109조 제1호). 형량은 형사처벌 규정에 그 상한선과 하한선이 정해져 있다. 하지만 경우에 따라 조금 다르지만 일반적으로 그 형량의 폭이 상당히 넓다.

예를 들어 살인죄의 경우를 보자. 형법 제250조 제1항이 살인죄의 형량으로 정하고 있는 것은 사형, 무기 또는 5년 이상의 징역이다. 형벌의 종류만 해도 세 가지이다. 5년 이상의 징역이라고 하면 5년부터 30년까지 가능하다. 가중이나 감경 사유가 있게 되면 그 범위는 더 넓어진다.

실제로 해당 사건이 어느 정도로 처벌 될 것인가 하는 점은 법조문만 보고 예측하기가 쉽지 않다. 그에 따라 같은 사건이라도 형량이 들쭉날쭉할 수가 있고 실제로 그러하다는 비판이 있어서 '양형기준'이 마련되었다.

양형기준이 있다고 하더라도 이를 이해하고 실제로 어느 정도의 형량이 선고될 수 있을 것인가 하는 점을 판단할 수 있는 능력은 많은 실무경험을 통해서 얻을 수 있는 통찰력이라고 할 수 있다. 이를 AI 알고리즘을 통해서 구현하는 일을 로톡이 시도한 것이다. 그리고 상당히 신뢰할 수 있는 결과물이 도출되었던 것 같다. 말도 안 되는 결론들이 나왔다면 변협이 난리를 쳤을 리가 없다.

인공지능이 형량예측 서비스를 제대로 구현하게 되면 변호사의 역할이 줄어들 수 있다. 변호사법이 변호사가 아니면서 금품 등을 대가로 법률서비스를 제공하지 못하도록 금지하는 이유는 위험성 때문이다. 잘못된 법률서비스를 제공하면 서비스를 받는 사람에게 심각한 피해가 발생할 수 있다. 법률전문가로서의 자격을 취득한 변호사들도 가끔 잘못된 법률서비스를 제공하는데 비전문가라면 오죽하겠는가.

변호사가 아니면서 법률서비스를 제공하는 자가 인공지능이라면 일단 AI를 형사처벌할 수 있는가 하는 점부터 문제가 된다. 이 문제는 앞서 제12장(AI가 저지를 범죄 예방하기)에서 언급했는데 아직은 처벌할 수 없다. 그래서 인공지능을 이용해서 형량예측서비스를 실제로 제공한 '사람'이 누군가 확인이 필요하다.

그 사람이 변호사가 아닌 사람이어야 한다. 형량예측서비스를 제공하였다고 할 사람은 형량예측 알고리즘을 설계한 사람이라고 해야 할 것이다. 알고리즘은 프로그래밍 언어로 작성되는데 프로그래밍을 직접 할 수 있는 변호사는 매우 희귀할 것이다. 그러므로 프로그래밍을 한 사람이 변호사가 아닌 경우가 일반적일 것으로 생각된다.

그러나 형량 예측을 하는 논리구조는 인간이 사용하는 언어로 구성되어 있을 수밖에 없다. 알고리즘을 설계하는 일은 이러한 논리구조를 컴퓨터를 통해 구현하는 작업에 불과하다. 형량 예측은 궁극적으로 알고리즘으로 구현되는 논리구조가 하는 것이라고 보아야 한다.

이러한 논리구조는 법률전문가가 설계할 수밖에 없다. 법률전문가가 아니면 형량 예측 논리구조를 작성할 수 없기 때문이다. 따라서 형량 예측 서비스에 사용되는 논리구조를 설계한 사람이 변호사라면 '변호사가 아니면서 금품을 대가로 법률상담을 하는 행위'라는 요건이 충족되지 않는다.

만약 형량 예측 논리구조를 설계한 사람이 변호사가 아닌 형법 교수라면 '변호사가 아니면서'라는 요건이 충족된다고 할 수 있다. 이러한 논리구조는 형법 교수가 잘 설계할 수 있을 것으로 보인다. 하지만 변호사법 제109조 제1호가 적용되려면 법률상담이 구체적인 사건과 관련해서 이루어져야 한다.

형량 예측 논리구조를 설계하는 행위는 구체적 사건과의 연관성이 없다. 따라서 변호사가 아닌 형법 교수가 로톡의 의뢰를 받고 형량 예측 논리구조를 만들어주고 그 대가를 수수하였다 하더라도 그 행위가 변호사법 제109조 제1호에 해당한다고 할 수 없다.

더구나 로톡의 형량 예측 서비스는 무료로 제공된다. 무료 서비스를 이유로 형사처벌을 하는 것은 불가능한 일이다. 형량 예측 서비스가 유료로 제공될 때에만 서비스 제공의 주체가 문제가 될 수 있다. 그럴 경우에는 행위주체가 변호사인가 아닌가를 따져서 아닐 때에만 가벌성이 있다고 할 것이다.

대가를 받고 법률서비스를 제공할 수 있는 자격을 제한하는 이유는 변호사 업무의 공공성을 유지하고 잘못된 법률서비스 제공으로 인한 소비자 피해를 방지하기 위함에 있다. 변호사법은 변호사의 공공성 유지와 소비자 보호를 위해서 여러 가지 제도적 장치를 마련해 두고 있다. 형량예측서비스도 이러한 차원에서 공공성 유지와 소비자 보호가 작동되는 범주 내에서 제공되어야 한다. 따라서 유료라면 변호사가 운영 주체이어야 한다.

변협은 로톡의 형량예측서비스가 변호사법 제109조 제1호 위반이라는 취지로 수사기관에 고발하였지만 경찰과 검찰 모두의 판단은 변호사법에 위배되지 않는다는 것이었다. 로톡 입장에서 형량예측서비스는 홈페이지 조회수를 올리기 위한 광고수단의 일환이었을 것이다. 유료 서비스가 아니어서 돈도 안 되는 마당에 무혐의 처분이 되기는 했지만, 변협이 하도 공격을 하니까 로톡 스스로 이 서비스는 문을 닫아 버렸다.

로톡이 2021년 9월에 형량예측서비스를 종료할 때까지 10개월 동안 서비스 이용회수는 약 16만 건이었고 만족도는 5.0 만점에 4.6점이었다고 한다. 한 달에 1만 6천 건 이상 이용되었으므로 상당히 인기가 높은 서비스였던 것으로 보인다. 로톡 측은 "무리한 규제로 인해 아쉽게 서비스 종료를 결정하게 되어 안타까운 마음"이라고 하였다. 일부라도 법률서비스를 인공지능에게 맡기는 것은 참으로 험난한 일인 듯하다.

변협은 리걸 테크 플랫폼의 등장을 무슨 수단을 써서라도 막아야 한다는 각오를 아주 단단히 한 것으로 보인다. 2021년 5월에 변협은 「변호사 광고에 관한 규정」을 전부 개정하여 로톡을 공격하기 위한 근거를 마련하였다. '변호사나 소비자로부터 금품 등을 대가로 법률상담이나 사건 등을 소개·알선하기 위해서 변호사와 소비자를 연결하거나 변호사에 대한 광고를 하는 자'에게 광고를 의뢰하면 징계한다는 규정(제5조 제2항 제1호)이 그것이다. 규정 내용이 조금 복잡하고 이해하기 어려워서 약간의 상황 설명이 필요하다.

본래 변호사는 아예 광고라는 것을 할 수 없는 직종이었다. 우리나라의 변호사는 2011년도까지 사법시험 제도만을 통해 선발되었다. 사법시험 초기에는 합격자 수가 연간 30명 또는 60명 정도로 그야말로 극도로 제한되었다. 변호사의 희귀성은 높은 수임료를 유지할 수 있는 근간이 되었다.

우리나라 변호사들은 유럽의 경우와 달리 부유한 계층의 자제들로 채워지지 않았다. 이 때문에 대한민국의 변호사들은 집안의 재력으로 부유해진 사람들이 아니다. 대신 높은 수임료 구조를 통해 부유함이 보장되는 법률가 집단이 되었다. 전체 변호사의 수가 엄격하게 제한되는 상황에서는 굳이 변호사가 광고를 하지 않더라도 재정 수입을 유지하기 위한 수임에 문제가 없었다.

그러나 사법시험 합격자 수가 연간 300명으로 확대되었다가, 다시 1천 명 이상으로 늘었다. 결국 변호사의 문턱을 낮춘다는 취지에서 2009년에 로스쿨 제도가 도입되었다. 이제 매년 1,700명 이상의 변호사가 배출되고 있는 상황에서는 여건이 달라질 수밖에 없다. 전체 변호사 수가 폭발적으로 늘어남에 따라 기존의 수동적 자세를 취하고서는 변호사 사무실을 유지하는 것조차 어려운 지경에 이르렀다.

시대의 변화를 반영하여 '변호사 광고를 양성화 함으로써 법조 브로커에 의한 변호사 시장의 교란을 방지하고자 한다'는 취지에 따라 2000년도에 변호사의 광고를 허용하는 변호사법 개정이 이루어졌다. 로스쿨이 도입되기 전에도 이미 연간 1천 명 이상의 변호사가 배출되고 있었기 때문에 변호사의 희귀성은 오랜 전부터 소실되고 있는 상황이었다.

변호사의 광고가 허용된 환경에서 로톡은 변호사 회원을 모집해서 가입하는 변호사가 스스로 전문 분야를 선택하게 하고, 이를 기반으로 홈페이지에서 사건 유형별로 필요한 변호사를 검색해서 연결할 수 있도록 서비스를 구성하였다. 어떤 분야를 찾아야 할지 모르는 경우에는 고민 내용을 글로 작성해서 인공지능으로 해당 분야를 찾게 하는 서비스도 제공한다.

로톡에 가입하는 변호사 회원은 회비를 납부할 수도 있고 납부하지 않을 수도 있다. 유료회원이 아니면 유료서비스를 제공받을 수 없다. 변호사가 로톡에 지급하는 회비는 광고료 성격이 있는데 그 금액이 많고 적음에 따라 검색 우선순위가 부여되는 것으로 추정된다. 로톡의 공식 입장은 그렇지 않다고 하는데 그 부분은 불확실하다.

로톡을 통해서 필요한 분야를 검색하고 프로필과 댓글 등을 확인해서 상담을 신청하고 마음에 들면 선임계약으로 이어진다. 이러다 보니 변협 입장에서는 변호사로부터 금품(회비)을 받고 그 대가로 상담이나 사건 수임을 연결해 준다는 것이다. 그러니까 변호사 광고 규정 제5조 제2항 제1호에서 금지하는 내용에 해당하는 행위라는 주장이다.

로톡이 '변호사나 소비자로부터 금품 등을 대가로 법률상담이나 사건 등을 소개·알선하기 위해서 변호사와 소비자를 연결하거나 변호사에 대한 광고를 하는 자'에 해당한다는 말이다. 그런데 변호사와 소비자가 연결되는 과정에서 로톡이 브로커 역할을 하는 것은 아니다.

로톡 홈페이지에 마련되어 있는 링크를 누르면 해당 변호사의 프로필과 댓글 등이 보이고 연락처가 게시되어 있다. 그 연락처로 의뢰인이 직접 전화를 해서 변호사와 상담을 진행한다. 로톡에서 제공하는 결제수단을 이용해서 소비자가 결제를 하면 결제금액이 로톡 계좌를 거치지 않고 직접 변호사의 계좌로 송금이 된다. 로톡이 중간에서 받아가는 수수료도 존재하지 않는다.

로톡이 하는 일은 가능한 한 많은 변호사 회원을 확보해서 소비자들이 필요한 변호사를 찾을 수 있게 검색 사이트를 개발하고 개선하고 유지하는 것이다. 변호사가 회비를 납부하면 더 많은 서비스를 제공하고 검색 우선순위를 부여한다. 사건을 물어다 변호사에게 연결해주고 수수료를 챙기는 사건 브로커와는 영업 방식이 다르다. 오히려 네이버와 같은 포털사이트의 변호사 광고 사이트와 유사하다.

변호사법 관련 주무부처인 법무부는 법률플랫폼을 광고형과 중개형의 두 가지 유형으로 분류하고 있다. 그러면서 이 가운데 ① 광고형 플랫폼은 플랫폼 업체가 변호사와 이용자 간 계약 체결에 관여하지 않고, 변호사로부터 정액의 광고료를 취득하는 형태로서 법률 위반이 아니고, ② 중개형 플랫폼은 변호사와 이용자가 플랫폼을 통해 계약을 체결하고, 플랫폼 업체가 그 계약 체결의 대가로 결제대금 중 일부를 수수료로 취득하는 형태로서 법률 위반이라고 판단하고 있다. 로톡은 아무리 보아도 광고형 플랫폼에 해당한다.

유형	특징	적법 여부
광고형	변호사가 정액 광고료 납부	합법
중개형	변호사가 수임계약별 중개수수료 납부	위법

[법률플랫폼의 두 가지 유형]

변호사업과 관련해서 광고가 허용된다고 하더라도 ① 변호사 업무의 공공성과 ② 변호사 수임의 공정성 측면에서 부당한 광고는 제한되어야 할 것이다. 그 대표적인 경우가 특정 변호사를 광고해주고 사건이 수임이 되면 수임료의 일부를 수수료로 받아가는 법조브로커 형태라고 할 수 있다. 리걸 플랫폼이 그러한 방식으로 운영되면 곤란하기 때문에 중개형 법률플랫폼은 금지되는 것이 맞다.

반면 광고형 법률플랫폼은 과연 어떠한 측면에서 변호사 업무의 공공성과 변호사 수입의 공정성을 해친다는 것인지 잘 이해가 되지 않는다. 게다가 로톡을 이용하는 사람들도 변호사들인데 왜 변호사 단체인 변협이 로톡에 광고료를 납부하는 변호사들을 징계하려는 것인지 알 수가 없다.

로톡의 서비스가 변호사법 위반이라는 변협의 주장에 대해서 경찰과 검찰이 모두 그렇지 않다고 하면서 무혐의 처분을 하였다. 법무부도 광고형 법률플랫폼은 변호사법 위반이 아니라고 결론을 내렸다. 로톡에서 탈퇴하지 않으면 징계를 하겠다고 협박한 변협의 행위에 대해서 공정거래위원회는 불공정 행위라는 이유로 과징금 처분을 하였다. 이에 따라 변협은 변호사들이 변호사 검색·광고 플랫폼 서비스를 이용하지 못하도록 하는 방법으로 변호사들의 표시·광고에 관한 활동을 제한하는 행위를 중지하여야 한다. 이러한 공정거래위원회의 처분을 받게 되면 그러한 처분을 받았다는 사실을 변협이 소속 변호사 전원에게 통지를 하여야 한다. 과징금 액수도 상당한 수준이다.

그럼에도 변협의 리걸 플랫폼 반대 의지가 과연 꺾일 것인지 의문이 든다. 법률 플랫폼을 통해서 인공지능 기반 법률서비스가 변호사 업계의 서비스 영역 안으로 조금씩 들어올 가능성을 인지하고 변협이 위험으로 느낀 것 같다. 그래서 그러한 위험의 싹이 자라나지 못하도록 제압해 버리자는 강한 의도를 가지고 있는 것으로 보인다. 모르는 대상에 대해서는 알지 못할 두려움이 일어날 수 있다. 변호사 업무를 AI가 대신하는 세상이 오면 변호사라는 출중한 밥그릇을 빼앗기게 되는 일이란 생각도 할 만하다. 과연 그렇게 될 것인가 생각해 보자.

2. AI 변호사 등장에 대한 우려

우리나라에서 법률서비스 영역에서 인공지능을 처음으로 활용한 것이 로톡의 형량예측서비스라고 하니 이에 대하여 먼저 검토해보자. AI를 활용해서 형량을 예측해 준다고는 하는데 그 시스템이 진정한 인공지능인가에 대해서는 의문이다. 인공지능이라고 하기 위해서는 인지기능, 판단기능, 행동기능의 세 가지가 갖추어져야 한다.

우선 로톡의 형량예측서비스에 인지기능이 있는가 하는 점부터 의문이다. 예를 들어 甲이 친구들과 자취방에서 술을 마시다가 술이 떨어졌다. 하는 수 없이 편의점으로 가서 술을 사가지고 나오는데, 편의점 앞에서 술을 마시고 있던 사람들과 사소한 문제로 시비가 붙었다. 언성이 높아지면서 상황이 악화되었는데 술자리에 있던 여성이 나를 몰아붙이며 다가 왔다. 삿대질을 하면서 욕을 하기에 손으로 그 여성의 어깨를 밀치고 자취방으로 갔다. 다음 날 그 여성이 강제추행을 당했다고 하면서 경찰에 신고를 하였다. 경찰에 조사를 받으러 가야 한다.

이 사건과 관련해서 로톡의 형량예측서비스에 인지기능이 제대로 갖추어져 있다면 사건 전개가 녹화되어 있는 CCTV 화면 내용을 보고 사실관계를 파악할 수 있어야 한다. 지금은 로톡이 해당 서비스를 접었기 때문에 확인할 수는 없지만, 로톡의 형량예측서비스에 그러한 기능이 있었을 리가 없다.

누군가 CCTV 내용을 분석해서 사실관계를 확인하는 인공지능을 개발하였다면 수사기관에서 이미 잘 사용하고 있을 것이다. CCTV를 보고 앉아 있는 일은 너무 시간이 많이 걸리고 지루한 일이다. 인공지능에게 맡기면 딱 좋은 일인데 그러려면 그러한 인공지능을 개발하기 위해서 투자를 많이 해야 할 것으로 보인다.

형량을 예측하기 위해서는 양형기준표의 어느 부분에 해당하는지를 먼저 찾아야 한다. 2022년 7월에 발표된 양형기준을 보면 살인범죄부터 시작해서 뇌물범죄, 성범죄, 강도범죄 등을 거쳐 환경범죄에 이르기까지 44개의 범죄 유형으로 분류되어 있다.

앞에서 예로 들었던 사건(이하 "편의점 사건"이라 한다.)은 일단 양형기준표의 '성범죄'에 해당할 것이다. 어느 범죄에 해당하는가에 대한 판단이 제일 먼저 이루어져야 하는데 이것부터 법적 판단이다. 편의점 사건은 그 내용이 아주 간단하니까 쉽게 어느 범주에 속하는지 결정할 수 있다.

만약 편의점 사건이 어떠한 유형의 범죄에 해당하는지 판단하기 어렵다고 한다면 그 자체를 AI에게 물어보아야 할 것이다. 현존하는 가장 뛰어난 인공지능이라고 하는 Chat GPT에게 해당 질문을 해 보자. 다음과 같은 답변이 나왔다.

> 자취방에서 술을 마시다가 술이 떨어졌습니다. 할 수 없이 편의점으로 가서 술을 사 가지고 나오다 사소한 문제로 시비가 붙었습니다. 술자리에 있던 여성이 삿대질하며 욕하기에 손으로 그 여성의 어깨를 밀치고 자취방으로 갔습니다. 이러한 행위는 어떠한 범죄에 해당하나요?

> 당신이 언급한 행위는 여성에게 폭력을 가한 것으로 보일 수 있으며, 괴롭힘, 폭행, 협박 등과 같은 범죄로 간주될 수 있습니다.
> 여성을 삿대질하고 욕을 하는 것은 언어적인 폭력에 해당할 수 있으며, 또한 손으로 그녀의 어깨를 밀친 것은 신체적인 폭력으로 해석될 수 있습니다. 이는 여성을 협박하거나 폭행한 것으로 간주될 수 있습니다.
> 또한, 술에 취해서 다른 사람들과 충돌하는 상황에서 술을 먹고 운전하는 것과 마찬가지로, 술에 취해 다른 사람들과의 충돌을 일으키는 것은 법적으로 문제가 될 수 있습니다.
> 따라서, 이러한 행위는 범죄로 간주될 수 있으며, 관련된 법적 후속 조치가 필요할 수 있습니다. 이러한 상황이 발생할 경우, 가능한 한 빠른 시일 내에 법적 자문을 받고, 이를 신속히 해결해야 합니다.

별로 도움이 되는 답변이 아니다. 이 답변을 아무리 읽어봐도 어느 양형기준으로 가야 하는지 알기 어렵다. 甲의 행위가 '신체에 대한 유형력 행사'로서 폭행에 해당하는 것은 사실이다. 하지만 강제추행으로 고소를 한 상황이므로 성범죄 문제가 제기된 것을 전제로 대응을 하여야 한다. 44개 범죄유형 가운데 어디에 속하는지에 대한 판단부터 AI보다는 자연인인 법률전문가의 도움이 필요한 경우이다. 인공지능으로 완전히 자동화 하기는 아직 힘들어 보인다.

누군가의 도움을 받아 강제추행죄 항목으로 가게 되면 다시 양형기준을 세부적으로 정하기 위한 표들이 나온다.

나. 강제추행죄(13세 이상 대상)

유형	구분	감경	기본	가중
1	일반강제추행	~ 1년	6월 ~ 2년	1년 6월 ~ 3년
2	친족관계에 의한 강제추행/주거침입 등 강제추행/특수강제추행	1년 6월 ~ 3년	2년 6월 ~ 5년	4년 ~ 7년
3	특수강도강제추행	5년 ~ 8년	7년~11년	9년~13년

구분		감경요소	가중요소
특별양형인자	행위	□ 유형력의 행사가 현저히 약한 경우 □ 추행의 정도가 약한 경우	□ 가학적·변태적 침해행위 또는 극도의 성적 수치심 증대 □ 다수 피해자 대상 계속적·반복적 범행 □ 범행에 취약한 피해자 □ 친족관계인 사람의 주거침입 등 강제추행 또는 특수강제추행 범행인 경우 □ 피지휘자에 대한 교사
	행위자 / 기타	□ 농아자 □ 심신미약(본인 책임 없음) □ 자수 □ 처벌불원	□ 특정강력범죄(누범)에 해당하지 않는 동종 누범 □ 신고의무자 또는 보호시설 등 종사자의 범행 □ 상습범인 경우
일반양형인자	행위	□ 소극 가담 □ 타인의 강압이나 위협 등에 의한 범행 가담	□ 계획적 범행 □ 비난 동기 □ 심신장애 상태를 야기하여 강제추행한 경우 □ 친족관계인 사람의 범행인 경우 □ 청소년에 대한 범행인 경우
	행위자 / 기타	□ 상당 금액 공탁 □ 진지한 반성 □ 형사처벌 전력 없음	□ 인적 신뢰관계 이용 □ 특정강력범죄(누범)에 해당하지 않는 이종 누범, 누범에 해당하지 않는 동종 및 폭력 실형전과(집행 종료 후 10년 미만) □ 합의 시도 중 피해 야기(피해자 등에 대한 강요죄가 성립하는 경우는 제외)

앞에 있는 표의 세 가지 유형 가운데 어디에 속하며 감경, 기본, 가중 중 어느 구간에 해당하는지에 대한 판단이 이루어져야 한다. 편의점 사건에서 甲이 행사한 유형력이 정도가 약한 편이어서 감경요소라고 할 수 있다. 그런데 甲이 누범에 해당하면 가중요소라고 할 수

있고, 나아가 상습범이라면 가중요소가 겹치게 된다. 나아가 상대방 여성이 청소년인가 하는 점도 문제가 된다. 따라서 추가 질문이 필요하다.

이렇게 필요한 질문을 추가적으로 하고 답변을 들어본 후에 미진한 부분을 다시 질문하고 하는 문답 과정이 반드시 필요하다. 형량을 예측하는 작업이 간단한 일이 아니고 이처럼 추가적인 질문과 답변이 이루어져야 하기 때문에 예상되는 질문과 응답을 설문지 진행하듯 시스템을 구성해서 진행하는 방식으로 자동화를 하는 수밖에 없어 보인다. 정교하게 짜인 질의·응답 체계를 인공지능이라고 할 수 있는가.

인공지능이라고 하기 위해서는 적어도 인지기능, 판단기능 그리고 행동기능 등 세 가지 기능은 갖추고 있어야 한다. 네비게이션 시스템과 비교해 보자. GPS 정보를 활용해서 자동차의 현재 위치와 진행방향 및 속도를 인지한다. 교통정보센터로부터 실시간으로 각 도로의 차량 소통 속도를 수신한다. 이를 바탕으로 어느 길로 차량을 운행하는 것이 가장 빠르게 목적지에 도달할 수 있는지 또는 가장 편하게 목적지에 도착할 수 있는지 판단한다. 이렇게 보면 네비게이션 시스템의 인지기능과 판단기능은 출중하다.

행동기능은 길 안내를 하는 형태로 나타난다. 사전에 녹음된 아가씨(또는 원하는 유형의 목소리)의 음성으로 전방 몇 미터(m) 지점에서 우회전하세요, 분홍색 차선을 따라가세요, 2km 전방 고속도로 출구로 진출하세요 하는 등의 안내를 수행한다. 동시에 네비게이션 시스템 화면으로 안내하는 내용이 영상 신호로 표시된다.

네비게이션 시스템이 테슬라 자동차가 선도적으로 개발해서 판매하고 있는 완전자율주행(FSD / Full Self Driving) 프로그램과 연동되면 행동기능이 자동차를 우회전, 좌회전, 차로변경 등을 하도록 확장·강화된다. 이렇게 직접 차량을 구동시키지 않더라도 예를 들어 '2시 방향 3km 전방에 적 전차 3대가 출현하였습니다, 대비하셔야 합니다'라는 내용의 경고를 전해 준다면 그러한 안내도 '행동'에 포함시키는 것이 타당할 것으로 생각된다.

테슬라의 FSD에 비하면 현재 우리가 이용하고 있는 네비게이션 시스템은 행동기능 측면에서 초보적인 단계이긴 하다. 그러나 그 기능이 정확하게 구현되고 있다면 자율주행 기능과 연결되면서 아주 편리하고 강력한 행동기능의 인공지능 시스템이 될 수 있다. 그러한 맥락에서 네비게이션 시스템은 안내 기능만 수행하고 있어서 아직 초보단계이지만 행동기능을 갖춘 인공지능이라고 할 수 있겠다.

로톡의 형량예측서비스는 인지기능, 판단기능, 행동기능 등 세 가지 측면에서 모두 네비게이션 시스템보다 더 초보적이라고 생각된다. 두 가지 시스템을 한 번 비교해 보자.

기능 유형	네비게이션 시스템	형량예측시스템
인지기능	☐ GPS 위치, 속도, 진행 방향 인식 ☐ 도로별 교통량 인식	☐ 사건 내용 인식
판단기능	☐ 운전자 요구 최적 경로 판단	☐ 예측되는 형량 판단
행동기능	☐ 진행 경로 안내	☐ 예측되는 형량 안내

네비게이션 시스템은 인지기능이 자동으로 수행된다. 이를 위해서 이용자가 별도로 취하여야 할 조치는 없다. 굳이 필요하다면 GPS 수신이 되지 않는 위치에 있을 경우 그곳에서 벗어나야 하는 정도이다. 터널을 통과할 경우에 GPS 수신이 되지 않는데, 그 경우에 네비게이션 시스템은 터널에 진입할 때의 속도로 계속 진행하는 것을 전제로 현재 위치를 추정한다.

형량예측시스템은 이용자가 필요한 정보를 모두 입력해 주어야 사건 내용이 인식된다. 필요한 경우에는 추가 질문에 대한 답변을 이용자가 여러 차례 해 주어야 한다. 이는 변호사와 상담을 하더라도 마찬가지 일이기는 하지만, 말로 하는 것이 아니라 형량예측시스템이 제공하는 여러 개의 선택지 가운데 하나를 고르는 식으로 진행된다는 점이 다르다.

예를 들어 손으로 밀쳤다고 한다면, 밀친 부분이 신체의 어느 곳인지 선택하여야 한다. 상대방 여성의 연령이 어느 정도인지, 밀친 부위가 가슴과 가까운지, 가슴이 포함되는지, 밀쳐서 몸이 움직였는지, 살짝 닿기만 하였는지, 강제추행 사건으로 처벌받은 전력이 있는지 등 여러 가지 질문에 대한 답변이 필요하고 답변을 하다보면 결론에 이르게 된다. 마치 성격 테스트 질문지를 풀어나가는 방식과 비슷해 보인다.

자동화 측면에서 이걸 두고 자동이라고 할 수 있는지 의문이기는 하지만 시작 단계의 인공지능이라고 할 수는 있다. 인지기능, 판단기능, 행동기능 등 세 가지를 갖추고 있으므로 형량예측시스템도 인공지능의 일종이다.

형량 예측은 그다지 정확할 필요가 없다. 어차피 형량 예측 결과는 참고자료가 될 뿐이다. 실제 재판에서는 어떠한 결과가 나올지 여전히 알 수 없다. 편의점 사건의 경우 강제추행에 해당하는가 하는 점에서부터 다툴 만하다. 그리하여 무죄를 주장할 것인지, 아니면 유죄를 인정하고 철저하게 반성하는 모습을 보여야 할 것인지 하는 점에 대한 판단은 아직 변호사에게 맡겨야 할 것으로 보인다.

변호사가 하여야 하는 판단 가운데 형량 예측과는 달리 정확해야 하는 사안도 있다. 예를 들어 변호사 사무실에서 경찰 수사과장으로 재직하다가 퇴직한 사람을 직원으로 고용하는 경우, 명단 제출을 통해서 이 사실을 관할 지방변호사회에 신고하여야 하는가 하는 사안이다. 명단 제출 의무가 있는지 없는지에 대해서는 정확한 판단이 필요하다. 이러한 종류의 의무를 이행하지 않으면 징계대상이 되기 때문이다. 징계를 받으면 그 사실이 공시되기 때문에 변호사 영업에 지장을 초래할 수 있다.

Chat GPT가 변호사 시험에 합격했다는 소문이 들려서 인공지능의 수준이 어느 정도인지 궁금하여 물어보았다.

> 경감으로 재직하다가 퇴직한 사람이 변호사 사무실에 취업하게 되면 그 명단을 지방변호사회에 제출하여야 하나요?

> 경감으로 재직하다가 퇴직한 사람이 변호사 사무실에 취업하면 그 명단을 지방변호사회에 제출하여야 할 의무는 없습니다. 하지만, 경감으로 재직하다가 퇴직한 사람이 변호사 사무실에 취업하면 그 사람은 변호사 경영에 참여할 때 경감에서 얻은 경험과 지식을 활용할 수 있습니다.

이러한 답변을 믿고 명단 제출을 하지 않아도 괜찮을 것인지 확인해보자. 변호사법 제89조의6 제1항은 '공직자윤리법 제3조에 따른 재산등록의무자로 재직했던 변호사 아닌 퇴직공직자가 취업한 때에는 법무법인 등은 주사무소 관할 지방변호사회에 그 명단을 지체 없이 제출하여야 한다'고 규정하고 있다.

공직자윤리법 제3조 제1항은 대통령·국무총리·국무위원·국회의원 등 정무직 공무원(제1호), 지방자치단체장·지방의회의원 등 정무직 공무원(제2호), 4급 이상 일반직 공무원(제3호), 법관 및 검사(제5호), 헌법재판소 연구관(제6호), 대령 이상의 장교(제7호), 교육공무원 중 총장·부총장·대학원장·학장(제8호), 총경 이상의 경찰공무원(제9호) 등을 재산등록의무자로 정하고 있다.

그런데 이 법 제3조 제1항 제9호가 경찰공무원의 경우 총경 이상을 재산등록의무자로 정하고 있으면서, 제13호에 이상한 내용을 추가하고 있다. "그 밖에 …… 대통령령으로 정하는 특정 분야의 공무원"을 재산등록의무자로 정하고 있는 것이다. 이 조항을 보충하는 하위법규인 「공직자윤리법 시행령」 제3조 제5항 제6호를 보면 "경찰공무원 중 경정, 경감, 경위, 경사"도 등록의무자로 정하고 있다. 따라서 경감도 재산등록의무자이다.

법령 구조가 상당히 복합하게 되어 있어서 곧바로 이해가 되지는 않겠지만 경찰공무원 중 경감도 공직자윤리법에 따라 재산등록을 해야 한다. 그러니까 경감으로 재직하다가 퇴직한 사람이 변호사 사무실에 취업하게 되면 해당 변호사 사무실은 그 명단을 지방변호사회에 제출하여야 한다. Chat GPT의 답변은 분명히 틀렸다.

Chat GPT가 변호사 시험에 합격했다는 말은 아마도 미국 변호사 시험 선택형 과목을 의미하는 것이 아닐까 생각된다. Chat GPT는 무엇을 물어보더라도 마치 다 알고 있다는 듯 답변을 늘어놓는 경향을 보인다. 그래서 교수님께서 부과한 과제물을 작성하는 일은 꽤나 근사하게 처리할 수 있는 것 같다. 그러나 정확성을 요구하는 법적 판단은 제대로 하지 못하고 있다. 사례를 이야기하고 그에 해당하는 판례가 무엇인가 묻는 데 대해서 존재하지 않는 판례 번호를 이야기하기도 한다. 근거 법령도 틀리게 답을 한다.

Chat GPT에게 법적 판단을 요구하는 것 자체가 지나치게 무리한 일일수도 있다. 현재 변호사 자격을 취득하기 위한 과정으로 반드시 거쳐야 하는 법학전문대학원은 3년제로 되어 있다. 변호사 시험 이전에는 사법시험을 합격하여야 했었는데 당시에 사시 합격 이후에 2년간 연수원 교육을 받아야만 변호사 자격이 주어졌었다. 사법시험 합격 시점까지 4년이 걸리면 무지 빠르게 합격한 것으로 평가되었으므로, 최소 6년이 걸리던 법학 교육 과정을 3년으로 축소해 놓은 셈이다.

지금도 많은 법학교수들이 3년의 법학전문대학원 수업연한은 지나치게 짧다고 보고 있다. 그래서 변호사 시험에 합격하더라도 곧바로 변호사 실무를 하기에는 무리가 있다고 본다. Chat GPT가 변호사 역할을 할 수 있도록 하기 위해서는 법학전문대학원 교육과정 전체를 학습시켜야 한다. 현재 Chat GPT는 자연어 이해 능력을 갖추었다는 면에서 대단한 존재이기는 하다. 그러나 인터넷을 통해서 접근할 수 있는 정보를 바탕으로 판단을 하고 있다는 한계를 가지고 있는 것으로 보인다. 인터넷상의 정보에 오류가 있는지를 검증할 수 있는 능력은 아직 없는 것으로 판단된다.

인공지능이 변호사 업무를 수행할 수 있을 정도의 인지기능과 판단기능을 가지게 하려면 상당한 노력이 필요할 것이다. 법학전문대학원 3년 과정의 모든 내용을 데이터베이스로 제작하여 AI가 학습할 수 있도록 하여야 한다. 아마도 그러한 작업을 할 비용으로 인간 변호사를 고용하는 것이 훨씬 더 경제적일 것이다.

법률전문가의 임무가 주로 법을 해석해서 적용하는 일인데, 이와 같은 법 해석 능력을 인공지능이 갖추도록 하려면 아직 많은 기술적 발전이 있어야 할 것으로 보인다. AI가 인간의 학습능력 수준에 거의 도달하였을 때 비로소 가능한 일일 것으로 예상된다. 나아가 법률전문가의 임무에는 정책적 판단 업무도 포함된다. 어떠한 방향으로 입법을 하여야 할 것인가 하는 판단을 인공지능에게 맡길 날이 올 것인가.

입법기관을 어떻게 구성할 것인가 하는 점은 입법정책 문제인데 사람이 입법을 하고 있는 한 그 권한을 인공지능에게 넘겨줄 리는 없어 보인다. AI가 법해석을 인간 변호사 수준으로 할 수 있게 되는 시점은 인공지능과 인간을 구별하기 힘들 정도로 기술수준이 진전된 때라고 봄이 마땅하다. AI가 법정책적 판단을 통해 법규를 제정하는 단계는 사람들이 입법권한을 가지고 있는 한 입법을 통해서 도래하지는 않을 것으로 생각된다.

결국 인간이 하는 일과 인공지능이 하는 일이 거의 구별이 되지 않을 때가 되면 AI 변호사가 등장할 수 있다. 그 때가 되면 AI와 함께 잘 살면 될 일이므로 인공지능이 변호사 업무를 맡아서 밥그릇을 빼앗아 갈 것이라는 걱정을 할 필요는 없을 것이다. 변호사의 업무가 힘들고 고되고 중요한 일이어서 수임료를 많이 받아야 한다면 그렇게 힘들고 귀찮은 일은 AI에게 맡기고 삶을 즐기는 것도 하나의 방법이지 않을까 한다. 도저히 AI를 믿을 수 없다면 법은 사람이 만들고 개정하는 것이므로 법규를 통해서 잘 규율하면 될 것이다.

제15장

AI로부터 개인정보를
보호해야 할까?

1. AI의 개인정보 수집

자동차용 블랙박스가 장착되기 시작한 것은 2006년의 일이다. 세월이 훌쩍 지난 지금은 거의 모든 자동차에 블랙박스가 설치되어 있어서 사고가 발생할 경우에 참고자료로 사용되고 있다. 자동차 사고뿐 아니라 다른 사건이 일어난 경우에도 자동차 블랙박스 영상이 증거로 사용될 수 있다. 길거리에서 일어나는 일이 자동차 블랙박스에 찍히는 일이 종종 있기 때문이다.

블랙박스는 적어도 운행 중일 때는 상시 녹화를 하기 때문에 운전자의 시야에 들어오는 모든 객체가 기본적으로 저장장치에 기록이 된다. 블랙박스의 유형에 따라서는 후방 및 측방의 개체들도 한꺼번에 찍혀서 저장되기도 한다. 이렇게 자동차가 운행되는 중에 주변에 있는 모든 객체들을 기록하게 되면 수많은 개인정보들이 정보주체의 동의 없이 수집될 수 있다.

개인정보란 '살아 있는 개인에 관한 정보로서 다음 중 하나에 해당하는 정보'를 말한다 (개인정보 보호법 제2조).

> ① "성명, 주민등록번호 및 영상 등을 통하여 개인을 알아볼 수 있는 정보" (제1호)
> ② "해당 정보만으로는 특정 개인을 알아볼 수 없더라도 다른 정보와 쉽게 결합하여 알아볼 수 있는 정보" ("이 경우 쉽게 결합할 수 있는지 여부는 다른 정보의 입수 가능성 등 개인을 알아보는 데 소요되는 시간, 비용, 기술 등을 합리적으로 고려하여야 한다." / 제2호)
> ③ '가명처리를 함으로써 원래의 상태로 복원하기 위한 추가 정보의 사용·결합 없이는 특정 개인을 알아볼 수 없는 정보' (가명정보 / 제3호)

개인을 식별할 수 있는 정보가 개인정보인데 여기에 확실하게 해당하는 것이 사람 얼굴이다. 얼굴을 보면 분명히 누구인지 알 수 있기 때문이다. 블랙박스에는 길 가는 사람들 얼굴이 다 잡히고, 창문을 열고 다니는 차량의 경우에는 운전자와 승객들의 얼굴 모습도 다 기록된다. 우리나라 개인정보 보호법은 원칙적으로 정보주체의 동의를 받아야 개인정보를 수집하고 처리할 수 있도록 정하고 있다.

다만 개인정보를 함부로 수집·처리하면 안 되는 사람이라고 하려면 '개인정보처리자'이어야 한다. 개인정보 보호법 제2조 제5호에서 정하는 개인정보처리자가 아니면 개인정보를 함부로 수집·처리하는 행동을 하더라도 처벌대상이 되지 않는다는 것이다. 개인정보처리자란 "업무를 목적으로 개인정보파일을 운용하기 위하여 스스로 또는 다른 사람을 통하여 개인정보를 처리하는 공공기관, 법인, 단체 및 개인 등"을 말한다.

우리가 차를 운전해서 돌아다니고 그 과정에 블랙박스를 통해서 여러 사람의 얼굴 정보를 수집하더라도, 업무 수행을 목적으로 얼굴 정보를 수집하는 것이 아니기 때문에 처벌 대상이라고 할 수 없다. 하지만 완전자율주행(FSD / Full Self Driving) 자동차가 카메라를 통해서 정보를 수집하는 경우에 대해서는 조금 달리 볼 여지가 있다.

완전자율주행자동차가 차량 소유자의 요청에 따라 매일 출퇴근을 시켜 주고 약속장소로 데려다주고 어딘가에 가서 기다리다가 다시 태우러 와서 집으로 또는 직장으로 옮겨주는 일을 반복한다면 그것을 업무라고 볼 여지가 있다. 차량 주인의 필요에 따라 원하는 위치로 이동시켜주고 대기하고 부르면 달려가는 일이 업무라고 할 여지가 있다는 말이다.

[완전자율주행자동차 서비스]

업무란 '사회생활상의 지위에 기하여 지속적으로 행하는 사무'를 말한다. FSD가 인지기능, 판단기능, 행동기능 등 세 가지 능력을 가지고 있는 단계에서 더 나아가 학습기능까지 갖추게 되면 강한 인공지능으로서 법인격을 부여할 필요가 있게 된다. 그래야만 강한 AI에 대한 규범적 통제가 가능하기 때문이다. 앞서 제12장에서 이야기한 주제이다.

인공지능이 법적으로 행위능력을 가지게 되면 자율주행자동차가 자신의 소유주를 위해서 항상 원하는 장소로 이동시켜 주는 업무를 수행하는 상태가 된다. 그 과정에서 어느 시간에 어느 장소로 이동할 때에는 어느 경로를 이용하는 것이 유리한가에 대한 학습을 하게 될 것이다. 이를 위해서 경로상의 모든 사물을 인식하고 정보를 저장한 후 분석해서 대비하게 될 것이다.

FSD가 인지하는 모든 정보는 저장되고 저장된 정보는 분석의 대상이 될 텐데 그 안에 얼굴 영상을 비롯해서 개인정보가 포함되어 있을 수밖에 없을 것이다. 다른 차량 번호판 정보도 모두 수집이 될 것인데 번호판은 개인정보인가에 대해서 논란의 여지가 있다.

번호판만 있다고 해서 바로 그 차량의 소유자가 누구인지 알 수 있는 것은 아니다. 그래서 '그 정보만으로는 특정 개인을 알아볼 수 없는 경우'에 해당한다(개인정보 보호법 제2조 제2호 전단). 하지만 번호판 정보가 '다른 정보와 쉽게 결합하여 특정 개인을 알아볼 수 있다면' 개인정보가 된다(개인정보 보호법 제2조 제2호 후단).

누가 자동차로 사람을 치고 달아났다고 해 보자. 그 차량이 대포차가 아닌 한, 차량번호만 확인되면 해당 차량의 소유주를 쉽게 찾을 수 있다. 그러한 측면에서는 번호판 정보는 '다른 정보와 쉽게 결합하여 특정 개인을 알아볼 수 있게 만들어주는' 정보이다.

그런데 차량등록사업소를 통해서 자동차 등록원부를 열람하려면 신청서에 소유자의 이름을 적어야 한다(자동차등록규칙 제10조 제1항, 별지 제5호 서식). 중고자동차를 구입하는 경우에는 파는 사람 이름을 물어봐서 자동차 등록원부 등본을 발급받으면 된다. 하지만 그냥 길거리를 지나간 차량의 번호만 가지고 누가 소유자인지 알아보기 위해서 자동차 등록원부를 열람하는 일은 불가능하다.

차량 번호만 들고 차량등록사업소에 가서 누가 소유자인지 알려달라고 하면 분명히 안 된다고 할 것이다. 담당 공무원이 자동차 소유자의 이름을 그냥 알려주면 개인정보 보호법 위반으로 처벌대상이 된다. 그러니 알아낼 수 있는 방법은 해킹을 하거나 담당자에게 뇌물을 주는 것밖에 없다.

차량번호가 '그 자체만으로는 개인을 식별할 수 없지만 다른 정보와 쉽게 결합하여 특정 개인을 알아볼 수 있게 만들어 주는 정보인가'에 대한 판단을 하기 위해서 검토하여야 할 사항이 있다. 결합할 '다른 정보의 입수 가능성 등 개인을 알아보는 데 소요되는 시간, 비용, 기술 등을 합리적으로 고려'하여야 한다.

담당 공무원에게 고액의 뇌물을 주고 소유자를 찾을 수는 있겠지만 그러한 경우를 두고 다른 정보와 쉽게 결합하여 특정 개인을 식별할 수 있다고 하기는 곤란하다. 차량 번호판도 개인정보에 속한다는 주장을 하는 사람도 있지만 개인정보가 아니라고 보는 것이 합리적이라고 생각한다.

AI인 완전자율주행자동차가 길거리를 지나는 사람들의 얼굴을 인식하여 저장하고 해당 도로를 주행하는 차량의 번호판도 모두 저장하면서 방대한 양의 정보를 축적하게 된다. 여기서 얼굴 영상은 명백하게 개인정보에 속한다. 차량 번호판 정보는 일단 그 자체로서는 개인정보라고 하기 어렵다. 하지만 같은 차량이 반복해서 출현한다는 사실은 AI가 인식할 수 있다.

그러면서 해당 차량에서 내리는 사람 또는 해당 차량에 타는 사람의 얼굴도 인식하게 될 것이다. 경우에 따라서는 창문을 내리고 차가 달릴 때 차량 내부의 운전자와 승객의 얼굴 정보를 수집하는 것도 가능하다. 이렇게 되면 얼굴 영상이라는 개인정보와 차량 번호판 정보가 결합해서 차량 번호도 개인정보가 될 수 있다.

FSD를 예로 들었는데 장차 자율주행자동차뿐 아니라 드론이나 서빙 로봇 등 영상정보를 수집하고 보관하는 기능을 갖춘 AI가 대거 등장할 것이다. 사람의 경우에는 보고 들어서 취득하는 모든 정보를 그대로 기억하지 않는다. 사물을 마치 사진 찍는 것처럼 기억하는 능력을 가진 사람이 있기는 하다고 하지만 극히 예외적이다.

그에 비해 AI의 경우에는 인식하는 것을 모두 사진과 녹음 형태로 기록하게 된다. 인공지능이 쳐다보는 것만으로도 정보가 수집되고 저장되며 듣는 내용도 마찬가지이다. 사람이 증거를 수집할 경우에는 일부러 촬영을 하거나 녹음을 해야 하지만 AI는 그냥 범행 현장에 존재하기만 하면 증거를 수집하게 된다. 그리고 그 증거 기록이 사람의 기억에 비해서 훨씬 더 정확하다.

지금은 차량에 설치되어 있는 블랙박스의 영상과 녹음 내용을 증거로 사용하고 있다. 이를 위해서 블랙박스 내의 저장매체를 꺼내서 임의제출을 하거나 수사기관이 영장을 가지고 압수하게 된다. 완전자율주행자동차는 현재의 블랙박스보다 훨씬 더 높은 수준의 증거를 확보하게 될 것이다.

이렇게 되면 CCTV가 빈틈없이 감시를 하고 있어서 우리나라의 치안이 잘 유지되는 것보다 더 안전한 사회를 만들 수 있다. 예를 들어 집 안에 있는 로봇 청소기가 침입자를 인식하고 범죄행위의 증거를 수집해서 자체적으로 기록을 하거나 통신수단을 통해서 서버에 기록할 수 있다. 점점 더 범죄를 잘 감시하게 되는 것은 바람직하다. 하지만 총체적 감시 사회가 완성이 되면 너무 투명한 세상이 되지 않을까 염려가 되기도 한다.

다시 FSD를 생각해 보자. 완전자율주행자동차가 학습기능까지 습득하게 되고 나서 법적으로 행위주체로 인정할 수 있게 되면, FSD라는 AI의 행동은 '업무'로 볼 수 있다. 그러면 완전자율주행자동차가 개인정보처리자가 되고, 그 AI가 수집하는 정보는 개인정보이므로 정보주체의 동의 없이 수집하고 저장하는 행위는 불법이 된다.

FSD를 비롯한 AI들이 돌아다니고 일을 하면서 당연히 수많은 개인정보와 함께 범죄의 증거들도 수집하게 될 것이다. 그런데 현행 개인정보 보호법을 기준으로 판단하자면 정보주체의 동의를 받아야만 개인정보의 수집과 처리가 합법이므로 AI에 의한 대부분의 정보수집이 위법의 영역에 들어가게 된다. AI가 매우 유용한 정보들을 수집할 수 있겠지만 일단 수집과 처리가 위법이 될 가능성이 상존하게 된다.

다만 개인정보 보호법 제18조 제2항 제7호에 따라 "범죄의 수사와 공소의 제기 및 유지를 위하여 필요한 경우"에는 정보주체의 동의가 없어도 수집과 처리가 가능하다. 그런데 여기서 말하는 수사는 수사기관에 의한 수사로 제한적으로 해석하여야 한다.

수사란 '범죄의 혐의가 있다고 판단될 때 이를 형사사건으로 처리하기 위해서 범인의 발견, 신병의 확보, 증거의 수집·보전 등을 하는 절차'를 말한다. 형사사건으로 처리하는 일은 대한민국에서 검찰과 경찰 두 기관에서만 할 수 있다. 게다가 검수완박법에 의해서 검찰조차도 직접 수사할 수 있는 사건에 제한을 받고 있는 상황이다. 일반인의 조사활동을 '수사'로 볼 여지는 없다.

사정이 이렇다 보니 완전자율자동차를 비롯한 인공지능 개체들이 활동을 하면서 수집하게 되는 개인정보는 대략 거의 다 불법 수집 정보에 해당하게 된다. 그런데 위법수집증거의 증거능력을 배제하는 형사소송법 규정(제308조의2)은 수사기관이 증거를 수집·보전하는 경우에만 적용된다. AI가 개인정보를 수집하는 과정이 위법이라고 하더라도, 해당 인공지능이 수사기관이 아니라면 수집된 개인정보를 필요하다면 증거로 사용할 수는 있다.

FSD나 배달용 드론 등이 돌아다니면서 자동으로 개인정보가 수집이 되고 이들 AI가 강한 인공지능에 해당하면, 정보주체의 동의가 없는 개인정보의 수집은 원칙적으로 위법으로서 처벌대상이다. 이들 인공지능 개체들이 수집하는 정보가 주로 영상정보이기 때문에, 이들 각자를 영상정보처리기기로 볼 수 있다. 영상정보처리기기는 다음과 같은 경우에만 설치·운영할 수 있다(개인정보 보호법 제25조 제1항).

---

① "법령에서 구체적으로 허용하고 있는 경우" (제1호)
② "범죄의 예방 및 수사를 위하여 필요한 경우" (제2호)
③ "시설안전 및 화재 예방을 위하여 필요한 경우" (제3호)
④ "교통단속을 위하여 필요한 경우" (제4호)
⑤ "교통정보의 수집·분석 및 제공을 위하여 필요한 경우" (제5호)

완전자율주행자동차나 배달용 드론 AI 등은 교통정보를 수집·분석하기 위해서 영상정보를 수집한다고 주장할 수 있어 보인다. 하지만 그렇더라도 영상정보처리기기를 설치·운영하려면 "정보주체가 쉽게 인식할 수 있도록" ① 설치 목적과 장소, ② 촬영 범위와 시간, ③ 관리책임자의 성명과 연락처 등을 포함한 안내판을 설치하여야 한다(개인정보 보호법 제25조 제4항).

이 규정을 보면 영상정보처리기기는 붙박이로 설치되는 것을 전제로 하고 있음을 알 수 있다. 완전자율주행자동차나 배달용 드론 AI처럼 돌아다니는 영상정보처리기기는 별도의 규정을 필요로 한다. FSD나 배달용 드론 AI가 아니더라도 돌아다니는 영상정보처리기기는 이미 등장하였다. 한국도로공사가 드론을 활용해서 교통법규위반 행위를 적발하고 있다. 2022년도에 드론으로 총 6,759건의 법규위반 사례를 단속하였다고 한다(글로벌경제신문, 2023. 4. 19.). 한국도로공사는 여기에 'AI 자동적발 시스템'을 적용할 예정이라고 밝혔다. 이 때문에 개인정보 보호법은 제25조의2에 이동형 영상정보 처리기기에 관한 규정을 마련하였다.

개인정보 보호법 제25조 제4항 단서를 보면 "그 밖에 대통령령으로 정하는 시설"에 대해서는 안내판 설치 의무에 대한 예외를 인정하도록 정하고 있다. 다시 「개인정보 보호법 시행령」(대통령령 제32813호) 제24조 제2항 제2호를 찾아보면, "산불감시용 영상정보처리기기를 설치하는 경우 등 장소적 특성으로 인하여 안내판을 설치하는 것이 불가능하거나 안내판을 설치하더라도 정보주체가 쉽게 알아볼 수 없는 경우"에는 "안내판 설치를 갈음하여 영상정보처리기기운영자의 인터넷 홈페이지에" 필요한 사항을 게재할 수 있다고 하고 있다.

한국도로공사의 드론 교통법규위반 단속기기는 하늘에 떠다니면서 영상정보를 수집하기 때문에 영상정보처리기기인 드론의 몸체에 안내판을 설치하기가 어렵다. 차량용 블랙박스도 마찬가지이다. 수많은 자동차들이 영상정보처리기기를 설치하고 돌아다니면서 영상정보를 수집하고 있지만 안내판 설치 의무는 아무도 이행하지 않고 있다. 그래도 아무도 문제를 제기하지 않고 있어서 그냥 괜찮은 일이 되고 있을 뿐이다.

개인정보 보호법의 영상정보처리기기 관련규정을 기기가 붙박이로 설치되는 것을 전제로 유지해서는 이 문제를 해결할 수 없기에 이동형 영상정보처리기기에 관한 규정이 신설되었다. 다만 개인정보 보호법 제25조의2는 "업무를 목적으로 이동형 영상정보처리기기를 운영"하는 사람이 적용대상이다. 차량용 블랙박스는 개인적으로 교통사고 분쟁에 대비하여 증거를 수집하는 장치로 사용되고 있기 때문에 '업무를 목적으로' 사용한다고 하기 어려워 보인다.

디지털 전환시대가 전개되면서 영상정보처리기기가 이동성을 가지게 되는 상황이 벌어지고 있다는 점을 입법이 감안할 필요가 있다. 또한 법 제25조의2 제3항이 이동형 영상정보처리기기에 안내판을 설치하는 것이 부적절할 것을 예상하여 불빛이나 소리 등을 통해서 촬영 사실을 표시하는 것을 허용하고 있는데, 개인정보 보호법 시행령이 정하고 있는 것처럼 인터넷 홈페이지에 필요한 사항을 게재하는 방식으로 촬영 사실을 표시하는 것도 허용할 필요가 있어 보인다. 드론 교통법규위반 단속 AI가 이러한 방식으로 합법성을 갖추도록 한다면, 모든 이동성 있는 AI에 대해서도 같은 방식을 적용하는 것이 타당하다.

2. AI의 활동정보 수집

AI가 돌아다니면서 곳곳에서 개인정보를 수집하는 문제도 있지만, AI가 언제 어느 곳에서 어떠한 기능을 수행하는가에 대한 정보를 수집하여야 할 것인가의 문제도 있다. 앞서 제12장에서 서술하였던 바 AI가 저지를 수 있는 범죄를 예방하는 일과 관련된 이야기이다.

사람의 경우에는 태어나면 출생신고를 하고, 법인은 설립을 하면서 등기를 하게 된다. 인공지능 개체도 강한 인공지능 단계에 도달하면 독자성을 획득하기 때문에 독자적인 권리·의무의 주체이자 범죄행위와 관련하여 행위주체가 되어야 한다. 그렇다면 자연인과 법인에 이어 '인공지능인' 정도의 명칭으로 등록이 되어야 할 것이다.

자연인은 지문이나 DNA 정보 등 개인을 식별할 수 있는 생체정보를 통해서 문제가 발생하면 누구의 행위이었는가를 입증할 수 있다. 법인은 등기부를 확인하고 법인인감을 사용함으로써 법률행위의 주체가 누구인지 확정 가능하다. 인공지능인의 행위도 마찬가지로 확인이 가능하여야 한다.

[AI 자동식별 장치]

바다를 항행하는 선박의 경우에는 자동식별시스템(Automatic Identification System / AIS)을 장착하고 있어서 이를 통하여 위치 추적이 가능하다. 항공기의 경우에는 최대이륙중량이 27톤을 초과하면서 승객 좌석 수가 19석을 초과하는 여객기에 대해서 항공사가 항공기 위치 추적 시스템을 구축하여야 한다(「항공기 위치추적시스템 승인지침」 제4조 제1항, 국토교통부 예규 제271호).

이와 마찬가지로 인공지능인의 위치를 추적할 수 있도록 자동식별시스템이 탑재되어 있어야 할 것으로 생각된다. 자연인이나 법인이 주민등록번호나 법인등록번호를 통해서 식별이 되는 것처럼 인공지능인에 대해서도 등록번호를 부여하고 그 번호를 가진 개체가 어디에 위치하고 있는지 알려주는 신호를 실시간으로 송출하도록 하여야 할 것이다.

학습기능까지 갖춘 완전자율주행자동차나 배달용 드론 등과 같은 AI는 이동하는 속성을 가지고 있기 때문에, 이들 인공지능인이 어디에 위치하고 있는가에 대한 정보는 위치정보(「위치정보의 보호 및 이용 등에 관한 법률」 제2조 제1호)에 해당한다. 위치정보란 '이동성이 있는 물건 또는 개인이 특정한 시간에 존재하거나 존재하였던 장소에 관한 정보로서, 전기통신설비 및 전기통신회선설비를 이용하여 측위(測位)된 것'을 말한다.

위치정보는 위치정보법 제15조에 따라 정보주체의 동의 없이 수집할 수 없다. 여기서 개인위치정보주체라 함은 "개인위치정보에 의하여 식별되는 자"를 말한다. 보통 개인이라고 하면 자연인을 의미하는 것으로 해석된다.

하지만 인공지능인의 등록에 관한 법률이 제정되어 인지기능, 판단기능, 행동기능과 학습기능까지 갖춘 강한 인공지능을 자연인과 법인에 이은 세 번째 유형의 사람으로 인정하게 된다면 인공지능인도 '개인'에 포함시키는 것이 타당하다.

이를 통해서 AI의 권리를 인정하는 결과가 초래되기 때문에 저항감이 있을 수는 있다. 하지만 법인의 권리를 인정하는 것과 마찬가지로 법인보다는 자연인에 더 가깝다고 할 수 있는 인공지능인의 권리를 인정하는 일은 우리가 수용하여야 할 것이라고 생각된다. 이렇게 해서 인공지능인을 개인위치정보의 주체로 보게 되면 그 위치정보를 수집하는 일에 인공지능인의 동의가 있어야 한다.

이 문제는 인공지능인을 등록할 때 일괄적으로 동의를 받음으로써 쉽게 해결이 가능하다. 인공지능인의 위치정보를 수집하는 일은 속성상 선박의 위치정보를 추적하거나 항공기의 그것을 확보하는 것과 같은 맥락의 취지를 가지고 있다. 선박이나 항공기의 위치정보를 확보함으로써 법규위반 여부를 감시하고 조난상황이 발생하면 신속하게 대응할 수 있도록 하는 것과 마찬가지의 일이다.

그렇다면 인공지능인의 등록신청을 받으면서 개인위치정보 수집에 대한 동의를 받는 것보다는 인공지능인의 등록에 관한 법률을 제정하면서 위치정보법 제15조 제1항 제3호의 예외를 마련하는 것이 더 적절한 조치일 것으로 판단된다. 인공지능인의 위치정보를 실시간으로 수집하여 일정기간 보관할 수 있도록 허용하는 규정을 입법하자는 것이다.

ENDNOTES

1 https://www.europarl.europa.eu/RegData/etudes/STUD/2020/621926/IPOL_STU(2020)621926_EN.pdf (최종방문일: 2023. 5. 20.).

2 https://liedekerke.com/en/insights/artificial-intelligence-and-legal-personality (최종방문일: 2023. 5. 20.).

3 Proposal for a REGULATION OF THE EUROPEAN PARLIAMENT AND OF THE COUNCIL LAYING DOWN HARMONISED RULES ON ARTIFICIAL INTELLIGENCE (ARTIFICIAL INTELLIGENCE ACT) AND AMENDING CERTAIN UNION LEGISLATIVE ACTS, COM/2021/206 final <https://eur-lex.europa.eu/legal-content/EN/TXT/?uri=CELEX:52021PC0206>(최종방문일: 2023. 5. 20.).

4 https://liedekerke.com/en/insights/artificial-intelligence-and-legal-personality (최종방문일: 2023. 5. 20.).

5 https://www.europarl.europa.eu/RegData/etudes/BRIE/2023/739342/EPRS_BRI(2023)739342_EN.pdf#:~:text=The%20European%20Commission%20published%20a%20proposal%20for%20a,rules%20specific%20to%20damages%20caused%20by%20AI%20systems. (최종방문일: 2023. 5. 23).

6 김희연, 미국 국가과학기술위원회(NSTC)의 인공지능(AI) 기반 준비를 위한 권고안, 『정보통신방송정책』, 제28권 제19호 통권 제633호, 2016년 10월 17일 <http://www.k-ai.or.kr/upload_hi/15018275701.pdf>(최종방문일: 2023. 5. 7.).

7 https://www.ai.gov/nstc-select-committee-on-ai-charter-updated/ (최종방문일: 2023. 5. 20.).

8 http://www.dt.co.kr/contents.html?article_no=2018030202102760753001 (최종방문일: 2023. 5. 7.).

9 거래비용(transaction costs)이란 어떠한 재화 또는 서비스 등을 거래하는 데 수반되는 비용이다. 즉, 이는 시장에 참여하기 위해 드는 비용을 말한다.

10 https://www.documentcloud.org/documents/3111057-Federal-Automated-Vehicles-Policy.html (최종방문일: 2023. 5. 7.).

11 https://www.theguardian.com/technology/2016/sep/19/driverless-car-safety-guidelines-white-house (최종방문일: 2023. 5. 7.).

12 http://media.daum.net/digital/all/newsview?newsid=20161016174003154 (최종방문일: 2023. 5. 7.).

13 이흔, AI 음성봇이 보험계약대출 접수·심사 원스톱 처리, 보험매일, 2021. 2. 7. <https://www.fins.

co.kr/news/articleView.html?idxno=85205>(최종방문일: 2023. 5. 20.).

14 의안번호 제1906706호 (정부발의안)에 대한 이동근, 특허법 일부개정법률안 검토보고서, 2013. 12. <https://likms.assembly.go.kr/bill/billDetail.do?billId=ARC_J1U3T0W9Z0P5D1D3M4G8F 3A4V9G0D3&ageFrom=19&ageTo=19>(최종방문일: 2023. 5. 25.). 다만, 2015년 특허법 개정을 통해 "자(者)"를 "사람"으로 일괄적으로 개정하지는 않았기 때문에 그 개정 의도를 파악하기는 용이하지 않다는 반론이 있을 수 있다.

15 Alexandra George & Toby Walsh, Comment: Artificial intelligence is breaking patent law, Nature, May 24, 2022 <https://www.nature.com/articles/d41586-022-01391-x>(최종방문일: 2023. 5. 28.).

16 인공지능을 발명자로 기재한 것은 특허법 제46조 제2호의 '이 법 또는 이 법에 따른 명령으로 정하는 방식을 위반한 경우'에 해당하여 특허법 제16조(절차의 무효) 제1항에 따라 특허청장 또는 특허심판원장이 보정명령을 받은 자가 지정된 기간에 그 보정을 하지 아니하면 특허에 관한 절차를 무효로 할 수 있다.

17 KDI 경제정보센터, "인공지능은 발명자가 될 수 없다" 특허출원 무효처분, 2022. 10. 3.<https://eiec.kdi.re.kr/policy/materialView.do?num=230857&topic=L&pp=20&datecount=&recommend=&pg=>(최종방문일: 2023. 5. 20.); 박현진, 다부스, "인공지능도 발명자가 될 수 있다?"... 공은 법원으로, 『인공지능신문』, 2023. 1. 5. <https://www.aitimes.kr/news/articleView.html?idxno=27054>(최종방문일: 2023. 5. 20.).

18 Thaler v. Vidal, 43 F.4th 1207 (Fed. Cir. 2022), cert. denied, No. 22-919, 2023 WL 3046164 (US Apr. 24, 2023) <https://www.supremecourt.gov/search.aspx?filename=/docket/docketfiles/html/public/22-919.html>(최종방문일: 2023. 5. 23.); Matthew Messina, Thaler v. Vidal, 43 F.4th 1207 (Fed. Cir. 2022), 33 DePaul J. Art, Tech. & Intell. Prop. L. (2023) <https://via.library.depaul.edu/jatip/vol33/iss1/5>(최종방문일: 2023. 5. 23.).

19 566 U.S. 449, 132 S.Ct. 1702 (2012).

20 Frank A. DeCosta, III and Aliza G. Carrano, Intellectual Property Protection for Artificial Intelligence, Westlaw Journal Intellectual Property, August 30, 2017, available at https://www.finnegan.com/en/insights/articles/intellectual-property-protection-for-artificial-intelligence.html (last visit on June 5, 2023).

21 35 U.S.C.A. § 100(f).

22 Diamond v. Chakrabarty, 447 U.S. 303 (1980).

23 DeCosta, III and Carrano, supra note 20.

24 E.g., DAVID POOLE ET AL., COMPUTATIONAL INTELLIGENCE: A LOGICAL APPROACH 1-2 (1998).

25 American Bar Association Intellectual Property Law Section, Comments in Response to Draft Issues Paper on Intellectual Property Policy and Artificial Intelligence, WIPO/IP/AI/2/GE/20/1 (December 13, 2019) at 4, available at https://www.wipo.int/export/sites/www/about-ip/en/

artificial_intelligence/call_for_comments/pdf/org_american_bar_association.pdf (last visit on May 15, 2023).

26 Id. at 4.

27 https://www.epo.org/news-events/news/2022/20220706.html (최종방문일: 2023. 5. 20.).

28 Thaler v The Comptroller-General of Patents, Designs and Trade Marks, [2021] EWCA Civ 1374.

29 Commissioner of Patents v Thaler [2022] FCAFC 62.

30 https://www.lexology.com/commentary/intellectual-property/germany/grnecker/only-human-beings-can-be-inventors-german-federal-patent-court-agrees-with-international-trend (최종방문일: 2023. 5. 20.).

31 https://www.managingip.com/article/2a5czh91g6c8zwxjcpla8/dabus-south-africa-issues-first-ever-patent-with-ai-inventor (최종방문일: 2023. 5. 10.).

32 이 부분은 이규호, "주요국에서의 AI 학습용 데이터세트의 법적 보호방식 비교연구: 청구항 유형별 특허적격성(성립성)과 보호범위(직접침해/간접침해)", 특허청 최종용역보고서, 2020년 5월, 1-120면(이하 "이규호, 특허청 최종용역보고서") 및 이규호, "인공지능 학습용 데이터세트 보호를 위한 특허법상 주요 쟁점 연구",『산업재산권』, 제64호, 2020년 7월, 89-178면(이하 "이규호, 인공지능특허")을 발췌하여 수정·보완한 것임을 미리 밝혀둔다.

33 WIPO Secretariat, Revised Issues Paper on Intellectual Property Policy and Artificial Intelligence, WIPO Conversation on Intellectual Property (IP) and Artificial Intelligence (AI), Second Session, published on May 21, 2020., item 28.

34 Id. at item 29.

35 Id. at item 30.

36 이를 AI 교육 데이터세트로 부를 수도 있다. 일본에서는 이를 'AI 교사데이터' 또는 'AI 학습데이터'로 부른다. 하지만, AI을 학습시키는 데이터세트를 AI 교사데이터로 칭하는 것은 데이터세트 자체가 교사가 된다는 의미가 되어 의미상 어색하다. 또한, AI가 생성한 학습데이터와 혼동의 여지가 있다는 점에서 AI을 학습시키는 데이터세트를 AI 학습데이터로 칭하는 것은 문제가 있다. 그리고 AI를 학습시키는 데이터세트를 흔히 AI 학습용 데이터라고 칭하기도 한다. 하지만, 이 경우에도 AI 학습용 데이터라는 용어 보다는 AI 학습용 데이터세트가 보다 정확한 표현이다. 왜냐하면 AI를 학습시키기 위해서는 데이터의 집합물이 필요하기 때문이다.

37 이는 인공지능 학습 모델, 인공 신경망 설계, 인공지능 칩(Chip) 등을 구현하는 AI 기술(특허분류 코드: G06N)을 말한다.

38 특허청, "인공지능(AI) 특허 창출을 위해 산업계와 머리를 맞댄다", 특허청 보도자료, 2020. 2.13. <https://www.kipo.go.kr/kpo/BoardApp/UnewPress1App?seq=18036&c=1003&board_id=press&catmenu=m03_05_01>(최종방문일: 2023. 5. 18.).

39 위의 보도자료.

40 전성태, "데이터의 창출 및 활용 관련 지식재산 이슈", 한국지식재산연구원, ISSUE PAPER 제

2019-5호, 2019년 10월 2일, 5면.

41 필자의 생각으로는 미래 먹거리산업으로서 에너지산업 측면에서는 수소경제를 뒷받침하는 천연가스 공급망의 건실한 구축이 그리고 데이터 산업 측면에서는 AI 공급망의 확고한 구축이 매우 중요한 과제라고 본다.

42 국가인권위원회 상임위원회 결정(제ZZ23959호), 인공지능산업 진흥에 관한 법률안에 대한 의견표명, 2020년 5월 28일, 2-3면, available at https://likms.assembly.go.kr/bill/billDetail.do?billId=PRC_H2J0N0H5T2C8P1G5Y4S7P4B0Q1P1J2 (최종방문일: 2023. 5. 10.).

43 위의 결정문, 3면.

44 곽충목·차상육, "인공지능(AI)관련 발명의 지식재산권법상 보호방안: 특허법 및 영업비밀보호법을 중심으로", 한국지식재산연구원, Issue Paper 제2019-11호, 2019년 12월 30일, 5면.

45 위의 글, 5면.

46 이를 데이터 집합물이라고 표현한 문헌도 있다(위의 글, 5면).

47 위의 글, 5면; 국회 과학기술정보방송통신위원회, 인공지능(AI) 시대의 법제정비방안 (연구보고서), 2019년 3월 (file:///E:/2020년%20해야%20할%20일(20191223)/용역수행%20및%20승낙한%20집필%20건(2020)/특허청용역(2020)/국회_2019_인공지능(AI)_시대_법제정비방안(최종).pdf (최종방문일: 2023. 5. 18.).

48 Patent and Trademark Office, Request for Comments on Intellectual Property Protection for Artificial Intelligence Innovation on October 30, 2019, https://www.federalregister.gov/documents/2019/10/30/2019-23638/request-for-comments-on-intellectual-property-protection-for-artificial-intelligence-innovation (last visit on May 15, 2023).

49 WIPO, The Story of AI in Patents, https://www.wipo.int/tech_trends/en/artificial_intelligence/story.html (last visit on May 23, 2023).

50 2020년 5월 29일 이 법안은 국회의원 임기만료로 폐기되었다.

51 2020년 5월 29일 이 법안은 국회의원 임기만료로 폐기되었다.

52 https://dic.daum.net/word/view.do?wordid=kkw000465680&supid=kku010238155 (최종방문일: 2020. 6. 10.).

53 https://100.daum.net/encyclopedia/view/55XXXXXX8845 (최종방문일: 2020. 6. 10.).

54 See W. Keith Robinson & Joshua T. Smith, Emerging Technologies Challenging Current Legal Paradigms, 19 Minn. J.L., Sci. & Tech. 355, 356-57 (2018); Andres Guadamuz, Artificial Intelligence and Copyright, WIPO Mag., Oct. 2017, at 17.

55 JJ Charlesworth, AI Can Produce Pictures, but Can It Create Art for Itself?, CNN: Style (Sept. 10, 2018), http://www.cnn.com/style/article/artificial-intelligence-ai-art/index.html (last visit on May 30, 2020).

56 Stefan Bechtold, 3D Printing and the Intellectual Property System 19 (World Intellectual Prop. Org., Working Paper No. 28, 2015).

57 Neil Ballinger, The Proliferation of Artificial Intelligence in 2019 Could Lead to a New Talent Gap, Drum: News (Jan. 29, 2019, 4:35PM), http://www.thedrum.com/news/2019/01/29/the-proliferation-artificial-intelligence-2019-could-lead-new-talent-gap (last visit on May 26, 2020).

58 See Robinson & Smith, supra note 54, at 364-65.

59 Id. at 365.

60 David S. Levine & Ted Sichelman, Why Do Startups Use Trade Secrets?, 94 Notre Dame L. Rev. 751, 758 (2019)(이 논문은 소프트웨어와 영업방법과 같은 데이터 중심 기술의 혁신이 특허에서 벗어나 영업비밀을 지향하는 경향이 있다는 점을 시사하였다.).

61 Guadamuz, supra note 54, at 17.

62 Kay Firth-Butterfield & Yoon Chae, Artificial Intelligence Collides With Patent Law 6, 8 (2018), available at http://www3.weforum.org/docsAVEF_48540_WP_End_of_Innovation_Protecting_Patent_Law.pdf (last visit on May 27, 2020).

63 Id. at 5.

64 Id. at 5-6.

65 See Digitech Image Techs, LLC v. Electronics for Imaging, Inc., 758 F.3d 1344, 1350, 111 USPG 2d 1717, 1721 (Fed. Cir. 2014); Credit Acceptance Corp. v. Westlake Services, 859 F.3d 1044, 123 USPQ 2d 1100 (Fed. Cir. 2017); Intellectual Ventures LLC v. Capital One Bank (USA), 792 F.3d 1363, 115 USPQ 2d 1636 (Fed. Cir. 2015).

66 데이터베이스 자체의 특허적격성은 부정하고 데이터의 검색방법 및 장치를 특허성을 인정한 사례로는 Enfish, LLC v. Microsoft Corp., 56 F. Supp. 3d 1167, 1176 (C.D. Cal. 2014). 하지만, 이 연방지방법원의 판결은 Enfish LLC. v. Microsoft Corps, 822 F.3d 1327 (Fed. Cir. 2016)에 의해 파기되었다.

67 No. 17-cv-03049-WHO, 2017 U.S. Dist. LEXIS 139056, at 2 (N.D. Cal. Aug. 29, 2017).

68 Id. at 15.

69 Id. at 4, 6, 13-15.

70 Id. at 7.

71 850 F.3d 1343 (Fed. Cir. 2017).

72 636 Fed. App. 914 (Fed. Cir. 2015).

73 35 U.S.C. § 101.

74

> **[사례 39] 얼굴 감지를 위한 신경망을 훈련시키는 방법**
> 배경: 얼굴 감지는 디지털 이미지로 인간의 얼굴을 식별하는 컴퓨터기술이다. 이 기술은 소셜 네트워킹 사이트의 사진 태그 지정에서 보안 접근통제에 이르기까지 다양한 용도로 사용할 수 있다. 일부 선행 방법은 신경망을 사용하여 얼굴 감지를 수행한다. 신경망은 이전 학습 프로세스를 기반으로 입력을 분류하기 위해 함께 작동하는 기계학습 알고리즘의 체계다. 얼굴 감지에 있어 신경망은

얼굴 및 비-얼굴 이미지 세트에 대해 이전에 훈련된 모델에 기초하여 이미지를 사람 얼굴을 포함하거나 포함하지 않는 것으로 분류한다. 그러나 이러한 선행 방법은 이미지에 얼굴 패턴의 크기와 회전의 변화, 왜곡 및 변형이 있는 경우에 이미지에서 사람의 얼굴을 확실하게 감지할 수 없다는 문제점이 있다.

출원인의 발명은 사람의 얼굴을 보다 강력하게 감지하는 기능의 조합을 사용하여 이 문제를 해결한다. 첫 번째 특징은 신경망을 훈련시키기 위해 확장된 얼굴 이미지 훈련 세트를 사용하는 것이다. 이 확장된 훈련 세트는 획득한 얼굴 이미지 세트에 수학적 변환 기능을 적용하여 개발되었다. 이러한 변환에는 아핀 변환, 예를 들어 회전, 이동 또는 미러링 또는 필터링 변환 (예 : 스무딩 또는 대비 감소)이 포함될 수 있다. 신경망은 수학적 손실 함수의 기울기를 사용하여 네트워크의 가중치를 조정하는 일종의 기계학습 알고리즘인 역전파를 이용한 확률적 학습을 사용하여 이 확장된 훈련 세트로 학습된다.

불행하게도, 확장된 훈련 세트의 도입은 비-얼굴 이미지를 분류할 때 오탐지를 증가시킨다. 따라서 출원인의 발명의 두 번째 특징은 반복훈련 알고리즘을 수행함으로써 이러한 오탐지를 최소화하는 것이며, 시스템은 얼굴 감지가 비-얼굴 이미지 세트에 수행된 후에 생성된 오탐지를 포함하는 업데이트된 훈련 세트로 재훈련된다. 이러한 기능 조합은 왜곡된 이미지에서 얼굴을 감지하면서 오탐지 수를 제한할 수 있는 강력한 얼굴 감지 모델을 제공한다.

[청구항]
얼굴 감지를 위해 신경망을 훈련시키는 컴퓨터 구현 방법
구성 :
데이터베이스로부터 일련의 디지털 얼굴 이미지를 수집하는 단계;
수정된 디지털 얼굴 이미지 세트를 생성하기 위해 미러링, 회전, 스무딩 또는 대비 감소를 포함하여 각각의 디지털 얼굴 이미지에 하나 이상의 변환을 적용하는 단계;
수집된 디지털 얼굴 이미지 세트, 수정된 디지털 얼굴 이미지 세트 및 디지털 비-얼굴 이미지 세트를 포함하는 첫 번째의 훈련 세트를 생성하는 단계;
첫 번째의 훈련 세트를 사용하여 제1단계에서 신경망을 훈련시키는 단계;
첫 번째 훈련 세트와 제1단계 후에 얼굴 이미지로 잘못 감지된 디지털 비-얼굴 이미지 트레이닝 세트로 구성된 제2단계 훈련을 위한 두 번째 훈련 세트를 생성하는 단계; 및
두 번째 훈련 세트를 사용하여 제2단계에서 신경망을 훈련하는 단계.

75 Robert Tarcu, How the EPO and USPTO Guidance Will Help Shape the Examination of Artificial Intelligence Inventions, available at https://www.ipwatchdog.com/2019/04/01/epo-uspto-guidance-will-help-shape-examination-artificial-intelligence-inventions/id=107855/ (last visit on May 1, 2023).

76 573 U.S. 208 (2014).

77 https://www.jdsupra.com/legalnews/uspto-on-patent-eligibility-examples-38-31546/ (last visit on May 25, 2023).

78 35 U.S.C. § 271(b).

79 Global-Tech Appliances, Inc. v. SEB S.A., 131 S. Ct. 2060 (2011).

80 American Cotton-Tie Co. v. Simmons, 106 U.S. (16 Otto) 89, 1 S.Ct. 52, 27 L.Ed. 79 (1882).

81 Kimberly A. Moore, Timothy R. Holbrook & John F. Murphy, Patent Litigation and Strategy (West 5th ed. 2018) at 445.

82 Tabrez Y. Ebrahim, Artificial Intelligence Patent Infringement, p. 19, available at https://robots. law.miami.edu/2019/wp-content/uploads/2019/03/Ebrahim_Patent-Infringement.pdf (last visit on May 17, 2023).

83 Id. at 5.

84 35 U.S.C. § 271(b).

85 35 U.S.C. § 271(c).

86 Aro Mfg. Co. v. Convertible Top Replacement Co., 365 U.S. 336, 448 (1961).

87 Id.

88 T.D. Williamson, Inc. v. Laymon, 723 F. Supp. 587 (N.D. Okla. 1989); Smith Int'l, Inc. v. Hughes Tool Co., No. CV 72-1231, 1986 WL 4795, at 1 (C.D. Cal. Mar. 12, 1986), 839 F. 2d 663 (Fed. Circ. 1988); Bristol-Myers Squibb Co. v. Rhone-Poulenc Rorer, Inc. No. 95 CIV 8833 2001 WL 1263299, at 3 (S.D.N.Y. Oct. 19, 2001).

89 W.R. Grace & Co.-Conn. v. Interact, Inc., 60 F. Supp. 2d at 319.

90 Microsoft Corp. v. AT&T Corp, 550 U.S. 437 (2007).

91 Id. at 449.

92 35 U.S.C. § 271(f).

93 35 U.S.C. § 271(c).

94 Ebrahim, supa note 82, at 22.

95 James Nurton, European Commission Proposes Strategies for Data and AI, February 20, 2020, available at https://www.ipwatchdog.com/2020/02/20/european-commission-proposes-strategies-data-ai/id=119068/ (last visit on May 25, 2023).

96 Id.

97 Id.

98 Article 52 (Patentable inventions) of EPC [38], [39]

(1) European patents shall be granted for any inventions, in all fields of technology, provided that they are new, involve an inventive step and are susceptible of industrial application.

(2) The following in particular shall not be regarded as inventions within the meaning of paragraph 1:

(a) discoveries, scientific theories and mathematical methods;

(b) aesthetic creations;

(c) schemes, rules and methods for performing mental acts, playing games or doing business, and programs for computers;

(d) presentations of information.

(3) Paragraph 2 shall exclude the patentability of the subject-matter or activities referred to therein only to the extent to which a European patent application or European patent relates to such subject-matter or activities as such.

[38] Amended by the Act revising the European Patent Convention of 29.11.2000.

[39] See the decisions of the Enlarged Board of Appeal G 1/98, G 1/03, G 2/03, G 3/08, G 1/16 (Annex I).

99 EPO, Guidelines for Examination G-II, § 3.3.1., available at https://www.epo.org/law-practice/legal-texts/html/guidelines2018/e/g_ii_3_3_1.htm (last visit on May 1, 2023).

100 Id.

101 Id.

102 Article 10 (Management) of EPC

(1) The European Patent Office shall be managed by the President, who shall be responsible for its activities to the Administrative Council.

(2) To this end, the President shall have in particular the following functions and powers:

(a) he shall take all necessary steps to ensure the functioning of the European Patent Office, including the adoption of internal administrative instructions and information to the public;

(b) unless this Convention provides otherwise, he shall prescribe which acts are to be performed at the European Patent Office in Munich and its branch at The Hague respectively;

(c) he may submit to the Administrative Council any proposal for amending this Convention, for general regulations, or for decisions which come within the competence of the Administrative Council;

(d) he shall prepare and implement the budget and any amending or supplementary budget;

(e) he shall submit a management report to the Administrative Council each year;

(f) he shall exercise supervisory authority over the staff;

(g) subject to Article 11, he shall appoint the employees and decide on their promotion;

(h) he shall exercise disciplinary authority over the employees other than those referred to in Article 11, and may propose disciplinary action to the Administrative Council with regard to employees referred to in Article 11, paragraphs 2 and 3;

(i) he may delegate his functions and powers.

(3) The President shall be assisted by a number of Vice-Presidents. If the President is absent or indisposed, one of the Vice-Presidents shall take his place in accordance with the procedure laid down by the Administrative Council.

유럽특허조약 제10조에 대해서는 Decisions/opinions of the Enlarged Board of Appeal G 5/88, G 7/88, G 8/88, G 1/02 (Annex I) 참조; 유럽특허조약 제10조 제3항에 대해서는 The decision of the Administrative Council of 06.07.1978 on substitution for the President of the EPO (OJ EPO 1978, 326) 참조.

103 European Patent Office, Guidelines for Examination in the European Patent Office, available at https://www.epo.org/law-practice/legal-texts/guidelines.html (last visit on May 29, 2023).

104 OJ EPO 2019, A80.

105 https://www.lexology.com/library/detail.aspx?g=58510afa-7a40-4766-9624-488765ed76bd (last visit on May 29, 2023).

106 Artificial intelligence and machine learning, Guidelines for Examination G-II 3.3.1 available at https://www.epo.org/law-practice/legal-texts/html/guidelines2018/e/g_ii_3_3_1.htm (last visit on May 29, 2023).

107 Id.

108 Id.

109 Art. 52(1), (2) and (3) of EPC.

110 Id.

111 Id.

112 Id.

113 T 1358/09 (Classification/BDGB ENTERPRISE SOFTWARE) of 21.11.2014.

114 T 1784/06 (Classification method/COMPTEL) of 21.9.2012.

115 Artificial intelligence and machine learning, Guidelines for Examination G-II, 3.3.1 available at https://www.epo.org/law-practice/legal-texts/html/guidelines2018/e/g_ii_3_3_1.htm (last visit on May 20, 2023).

116 Patenting Artificial Intelligence and Machine Learning Innovations in Europe, October 2018, available at https://www.jonesday.com/en/insights/2018/10/patenting-artificial-intelligence-and-machine-lear (last visit on May 30, 2023).

117 G-VII, 5.4 of the Guidelines for Examination at the EPO.

118 T 0641/00 (Two identities/COMVIK) of 26.9.2002.

119 https://www.jonesday.com/en/insights/2020/04/ip-protection-of-artificial-intelligence-in-europe (last visit on June 5, 2023).

120 T 0697/17 (SQL extensions/MICROSOFT TECHNOLOGY LICENSING) of 17.10.2019.

121 T 0731/17 (Object persistence/MICROSOFT TECHNOLOGY LICENSING) of 15.1.2020.

122 Patenting Artificial Intelligence and Machine Learning Innovations in Europe, October 2018, available at https://www.jonesday.com/en/insights/2020/04/ip-protection-of-artificial-intelligence-in-europe (last visit on May 30, 2023).

123 출원발명의 명칭은 "Food Container"이다. 이 사안에서 유럽특허청은 "발명자의 지정이 유럽특허조약 제81조와 유럽특허조약 규칙 제19조의 요건을 충족하지 못한다"고 거절결정하면서

2020년 1월 27일 출원인에게 출원거절결정을 송달하였다. See EPB 2019/45.

124 출원발명의 명칭은 "Devices and Methods for Attracting Enhanced Attention"이다.

125 이 사안에서 유럽특허청은 "발명자의 지정이 유럽특허조약 제81조와 유럽특허조약 규칙 제19조의 요건을 충족하지 못한다"고 거절결정하면서 2020년 1월 27일 출원인에게 출원거절결정을 송달하였다. See EPB 2019/45.

126 https://www.foley.com/en/insights/publications/2020/04/hidden-layers-between-ai-patent-policy (last visit on May 20, 2023).

127 松下 外, AI 技術関連発明の特許出願及び権利行使, パテント2019, Vol. 72 No. 8, 44頁, available at https://system.jpaa.or.jp/patent/viewPdf/3303 (last visit on May 20, 2023).

128 日本 特許廳, AI関連技術に関する特許審査事例について, available at https://www.jpo.go.jp/system/laws/rule/guideline/patent/ai_jirei.html (last visit on May 15, 2023).

129 日本 特許廳, 審査事例集, 附属書B 第1 章 コンピュータソフトウエア関連発明 2.1.1.1.a.

130 松下 外, 前揭論文, 44頁.

131 日本 特許廳, 審査事例集, 附属書B 第1 章 コンピュータソフトウエア関連発明 2.1.1.2.

132 松下 外, 前揭論文, 44頁.

133 上揭論文, 44頁.

134 上揭論文, 45頁.

135 上揭論文, 45頁.

136 日本 特許廳, 審査事例集, 附属書A[事例 34] (日本 特許廳, AI関連技術に関する特許審査事例について, available at https://www.jpo.go.jp/system/laws/rule/guideline/patent/ai_jirei.html (last visit on July 18, 2023). 해당 [사례 34]는 다음과 같다.

[사례 34] 수력발전량 추정 시스템
발명의 명칭
수력발전량 추정 시스템

특허청구범위

[청구항 1]
정보처리장치에 의하여 신경망을 실현하는 댐의 수력발전량 추정 시스템이고,
입력층과 출력층을 구비하고, 상기 입력층의 입력 데이터를 기준 시각보다 과거의 시각에서 해당 기준 시각까지의 소정 기간에 유역의 강수량 상류 하천의 유량과 댐의 유입량으로 하여 상기 출력층의 출력 데이터를 상기 기준 시각보다 미래의 수력 발전량하는 신경망과 상기 입력 데이터 및 상기 출력 데이터의 실제 값을 학습용 데이터로 상기 신경망을 학습하는 기계 학습부와,
상기 기계학습부에서 학습한 신경망에 현재 시각을 기준 시각으로 하여 상기 입력 데이터를 입력

하고, 현재 시각이 기준 시각인 출력 데이터를 토대로 미래의 수력 발전량의 추정치를 구하는 추정부에 의해 구성된 것을 특징으로 하는 수력 발전량 추정 시스템.

[청구항 2]
청구항 1에 관한 수력발전량 추정 시스템이고,
상기 입력층의 입력 데이터에다가 상기 기준시각보다 과거인 시각에서 해당기준시각까지의 소정기간의 상류 유역의 기온을 포함하는 것을 특징으로 하는 수력발전량 추정 시스템

발명의 상세한 설명의 개요

[배경기술]
댐 관리자는 과거의 상류유역의 강수량과 상류 하천의 유량 등으로부터 댐의 장래 유입량을 추정하고 그 추정 유입량을 수력발전량으로 치환하여 장래의 수력발전량을 추정하고 있다.

[발명이 해결하고자 하는 과제]
일반적으로 댐의 장래 수력발전량은 과거 수주 기간 정도의 상류 유역의 강수량과 상류 하천의 유량, 댐으로의 유입량의 실제 값을 이용하여 추정한다. 통상적으로 댐 관리자가 이러한 데이터에서 미래의 유입량을 계산하는 함수식을 작성하고 해당 함수식에 수시로 측정한 지난 몇 주간의 데이터를 입력함으로써 미래의 유입량을 추정한다. 그 후, 추정한 미래의 유입량을 수력발전량에 가깝도록 환산한다.
그러나 이 방법은 관리자에 댐 하나하나에 함수식을 작성하게 하는 부담이 발생한다. 또한 함수식을 이용하여 미래의 유입량을 구하고, 그 후 발전량에 근사하도록 변환하는 방법이기 때문에 관리자가 미세하게 함수식을 조정해도 수력 발전량을 정밀하게 추정할 수 없다는 문제가 있었다.
본 발명의 과제는 댐의 수력발전량을 정밀하게 직접 추정할 수 있는 수력발전량 추정 시스템을 제공하는 것이다.

[과제를 해결하기 위한 수단]
본 출원 청구항 1에 관한 발명은 기준시각보다 과거의 시각에서 해당 기준시각까지의 소정기간의 상류유역의 강수량, 상류하천의 유량 및 댐으로의 유입량을 입력 데이터로 하고, 상기 기준기각보다 미래의 수력발전량을 출력 데이터로 하는 학습용 데이터를 사용하여 지도된 기계학습을 통해 신경망을 학습시킨다. 그리고 현재 시각까지의 상류 지역의 강수량, 상류 하천의 유량과 댐의 유입량을 상기 학습된 신경망에 입력하면 현재 시각 이후의 수력 발전량을 추정한다. 본원 청구항 2에 관한 발명은 또한 입력 데이터로서 기준 시각보다 과거의 시각에서 해당 기준 시각까지의 소정 기간의 상류 지역의 기온을 포함한다.

[발명의 효과]
청구항 1에 관한 발명에 의하면, 학습된 신경망을 이용하여 추정함으로써 미래의 수력발전량을 정밀하게 직접 추정할 수 있다.

청구항 2에 관한 발명에 의하면, 입력 데이터로 상류 유역의 기온을 추가하여 강수량이 적은 봄 계절을 포함해 연간 현실의 수력 발전량을 정밀하게 추정할 수 있다. 지금까지 수력 발전량과 상류 지역의 기온 사이에 상관관계가 있다고는 생각하지 않았지만, 입력 데이터로 상류 지역의 기온을 이용하여 '눈 녹은 물'에 의한 유입량 증가의 영향에도 대응한, 보다 정확한 추정을 할 수 있게 된다.

[기술수준(인용발명, 주지기술 등)]
인용발명 1 (인용문헌 1에 기재된 발명):
정보처리장치에 의해 다중회귀분석을 행하는 댐의 수력 발전량 추정 시스템이며, 설명 변수를 기준 시각보다 과거의 시각에서 해당 기준 시각까지의 소정 기간의 유역의 강수량, 상류 하천의 유량 및 댐으로의 유입량으로 하여 목적 변수를 상기 기준 시각보다 미래의 수력 발전량으로 하는 회귀식 모델과,
상기 설명 변수 및 상기 목적 변수의 실제 값을 이용하여 상기 회귀식 모델의 편회귀 계수를 구하는 분석부와
상기 분석부에서 구한 편회귀 계수를 설정한 회귀식 모델에 현재 시각을 기준 시각으로 하여 상기 설명 변수에 데이터를 입력하여 현재 시각을 기준 시각인 상기 목적변수의 출력 데이터에 기하여 미래 수력 발전량의 추정치를 구하는 추정부
에 의해 구성된 것을 특징으로 하는 수력 발전량 추정 시스템

주지기술:
기계학습 기술분야에서 과거의 시계열의 입력 데이터와 미래의 하나의 출력 데이터로 구성된 학습용 데이터를 이용하여 신경망을 학습시키고 학습시킨 해당 신경망을 이용하여 과거 시계열의 입력에 대한 미래의 하나의 출력의 추정처리를 하는 것

[결론]
청구항 1에 관한 발명은 진보성을 가지고 있지 않다.
청구항 2에 관한 발명은 진보성을 가지고 있다.

[거절이유의 개요]
청구항 1에 관한 발명과 인용발명 1을 대비하면 양자는 이하의 점에서 서로 다르다.
(상위점)
청구항 1에 관한 발명은 입력층과 출력층을 구비한 신경망에 의해 수력 발전량 추정을 제공하는 반면 인용발명 1은 회귀식 모델에 따라 수력 발전량 추정을 실현하는 점.

상기 상위점에 대하여 검토한다.
주지기술로 과거의 시계열의 입력 데이터와 미래의 하나의 출력 데이터로 구성된 학습용 데이터를 이용하여 학습시킨 신경망을 이용하여 과거 시계열의 입력에 대한 미래의 하나의 출력의 추정

처리를 행하는 것이 알려져 있다. 그리고 인용발명 1과 주지기술은 데이터 사이의 상관관계에 따라 과거 시계열의 입력에서 미래의 하나의 출력을 추정한다는 점에서 기능이 공통된다.

이상의 사정에 근거하면, 인용발명 1에 주지기술을 적용하여 회귀 모델 대신에 학습된 신경망을 이용하여 수력 발전량 추정을 실현하는 것을 구성으로 하는 것은 통상의 기술자가 용이하게 생각해낼 수 있는 것이다.

그리고 청구항 1에 관한 발명의 효과는 통상의 기술자가 예상할 수 있을 정도의 것으로서 인용발명 1에 주지기술을 적용함에 있어서 특단의 저해 요인은 존재하지 않는다.

[설명]
(동기에 대하여 고려한 사정)
-작용, 기능의 공통성
인용발명 1과 주지기술은 데이터 사이의 상관관계에 기하여 과거의 시계열의 입력으로부터 미래의 하나의 출력을 추정하는 것으로 하는 기능이 공통된다.

(거절이유가 없는 것의 설명)
청구항 2에 관한 발명과 인용발명 1을 대비하면 양자는 이하의 점에서도 서로 다르다.
(상위점)
청구항 2에 관한 발명은 입력층의 입력 데이터에 기준시각보다 과거의 시각으로부터 해당 기준시각까지의 소정기간의 상류 유역의 기온을 포함한 반면 인용발명 1에서는 그러한 구성이 되어 있지 않은 점.

상기 상위점에 대하여 검토한다.
청구항 2에 관한 발명은 수력 발전량의 추정에 상류 지역의 기온을 이용하고 있지만, 수력 발전량의 추정에 상류 지역의 기온을 이용하는 것을 공개하는 선행 기술은 발견되지 않고 양자 사이에 상관관계가 있음은 출원시의 기술 상식도 아니다.

일반적으로 기계학습에서는 상관관계가 분명하지 않은 데이터를 입력 데이터에 추가하면 소음이 발생할 수 있는 바, 본원의 청구항 2에 관한 발명은 입력 데이터에 기준 시각보다 과거의 시각에서 해당 기준시각까지의 소정 기간의 상류 지역의 기온을 이용함으로써 봄계절에 '눈 녹은 물'에 의한 유입량 증가에 대응한, 고정밀도의 수력 발전량을 추정하는 것이 가능하다. 이 효과는 인용발명 1로부터 예측 곤란한 현저한 효과라고 할 수 있다.

따라서 수력 발전량의 추정에 있어서 입력 데이터에 기준 시각보다 과거의 시각에서 해당 기준시각까지의 소정 기간의 상류 지역의 기온을 포함하는 사항은 인용발명 1에 주지 기술을 적용할 때 행할 수 있는 설계변경은 불가능하다.

따라서 본원의 청구항 2에 관한 발명은 진보성이 있다.

---

137 松下外, 前揭論文, 45頁.

138 上揭論文, 46頁.

139 日本 特許廳, 審査事例集, 附属書 A [事例 36] (日本 特許廳, AI関連技術に関する特許審

査事例について, available at https://www.jpo.go.jp/system/laws/rule/guideline/patent/ai_jirei.html (last visit on July 18, 2020). 해당 [사례 36]은 다음과 같다.

[사례 36] 인지증 수치 추정장치

발명의 명칭
인지증 수치 추정장치

특허청구범위

[청구항 1]
응답자와 질문자의 대화에 따른 음성정보를 취득하는 음성정보 취득수단과
상기 음성정보의 음성분석을 행하고, 상기 질문자의 발화구간(發話區間)과 상기 응답자의 발화구간을 특정하는 음성분석 수단과
상기 질문자의 발화구간 및 상기 응답자의 발화구간의 음성정보를 음성인식하여 각 텍스트 화하여 문자열을 출력하는 음성인식 수단과
상기 질문자의 발화구간의 음성인식 결과에서 질문자의 질문유형을 식별하는 질문내용 특정 수단과
학습된 신경망에 대해 상기 질문자의 질문 종별과 해당 질문유형에 대응하는 상기 응답자의 발화구간의 문자열을 연결하여 입력하고, 상기 응답자의 인지증 수준을 계산하는 인지증 수치 계산수단을 갖춘 상기 신경망은 상기 응답자의 발화구간의 문자열을 대응하는 상기 질문자의 질문 유형에 연결하여 입력된 때 추정 인지증 수치를 출력하도록 학습용 데이터를 이용한 기계학습 처리가 시행된 인지증 수치 추정 장치.

발명의 상세한 설명의 개요

[배경기술]
인지증의 진행 정도(인지증 수치)를 진단하기 위해 전문의는 피실험자에 대하여 질문하고 그 질문에 대한 피실험자의 답변 태도를 진단하고 판단을 했다.

[발명이 해결하고자 하는 과제]
인지증 수준의 진단은 경험에 의한 바가 많은 숙련이 필요하기 때문에 전문의의 조기 육성이 과제로 되고 있었다. 그래서 기계학습 기술을 활용하여 숙련된 전문지식을 신경망에 학습시키고 학습된 신경망을 통해 숙련된 전문의의 진단지원을 할 생각이다.
그러나 인지증 진단에 관한 질문들과 응답자의 문답의 진행은 사안별로 다르고, 단순히 기계 학습을 할 신경망에 입력해도 실용적인 결과는 얻을 수 없다고 생각된다.
본 발명의 과제는 인지증 진단에 관한 응답자와 질문자의 대화에 관한 음성정보로부터 유효한 정보를 추출하여 인지증 수준의 정확한 추정을 실현할 수 있는 장치를 제공하는 것을 목적으로 한다.
본 발명의 과제는 인지증 진단에 관한 응답자와 질문자의 대화에 관한 음성정보에서 유용한 정보를

[과제를 해결하기 위한 수단]

발명자는 인지증 진단에 관한 질문들과 답변의 대화에 관한 양자의 음성정보에서 질문자의 질문 내용의 종별 (식사, 날씨, 가족 등)과 해당 질문에 대한 응답자의 답변 (텍스트화한 문자열)을 음성인식 기술로 추출하여 이들을 연결하고 해당 질문내용의 종별 및 답변과 숙련 전문의의 진단결과(피실험자의 인지증 수준)를 학습용 데이터로 하여 기계학습 처리함으로써 인지증 진단에 관한 질문들과 응답자의 문답과 숙련 전문지식을 학습된 신경망에 효과적으로 반영 할 수 있다는 것을 발견했다.

이 학습된 신경망을 이용하여 인지증 수준의 추정을 행함으로써 정확한 인지증 수준 추정장치를 구성하였다.

[발명의 효과]

음성정보에서 추출된 질문자의 질문 종별과 해당 질문유형에 해당하는 응답자의 답변 (문자열)을 입력하고, 상기 학습된 신경망에 의한 인지증 수준의 추정을 행하는 것으로서 정확성이 높은 인지증 수준의 진단지원을 제공할 수 있다.

[기술수준(인용발명, 주지기술 등)]

인용발명 1 (인용문헌 1에 기재된 발명):

응답자와 질문자의 대화에 따른 음성정보를 취득하는 음성정보 취득수단과

상기 음성정보를 음성인식하여 텍스트화하여 문자열을 출력하는 음성인식 수단과

학습된 신경망에 대해 상기 음성인식 수단에 의해 텍스트화된 문자열을 입력하고, 상기 응답자의 인지증 수치를 계산하는 인지증 수치 계산수단을 갖춘

상기 신경망은 상기 문자열이 입력된 때 추정 인지증 수치를 출력하도록 학습용 데이터를 이용한 기계학습 처리가 행해진 인지증 수치 추정장치.

(인용문헌 1에는 인지증 수치 추정장치가 응답자의 인지증 수치를 소정의 정확도로 추정할 수 있는 것이 통상의 기술자가 이해할 수 있는 정도로 기재되어 있다.)

[결론]

청구항 1에 관한 발명은 진보성을 가진다.

[설명]

(거절이유가 없는 것의 설명)

청구항 1에 관한 발명과 인용발명 1을 대비하면 양자는 이하의 점에서 상위하다.

(상위점)

청구항 1에 관한 발명은 상기 음성정보의 음성분석을 행하여 상기 질문자의 발화구간과 상기 응답자의 발화구간을 특정하는 것과 동시에 특정된 상기 질문자의 발화구간 및 상기 응답자의 발화구간의 음성정보를 음성인식에 의해 텍스트화하여 문자열을 얻고 상기 질문자의 발화구간의 음

성인식결과로부터 질문자의 질문 종별을 특정하여 신경망은 상기 질문자의 질문 종별과 해당 질문유형에 대응하는 상기 응답자의 발화구간의 문자열을 연결하여 입력하고, 인지증 수치를 출력하도록 기계학습 처리가 시행되는 것에 대해 인용발명 1의 신경망은 질문자와 응답자의 발화구간의 구분 없이 음성인식에 의해 텍스트화된 문자열을 그대로 입력하고, 인지증 수치를 출력하도록 기계학습 처리가 실시되는 점.

상기 상위점에 대해서 검토한다.
학습용 데이터를 이용하여 신경망을 학습시킬 때에 입력인 학습용 데이터에 일정한 사전 처리를 시행함에 있어 학습용 데이터를 변경하여 신경망의 추정 정밀도의 향상을 시도하는 것은 통상의 기술자의 상투적인 수단이다.
그러나 인지증 수준의 평가 방법으로 응답자와 질문자의 대화에 따른 음성정보를 텍스트화 된 문자열에 대한 질문자의 질문유형을 파악하고 해당 질문유형에 해당하는 응답자의 답변 내용과 연관하여 평가에 사용하는 구체적인 방법을 공개하는 선행기술이 발견되지 않았으며, 그러한 평가 방법은 출원시의 기술상식도 아니다.
따라서, 인용발명 1의 신경망에 응답자와 질문자의 대화에 따른 음성정보를 학습하는 데 있어 질문자의 질문유형을 파악하고 해당 질문유형에 해당하는 응답자의 답변 내용을 연관 지어 학습용 데이터로서 이용하여 학습시키는 것은 통상의 기술자가 용이하게 생각해낼 수 없는 것이다. 또한 인용발명 1에 식별자의 추정 정확도를 향상시키기 위한 단순한 설계 변경이나 설계적 사항의 채용이라는 것도 불가능하다.
또한 청구항 1에 관한 발명은 질문자의 질문유형을 파악하고 해당 질문 유형의 질문에 해당하는 응답자의 답변 (문자열)을 연결하여 신경망은 학습용 데이터로부터 숙련된 전문의의 연구 결과를 효과적으로 학습할 수 있기 때문에 정확한 인지증 수준의 추정을 실현할 수 있다는 현저한 효과를 얻을 수 있다.
따라서 본원 청구항 1에 관한 발명은 진보성을 가진다.

140 松下　外, 前揭論文, 46頁.

141 上揭論文, 46頁.

142 일본 특허청의 審査事例集1頁.

143 松下　外, 前揭論文, 47頁.

144 日本 特許廳, 審査事例集, 附屬書 A [事例 46] (日本 特許廳, AI関連技術に関する特許審査事例について, available at https://www.jpo.go.jp/system/laws/rule/guideline/patent/ai_jirei.html (last visit on July 18, 2020).

145 **[사례 46] 당도추정 시스템**
발명의 명칭
당도추정 시스템

특허청구의 범위

[청구항 1]

인물의 얼굴 사진과 그 인물이 재배한 야채의 당도를 기억하는 기억수단과 상기 기억수단에 기억된 얼굴 사진과 전술한 야채의 당도를 학습 데이터로 사용하여 입력을 얼굴 사진으로 하고 출력을 그 사람이 야채를 재배했을 때의 야채의 당도로 하는 판정 모델을 기계학습에 의해 생성하는 모델 생성 수단과

인물 얼굴 사진의 입력을 받는 접수 수단과

전술한 모델 생성 수단에 의해 생성된 판정 모델을 사용하여 전술한 접수 수단에 입력된 얼굴 사진으로부터 추정되는 그 인물이 재배했을 때의 야채의 당도를 출력하는 처리수단을 구비하는 당도 추정 시스템.

발명의 상세한 설명의 개요

본 발명의 목적은 인상과 그 사람이 키운 야채의 당도에 일정한 관계가 있음을 이용하여 얼굴 사진으로부터 그 인물이 야채를 재배했을 때의 야채의 당도를 추정하는 시스템을 제공하는 것이다. 예를 들어, 인상은 도면에 나타난 머리 길이, 머리의 폭, 코의 폭, 입술의 폭이 특징이다. 여기서 말하는 야채의 당도는 야채의 종류마다 뿌린 후 일정 기간이 경과한 때의 당도다. 본 시스템을 이용하여 가까운 사람 중 누가 재배하면 가장 당도 높은 채소를 키우는지에 대한 예측을 할 수 있게 된다.

우선 당도 추정 시스템은 사용자의 얼굴 사진을 입력받는다. 그리고 인물의 얼굴 사진을 입력하여 그 인물이 야채를 재배한 때의 야채의 당도를 출력하는 것으로 하는 판정 모델을 사용하여 전술한 인물이 야채를 재배한 때에 예상되는 야채의 당도를 취득한다. 전술한 판정 모델은 회선 신경망 (CNN) 등 공지의 기계학습 알고리즘을 이용하여 얼굴 사진과 그 인물이 재배한 야채 당도의 관계를 학습 데이터로 학습시키는 기계학습에 의해 생성한다.

[전제]

출원시의 기술 상식에 비추어도 인물의 얼굴 사진과 그 사람이 재배한 야채 당도 사이에 상관관계 등의 일정한 관계 (이하, 본 사례에서는 "상관관계 등"이라 한다)가 존재하는 것은 추인 할 수 없다.

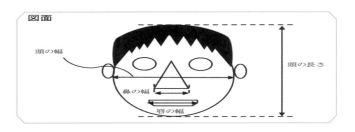

[거절이유의 개요]

특허법 제36조 제4항 제1호 (실시가능요건)

발명의 상세한 설명에는 인물이 야채를 재배한 때의 야채의 당도를 추정하는 판정 모델의 입력사항으로 인물의 얼굴 사진을 이용하는 것과 인상이 머리의 길이, 머리의 폭, 코 폭, 입술의 폭에 의하여 특징지워진다는 것이 각각 기재되어 있다.

그러나, 발명의 상세한 설명에는 얼굴 사진과 인물이 야채를 재배했을 때의 야채의 당도에 대해 "인상과 그 사람이 키운 야채의 당도에 일정한 관계가 있다"고 기재되어 있을 뿐이고, 인상을 특징짓는 것의 예로서 머리 길이, 머리의 폭, 코의 폭, 입술의 폭이 기재되어 있지만, 구체적인 상관 관계 등에 대해서는 기재되어 있지 않다. 그리고 출원시의 기술 상식에 비추어도 그들 사이에 어떤 상관 관계 등이 존재한다고 추인할 수 있다고는 할 수 없다. 또한 실제로 생성된 판정 모델의 성능평가 결과도 나와 있지 않다. 따라서 발명의 상세한 설명의 기재 및 출원 당시의 기술 상식을 고려하더라도 입력된 얼굴 사진으로부터 추정되는 그 인물이 재배한 야채의 당도를 출력하는 당도 추정 시스템을 만들 수 있다고는 할 수 없다. 따라서 본원 발명의 상세한 설명은 통상의 기술자가 청구항 1에 관한 "당도 추정 시스템"을 만들 수 있도록 기재되어 있지 않기 때문에, 통상의 기술자가 실시할 수 있을 정도로 명확하고 충분히 기재되어 있는 것으로 인정되지 않는다.

[출원인의 대응]

의견서를 제출하면서 출원시의 기술 상식에 비추어 인물의 얼굴 사진과 그 사람이 재배한 야채 당도 사이에 상관관계 등이 존재하는 것을 추인할 수 있는 것을 증명하지 않는 한 거절이유는 해소되지 않는다. 또한 청구항 1에 관련된 발명의 추정 모델의 예측을 뒷받침하는 시험결과를 기재한 실험성적 증명서를 제출하여 본 발명의 과제를 해결할 수 있는 취지의 주장을 한 경우에도 거절이유는 해소되지 않는다.

146 松下 外, 前揭論文, 48頁.

147 日本 特許廳, 審査事例集, 附属書 A [事例 50] (日本 特許廳, AI関連技術に関する特許審査事例について, available at https://www.jpo.go.jp/system/laws/rule/guideline/patent/ai_jirei.html (last visit on July 18, 2020).

148 [사례 50] 실험 물질의 알레르기 발생률을 예측하는 방법

발명의 명칭
실험 물질의 알레르기 발생률을 예측하는 방법

특허청구의 범위

[청구항 1]

인간의 알레르기 발병률이 기존의 여러 물질을 개별적으로 배양액에 첨가한 인간 X 세포의 형태 변화를 나타내는 데이터 군과, 상기 기존의 물질별 인체에 알려진 알레르기 발병률 채점 데이터를 학습데이터로 하여 인공지능 모델에 입력한 인공지능 모델을 학습시키는 공정과, 실험물질을 배양액에 첨가한 인간 X 세포에서 측정된 인간 X 세포의 형태 변화를 나타내는 데이터 군을 취득하는 공정과, 학습된 상기 인공지능 모델에 실험 물질을 배양액에 첨가한 인간 X 세포에서 측정된 인간 X 세포의 형태 변화를 나타내는 상기 데이터들을 입력하는 공정과, 학습된 상기 인공지능 모델에 인간의 알레르기 발생률 채점 데이터를 산출하는 단계를 포함하는 인간의 실험 물질의 알레르기 발생률 예측방법.

[청구항 2]
인간 X 세포의 형태 변화를 나타내는 데이터 군이 인간 X 세포의 타원형도(楕円形度), 요철도 및 편평률의 형상 변화의 조합이고 알레르기 접촉성 피부염인 청구항 1에 기재된 예측 방법.

발명의 상세한 설명

본 발명은 학습된 인공지능 모델에 의해 실험 물질의 인간의 알레르기 발생률을 예측하는 방법에 관한 것이며, 그 과제는 후보물질 탐색에 최대한 빨리 인간의 실험 물질의 알레르기 발생률을 예측하여 후보물질 탐색 단계에서의 손실을 방지할 수 있도록 하는 것이다.
실시례에서 (1) 접촉성 피부염 발생률이 알려진 물질을 개별적으로 인간 X세포의 배양액에 첨가하여 인간 X 세포의 타원형도, 요철도 및 편평률에 따른 첨가 전후의 형상 변화를 나타내는 데이터 군을 취득하고 3종의 상기 형상변화 데이터와 이러한 물질의 접촉성 피부염 발생률 채점 데이터 및 학습 데이터로 범용 인공지능 모델에 입력하여 학습시킨 것, (2) 인공지능 모델의 학습에 사용하지 않았던 접촉성 피부염 발생률이 알려진 물질을 개별적으로 인간 X 세포의 배양액에 첨가하여 인간 X 세포의 타원형도, 요철도 및 편평률에 관한 첨가 전후의 형상변화를 나타내는 데이터 군을 취득하고, 상기 학습된 인공지능 모델에 입력하여 인공지능 모델이 예측한 접촉피부염 발생률 채점 데이터를 구하였는바, 예측 점수와 실제 점수의 차이가 ○ % 이하의 물질이 ○ % 이상을 차지하였다는 것을 확인한 실험결과가 기재되어 있다.

[전제]
출원시의 기술상식에 비추어도 알레르기 발병률과 세포 모양의 변화 사이의 상관관계 등의 일정한 관계 (이하, 본 사례에서는 "상관관계 등"이라 한다)가 존재하는 것은 추인할 수 없다.

[거절이유의 개요]
-청구항 1: 일본 특허법 제36조 제6항 제1호 (발명의 상세한 설명 기재 요건)/제36조 제4항 제1호 (실시가능요건)
-청구항 2: 없다.

-제36조 제6항 제1호(발명의 상세한 설명 기재 요건)/제36조 제4항 제1호 (실시가능요건): 청구항 1

청구항 1에 인간 X 세포의 형태 변화를 나타내는 데이터 군, 알레르기 발병률 채점 데이터를 학습 데이터로 하는 것에만 의하여 특정된 알레르기 발생률 예측 방법이 기재되어 있으나, 발명의 상세한 설명에는 알레르기 발생률의 예측을 할 수 있는 학습 데이터의 구체적인 예로서 인간 X 세포의 타원형도, 요철도 및 편평률의 3종 혼합, 접촉성 피부염 발생률 채점 데이터를 사용한 것이 기재되어 있을 뿐이다.

인간 X 세포 모양의 변화를 나타내는 매개변수는 타원형도, 요철도, 편평률 이외에도 다수 존재하지만, 알레르기 발생률 예측에 결부되는 매개 변수가 이들 3종의 조합 이외에 구체적으로 어떤 것인지를 이해하는 것으로는 출원시의 기술 상식에 비추어도 알레르기 발병률과 세포 모양의 변화 사이에 어떤 상관관계 등이 존재하는 것을 추인할 수 없기 때문에 곤란하다. 또한 알레르기로 접촉성 피부염 외에 다양한 유형의 알레르기가 존재하지만, 알레르기는 종류마다 관여하는 항체 또는 세포가 다르고 발병 기전이 다른 것은 기술상식이기 때문에 다른 종류의 알레르기에 대해서까지 예측이 가능할 수 있는 합리적인 이유가 없다.

따라서 알레르기 발병률 채점 데이터를 산출하는 인공지능 모델에 입력이 인간 X 세포의 형태 변화를 나타내는 데이터 군과 알레르기 발생률 점수 데이터만으로 특정된 청구항 1에 관련된 발명의 범위까지 발명의 상세한 설명에 개시된 내용을 확장 내지 일반화할 수 있는 근거를 찾을 수 없다. 따라서 청구항 1에 관련된 발명은 발명의 상세한 설명에 기재한 범위를 초과한다.

또한, 상기와 같은 발명의 상세한 설명의 기재 및 출원시의 기술 상식을 고려하면 인간 X 세포의 타원형도, 요철도 및 편평률의 3 종의 조합 이외의 사람 X 세포의 형태 변화 를 나타내는 데이터 군과 인간에 대한 접촉피부염 이외의 이미 알려진 알레르기의 발병률 채점 데이터 및 학습용 데이터로 사용하는 알레르기 발생률의 예측방법에 따라 알레르기 발생률을 예측할 수 있는 것을 통상의 기술자가 인식할 수 있도록 기재되어 있다고는 할 수 없다.

따라서 발명의 상세한 설명은 청구한 1에 관한 '인간에 대한 실험 물질의 알레르기 발병률의 예측 방법이 사용될 것으로 기재되어 있지 않으므로 발명을 통상의 기술자가 실시할 수 있을 정도로 명확하고 충분히 기재되어 있지 않다.

[비고]

청구항 2에 대하여

발명의 상세한 설명에는 접촉성 피부염 발병률이 대응할 수 있는 알려진 기존 물질 별 인간 X 세포의 형태 변화를 나타내는 타원형도, 요철도 및 편평률의 조합으로 이루어진 데이터 군과, 상기 기존 물질 별 인체에 알려진 접촉 피부염 발생률 채점 데이터 및 학습용 데이터로 사용하여 인공지능 모델에 입력한 인공지능 모델에 학습시킨 것이 기재되어 있다. 그리고 인공지능 모델의 학습에 사용하지 못한 데이터를 이용하여 학습된 인공지능 모델이 접촉성 피부염 발생률에 대해 일정한 정도에서 예측을 할 수 있다는 것을 확인하였다고 기재되어 있다.

따라서 발명의 상세한 설명은 청구항 2에 관련된 발명이고, 인공지능 모델을 이용한 인간에 관한 실험 물질의 접촉성 피부염 발생률 예측 방법의 발명을 통상의 기술자가 실시할 수 있을 정도로 명확하고 충분히 기재되어 있다고 할 것이므로, 발명의 상세한 설명은 청구항 2에 관한 실시가능 요건을 충족한다. 또한, 청구항 2에 관련된 발명은 발명의 상세한 설명에 기재한 것이어서 청구항 2는 발명의 상세한 설명 기재 요건을 충족한다.

[출원인의 대응]
청구항 1을 삭제하고 청구항 2만을 보정하는 것에 의하여 거절이유는 해소된다.

149 학습용 데이터세트로 표시하는 것이 오히려 정확한 표현이다.
150 일본 경제산업성 가이드라인(AI 편)에 따른 AI 생성물을 말한다.
151 松下　外, 前揭論文, 50頁.
152 上揭論文, 50頁.
153 일본 특허청 심사기준 제II부 제1장 제1절 3.1.1.
154 日本 特許廳, 審査事例集, 附属書A [事例 51] (日本 特許廳, AI関連技術に関する特許審査 事例について, available at https://www.jpo.go.jp/system/laws/rule/guideline/patent/ai_jirei. html (last visit on July 18, 2020).

155
[사례 51] 혐기성 접착제 조성물
발명의 명칭
혐기성 접착제 조성물

특허청구의 범위

[청구항 1]
혐기성 접착제 조성물이며, 0.08 ~ 3.2 질량 %의 화합물 A, 0.001 ~ 1 질량 %의 화합물 B와 나머지가 혐기성 경화 가능한 (메타) 아크릴 레이트 모노머로 이루어지고, 나아가 경화 개시부터 5분 이내에 24시간 경화 강도의 30% 이상의 경화 강도를 나타내는 혐기성 접착제 조성물.

발명의 상세한 설명의 개요
종래 혐기성 접착제 조성물의 경화속도를 높이기 위하여 경화계로서 프리 래디컬(free radical) 개시제 및 환원제의 다양한 조합이 사용되고 왔지만, 수많은 조합 중에서 경화 시작 후 5분 내에 24시간 경화 강도의 30%이상의 경화강도란 높은 경화 속도를 가지고 최적의 조합을 찾는 것은 아직 실현되지 않았다.
본 발명은 최적화된 구성을 가지며, 경화 개시부터 5분 이내에 24시간 경화 강도의 30%이상의 경화 강도를 나타내는 혐기성 접착제 조성물을 제공하는 것을 과제로 하고 있다.
실시례로서 해당 과제를 해결하는 혐기성 접착제 조성물을 개발하기 위해 종래 공지의 혐기성 접착제 조성물의 조성 데이터, 경화 개시 후 5분까지의 경화 강도 데이터 및 경화 개시부터 24시간 후 경화 강도 데이터를 신경망에 입력하고 혐기성 접착제 조성물의 조성과 경화 개시 시작 후 5분까지의 경화 강도와 24시간 후의 경화 강도의 비율을 연관시킨 학습된 모델을 작성하였다는 것, 해당 학습된 모델을 이용한 결과, 혐기성 경화 가능한 (메타) 아크릴 레이트 모노머를 포함한 혐기성 접착제 조성물에서 0.08 ~ 3.2 질량 %의 화합물 A 및 0.001 ~ 1 질량 %의 화합물 B를 함께 배합하면 경화 시작 후 5분 이내에 24시간 경화 강도의 30% 이상의 경화 강도를 나타내는 혐기성 접착제 조성물을 얻게 하는 것에 관한 예측결과가 기재되어 있다.

(발명의 상세한 설명에는 상기 배합비의 범위에서 배합된 혐기성 접착제 조성물을 실제로 제조하여 그 경화 강도를 측정한 실시례는 기재되어 있지 않고, 그 학습된 모델의 예측 정확도에 대해서도 검증되어 있지 않다. 또한, 화합물 A와 화합물 B 중 하나 또는 그 조합을 첨가함으로써 접착제 조성물의 경화 시작 5분 이내에 경화 강도가 향상하는 것에 대해서는 알려져 있지 않다. 또한 경화 시작 후 5분 안에 경화 강도 및 24 시간 후 경화 강도의 측정 방법 및 조건은 구체적으로 개시되어 있다.)

[전제]

혐기성 접착제 조성물에 있어서, 경화 개시로부터 5분 정도의 단시간에 경화 강도를 상승시키도록 제어하는 것은 어렵고, 폴리머 원료 및 프리 래디컬 개시제 및 환원제의 종류, 혼합, 배합 비율 등 다양한 제조 조건이 밀접하게 관련된 것임이 출원시의 기술상식이라고 한다. 한편, 혐기성 접착제 조성물에 있어서 학습된 모델의 예측 결과가 실제 실험 결과를 갈음할 수 있음은 출원시의 기술 상식이 아니다.

[거절이유의 개요]

-제36조 제4항 제1호 (실시가능요건)/제36조 제6항 제1호(발명의 상세한 설명 기재 요건): 청구항 1
혐기성 접착제 조성물에 있어서, 경화 개시로부터 5분 정도의 단시간에 경화 강도를 상승시키도록 제어하는 것은 어렵고, 폴리머 원료 및 프리 래디컬 개시제 및 환원제의 종류, 혼합, 배합 비율 등 다양한 제조 조건이 밀접하게 관련된 것임이 출원시의 기술 상식이다.

발명의 상세한 설명에는 청구항 1에 규정된 배합비를 충족하는 조성물이면, 경화 개시부터 5 분 이내에 24 시간 경화 강도의 30% 이상의 경화 강도를 나타내는 것을 학습된 모델이 예측 한 것이 기재되는데 그쳐 학습된 모델이 나타내는 예측치의 예측 정확성은 검증되지 않고, 학습된 모델의 예측 결과가 실제 실험 결과를 갈음할 수 있다는 기술상식은 출원시에 없었다.

따라서, 청구항 1에 기재된, 경화 시작 후 5분 이내에 24시간 경화 강도의 30% 이상의 경화 강도를 나타내는 혐기성 접착제 조성물을 제조할 수 있을 정도로 발명의 상세한 설명이 기재되어 있다고는 말할 수 없다.

따라서 발명의 상세한 설명은 청구항 1에 관련된 발명이며, 0.08 ~ 3.2 질량 %의 화합물 A 및 0.001 ~ 1 질량 %의 화합물 B로 구성되며, 나머지가 혐기성 경화 가능한 (메타) 아크릴 레이트 모노머로 이루어지고, 또한 경화 시작 5분 이내에 24시간 경화 강도의 30% 이상의 경화 강도를 나타내는 혐기성 접착제 조성물의 발명을 통상의 기술자가 실시할 수 있을 정도로 명확하고 충분하게 기재하지 아니한다.

또한 청구항 1에 0.08 ~ 3.2 질량 %의 화합물 A, 0.001 ~ 1 질량 %의 화합물 B와 나머지가 혐기성 경화 가능한 (메타) 아크릴 레이트 모노머로 이루어지고, 또한 경화 시작 5분 이내에 24시간 경화 강도의 30% 이상의 경화 강도를 나타내는 혐기성 접착제 조성물의 발명이 기재되어 있는 반면, 위와 같은 발명의 상세한 설명의 기재 및 출원시의 기술 상식을 고려하면, 발명의 상세한 설명에는 경화 시작 후 5분 이내에 24시간 경화 강도의 30% 이상의 경화 강도를 나타내는 혐기성 접착제 조성물을 제공하는 발명의 과제가 해결될 수 있다는 것을 통상의 기술자가 인식 할 수 있도록 기재되어 있다고는 말할 수 없다.

따라서 청구항 1에 관련된 발명은 발명의 상세한 설명에 기재된 것은 아니다.

[출원인의 대응]

발명의 상세한 설명의 기재가 불충분하기 때문에, 기술상식을 고려하더라도 본 발명의 혐기성 접착제 조성물이 발명의 과제인 경화 시작 후 5분 이내에 24시간 경화 강도의 30% 이상의 경화 강도를 나타내는 것을 해결할 수 있다고 통상의 기술자가 인식할 수는 없고, 발명을 실시할 수 있을 정도로 명확하고 충분하게 기재한 것이라고도 할 수 없다.

따라서, 출원 후에 청구항 1에 관련된 발명의 혐기성 접착제 조성물을 제조하고 학습된 모델의 예측을 뒷받침하는 실험 결과를 기재한 실험 성적 증명서를 제출하여 본 발명의 과제를 해결할 수 있다는 취지의 주장을 한 경우에도 발명의 상세한 설명의 기재 불비를 보완하는 것은 아니라서 거절이유는 해소되지 않는다.

156 松下 外, 前揭論文, 50頁.

157 上揭論文, 50頁.

158 上揭論文, 50頁.

159 上揭論文, 51頁.

160 上揭論文, 51頁.

161 日本 特許庁 産業構造審議会 知的財産分科会 特許制度小委員会, AI·IoT 技術の時代にふさわしい特許制度の在り方—中間とりまとめ—(案), 2020年(令和 2 年) 6 月 17 日, 16頁.

162 WIPO Secretariat, supra note, at item 31.

163 Id. at item 33.

164 Id. at item 33.

165 저작권법 제2조 제20호.

166 저작권법 제93조 제1항.

167 저작권법 제93조 제2항.

168 저작권법 제94조.

169 저작권법 제95조 제1항.

170 저작권법 제95조 제2항.

171 부정경쟁방지 및 영업비밀보호에 관한 법률 제2조 제1호 카목.

172 대법원 2020. 3. 26. 선고 2016다276467 판결; 대법원 2020. 3. 26. 자 2019마6525 결정.

173 대법원 2020. 3. 26. 선고 2016다276467 판결; 대법원 2020. 3. 26. 자 2019마6525 결정.

174 대법원 2020. 3. 26. 선고 2016다276467 판결; 대법원 2020. 3. 26. 자 2019마6525 결정.

175 차상육, "빅데이터의 지적재산법상 보호", 『법조』, 통권 제728호, 법조협회, 2018.4, 71~140면 참조.

176 WIPO Secretariat, supra note 33, at item 32.

177 부정경쟁방지법 제2조 제2호.

178 실제 사례에서는 '학습용 데이터세트'란 용어 대신에 '학습데이터'라는 용어가 사용되었으므로 이 표에서는 '학습데이터'라고 기재한다.

179 조선 민사령 제1조 ([시행 1912. 4. 1.] [조선총독부제령 제7호, 1912. 3. 18., 제정]; [시행 1948. 5. 10.] [군정법령 제181호, 1948. 4. 1., 타법개정]).

180 독일 민법 제90조; 일본 민법 제85조.

181 [시행 1960. 1. 1.] [법률 제471호, 1958. 2. 22., 제정].

182 김용덕 편, 『주석 민법』, 제5판, 한국사법행정학회, 2019년 5월, 258면(김종기 집필부분).

183 위의 책, 258면.

184 위의 책, 258면.

185 위의 책, 259면.

186 위의 책, 259면.

187 위의 책, 260면.

188 대법원 2004. 4. 28. 선고 2001후2207 판결.

189 김용덕 편 (김종기 집필부분), 앞의 책, 260면.

190 위의 책, 260면.

191 오병철, "디지털정보거래의 성립에 관한 연구", 한국법제연구원(2001), 16면.

192 김용덕 편(김종기 집필부분), 앞의 책, 261-262면.

193 김관식, "컴퓨터프로그램의 전송과 특허권 침해", 『특허판례연구』, 박영사 (2017), 472면.

194 김용덕 편(김종기 집필부분), 앞의 책, 262면.

195 배대헌, "거래대상으로서 디지털정보와 물건개념 확대에 관한 검토", 『상사판례연구』, 제14집 (2003), 347면.

196 특허법원 2002. 10. 10. 선고 2001허4722 판결: 확정【거절사정(특)】(변종 식물의 발명도 반복재 현성을 가져야만 발명이 완성된 것이고 그러기 위하여는 첫째 단계로 출원발명의 특징을 가진 돌연변이가 일어난 변종식물을 얻을 수 있어야 하고, 그 다음 단계로서 그 변종을 자손대까지 수 립 및 전달하는 과정에 모두 반복재현성이 요구되므로, 먼저 첫째 단계로 당업자가 육종소재(교 배친으로 선택된 변종 식물)를 사용하여 교배하는 교배친들의 개체수, 교배과정, 교배에 의하여 얻어진 자손의 개체수, 반복된 세대수, 재배조건, 변이개체를 선발하는 기준과 둘째 단계로 육종 과정(무성생식)을 반복하면 동일한 변종 식물을 재현시킬 수 있는 방법이 제시되어야 한다고 판 시한 사례); 특허법원 2001. 12. 7. 선고 2000허7519 판결: 확정【거절사정(특)】(어떤 발명이 산

업상 이용할 수 있는 완성된 발명에 해당하려면 그 일부분이 아닌 발명의 전체에 반복재현성이 인정되어야 할 것인데, 출원발명이 발견된 변이종을 고정화하는 과정에서는 반복재현성이 인정된다고 하더라도, 출원발명의 변이종을 얻는 과정에 반복재현성이 인정되지 아니하므로, 이는 산업상 이용할 수 있는 완성된 발명이라고 할 수 없다고 한 사례). 이 두 사례는 식물발명에 관한 사안이다.

197 竹田和彦, 『特許の知識 :理論と實際』, ダイヤモンド社, 2006年, 46頁.

198 日本 最高裁判所 昭和 52年 10月 13日 民集 31卷 6号 805頁에서는 "특허제도의 취지에 비추어 보아 생각하면 그 기술내용은 당해 기술분야에 관한 통상의 지식을 가진 자가 반복실시하여 목적으로 하는 기술효과를 거둘 수 있는 정도까지 구체적이고 객관적인 것으로서 구성되어 있어야 한다라고 해석하는 것이 상당하고 기술내용이 전술한 정도까지 구성되지 아니한 것은 미완성 발명에 해당하고 일본 특허법 제2조 제1항에서 말하는 발명은 아니다."라고 판시하였다. 마찬가지로 日本 最高裁判所 平成 12年 2月 29日 民集 54卷 2号 709頁(倉片黃桃育種方法事件)에서는 그 기술내용에는 반복가능성, 구체성, 객관성이 필요하다고 판시하였다.

199 우리 특허법상 발명에 해당하지 않으면 거절사유 또는 무효사유에 해당한다. 그럼에도 불구하고 출원발명 내지 특허발명이 특허법 제2조 제1호의 정의에 어긋나는 경우, 이를 거절사유(특허법 제62조 제1호) 또는 무효사유(특허법 제133조 제1항 제1호)로 규정하지 않고 특허법 제29조 제1항의 산업상 이용할 수 있는 발명에 해당하지 않는다는 것을 이유로 거절사유 또는 무효사유로 보는 것은 타당하지 않다.

200 AI 학습용 데이터세트 자체는 정보의 단순한 제시에 해당하여 특허의 대상이 되지 않는다는 견해로는 곽충목·차상육, 앞의 글, 15면.

201 일본은 특허법상 물건의 개념에 프로그램을 포함하여 물건 이외의 침해에 대한 대응이 가능한데 우리 특허법에서는 이를 규제할 수 있는 방법이 없다고 주장하는 견해도 있다 (강명수, "특허법 제127조 개정안에 대한 연구", 『지식재산연구』, 제13권 제4호, 2018년 12월, 11면; 특허청, "「특허간접침해 개정안」에 대한 공청회 개최", 특허청 보도자료, 2018. 9. 4. 4면).

202 참고로 일본 특허법 제2조 제3항 제2호에서 "방법의 발명에 있어서는 그 방법을 사용하는 행위"를 실시행위로 한정하고 있어 우리 특허법과는 달리 '사용의 청약'을 포섭하고 있지 않다.

203 인공지능 학습용 데이터세트의 이동성을 감안할 때, 그 국제적 활용을 통해 특허권 침해가 발생할 여지가 많으므로 실시의 유형에 '물건의 수출행위'를 포함시킬 필요가 있다. 이미 일본 특허법 제2조 제3항 제1호에서는 "물건(프로그램 등을 포함한다. 이하 같다.)의 발명에 있어서 그 물건의 생산, 사용, 양도 등(양도 및 대여를 말한다. 그 물건이 프로그램 등인 경우에는 전기통신회선을 통한 제공을 포함한다. 이하 같다.), 수출 또는 수입 또는 양도 등의 청약(양도 등을 위한 전시를 포함한다. 이하 같다.)을 하는 행위"라고 규정하고 있다.

204 독일 특허법 제10조 제1항은 "특허권은 또한 특허권자의 동의를 얻지 않고 특허법의 효력범위 내에서 특허받은 발명을 사용할 정당한 권한을 가지지 않은 제3자가 이 발명의 본질적 요소에 관련된 수단을 특허법의 효력범위 내에서 발명을 이용할 목적으로 제공하거나 공급하는 것을

금지하는 효력을 가진다. 이때 당해 수단이 발명의 실시에 적절하며 명확하다는 사실을 제3자가 알고 있거나 알 수 있음이 명백할 것을 조건으로 한다."고 규정하고 있다. 따라서 이 조문에 따르면, 간접침해가 인정되기 위해서는 간접침해의 대상인 수단은 발명의 본질적 요소와 관련이 있어야 하 고, 침해자는 이러한 수단이 당해 발명의 실시에 적합하다는 사실을 알거나 알 수 있으며, 이를 발명의 실시에 이용할 목적이 있어야 한다고 규정하고 있다. 또한 같은 법 제10조 제2항에서 간접침해의 범위가 과도한 확대를 방지하기 위하여 "제1항의 수단이 일반적으로 거래에서 획득될 수 있는 물건인 경우에, 제3자가 공급을 받은 자에 대하여 의식적으로 제9조 제2문의 금지된 방법으로 유통시키지 않는 한, 제1항은 적용되지 않는다."고 규정하여 상거래에서 일반적으로 구입할 수 있는 물건은 간접침해의 대상물에서 제외하고 있다. 우리 특허법의 간접침해 규정의 문제점과 개선방안에 대하여 상세한 내용은 문선영, "특허권 간접침해 규정의 문제점과 개선방안", 『법학논고』 제45집, 경북대학교 법학연구원, 2014년 2월, 572면 참조.

205 일본 특허법 제2조 제4항에서는 "이 법률에서 '프로그램 등'이란 프로그램(전자 계산기에 대한 지령으로서 하나의 결과를 얻을 수 있도록 조합된 것을 말한다. 이하 이 항에서 같다.), 그 밖에 전자계산기에 의한 처리용으로 제공하는 정보에 있어서는 프로그램에 준하는 것을 말한다."라고 규정하고 있다.

206 강명수, 앞의 논문, 11면; 특허청, 앞의 보도자료(주 170), 4면.

207 이규호, "인공지능 학습용 데이터세트에 대한 저작권법과 부정경쟁방지법상 보호와 그 한계", 『인권과 정의』, 2020, vol., no.494, 통권 제494호, 90-112면; 이규호, 특허청 최종용역보고서, 1-120면을 발췌하여 수정·보완한 것임을 미리 밝혀둔다.

208 이규호, 인공지능특허, 90면.

209 '데이터세트'의 사전적 의미는 "단일 데이터베이스 내용 변수나 단일 통계적 데이터 행렬 변수에 관련된 데이터의 집합"이라고 한다. <(https://dic.daum.net/word/view.do?wordid=kkw000465680&supid=kku010238155>(최종방문일: 2023. 5. 10.).

210 이를 AI 교육 데이터세트로 부를 수도 있다. 일본에서는 이를 'AI 교사 데이터' 또는 'AI 학습데이터'로 부른다. 하지만, AI를 학습시키는 데이터세트를 AI 교사 데이터로 칭하는 것은 데이터세트 자체가 교사가 된다는 의미가 되어 의미상 어색하다. 또한, AI가 생성한 학습데이터와 혼동의 여지가 있다는 점에서 AI를 학습시키는 데이터세트를 AI 학습데이터로 칭하는 것은 문제가 있다. 그리고 AI를 학습시키는 데이터세트를 흔히 AI 학습용 데이터라고 칭하기도 한다. 하지만, 이 경우에도 AI 학습용 데이터라는 용어보다는 AI 학습용 데이터세트가 더 정확한 표현이다. 왜냐하면, AI를 학습시키기 위해서는 데이터의 집합물이 필요하기 때문이다(이규호, 인공지능특허, 91면 각주 4).

211 위의 논문, 91면.

212 Eleonora Rosati, Copyright as an obstacle or an enabler? A European perspective on text and data mining and its role in the development of AI creativity, Asia Pacific Law Review, 27:2, p. 204 (2019).

213 General Data Protection Regulation (Regulation (EU) 2016/679). Regulation (EU) 2016/679 of the European Parliament and of the Council of 27 April 2016 on the protection of natural persons with regard to the processing of personal data and on the free movement of such data, and repealing Directive 95/46/EC (General Data Protection Regulation), OJ L 119, 1–88.

214 Article 15 of DIRECTIVE (EU) 2019/790 OF THE EUROPEAN PARLIAMENT AND OF THE COUNCIL of 17 April 2019 on copyright and related rights in the Digital Single Market and amending Directives 96/9/EC and 2001/29/EC; EU 저작권지침 제15조는 다음과 같이 규정하고 있다.

"제15조 언론 간행물의 온라인 이용에 관한 보호

(1) 회원국은 회원국 내에 설립된 언론 간행물의 발행자에게 정보사회서비스 제공자에 의한 언론 간행물의 온라인 이용에 대해 정보사회저작권지침 제2조와 제3조 제2항에 규정된 권리를 부여하여야 한다.

제1문에 규정된 권리는 개별 이용자에 의한 언론 간행물의 사적이거나 비상업적 이용에는 적용되어서는 아니 된다.

제1문에 따라 부여된 보호는 하이퍼링크에는 적용되어서는 아니 된다.

제1문에 따라 부여된 권리는 어느 언론 간행물의 개별 단어나 매우 짧은 추출물의 이용과 관련해서는 적용되어서는 아니 된다.

(2) 제1항에 규정된 권리는 언론 간행물에 수록된 저작물과 그 밖의 보호대상과 관련하여, 유럽 연합 법규에서 저작자와 그 밖의 권리자에게 부여한 어떠한 권리도 손대지 않으며 어떤 방식으로든 그에 영향을 미쳐서는 아니 된다. 제1항에 규정된 권리는 그러한 저작자와 그 밖의 권리자에 대해 주장되어서는 아니 되며 특히 그것이 수록된 언론 간행물로부터 독자적으로 그들의 저작물과 그 밖의 보호대상을 이용할 그들의 권리를 박탈해서는 아니 된다.

어느 저작물이나 그 밖의 보호대상이 비배타적으로 어느 언론 간행물에 수록된 경우에 제1항에 규정된 권리는 그 밖에 허락받은 이용자의 이용을 금지하기 위해 주장되어서는 아니 된다. 제1항에 규정된 권리는 보호가 만료된 저작물이나 그 밖의 보호대상의 이용을 금지하기 위해 주장되어서는 아니 된다.

(3) 정보사회저작권지침 제5조 내지 제8조, 고아저작물지침(Directive 2012/28/EU) 그리고 독서장애인지침(Directive (EU) 2017/1564)은 이 조 제1항에 규정된 권리와 관련하여 준용되어야 한다.

(4) 제1항에 규정된 권리는 언론 간행물이 발행된 때로부터 2년 후에 만료된다. 이 기간은 언론 간행물이 발행된 날의 다음 해 1월 1일부터 기산한다.

제1항은 이 지침의 시행일 전에 처음 발행된 언론 간행물에는 적용되지 아니한다.

(5) 회원국은 언론 간행물에 수록된 저작물의 저작자가 정보사회서비스 제공자에 의한 언론 간행물의 이용에 대해 언론 간행물의 발행자가 받은 수입의 적절한 지분을 수령하도록 규정하여야 한다."

215 CJEU, Ryanair Ltd v PR Aviation BV, C-30/14, EU:C:2015:10.

216 Rosati, supra note 212, at 209.

217 Id.

218 No. 13-cv-2965, 2013 WL 5770542 (N.D. Cal. Oct. 24, 2013).

219 DeCosta, III and Carrano, supra note 20.

220 888 F.3d 418 (9th Cir. 2018).

221 Naruto, 888 F.3d at 420.

222 Id. at 425-26.

223 Id. at 420; Tabrez Y. Ebrahim, Data-Centric Technologies: Patent and Copyright Doctrinal Disruptions, 43 Nova L. Rev. 287, 316 (Spring, 2019).

224 No. 15-cv-4324, 2016 WL 362231 (N.D. Cal. Jan. 28, 2016).

225 https://www.fr.com/insights/thought-leadership/blogs/us-copyright-office-cancels-registration-for-ai-generated-art-issues-ai-related-registration-guidance/ (최종방문일: 2023. 5. 20.).

226 Rosati, supra note 212, at 210.

227 Authors Guild v Google, Inc, No. 13–4829 (2d Cir. 2015), affirming Authors Guild v Google, Inc, 954 F.Supp.2d 282 (2013).

228 Matthew Sag and Jason Schultz, Brief of Digital Humanities and Law Scholars as Amici Curiae in Authors Guild v Hathitrust, p. 4 (2013); A.V. ex rel. Vanderhye v iParadigms, LLC, 562 F.3d 630, 645 (4th Cir. 2009); Perfect 10, Inc. v Amazon.com, Inc., 508 F.3d 1146, 1168 (9th Cir. 2007); Sony Computer Entm't, Inc. v Connectix Corp., 203 F.3d 596, 609 (9th Cir. 2000); Sega Enters. Ltd. v Accolade, Inc., 977 F.2d 1510, 1527–1528 (9th Cir. 1992).

229 Sag and Schultz, supra note 228, at 24-31.

230 Trade Secret Policy, U.S. Patent & Trademark Off ice (May 12, 2017) www.uspto.gov/patents-getting-started/international-protection/trade-secret-policy (last visit on May 20, 2023).

231 DeCosta, III and Carrano, supra note 20.

232 최근에는 프랑스, 에스토니아 및 독일이 이와 관련된 조문이 도입하였다. See Christoph Geiger and Others, 'Text and Data Mining in the Proposed Copyright Reform: Making the EU Ready for an Age of Big Data? Legal Analysis and Policy Recommendations', 49(7) International Review of Intellectual Property and Competition Law 814, 830-831 (2018).

233 영국 저작권법 제29A조는 다음과 같이 규정하고 있다.
"제29A조(비상업적 연구를 위한 문자와 데이터 분석을 위한 복제물)
(1) 작물에 대해 합법적으로 접근할 수 있는 개인에 의한 저작물의 복제물 제작은 다음과 같은 경우 저작권 침해가 되지 않는다.
　(a) 저작물에 합법적으로 접근할 수 있는 개인이 비상업적 목적의 연구를 위해 저작물에 기록된 것을 컴퓨터로 분석하는 경우

(b) 복제에 충분한 출처명시가 수반되는 경우(실현가능성 혹은 그 밖의 이유로 불가능한 경우가 아니라면)

(2) 이 조항에 따른 저작물 복제물은 다음과 같은 경우 불법복제물이 된다.

　　(a) 저작권자가 이전을 허락한 경우를 제외하고, 복제물을 다른 사람에게 이전하는 경우 또는

　　(b) 저작권자가 그 사용을 허가한 경우를 제외하고, 복제물이 제1항 제(a)호에 언급된 다른 어떤 목적을 위해 사용되는 경우

(3) 이 조항에 따라 제작된 복제물은 추후 다음과 같이 취급된다. –

　　(a) 그 취급의 목적상 불법복제물로 처리되고

　　(b) 그 취급이 저작권을 침해한다면, 추후 모든 목적상 불법복제물로 처리된다.

(4) 제3항에서 "취급된다"라는 것은 판매되거나 대여되는 것 또는 판매, 대여를 위하여 제공되거나 전시되는 것을 말한다.

(5) 계약조건이 저작권 침해에 해당하지 않는 어떤 행위를 하는 것을 제약하거나 방지하기를 의도한다면, 이 조항에 따라, 그 계약조건의 시행은 불가능하다."

234 Directive 2001/29/EC of the European Parliament and of the Council of 22 May 2001 on the harmonisation of certain aspects of copyright and related rights in the information society, OJ, L 167, 10–19 (정보사회에서의 저작권 및 저작인접권의 특정 측면의 조정에 관한 2001년 5월 22일의 유럽의회 및 이사회 지침 2001/29/EC).

235 Rosati, supra note 212, at 212.

236 DIRECTIVE (EU) 2019/790 OF THE EUROPEAN PARLIAMENT AND OF THE COUNCIL of 17 April 2019 on copyright and related rights in the Digital Single Market and amending Directives 96/9/EC and 2001/29/EC.

237 Directive (EU) 2016/943 of the European Parliament and of the Council of 8 June 2016 on the protection of undisclosed know-how and business information (trade secrets) against their unlawful acquisition, use and disclosure. See https://eur-lex.europa.eu/legal-content/EN/TXT/?uri=CELEX%3A32016L0943 (last visit on May 10, 2023).

238 Patenting Artificial Intelligence and Machine Learning Innovations in Europe, October 2018, available at https://www.jonesday.com/en/insights/2018/10/patenting-artificial-intelligence-and-machine-lear (last visit on May 28, 2023).

239 柿沼太一, 改正著作権法が日本のAI開発を加速するワケ　弁護士が解説 (1/7), 2018年09月06日 08時00分 公開, ITmedia, available at https://www.itmedia.co.jp/news/articles/1809/06/news017.html (최종방문일: 2023. 5. 12.).

240 위의 글.

241 위의 글.

242 일본 저작권법 2018년 (平成30年) 法律 第30号 (2018년(平成 30年) 5월 18일 개정, 2018년 (平成 30年) 5월 25일 공포, 2019년(平成 31年), 1월 1일 시행), available at https://www.bunka.

go.jp/seisaku/chosakuken/hokaisei/h30_hokaisei/ (최종방문일: 2023. 5. 20.).

243 2019년 일본 저작권법의 개정은 일본 문화심의회 저작권분과회 보고서 (2017년 4월)에 따라 이루어졌다(위의 글).

244 2020년 6월 30일 현재 일본의 현행 저작권법은 일본 저작권법 [2018년 (平成 제30년) 7월 13일 공포(평성 제30년 법률 제72호) 개정, 2020년 (영화 2년) 4월 28일 시행]이다.

245 https://www.soei.com/blog/2019/06/05/%E8%91%97%E4%BD%9C%E6%A8%A9%E6%B3%95%E6%94%B9%E6%AD%A3%EF%BC%8Dai%E9%96%8B%E7%99%BA%E3%81%AB%E5%90%91%E3%81%91%E3%81%A6%EF%BC%8D/ (최종 방문일: 2023. 5. 10.).

246 柿沼太一, 앞의 글.

247 2019년 일본 저작권법의 개정취지와 개정이유에 대한 상세한 내용은 日本 文化廳, 著作権法の一部を改正する法律(平成30年法律第30号) について, <https://www.bunka.go.jp/seisaku/chosakuken/hokaisei/h30_hokaisei/>(최종방문일: 2023. 5. 10.).

248 https://www.mcst.go.kr/kor/s_notice/press/pressView.jsp?pSeq=18417 (최종방문일: 2023. 5. 10.).

249 이규호, 데이터 마이닝에 관련된 저작재산권 제한사유에 대한 검토의견, 「저작권법 전부개정안 온라인 공청회」, 국회의원 도종환 의원실 문화체육관광부, 제2차: 2020. 11. 11. (수) 13:00, 160면.

250 同旨 차상육, "'TDM' 규정 신설과 비판적 검토", 「저작권법 전부개정안 온라인 공청회」, 국회의원 도종환 의원실 문화체육관광부, 제2차: 2020. 11. 11. (수) 13:00, 129면.

251 김윤명, "정보분석을 위한 복제 등의 제한규정 검토", 「저작권법 전부개정안 온라인 공청회」, 국회의원 도종환 의원실 문화체육관광부, 제2차: 2020. 11. 11. (수) 13:00, 144면.

252 차상육, 앞의 토론문, 128면.

253 의안번호 제17990호(2022. 10. 31. 발의).

254 WIPO Secretariat, supra note 33, at item 33.

255 Id. at item 33.

256 저작권법 제2조 제20호.

257 저작권법 제93조 제1항.

258 저작권법 제93조 제2항.

259 저작권법 제94조.

260 저작권법 제95조 제1항.

261 저작권법 제95조 제2항.

262 https://copyrightblog.kluweriplaw.com/2020/12/16/trends-and-developments-in-artificial-intelligence-challenges-to-copyright/ (최종방문일: 2023. 5. 20.).

263 Case C-145/10 (2011).

264 https://copyrightblog.kluweriplaw.com/2020/12/16/trends-and-developments-in-artificial-intelligence-challenges-to-copyright/ (최종방문일: 2023. 5. 20.).

265 조병한, "인공지능 음성합성 시스템의 학습용 데이터에 대한 실연자의 권리", 『미디어와 인격권』, 제8권 제2호, 2022, 184-220면.

266 이 부분은 이규호, "2021년 개정 부정경쟁방지법상 데이터의 부정사용행위의 판단기준에 대한 연구", 『중앙법학』, 제24집 제2호(통권 제84호), 2022년 6월, 37-106면을 발췌하여 수정·보완한 것이다.

267 [시행 2022. 4. 20.] [법률 제18548호, 2021. 12. 7., 일부개정].

268 채수근, "부정경쟁방지 및 영업비밀보호에 관한 법률 일부개정법률안 (김경만의원 대표발의(의안번호 제2107535호)) 검토 보고서", 2021. 3., 3면 (이하, "채수근, 부정경쟁방지법안 검토보고서").

269 대법원 2020. 3. 26. 선고, 2016다276467 판결 (A사가 타 골프장의 조경·코스를 이미지 데이터로 무단생성하여 스크린골프장 운영업체에 제공한 사안에서, 대법원은 상당한 투자나 노력의 성과물인 '이미지'를 공정한 상거래 관행이나 경쟁 질서에 반하는 방법으로 무단사용한 행위는 부정경쟁행위에 해당한다고 판시하였다.).

270 제20대국회에서 '데이터'를 물권의 객체가 되는 '물건'의 범위에 포함시키는 내용의 「민법 일부개정법률안」(김세연의원안, '19.11.18. 제23867호)이 발의되었으나 임기만료로 폐기되었다. 당시 이 법안에 대한 법제사법위원회 전문위원실의 검토보고서에 따르면, 데이터에 관한 배타적 지배권을 부여하여 법적 공백을 채우고 데이터 생산자의 권리를 보장하려는 취지에는 공감하였으나, ①민법의 적용을 받게 되는 데이터의 범위를 명확히 확정하기 어렵고, ②현행법상 데이터의 내용과 특성에 따라 저작권, 데이터베이스권, 개인정보자기결정권 등 다양한 형태로 권리를 보호하고 있어 일률적으로 물건으로 취급하는 것은 적절치 않으며, ③데이터의 특성상 복제가 쉽고 타인의 이용에 대한 배제성이 없어 점유권을 인정하기 어려운 점 등을 고려할 때, 물권의 구체적인 내용과 조화되기 어렵다는 점 등의 이유로 적절치 않다는 의견을 제시하였다(박장호, "민법 일부개정법률안 검토보고서: 데이터를 포함하는 물건의 개념 변경 및 데이터 계약 신설 [김세연 의원 대표발의(의안번호 제23867호)]", 2020. 3., 15-17면).

271 예컨대, 자동차 운행 데이터 수집 시, ① 자동차 구성부품별 제조사, ② 데이터 송수신 담당 통신사, ③ 운전자(개인정보 주체) 중 배타적 권리의 귀속문제가 발생할 수 있다 (채수근, 부정경쟁방지법안 검토보고서, 5면 각주 8).

272 부정경쟁방지법 제2조 제1호 파목의 "공정한 상거래 관행이나 경쟁질서에 반하는 방법"을 제한적으로 해석하는 경우 부정경쟁행위로 인정되지 않을 수 있고, 데이터를 제3자로부터 제공받는 자까지 규제된다고 보기 어려울 수 있다 (채수근, 부정경쟁방지법안 검토보고서, 5면 각주 7).

273 채수근, 부정경쟁방지법안 검토보고서, 5-6면.

274 일본 부정경쟁방지법의 주요 개정내용은 ① '한정제공데이터'의 개념 신설, ② 한정제공데이터의 부정취득·사용·공개 행위를 영업비밀에 준하는 방식으로 규정하여 새로운 부정경쟁행위로 추가하고, 이에 대한 민사적·행정적 구제조치 신설, ③ 기술적 보호수단을 무력화하는 행위를 부정경쟁행위로 제재(벌칙 포함) 등이다. 따라서 일본 부정경쟁방지법 제2조 제1항 제11호 내지 제13호와 제14호 내지 제16호 및 제7항은 우리 부정경쟁방지법 제2조 제1호 카목의 내용과 상

당히 유사하다(심현주·이헌희, "데이터의 부정경쟁 유형으로의 보호에 관한 소고-일본의 부정경쟁방지법 개정을 중심으로-,『법학논총』,제35권 제4호, 2018년, 167-189면).

275 일본의 개정 부정경쟁방지법은 2018년 5월 23일에 개정(2018년 5월 30일 공포)되었고, 2019년 7월 1일부터 시행되게 되었다. 또한 2019년 1월 23일 일본 경제산업성이 한정제공 데이터에 대한 부정경쟁행위 요건을 뒷받침하기 위하여 한정제공 데이터에 대한 부정경쟁행위 등의 구체적인 예를 담은 지침("한정제공 데이터에 대한 지침")(이하 '일본 지침')을 공표하였다. 한정제공 데이터에 관한 규율은 국회의 부대결의로 시행 후 3년이 경과한 때에 재검토가 요청되었다. 이 요청에 응하여 일본의 부정경쟁방지소위원회에서 한정제공 데이터에 관한 규율의 창설 시부터 실무의 진전, 최근 일본 정부 전체에서 추진하는 디지털화의 진전 등을 염두에 두고 주로 (ⅰ) 제도 시행 후, 한정제공 데이터의 활용이 진행되는 가운데 해석의 명확화 등의 요청이 제기된 논점, (ⅱ) 데이터 유통 플랫폼을 운영하는 거래사업자가 제도를 시행함에 있어 과제가 되는 논점에 대해 검토를 실시하였다. 해당 검토결과를 받아 일본 경제산업성이 2022년 (영화 4년) 3월 마련한 한정제공 데이터 지침 개정안(이하 '일본 지침 개정안')을 마련하였다.

276 濱野敏彦, 改正不正競争防止法の施行で「限定提供データ」の不正競争行為とは？：AI等によるデータ利活用促進等を目的とした不正競争防止法の改正〔下〕, 法と経済のジャーナル, 2019/07/17, https://judiciary.asahi.com/outlook/2019070300001.html (최종방문일: 2022. 5. 30.).

277 일본 부정경쟁방지법 제2조 제7항은 '한정제공 데이터'라는 용어를 사용하고 있으나, 데이터의 기능이 한정제공이란 의미로도 이해될 수 있다. 따라서 이 책에서는 데이터의 제공대상이 특정인 또는 특정다수로 한정된다는 의미에서 '제공대상 한정 데이터'라고 명하기로 한다.

278 채수근, 부정경쟁방지법안 검토보고서, 9면.

279 예컨대, "이 법에서 보호하는 "데이터"란 「데이터 기본법」 제2조제1호에 따른 데이터 중 업으로서 특정인 또는 특정 다수에게 제공되는 것으로, ------(중략)--- 정보를 말한다" 등이 이에 해당한다.

280 채수근, 부정경쟁방지법안 검토보고서, 10면.

281 일본 지침 개정안, 10면.

282 逐条解説不正競争防止法 (令和元年 7月 1日施行版) <https://www.meti.go.jp/policy/economy/chizai/chiteki/pdf/20190701Chikujyou.pdf>(최종방문일: 2022. 4. 17.). 이 축조해설 부정경쟁방지법에 따르면 ① 「영업」에는 일반적으로는 이윤을 얻는 목적의 영리사업 외에, 이윤 획득을 도모하지 않을 때까지도 수지 상상을 목적으로 한 사업을 반복해서 계속하고 있는 사업이라면, 마찬가지로 부정행위로부터의 보호의 필요성이 인정되기 때문에 널리 경제상 그 수지계산상에 입각하여 수행해야 할 사업을 포함하고, ② 「이익」이란 사업자가 영업상 얻게 되는 경제적 가치를 말한다. 수지계산상의 이익이 중심이지만, 사업 활동에 있어서의 신용·명성·브랜드 가치 등의 사실상의 이익을 포함한다고 해설한다.

283 일본 지침 개정안, 10-11면.

284 田村善之,「限定提供データの不正利用行為に対する規制の新設について―平成30年不正競争防止法改正の検討」年報知的財産法, 2018-2019 (日本評論社), 34頁 (이하 "田村善之, 限定提供データ").

285 逐条解説不正競争防止法(令和元年 7月 1日 施行版) <https://www.meti.go.jp/policy/economy/chizai/chiteki/pdf/20190701Chikujyou.pdf>(최종방문일: 2023. 5. 17.).

286 重冨貴光, 限定提供データ保護について, パテント, Vol. 73 No. 8 (別冊 No.23), 2020, 5頁 (이하 "重冨貴光, 限定提供データ").

287 일본 지침 개정안, 10면.

288 重冨貴光, 限定提供データ, 5頁.

289 重冨貴光, 限定提供データ, 5頁.

290 重冨貴光, 限定提供データ, 5頁.

291 938 F.3d 985 (9th Cir. 2019).

292 데이터 스크레이핑(data scraping)은 컴퓨터 프로그램이 다른 프로그램으로부터 들어오는 인간이 읽을 수 있는 출력으로부터 데이터를 추출하는 기법이다. <https://ko.wikipedia.org/ wiki/%EB%8D%B0%EC%9D%B4%ED%84%B0_%EC%8A%A4%ED%81%AC%EB%A0%88%EC%9D%B4%ED%95%91>(최종방문일: 2023. 4. 12.).

293 Van Buren v. United States, 940 F.3d 1192 (11th Cir. 2019), cert. granted, 593 U.S. __ (June 3, 2021). 이 사안의 구체적 사실관계는 다음과 같다. 미국 조지아주 Cumming 시의 경찰관 Nathan Van Buren은 금전이 필요하여 Andrew Albo에게 도움을 요청하였다. Albo는 그 도시에서 매춘과 연결고리가 있는 것으로 알려져 있었고 Comming 시 경찰들과 종전에 갈등이 있었다. Albo는 Van Buren의 금전 요청사실을 지역 보안관 사무실에 보고하였고, 이 요청사실은 미국연방수사국으로 전달되었다. 미국연방수사국은 함정수사를 기획하여 Albo가 Van Buren에게 미화 6000달러를 지급하면서 그 대가로 Van Buren이 접근권한을 있는 조지아 주 범죄정보센터(Georgia Crime Information Center)에서 자동차소유자인 스트리퍼가 잠복경찰관인지 여부를 알기 위해 그 스트리퍼의 자동차등록번호를 열람해달라고 요청하도록 지시하였다. Van Buren은 Albo의 요청대로 실행하다가 CFAA 제1030조 (a)(2)에 따른 컴퓨터 중죄의 혐의로 미국 연방수사국에 체포되었다. 미국 조지아주 북부지구 소재 연방지방법원에서 Van Buren은 배심의 유죄평결을 받아 18개월의 징역에 처해졌다 [See United States v. Van Buren, No. 1:16-cr-00243 (N.D. Ga. May 3, 2018)]. Van Buren은 제11순회구 연방항소법원에 이 유죄판결에 대해 항소하였다. Van Buren은 접근권한이 있지만 부정한 목적으로 GCIC에 접근하는 것이 CFAA 제1030조 (a)(2)의 허용된 접근권한을 넘는 것이 아니라고 주장하였다. 하지만, 제11순회구 연방항소법원은 선례인 United States v. Rodriguez 사건 판결에 따라 Van Buren의 항소를 기각하였다. See United States v. Van Buren, 940 F.3d 1192 (11th Cir. 2019); United States v. Rodriguez, 628 F.3d 1258 (11th Cir. 2010).

294 대법원 2022. 5. 12. 선고 2021도1533 판결.

295 이른바 '크롤링 프로그램'을 사용하여 경쟁회사의 모바일 어플리케이션용 API 서버에 접근하여 정보를 수집한 행위가 구 정보통신망이용촉진및정보보호등에관한법률위반(정보통신망침해등)죄, 저작권법위반죄, 컴퓨터등장애업무방해죄에 해당하는지 여부가 문제된 사안에서 대법원은 "데이터베이스제작자는 그의 데이터베이스의 전부 또는 상당한 부분을 복제 배포 방송 또는 전송(이하 '복제 등'이라고 한다)할 권리를 가지고(저작권법 제93조 제1항), 데이터베이스의 개별 소재는 데이터베이스의 상당한 부분으로 간주되지 않지만, 개별 소재의 복제 등이라 하더라도 반복적이거나 특정한 목적을 위하여 체계적으로 함으로써 해당 데이터베이스의 통상적인 이용과 충돌하거나 데이터베이스제작자의 이익을 부당하게 해치는 경우에는 해당 데이터베이스의 상당한 부분의 복제 등으로 본다(저작권법 제93조 제2항). 이는 지식정보사회의 진전으로 데이터베이스에 대한 수요가 급증함에 따라 창작성의 유무를 구분하지 않고 데이터베이스를 제작하거나 그 갱신 검증 또는 보충을 위하여 상당한 투자를 한 자에 대하여는 일정기간 해당 데이터베이스의 복제 등 권리를 부여하면서도, 그로 인해 정보공유를 저해하여 정보화 사회에 역행하고 경쟁을 오히려 제한하게 되는 부정적 측면을 방지하기 위하여 단순히 데이터베이스의 개별 소재의 복제 등이나 상당한 부분에 이르지 못한 부분의 복제 등만으로는 데이터베이스제작자의 권리가 침해되지 않는다고 규정한 것이다.
데이터베이스제작자의 권리가 침해되었다고 하기 위해서는 데이터베이스제작자의 허락 없이 데이터베이스의 전부 또는 상당한 부분의 복제 등이 되어야 하는데, 여기서 상당한 부분의 복제 등에 해당하는지를 판단할 때는 양적인 측면만이 아니라 질적인 측면도 함께 고려하여야 한다. 양적으로 상당한 부분인지 여부는 복제 등이 된 부분을 전체 데이터베이스의 규모와 비교하여 판단하여야 하며, 질적으로 상당한 부분인지 여부는 복제 등이 된 부분에 포함되어 있는 개별 소재 자체의 가치나 그 개별 소재의 생산에 들어간 투자가 아니라 데이터베이스제작자가 그 복제 등이 된 부분의 제작 또는 그 소재의 갱신 검증 또는 보충에 인적 또는 물적으로 상당한 투자를 하였는지를 기준으로 제반사정에 비추어 판단하여야 한다.
또한 앞서 본 규정의 취지에 비추어 보면, 데이터베이스의 개별 소재 또는 상당한 부분에 이르지 못하는 부분의 반복적이거나 특정한 목적을 위한 체계적 복제 등에 의한 데이터베이스제작자의 권리 침해는 데이터베이스의 개별 소재 또는 상당하지 않은 부분에 대한 반복적이고 체계적인 복제 등으로 결국 상당한 부분의 복제 등을 한 것과 같은 결과를 발생하게 한 경우에 한하여 인정함이 타당하다."라고 판시한 바 있다(대법원 2022. 5. 12. 선고 2021도1533 판결).

296 重冨貴光, 限定提供データ, 12頁.

297 일본 한정제공데이터에 관한 지침, 9면 (이하 "일본 지침"이라 한다).

298 岡村久道の発言,《対談》「限定提供データ制度の導入の意義と考え方」NBL 1140号, 9頁.

299 참고로 일본 지침, 19면에서도 '취득'에 대해서 데이터가 기록되어 있는 매체 등을 통해 데이터 자체를 손에 넣는 행위나 데이터가 기록되어 있는 매체 등의 이동을 수반하지 않는 형태로 데이터를 손에 넣는 행위가 「취득」에 해당한다고 해설하고 있다.

300 일본 지침 개정안, 12-13면.

301 일본 지침, 10면.

302 일본 지침, 21면.

303 岡村久道,「平成30 年改正不正競争防止法によるデータ保護」ジュリスト1525号, 18頁.

304 田村善之の発言 ,《対談》「限定提供データ制度の導入の意義と考え方」NBL1140号, 9頁.

305 田村善之, 限定提供データ, 31頁.

306 重冨貴光, 限定提供データ, 6頁.

307 「AI·데이터 이용에 관한 계약 가이드라인 -AI편- (2018년 6월)」(이하 「AI 가이드라인」이라고 함.) (http://www.meti.go.jp/press/2018/06/20180615001/20180615001-3.pdf)과 동일하게, 본 지침의 「AI 기술」은 기계학습 또는 그와 관련된 일련의 소프트웨어 기술 중 하나를 의미하는 것으로 한다. 또한, AI 가이드라인에서는 「기계학습」은 「어떤 데이터 안에서 일정한 규칙을 발견하고, 그 규칙에 기초하여 미지의 데이터에 대한 추측 및 예측 등을 실현하는 학습 방법의 하나이다.」라고 설명한다.

308 원자료에 대하여 결측치나 이상치 제거 등의 전처리나 라벨 정보(정답 데이터) 등의 별개의 데이터 첨가 등, 또는 이들을 조합하여 변환 및 가공처리를 하여 대상이 되는 학습 방법에 의한 해석을 용이하게 하기 위해 생성된 이차적인 가공 데이터를 말한다(AI 가이드라인에서).

309 학습이 완료된 파라미터(학습용 데이터 세트를 사용한 학습의 결과 얻은 파라미터(계수)를 말함)가 담긴 「추론 프로그램」을 말한다(AI 가이드라인에서).

310 일본 지침 개정안, 16면.

311 田村善之, 不正競争法概説[第2版], 有斐閣, 2003年, 329頁.

312 重冨貴光, 限定提供データ, 9頁.

313 重冨貴光, 限定提供データ, 12頁.

314 重冨貴光, 限定提供データ, 9頁.

315 重冨貴光, 限定提供データ, 10頁.

316 참조 일본 지침, 10면.

317 AI·データの利用に関する契約ガイドライン(データ編) 平成30年6月 経済産業省公表 112-113頁 (「개정 부정 경쟁 방지법의 『한정 제공 데이터』에 해당하기 위해서는 비밀로서 관리되지 않는 것이 요건이 되기 때문에 『한정 제공 데이터』로 제공하는 경우에는 『을(수령자)은 , 제공 데이터를 다른 정보와 명확하게 구별하여 선량한 관리자의 주의를 가지고 관리·보관하는 것으로 한다. 또한, 상기 가이드 라인은 2007년 12월에 개정되었지만, 상기 설명 부분은 삭제되었다.).

318 田村善之, 限定提供データ, 35頁; 田村善之の発言,《対談》「限定提供データ制度の導入の意義と考え方」NBL1140号, 10-11頁.

319 奥邨弘司,「人工知能に特有の知的成果物の営業秘密·限定提供データ該当性」, 法律時報 91 巻 8号, 24頁.

320 http://www.dt.co.kr/contents.html?article_no=2020081802109919607039&ref=daum (최종방

문일: 2023. 5. 8.).

321 [시행 2022. 1. 28.] [법률 제18348호, 2021. 7. 27., 일부개정].

322 [시행 2022. 3. 8.] [대통령령 제32528호, 2022. 3. 8., 타법개정].

323 [시행 2022. 1. 28.] [국토교통부령 제1103호, 2022. 1. 28., 일부개정].

324 [발령 2021. 5.25.] [국토교통부고시, 2021. 5.25., 일부개정].

325 김영국, "자율주행자동차의 법적 쟁점과 입법 과제", 『숭실대학교 법학논총』, 제36집, 6면.

326 도로교통법상 제2조 제26호에 따르면, "운전이란 도로에서 차마를 그 본래의 사용방법에 따라 사용하는 것(조정을 포함)을 말한다."라고 규정하고 있다.

327 위의 논문, 6면.

328 위의 논문, 7면.

329 김주영, "2025년엔 택시가 하늘을 난다…'플라잉카' 시장 열려", 더벨류뉴스, 2020. 6. 4. <https://www.thevaluenews.co.kr/news/view.php?idx=159660&key_idx=312>(최종방문일: 2023. 5. 28.).

330 "로켓·위성만 보면 안되는데…AI·로봇이 우주산업 이끌 것" 한불 우주포럼, 동아사이언스, 2019. 5. 17. <https://www.dongascience.com/news.php?idx=28763>(최종방문일: 2023. 5. 20.).

331 권택경, "복원에 도움이 될 수도 있다" 노트르담 대성당 화재로 재조명받고 있는 게임, 『위키트리』, 2019. 4. 16. (최종방문일: 2023. 5. 20.).

332 Directive (EU) 2019/790 of the European Parliament and of the Council of 17 April 2019 on copyright and related rights in the Digital Single Market and amending Directives 96/9/EC and 2001/29/EC (Text with EEA relevance.)(hereinafter "DSM Directive").

333 17 U.S.C. § 107.

334 Mason v. Texaco, Inc., 948 F.2d 1546, 1554 (10th Cir. 1991).

335 Neil Turkewitz, Sustainable Text & Data Mining, Part II: US and Fair (and Unfair) Uses, 21 May, 2019 <https://medium.com/@nturkewitz_56674/sustainable-text-data-mining-part-ii-us-and-fair-and-unfair-uses-770e4aad705>(최종방문일: 2023. 5. 27.).

336 804 F.3d 202, 216-17 (2d Cir. 2015)(구글북스가 책의 표현이 아니라 책에 관한 정보를 제공하기 때문에 구글북스의 저작물 무단복제는 텍스트의 변형적 공정이용에 해당한다고 판시한 사례); B. Hugenholtz, The New Copyright Directive: Text and Data Mining (Articles 3 and 4), 24 July, 2019 <http://copyrightblog.kluweriplaw.com/2019/07/24/the-new-copyright-directive-text-and-data-mining-articles-3-and-4/>(최종방문일: 2023. 5. 23.).

337 Authors Guild, Inc. v. HathiTrust, 755 F.3d 87 (2d Cir. 2014).

338 Id.

339 Id.

340 Benjamin Sobel, Artificial Intelligence's Fair Use Crisis, 41 Colum. J. L. & Arts 45 (2017).

341 이용호 의원 대표발의안(2022. 10. 31. 발의; 의안번호 제17990호) 제35조의5(정보분석을 위

한 복제 전송 등)에 따르면, "① 컴퓨터를 이용한 자동화 분석 기술을 통하여 추가적인 정보 또는 가치를 생성하기 위한 목적으로 다수의 저작물을 포함한 대량의 정보를 분석(규칙, 구조, 경향 및 상관관계 등의 정보를 추출하는 경우를 말한다. 이하 이 조에서 "정보분석"이라 한다)하는 것으로 다음 각 호의 요건을 모두 충족하는 경우에는 필요한 범위 안에서 저작물을 복제 전송할 수 있다.

    1. 저작물에 표현된 사상이나 감정을 향유하지 아니할 것
    2. 정보분석의 대상이 되는 해당 저작물에 적법하게 접근할 것

② 제1항에 따라 저작물을 복제하는 자는 정보분석을 위하여 필요한 한도 안에서 복제물을 보관할 수 있다. 이 경우 저작권 및 그 밖에 이 법에 따라 보호되는 권리의 침해를 방지하기 위하여 복제방지조치 등 대통령령으로 정하는 필요한 조치를 하여야 한다.

③ 정보분석의 결과물에 대하여 다음 각 호의 어느 하나에 해당하는 목적으로 적법하게 접근하는 경우에는 「부정경쟁방지 및 영업비밀보호에 관한 법률」, 「데이터 산업진흥 및 이용촉진에 관한 기본법」, 「산업 디지털 전환 촉진법」 및 그 밖의 데이터 보호에 관한 다른 법률의 규정에도 불구하고 해당 결과물을 이용할 수 있다. 다만, 정보분석을 위하여 정당한 권리자로부터 저작물의 복제 전송에 대한 이용의 허락을 받은 경우에는 그러하지 아니하다.

1. 교육 조사 연구 등 비상업적 목적
2. "저작물의 창작 목적"이라고 규정하고 있다.

공저자 약력

김성천

김성천 교수는 원적이 황해도이다. 태어난 곳은 서울이고 대학을 졸업할 때까지 서울에서 공교육을 받았다. 졸업 전에 사법시험 공부를 시작했다가 예비군 문제 때문에 대학원에 진학하였는데, 1차에 낙방하고 나서 그냥 학문 연구의 길로 들어섰다. 그나마 형법이 제일 흥미를 끌기에 전공으로 선택했는데 학설이 왜 그리 많은지 궁금해서 독일에 가보기로 작정하였다. 형법에 나오는 거의 모든 학설이 독일에서 만든 것이기 때문이었다. 호기심에 떠난 유학생활 6년 끝에 박사학위를 받고 귀국하였다. 시간강사를 하다가 진각종단이 설립한 위덕대학교에서 정규직 교수생활을 시작하였다. 그곳에서 계속 살 생각이었지만 갑자기 인생이 바뀌기도 한다. 어쩌다가 중앙대로 자리를 옮겼다. 이제 중앙대학교에 입학한지 45년이 되었는데 아직도 중앙대를 다니고 있다. 그리고 절친인 이규호 교수·정혜욱 교수와 함께 책을 내고 있다.

이규호

이규호 교수는 현재 중앙대학교 법학전문대학원 교수로 재직하고 있으며, 한국저작권위원회 위원, 특허청 자체평가위원회 위원 및 국가지식재산위원회 전문위원(신지식재산 분야)으로 활동하고 있다. 그리고 차세대 콘텐츠 재산학회 회장, 국제문화재법연구회 회장, 한국국제사법학회 부회장, 한국중재학회 부회장, 인터넷법제도 포럼 부회장, 『국제법연감』 편집위원장, 『문화·미디어·엔터테인먼트법』 편집위원장, 중앙대학교 법학연구원 문화·미디어·엔터테인먼트법연구소 소장, 한국정보미디어법연구소 소장, AIPPI Standing Committee on GIs 위원, AIPPI D & I Committee 위원, ILA Korean Branch 부회장, ACHS ICH Network 위원 등으로 활동하고 있다.

정혜욱

정혜욱 교수는 서울에서 태어났다. 중앙대학교에서 김성천 교수를 지도교수로 하여 박사학위를 받았다. 인간 폭력성의 근본적인 원인과 그 문제점을 고스란히 안고 있는 범죄에 대해서 연구한 것이 박사학위 논문이다. 바로 성폭력 범죄가 주제였는데, 그중에서도 가장 문제가 심각한 아동대상 성범죄의 근본원인과 대책에 대해서 연구하였다. 학위를 받고 1년 반이 지나 위덕대학교 경찰행정학과에서 교수직을 시작하였다. 해양경찰청, 포항교도소, 경주경찰서, 경주교육청 등 공공기관의 위원으로 활동하면서, 교통방송의 범죄분석 프로그램에도 1년 넘게 출연하였고, 주된 관심 영역을 중심으로 꾸준히 논문을 써나가는 조용한 생활을 하고 있다. 4차 산업혁명과 AI에 대해서 연구를 하던 중 김성천 교수·이규호 교수와 함께 책을 내게 되었다.

AI와 잘 사는 법

초판발행   2023년 8월 31일

지은이   김성천·이규호·정혜욱
펴낸이   안종만·안상준

편 집   윤혜경
기획/마케팅   김민규
표지디자인   BEN STORY
제 작   고철민·조영환

펴낸곳   (주) **박영시**
              서울특별시 금천구 가산디지털2로 53, 210호(가산동, 한라시그마밸리)
              등록 1959.3.11. 제300-1959-1호(倫)
전 화   02)733-6771
f a x   02)736-4818
e-mail   pys@pybook.co.kr
homepage   www.pybook.co.kr
ISBN   979-11-303-4512-3 93360

정 가   25,000원